Testtraining 2000plus
Einstellungs- und Eignungstests erfolgreich bestehen

Hesse/Schrader

Testtraining 2000plus

Einstellungs- und Eignungstests
erfolgreich bestehen

Eichborn.

Die Autoren

Jürgen Hesse, Jg. 1951, Diplom-Psychologe im Büro für Berufsstrategie, Geschäftsführer der Telefonseelsorge Berlin e.V.
Hans Christian Schrader, Jg. 1952, Diplom-Psychologe im Krankenhaus Am Urban (Abt. Psychotherapie/Psychosomatik) in Berlin.

Div. gemeinsame Veröffentlichungen, u. a.: Die perfekte Bewerbungsmappe; Neue Bewerbungsstrategien für Hochschulabsolventen; Assessment Center; Marketing in eigener Sache; Optimale Bewerbungsunterlagen; Das erfolgreiche Vorstellungsgespräch; Arbeitszeugnisse; Das Hesse/Schrader Bewerbungshandbuch (alle im Eichborn Verlag).

Anschrift der Autoren

Hesse / Schrader
Büro für Berufsstrategie
Oranienburger Straße 4–5
10178 Berlin
Tel. 0 30 - 28 88 57-0
Fax 0 30 - 28-88-57-36
www.berufsstrategie.de

Wir danken Donatella Locci für ihre wertvolle Unterstützung.

4 5 6   04   03   02

© Eichborn AG, Frankfurt am Main, Januar 2000
Umschlaggestaltung: Christina Hucke
Lektorat: Ulrich Ritter/Waltraud Berz
Satz: Offizin Götz Gorissen, Berlin
Druck und Bindung: Fuldaer Verlagsagentur, Fulda
ISBN 3-8218-3800-0

Verlagsverzeichnis schickt gern:
Eichborn Verlag, Kaiserstraße 66, D–60329 Frankfurt am Main
www.eichborn.de

Übersicht über die Hauptkapitel

- **13 Einleitung**
  - 13 Welcher Tag war vorgestern...
  - 15 Vom Schwangerschafts-Test bis zum Test-ament
  - 22 Zum Sinn von Testtraining
  - 27 Zum Umgang mit diesem Buch und den Testaufgaben

- **29 Intelligenztests**
  - 29 Allgemeinwissen
  - 30 Satzergänzung
  - 37 Einzelne Wissensgebiete
  - 93 **Logisches Denken / Abstraktionsfähigkeit**
  - 205 **Gestaltwahrnehmung**
  - 211 **Merkfähigkeit / Kurzzeitgedächtnis**
  - 219 **Verbale Intelligenz / Sprachbeherrschung**
    - 219 Wort- und Sprachverständnis
    - 230 Rechtschreibung
  - 237 **Praktisch-technische Intelligenz**
    - 237 Rechenfähigkeit / Mathematisches Denken
    - 250 Technisches Verständnis
    - 256 Räumliches Vorstellungsvermögen

- **271 Leistungs-Konzentrations-Tests**

- **304 Bearbeitungshilfen – worauf es ankommt**

- **338 Persönlichkeitstests**

- **400 Assessment-Center-Tests**

- **425 Emotionale Intelligenz und soziale Kompetenz**

- **427 Erlebnisse aus 2001 Bewerbungen**

- **475 Kleines Lexikon: Testtraining**

- **481 Lösungsverzeichnis**

Inhaltsverzeichnis

13	**Einleitung**
13	Welcher Tag war vorgestern…
13	…wenn der Tag nach übermorgen zwei Tage vor Samstag liegt?
14	Zu diesem Buch – kurz, aber wichtig
15	Vom Schwangerschafts-Test bis zum Test-ament
15	Über die großen und kleinen Prüfungen – das Leben, ein Test
16	Test-Kritik
19	Unterbelichtet oder verwackelt
20	Spießrutenlaufen
22	Zum Sinn von Testtraining
22	Oder: Was das Gemeinsame von Elefant und Veilchen ist
24	Sinn und Unsinn von Testverfahren
27	Zum Umgang mit diesem Buch und den Testaufgaben
27	Bevor Sie loslegen
29	**Intelligenztests**
29	**Allgemeinwissen**
30	Satzergänzung
37	Einzelne Wissensgebiete
38	1. Staat und Politik
50	2. Geschichte
54	3. Bedeutende Persönlichkeiten
60	4. Wirtschaft
67	5. Geographie
72	6. Literatur
75	7. Kunst
78	8. Musik
81	9. Sport
84	10. Technik
87	11. Biologie
89	12. Physik
91	13. Chemie

93	**Logisches Denken / Abstraktionsfähigkeit**
95	1. Figurenreihen fortsetzen
99	2. Sinnvoll ergänzen
105	3. Buchstabengruppen
107	4. Zahlenreihen
109	5. Zahlenmatrizen
111	6. Buchstabenreihen
113	7. Dominos
118	8. Zahlensymbole
123	9. Wochentage
125	10. Sprach-Analogien
129	11. Grafik-Analogien
133	12. Sprichwörter
138	13. Unmöglichkeiten
143	14. Schlußfolgerungen
147	15. Absurde Schlußfolgerungen
153	16. Komplexe Schlußfolgerungen
158	17. Nochmals Schlußfolgerungen / Syllogismen
161	18. Meinung oder Tatsache
163	19. Flußdiagramme
186	20. Textanalyse
191	21. Interpretation von Schaubildern
200	22. Sprachsysteme
205	**Gestaltwahrnehmung**
205	1. Figuren erkennen
207	2. Mosaiken prüfen
211	**Merkfähigkeit / Kurzzeitgedächtnis**
211	1. Gut einprägen
213	2. Zahlen merken
213	3. Auswendiglernen
216	4. Erinnern
219	**Verbale Intelligenz / Sprachbeherrschung**
219	**Wort- und Sprachverständnis**
219	1. Wortauswahl
222	2. Gleiche Wortbedeutungen
226	3. Gemeinsamkeiten
229	4. Worteinfall
230	**Rechtschreibung**

230	1. Diktat
231	2. Richtige Schreibweise
232	3. Orthographie
235	4. Zeichensetzung
236	5. Rechtschreibreform
237	**Praktisch-technische Intelligenz**
237	Rechenfähigkeit / Mathematisches Denken
237	1. Grundrechnen
238	2. Schätzaufgaben
240	3. Dezimal- und Bruchrechnung
241	4. Maße und Gewichte
242	5. Textaufgaben
247	6. Zahlenreihen
249	7. Zahlenmatrizen
250	Technisches Verständnis
250	Technisch-physikalische Aufgaben
256	Räumliches Vorstellungsvermögen
256	1. Spiegelbilder
262	2. Abwicklungen
267	3. Würfel
271	**Leistungs-Konzentrations-Tests**
271	1. Der Zwei-d/bq-Test
274	2. Rechen-Konzentrations-Leistungs-Test
276	3. Summa summarum
277	4. Kettenaufgaben
277	5. Zahlensuche
280	6. Zahlen-/Buchstaben-Tabelle
281	7. Buchstaben/Zahlen
282	8. Buchstaben einkreisen
283	9. Zahlen verbinden
284	10. Beobachten
291	11. Adressen-Überprüfung
295	12. Sortieren
298	13. Post, Porto und Tarife
301	14. Wegeplan
302	15. Schätzaufgaben
303	16. Tabellen-Konzentrations-Test

304	**Bearbeitungshilfen – worauf es ankommt**
307	Zum Kapitel: Logisches Denken / Abstraktionsfähigkeit
307	1. Figurenreihen fortsetzen / 2. Sinnvoll ergänzen
309	4. Zahlenreihen / 5. Zahlenmatrizen
313	7. Dominos
314	8. Zahlensymbole
314	9. Wochentage
320	10. Sprach-Analogien
326	11. Grafik-Analogien
327	13. Unmöglichkeiten
329	14. Schlußfolgerungen
330	15. Absurde Schlußfolgerungen
331	19. Flußdiagramme
331	21. Interpretation von Schaubildern
331	22. Sprachsysteme
334	Zum Kapitel: Merkfähigkeit / Kurzzeitgedächtnis
334	3. Auswendiglernen
335	Zum Kapitel: Wort- und Sprachverständnis / Rechtschreibung
335	1. Wortauswahl / 2. Gleiche Wortbedeutungen
335	Zum Kapitel: Rechenfähigkeit / Mathematisches Denken
335	Zum Kapitel: Räumliches Vorstellungsvermögen
335	3. Würfel
336	Zum Kapitel: Leistungs-Konzentrations-Tests
336	5. Zahlensuche
336	6. Zahlen-/Buchstaben-Tabelle
337	7. Buchstaben/Zahlen
337	8. Buchstaben einkreisen
337	9. Zahlen verbinden
338	**Persönlichkeitstests**
339	Einstiegstest
346	Auswertung, Aufbau, Interpretation
350	66 Persönlichkeitsentscheidungen
357	Allgemeine Anforderungen in Persönlichkeitstests
360	16 PF – Persönlichkeitsmerkmale im Test
371	FPI – Freiburger Persönlichkeits-Inventar
376	MMPI – Meine Seele verläßt manchmal meinen Körper
379	Motiv: Motivation

380	Satzergänzungs-Tests
381	Biographische Fragebögen
386	Bewältigungsstrategien
389	Körpersprache und Verkleidung
390	Körpersprache-Persönlichkeitstests
395	Baumtest
396	Farbtest
397	Stichwort Horoskop
398	Handschriftentests / Graphologie

400	**Assessment-Center-Tests**
400	Bericht: Deutsche Bank
405	Worum es beim AC geht
406	Bericht: Kein Wolf im Schafspelz
408	Ablauf und Aufgabentypen
413	Bericht: It's a Sony-AC
417	Bericht: Go West-LB
422	Zusammenfassung
423	Kritik

425	**Emotionale Intelligenz und soziale Kompetenz**

427	**Erlebnisse aus 2001 Bewerbungen**
427	Tiger im Tank
	Diplom-Kauffrau / ESSO-Management
430	Spießrutenlaufen auf dem Tafelsberg
	Diplom-Betriebswirt (BA)
432	Linda de Mol und der Supergau
	Internationaler Unternehmensberater
434	»Up or Out« und tschüs
	Internationaler Unternehmensberater
436	»Haustiere werden in Deutschland besser behandelt als Kinder«
	Gehobener nichttechnischer Verwaltungsdienst / Bezirksregierung
437	Ex und hopp
	Polizei / gehobener Dienst in NRW

439		Figur und Figuren
		Polizei / gehobener Dienst in BaWü
440		Eine starke Truppe
		Offiziersanwärter Bundeswehr Köln
445		So schwer war's nicht
		Anwendungsprogrammierer bei Siemens
446		»Nieten« öffentlich ausgemustert
		Bankkaufmann / Commerzbank in Düsseldorf
448		Bewerbung als Chance
		Gehobene nichttechnische Beamtenlaufbahn /
		Kommunalverwaltung Thüringen
450		Rosa Elefanten essen Bleistifte bei der Regierung
		Gehobene Beamtenlaufbahn / Regierungspräsidium in Köln
451		In Kassel hat man es nicht schwer
		Verwaltungsinspektorenanwärter im gehobenen Dienst /
		LVA
452		Nur für starke Nerven
		Höherer Dienst / Bundeskriminalamt Wiesbaden
455		Nur ein schöner Rücken kann entzücken
		Bundeskriminalamt Wiesbaden
458		Gerechtigkeit
		Polizei / Gehobener Dienst / Hessen
460		Kanzelkandidat
		Piloten-Testaufgaben

475 **Kleines Lexikon: Testtraining**

481 **Lösungsverzeichnis**

509 **Hinweise**

Einleitung

Welcher Tag war vorgestern...

... wenn der Tag nach übermorgen zwei Tage vor Samstag liegt?
Einstellungs- und Auswahltests sind der absolute Horror einer jeden Bewerbungs- und Aufstiegssituation. Doch entgegen einer gern von Testanwendern verbreiteten Meinung, man könne sich auf Tests nicht vorbereiten, haben wir mit unseren Testtrainingsbüchern den Gegenbeweis angetreten. Über eine Million Hesse/Schrader-Testtrainingsbücher haben in den letzten zehn Jahren unzähligen Testkandidaten entscheidend geholfen, vor allem aber das autoritäre Gefälle zwischen Testern und Getesteten wesentlich reduziert. Und unsere testkritischen Einwände sind nicht ohne Resonanz geblieben. Von uns kritisierte Unternehmen und Institutionen haben ihre Testverfahren verändert, manche konnten sich sogar dazu durchringen, auf Tests ganz zu verzichten. Die ehemals unkritische Testgläubigkeit ist in ihren Grundfesten erschüttert. Der Hochschulzulassungstest für das Medizinstudium zum Beispiel wurde abgeschafft. Dennoch – viel bleibt zu tun, unfaire Vorgehensweisen und dubiose Verfahren sind weiterhin anzuprangern.

Tests verlieren ihren Schrecken, wenn man weiß, was auf einen zukommt, was verlangt wird, worum es wirklich geht. Wer dann noch Zeit und Muße findet, die Testaufgaben vorher gründlich zu üben, fühlt sich souveräner, schneidet einfach besser ab.

Testtraining 2000plus hilft, Einstellungs- und Eignungstests erfolgreich zu bestehen. Dieses Buch ist ein Kompendium der gängigen wie auch der ganz neuen Testverfahren, angepaßt an die aktuellen Entwicklungen auf dem Arbeitsmarkt und in der Testpraxis:

- Sogenannte Intelligenztests
- Leistungs-Konzentrations-Tests
- Persönlichkeitstests
- Assessment-Center-Tests

Zusätzlich bekommt der Leser konkrete Bearbeitungshilfen und Tips, und Berichte von Bewerbern informieren authentisch, was wo wie abläuft.

Dieses Buch bietet Ihnen die Möglichkeit, die Prüfungssituation Test realitätsgerecht zu simulieren. Dieses Trainingsbuch mit seinen über 1000 Übungsaufgaben ist an der gängigen, aktuellen Testpraxis orientiert und damit ein probates Gegenmittel, eine Art Gegengift gegen die immer noch grassierende Testseuche.

Ein neues didaktisches Präsentationskonzept ermöglicht eine noch bessere Vorbereitung.

Unser Dank gilt den vielen Lesern und einigen Verbündeten aus den Personalabteilungen, die uns geschrieben und mit stets neuen Informationen über die gängige Testpraxis versorgt haben. Wir sind auch zukünftig auf diese Form der Unterstützung angewiesen und an schriftlichen Berichten stets interessiert *(Adresse siehe vorn im Buch)*.

Zu diesem Buch – kurz, aber wichtig:
- Dieses Buch ist als Orientierungshilfe besonders für diejenigen geschrieben, die eine Bewerbungs-, Test- und somit Prüfungssituation vor sich haben.
- Es ist kein Buch, das man von vorne bis hinten lesen muß.
- Das Inhalts- sowie das Stichwortverzeichnis sollen auch als Anregung zum Lesen und Üben ausgewählter, speziell für Sie zutreffender Themen und Tests dienen.
- Mit der Materialfülle wollen wir Ihnen auf keinen Fall angst machen. Wir haben diese Inhalte schließlich nicht erfunden und damit auch nicht zu verantworten, wissen aber aus Erfahrung, daß Information, Aufklärung und Vorbereitungsmöglichkeiten eindeutig angstreduzierend wirken.

Vom Schwangerschafts-Test bis zum Test-ament

Über die großen und kleinen Prüfungen – das Leben, ein Test

Tests begleiten, ja beherrschen unser Leben. Vom Schwangerschaftstest über den medizinischen Apgar-Index-Test mit Bestimmung von Herzfrequenz, Atmung und Hautfarbe des Neugeborenen bis hin zum letzten Test. Nach dem Testament – vor dem höchsten Richter, unserem großen Boß, findet die allerletzte Prüfung statt: Himmel oder Hölle?

Zwischen Geburt und Tod liegen Schulreifetests (Wie viele Räder hat ein Dreirad?), diverse Mathe-, Geschichts- und Vokabeltests und eventuell der Berufsberatungstest beim Arbeitsamt. Ob Virchow oder Sauerbruch ihren Zulassungstest zum Medizinstudium erfolgreich überstanden hätten, weiß man nicht, aber dank der Werbung kennen alle den Cola-Test und die klinisch getestete Zahnpasta. Unterhaltsam soll der Illustriertentest sein (»Bin ich ein idealer Partner?«), manche schreckt der Doping-Test, während der Aids-Test bei allen Angst und Schrecken verbreitet.

Tests sind Prüfungen, und hat da nicht mal jemand gesagt, das ganze Leben sei eine Prüfung? Nein, es war Hape Kerkeling, der uns mit der Gewißheit beschenkte, das ganze Leben sei ein Quiz und wir nur die Kandidaten.

So erklärt sich vielleicht die Testomanie bundesdeutscher Arbeits- und Ausbildungsplatzvergeber – getreu dem alten Personalauslese-Rechtfertigungsmotto »Der richtige Mann auf den richtigen Platz«. (Aber was machen wir bloß mit den vielen Frauen?)

Da gibt es Allgemeinwissens-Tests, Assessment-Center-, Bank-, Baum-, Büro-Tests, EDV-, Farb-, Grundwissen-Tests, die vielen Intelligenz- und Konzentrations-Tests, Logik-, Lügen-, Manager-, Medizinstudienplatz-Tests (*halt, Stop, der wurde abgeschafft*), Persönlichkeits-Tests und Personalfragebogen und und und ... bis hin zu den unzähligen selbstgestrickten von Firmen und Berufsgruppen angewandten Testverfahren, um nur einige zu nennen.

»Gibt es in der Antarktis Eisbären?« oder »Kann man in Afrika Jaguare antreffen?« sind Fragen aus dem Mannheimer Intelligenztest, der z. B. Ausbildungsplatzbewerbern immer häufiger zur Beantwortung vorgelegt wird. Ausgefragt und abgeblitzt. Obskure und abstruse Testaufgaben und Fragensammlungen entscheiden über Berufswünsche und Bewerberschicksale. Woran liegt das? Eine typisch deutsche Art des Umgangs mit Bewerbern?

Die Deutschen lieben, wie man weiß, Quiz, und ihnen wird nicht ohne Grund eine starke Neigung zum autoritär-oberlehrerhaften Gehabe nachgesagt. Testen deshalb Personalchefs ihre Bewerber getreu den beliebten alten und neuen Fernsehvorbildern wie Quizmaster (»Was bin ich?«, »Hätten Sie's gewußt?«, »Einer wird gewinnen«, »Alles oder nichts«, »Dalli dalli«, »Der Preis ist heiß«, »Glücksrad« usw.)?

Test-Kritik

Aus psychologischer, pädagogischer und juristischer Sicht muß die durch Einstellungstests gesteuerte Auswahlpraxis bei der Vergabe von Ausbildungs- und Arbeitsplätzen entschieden kritisiert werden.

So ist aus **psychologischer** Sicht eine Ableitung und Vorhersagbarkeit von Testerfolg auf Berufserfolg wissenschaftlich unhaltbar. Hinzu kommt, daß es sich bei den eingesetzten Tests in der Regel um völlig unzureichende, veraltete Verfahren mit höchst fragwürdiger theoretischer Grundlage handelt.

Paradebeispiel ist der IST, der Intelligenztest-Bestseller von Professor Amthauer, der z. B. eine kreative Antwort auf die Frage, was das wichtigste am Fernseher sei, nicht zuläßt. Wer hier pfiffig-logisch »Abstellknopf« ankreuzt, liegt beim Testautor daneben, der nur die Antwort »Bildröhre« gelten läßt. Aber auch Amthauers legendäre Fragen nach der Länge eines 10-Mark-Scheines und der durchschnittlichen Größe eines sechsjährigen Kindes haben Tausende von Bewerbern straucheln lassen, zumal die richtigen Ankreuzmöglichkeiten aus den frühen 50er Jahren schnell veralteten. Auch die reanimierte, angeblich verbesserte Version Anfang der 60er Jahre überlebte sich schnell. Trotzdem werden beide Testversionen noch heute sehr häufig eingesetzt.

»Testverfahren sind, sieht man genau hin, ein zu mächtiger Größe aufgeblasener Schwindel« – so der Psychologieprofessor Günter Rexilius von der Universität Wuppertal.

Arbeitgeber und Testanwender hinken hinter der laufenden Diskussion um das Unbehagen und die Unzulänglichkeit der bisherigen Intelligenzmodelle und -tests um Jahrzehnte hinterher. Sie sitzen dabei einer längst überholten Wissenschaftsgläubigkeit auf, in der Begriffe wie *soziale Kompetenz* und *emotionale Intelligenz* noch nicht vorkamen. Es ist schon eine Art moderner Aberglaube, der die testgesteuerte Personalauslese regiert. Er läßt sich nur mit dem alten Menschheitstraum erklären, in die Zukunft schauen zu können.

Test-Kritik

Was für Hobby-Astrologen die Schicksalsvorbestimmung aus den Konstellationen der Sterne, ist für selbsternannte Personal-(Taschen-)Psychologen die von ihnen praktizierte und von Bewerberseite vielbeklagte Praxis der sogenannten Auslese- und Eignungsdiagnostik. Gemeinsamer Hintergrund dieser Astro-Personal-Psychologie: die infantile Allmachtsphantasie, man könne andere Menschen immer richtig beurteilen und ihr Verhalten in der Zukunft sicher vorhersagen.

Aus **pädagogischer** Sicht führt die gängige Einstellungstestpraxis mit ihren häufigen Ablehnungsbescheiden oft zu einer erheblichen Beeinträchtigung des Selbstwertgefühls des Bewerbers. Die pseudo-objektiven Testverfahren mit ihrem scheinbar wissenschaftlichen Charakter erwecken gerade bei jungen Bewerbern schnell den Eindruck, ein Nichtbestehen bedeute, man sei für den Beruf zu dumm. Unter dem Eindruck des Leistungsprinzips und der herrschenden Autoritäts- und Wissenschaftsgläubigkeit wird der Mißerfolg allein an den Getesteten festgemacht, nicht aber an den fragwürdigen Methoden.

Einer positiven Weiterentwicklungsmöglichkeit gerade von Jugendlichen, wenn es um einen Ausbildungsplatz geht, aber auch der Lernfähigkeit von Erwachsenen – z. B. in einem betriebsinternen Assessment-Center – wird durch die Momentaufnahme Eignungstest, die Endgültigkeitscharakter bekommt, keine Chance gegeben.

»Entweder lernt man nach einer Reihe enttäuschender Mißerfolge, den elitären Erwartungen zu entsprechen, oder man zerbricht an seinen Selbstzweifeln«, ist das Resümee eines Hochschulabsolventen, der sich nach erfolgreichem BWL-Studium wiederholt vergeblich um einen Trainee-Platz beworben hatte.

Bewerbungsgeschädigte klagen über eine häufig erniedrigende und menschenunwürdige Behandlung bei Einstellungstestverfahren und Vorstellungsgesprächen. Da wird von »niederschmetternden Erlebnissen«, vom »Schlag vor den Kopf« und von »höchst nervenaufreibenden, belastenden und geradezu ausweglosen Situationen« berichtet, die den Bewerbungsmarathon zur Tortur werden lassen. Mangelnde Information, völlige Undurchschaubarkeit der Testsituation und merkwürdige bis sinnlose Fragen und Aufgaben ohne Bezug zum angestrebten Arbeitsplatz werden geschildert. Einbrüche in die Intimsphäre sind an der Tagesordnung und müssen erduldet werden.

Die an eine junge Bewerberin gestellte Frage: »Sind Sie Jungfrau?« (Antwort: »Nein, mein Sternzeichen ist Löwe.«) ist leider kein Einzelfall oder bedauerlicher Ausrutscher, wie man zur eigenen Beruhigung schnell denken möchte.

Ohne mit der Wimper zu zucken verwenden Arbeitgeber und Personalchefs Persönlichkeitstests. Marktführer ist der 16 PF des USA-Psychologen Raymond B. Catell, den die Lufthansa in den 60er Jahren »einfliegen« und bis Ende der 80er Jahre allen Bewerbern von der Putzfrau bis zum Piloten vorlegen ließ.

Die Frage »Was wären Sie lieber: Bischof, Oberst oder etwas dazwischen?«, die angeblich auf die Polaritäten Sensibilität (Bischof) versus Robustheit (Oberst) abhebt, ist nicht das einzige hanebüchene Item in diesem Test, der immer noch von vielen Firmen gegen Bewerber eingesetzt wird.

Da wird nicht nur ungeniert nach Hemmungen, Schlafstörungen, Klaustrophobie und quälenden Schuldgefühlen gefragt, sondern auch – ebenso unzulässig – die politische Einstellung ausgehorcht, mit Formulierungen aus der Blütezeit des Kalten Krieges: »Ich halte es für klüger, die nationale Verteidigungsmacht zu stärken, als sich bloß auf die internationale Verständigungsbereitschaft zu verlassen. Antwortmöglichkeiten: ja / dazwischen / nein. Auswertungskriterien: Wer sich für Aufrüstung entscheidet, handelt überlegt, wer für Verständigung eintritt, ist unbefangen bis unbeholfen.

Aus **juristischer** Sicht muß festgestellt werden, daß die heutige Einstellungstestpraxis überwiegend rechtswidrig gehandhabt wird. Die Hauptkritikpunkte: Die vorgeschriebene Beschränkung von Test- und Vorstellungsgesprächsfragen auf arbeitsplatzbezogene Fähigkeiten und Leistungsmerkmale wird bei weitem überschritten. Häufig kommt es zum rechtswidrigen Einsatz selbstgestrickter, willkürlich zusammengestellter Tests und wissenschaftlich nicht ausreichend abgesicherter Testverfahren. Juristisch grundsätzlich unzulässig sind Persönlichkeitstests wie z. B. der 16 PF. In diesem Zusammenhang stellt der Lüneburger Rechtsprofessor Karl-Heinz Schmid fest: Bewerber können sogar auf Schmerzensgeld klagen, wenn sie sich durch solche Erkundigungen in ihrer Intimsphäre verletzt fühlen.

In etwa 90% der Fälle gibt es nicht einmal eine fachlich kompetente Leitung, Auswertung und Beurteilung bei diesen Testverfahren, die – wenn überhaupt – eigentlich nur von Fachpsychologen durchgeführt werden dürften.

Man stelle sich einmal vor, eine betriebsärztliche Untersuchung (»Bitte machen Sie sich frei…!«) wird – wie sich für den Bewerber erst hinterher herausstellt – nicht von einem Mediziner, sondern von einem Personalsachbearbeiter durchgeführt...

Unterbelichtet oder verwackelt
Ein sogenannter Berufseignungs- oder Leistungstest ist mit seinem Ergebnis lediglich eine Momentaufnahme, vergleichbar einem Foto. Natürlich kann jemand eine Reihe von Kopfrechenaufgaben schlechter bewältigen, wenn er gerade Kopfschmerzen hat, und er wird manche der komplizierten Testaufgaben besser lösen, wenn er vorher genügend Zeit gehabt hat, sich mit dem Lösungssystem vertraut zu machen. Innere und äußere Faktoren können also diese Momentaufnahme verzerrend beeinflussen.
Stellen wir uns ein Urlaubsfoto vor. Es ist – was ja vorkommen kann – verwackelt. Könnte nun ein sogenannter objektiver Betrachter daraus Rückschlüsse ziehen, ob sich an unserem Urlaubsort ein Erdbeben ereignet hat? Oder wäre er halbwegs sicher in der Lage, aufgrund dieses oder sogar eines anderen, nicht verwackelten Fotos einzuschätzen, ob wir uns in diesem Urlaub besonders gut erholt haben oder im nächsten Jahr dort wieder hinfahren würden? Sicher nicht.
Das Verfalldatum des Farbfilms kann überschritten sein und so die Farbblässe bewirkt haben. Eine falsche Handhabung des Fotoapparats – unkorrekte Belichtungszeit, Blende oder Entfernung – sind überzeugende Erklärungen für Fotos, die mit der von uns erlebten Realität nur noch sehr wenig zu tun haben. Das gleiche trifft auch auf die heute praktizierten Personalauslese-Tests zu.
Wir sind ausgewiesene Testkritiker. Aber schenken wir den Befürwortern solcher Verfahren einmal Glauben, daß ihre Tests so aus- und vorhersagekräftig sind, wie immer gern behauptet wird: Ist es dann nicht eigentlich verwunderlich, daß Spitzenkräfte in Politik und Wirtschaft nie getestet werden?
Sollten nicht vielleicht der Bundeskanzler und seine Minister per Test ausgewählt oder die Führungspositionen in Wirtschaftskonzernen per Testverfahren besetzt werden? Getestet werden immer nur die Jungen, Kleinen und Schwachen. Wer Macht und Einfluß hat, läßt sich nicht testen, er läßt testen. Bei einer von uns durchgeführten Befragung von 30 Prominenten aus Politik, Wirtschaft und Kultur war nicht ein einziger bereit, sich einem der gängigen Einstellungstestverfahren für Ausbildungsplatzsucher zu unterziehen. Warum wohl?

»Wie Firmen in einer Bewerbungssituation mit einem umgehen, vergißt man nicht so schnell«, berichtet ein leidgeprüfter Bewerber, der nach längerer Suche einen hochqualifizierten Ausbildungsplatz gefunden hat, und fügt hinzu: »Mich überkommen immer böse Gedanken, wenn ich an so einer Firma vorbeikomme bzw. deren Produkte sehe.«
Bei allem Verständnis für die nicht leichte Situation der auswählenden Unternehmen – jeder möchte für sich nur die besten Mitarbeiter – rechtfertigt dies keinesfalls einen dermaßen rüden Umgang mit dem Mitmenschen. Viele Großunternehmen, mittlere und Kleinstfirmen sowie große Teile des öffentlichen Dienstes behandeln Bewerber wie Menschen zweiter Klasse. »Ich kam mir vor, als wäre ich ein Stück Vieh, das zur Schlachtbank geführt werden sollte«, schrieb uns eine Bewerberin.
Für Werbung und Imagepflege geben deutsche Unternehmen Milliarden aus. Da ist in der Regel der Kunde König, da werden Reklamationen kulant bearbeitet, da pflegt man meist einen kooperativen und kultivierten Umgangsstil mit Mitarbeitern – aber mit Bewerbern wird häufig immer noch rüde umgesprungen.
Wüßten die Abteilungen für Öffentlichkeitsarbeit und Presse sowie die Werbe- und Verkaufsabteilungen, möglicherweise auch die obersten Chefetagen mancher Großunternehmen, wie die im eigenen Haus praktizierten Bewerbungsverfahren ablaufen, fiele es schwer, sich vorzustellen, daß diese gleichgültig und gelassen bleiben könnten. Zu offensichtlich erscheint der Zusammenhang zwischen dem unmöglichen Umgangsstil mit Bewerbern und der daraus resultierenden langfristigen und nachhaltigen Imageschädigung für das Unternehmen.
Aber auch die Psychologie und ihre Berufsvertreter erleiden durch das Testunwesen Schaden. Massive Vertrauensverluste der Bewerber gegenüber dem gesamten Berufsstand Psychologie sind ein schwerwiegender Effekt, der nicht gleichgültig lassen kann. Wer sich in einem sogenannten psychologischen Testverfahren als gescheitert und ausgegrenzt erlebt, assoziiert mit dem Berufsbild Psychologe wohl kaum noch Unterstützung, Hilfe und Beratung. Hiervon sind vor allem die klinisch tätigen Psychologen betroffen.

Spießrutenlaufen
Aus **psychoanalytischer** Sicht manifestieren sich in der gängigen Praxis der Bewerberauslese sadistische Rituale. Sie erinnern an die Pubertäts-

und Initiationsriten von Naturvölkern, bei denen die Aufnahme von Jugendlichen in den Erwachsenenstatus vom Überstehen quälender Prozeduren (z.B. Spießrutenlaufen) abhängig gemacht wurde.
Der Sadismus heutiger Arbeits- und Ausbildungsplatzanbieter zeigt sich nicht nur in der Tatsache, daß für zehn zu besetzende Stellen 500 Bewerber getestet werden, sondern auch u.a. im sogenannten K.O.-Verfahren (bei dem man nach einem nicht bestandenen Testteil sofort nach Hause gehen kann), in der völligen Undurchschaubarkeit der Testsituation, in den häufig irrationalen Prüfungsanforderungen sowie besonders in dem enormen Zeitdruck bei der Aufgabenbearbeitung, der systematisch Konfusion und Angst erzeugt. Tests messen deshalb vor allem die Fähigkeit, Angst zu ertragen, nicht aber – wie durch den Anschein wissenschaftlicher Objektivität scheinheilig vorgetäuscht – intellektuelle Leistungen oder gar Berufseignung.
Die Bewerber werden in die psychisch hilflose Lage von Kleinkindern zurückversetzt und in eine Situation der Ohnmacht gebracht, in der sie ohne jegliche Hilfsmittel, Vorbereitung und meist auch ohne Möglichkeit der Kooperation mit anderen schwierige Aufgaben lösen müssen.
Die Rationalisierung »Der richtige Mann an den richtigen Platz« wird zum Vorwand und Deckmantel für (teilweise auf unbewußten Motiven basierende) sadistische Rituale, die aus eigenen tiefen Ängsten herrühren, von der jüngeren, nachfolgenden bzw. aufsteigenden Generation verdrängt zu werden. Ein weiterer Hintergrund: In einer Passiv-Aktiv-Umkehrung kann man den Jugendlichen und Bewerbern in der Rolle des sadistischen Prüfers jetzt das rächend und triumphierend antun, was einem selbst vielleicht einst in der Kindheit von Eltern und Lehrern traumatisch widerfuhr. Prüfungen und Initiationsriten sind Ausdruck des »ewigen Kampfes der Generationen« (E. Stengel) und der Auseinandersetzung zwischen den Mächtigen und den Machtlosen in der Gesellschaft (O. Fenichel). Wer solche Prozeduren »erfolgreich« überstanden hat, bietet gute Gewähr, an die herrschenden Normen angepaßt zu sein und auch in Zukunft nicht aufzumucken (»Lehrjahre sind keine Herrenjahre«).
Zum Schluß noch einmal ein Betroffener: »Vielleicht sollten die Tests und Untersuchungen einmal bei denen durchgeführt werden, die sie veranlassen!«
Und ein weiterer, eigentlich grundlegender Gedanke:
Wir sind nicht auf der Welt, um so zu sein, wie andere uns haben wollen.

Zum Sinn von Testtraining

Oder: Was das Gemeinsame von Elefant und Veilchen ist
Was ist der gemeinsame Oberbegriff, das Gemeinsame von Apfel und Apfelsine? Sie wissen es: Obst, beides ist eßbar.
Was aber um Gottes Willen ist das Gemeinsame von Elefant und Veilchen? Bis Sie hier auf die richtige Lösung kommen, kann einige Zeit vergehen, und in einer realen Testsituation kostet es Sie vielleicht die alles entscheidenden Punkte.
Die gesuchte Lösung lautet übrigens *Lebewesen*. Und das trifft auch auf die Gemeinsamkeit von Nashorn und Eiche zu. Auch noch gelten lassen Testautoren die Antwort *Natur*.

Vor dem Erscheinen unseres ersten Buches zu dieser Thematik (»Testtraining für Ausbildungsplatzsuchende«, 1985, Neuauflage 1999) wurde man getestet, ohne die Chance zu haben, sich realistisch auf die Prüfungssituation Einstellungstest vorbereiten oder sich überhaupt kritisch mit dem Testphänomen auseinandersetzen zu können.
Oftmals handelte es sich dabei um höchst fragwürdige, zum Teil sogar quälerische Testprozeduren, denen insbesondere junge Bewerber um einen Ausbildungsplatz hilflos und ohnmächtig ausgesetzt waren.
Angeregt durch kritische Nachfragen junger Menschen aus dem persönlichen Bekanntenkreis begannen wir 1983, gründlich zu dieser Problematik zu recherchieren. Wir selbst standen gerade am Beginn unserer Berufstätigkeit als Psychologen und hatten unsere eigenen Bewerbungsgespräche noch gut im Gedächtnis.
Als wir selbst einmal einen solchen Einstellungstest in die Hand bekamen, mit dem junge Bewerber für einen Ausbildungsplatz ausgewählt werden sollten, waren wir – gelinde gesagt – nicht schlecht erstaunt. Wir mußten uns fragen, ob wir – rund 15 Jahre älter und mit abgeschlossenem Psychologiestudium – eine Chance gehabt hätten, diesen Einstellungstest zu überstehen, d.h. zum Beispiel einen Ausbildungsplatz als Sozialversicherungsfachangestellter (Voraussetzung: Realschulabschluß) zu bekommen.
Die Tatsache, daß Bewerbern wegen der falschen Beantwortung von Fragen wie:
»Was ist das Gemeinsame von Gasometer und Aktentasche?« und
»Wie lang ist ein 10-EUR-Schein?«
ein Ausbildungsplatz (z.B. bei der Bundesversicherungsanstalt für Ange-

stellte in Berlin) vorenthalten wurde, regte uns gleichermaßen auf wie an. Das Ergebnis war unser erstes Buch, das inzwischen weit mehr als zwei Millionen Leser gefunden hat.

Unser Ziel war es, durch die erstmalige Veröffentlichung dieser fragwürdigen Testverfahren eine konkrete Vorbereitung und damit Hilfestellung für die betroffenen Bewerber zu ermöglichen. Außerdem sollte das Buch eine kritische Diskussion in Gang bringen und die gängige Test- und Wissenschaftsgläubigkeit in Frage stellen. Dies erscheint uns weitgehend gelungen. Überrascht waren wir nicht nur von den vielen Briefen von Ausbildungsplatzsuchenden, sondern auch von den Berichten älterer berufserfahrener Bewerber (z. B. mit Weiterbildungs- und Aufstiegswünschen), die geichermaßen Opfer höchst fragwürdiger Testverfahren geworden waren.

Wenn man weiß, worauf es bei Tests ankommt und was auf einen zukommen kann, ist man in der Lage, sich konkret vorzubereiten. Der häufig Hilflosigkeit, Überraschung und Angst auslösende Effekt von sogenannten Eignungs- und Leistungstests wird so zum großen Teil reduziert. Wenn man sich darüber hinaus verdeutlicht, daß diese Art von Tests – ob mit sogenanntem guten oder schlechten Ergebnis – keine wirkliche Vorhersage für die berufliche Zukunft zulassen, relativieren sich Angst und Streß für den (leid-)geprüften Testkandidaten.

Nicht wenige Firmen sahen aufgrund der in Gang gekommenen Diskussion ein, daß die von ihnen zum Teil auch selbstgestrickten Verfahren vollkommen untauglich waren, die angeblich intelligenten und damit »geeigneten« Bewerber auszulesen. Die sogenannten Intelligenztests erlebten einen gewissen Niedergang – wenngleich es noch immer zu viele ignorante Anwender gibt, die dem wissenschaftlich verbrämten Aberglauben von völlig veralteten Intelligenztests aufsitzen. Deshalb ist diese umfangreiche Neuausgabe notwendig.

Festzustellen ist: Der Trend geht heute eindeutig zu mehr Leistungs- und Konzentrationstests sowie zu Persönlichkeitstests. Dagegen kann man sich aber ebenso schützen. Auch hier wird dieses Buch helfen.

Noch einmal kurz zusammengefaßt: Eine Vorbereitung auf Tests ist ebenso sinnvoll wie notwendig: Übung macht den Meister. In einer beruflich und damit auch lebensgeschichtlich wichtigen Situation kommt es für den Bewerber darauf an, seine Interessen und Chancen wirklich wahrzunehmen.

Das in der Auswahlsituation typischerweise auftretende Machtgefälle

Arbeitgeber – Bewerber (Prüfer – Prüfling, Herr – Knecht) ist durch eine qualifizierte Prüfungsvorbereitung spürbar zugunsten des Bewerbers zu reduzieren. Dieses Buch trägt wesentlich dazu bei.

Jeder Schauspieler muß seine Rolle gut einstudieren, bevor er sich mit Aussicht auf Erfolg auf die Bühne wagen kann. Auch im Leben gibt es immer wieder »Bühnenauftritte«, bei denen es darauf ankommt, eine Rolle vorzubereiten und gut zu spielen. Hat man erst mal begriffen, daß das Gemeinsame von Elefant und Veilchen Lebewesen ist, kommt man sehr viel leichter auch auf die abstruse Gemeinsamkeit von Kleeblatt und Nashorn. Der Mensch ist halt lernfähig – sollte man jedenfalls hoffen.

Sinn und Unsinn von Testverfahren
Thema dieses Buches sind berufliche Eignungs- und Einstellungstestverfahren. Es geht also nicht um Illustrierten-Tests, die der Unterhaltung dienen (»Sind Sie eifersüchtig?«), oder um klinische Testverfahren, die in einer Beratungs- oder Therapiesituation zwischen Klient/Patient und Psychotherapeut (Psychologe/Psychiater) sinnvoll eingesetzt werden können.

Im Bereich beruflicher Eignungs- und Einstellungstests dokumentieren und kritisieren wir Auswahltestverfahren, die von Firmen/Institutionen (also Arbeitgebern) eingesetzt werden. Bisweilen wird die Auswahlprozedur delegiert, z. B. an eine spezielle Testgesellschaft (wie die *Deutsche Gesellschaft für Personalwesen*) oder an Personalberatungsfirmen.

Warum werden Testverfahren eingesetzt?

Testbefürworter argumentieren etwa so:
- Die auf Tests basierenden Personalentscheidungen sind gerechter, rationaler und transparenter als solche, die auf Zeugnisse, Gesprächseindrücke oder gar Graphologie zurückgreifen.
- Ein Vorzug von Tests besteht in der direkten Vergleichbarkeit der gezeigten Leistungen. Alle Bewerber haben die gleichen Chancen: Jeder bekommt die gleichen Testaufgaben, alle haben die gleiche Testbearbeitungszeit, und das Testergebnis wird nach dem gleichen Schema ausgewertet. Damit sind Tests objektiver.
- Einstellungstests werden regelmäßig auf ihre Vorhersagequalität (Gültigkeit/Validität) untersucht. Deshalb sind Eignungstests besonders fair.

Sinn und Unsinn von Testverfahren 25

- Man kann Schulnoten, Zeugnissen usw. nicht trauen. Sie ermöglichen auch keine Aussage über zukünftige Leistungen. Da kann nur ein Test helfen.
- Tests dienen dazu, dem Arbeitgeber teure Fehlentscheidungen bei der Bewerberauswahl zu ersparen. Sie helfen aber auch dem Bewerber, indem sie ihm ein Feedback darüber geben, ob er für eine bestimmte berufliche Aufgabe geeignet ist oder nicht.

Solche und ähnliche Argumente kann man immer wieder hören, wenn Testbefürworter sich bemühen, den Einsatz von Testverfahren bei der Personalauslese zu rechtfertigen.

Tests sind doch prima – oder kommen Ihnen gefühlsmäßig vielleicht doch ein paar Zweifel? Wenn Tests so gut wären, wie von einigen behauptet wird, dann müßten eigentlich doch auch wichtige Führungs- und Spitzenpositionen in Wirtschaft, Politik, Wissenschaft und Kultur per Eignungs- und Einstellungstest besetzt werden.

Haben Sie schon mal etwas davon gehört, daß Positionen wie die eines Topmanagers, Professors oder sogar die des Bundeskanzlers mittels eines Tests besetzt worden sind? Getestet werden in der Regel nur »die Kleinen«, die sich gegen derartige Prozeduren nicht wehren können. Ein Kultusminister (studierter Germanist), der sich freiwillig einem Rechtschreibtest unterzogen hatte, machte so viele Fehler, daß er nirgendwo eine Chance auf einen Ausbildungsplatz hätte. Und das noch vor der Rechtschreibreform!

Nur allzu verständlich und auch menschlich, daß Arbeitgeber bei der Auswahl ihrer Mitarbeiter den Wunsch haben, in die Zukunft zu schauen. Leider können aber auch Tests diesen uralten Menschheitstraum nicht verwirklichen.

Zusammengefaßt beziehen sich unsere wichtigsten Kritikpunkte auf:

A. Die Instrumente (Tests)
a. die fragwürdigen theoretischen Grundlagen der Verfahren
(Wie »Intelligenz«, »Berufseignung« und »Persönlichkeit« genau definiert oder gar »gemessen« werden kann, ist in der Psychologie höchst umstritten.)
b. die fragwürdigen Test-Inhalte
(meist völlig fehlender Bezug zum angestrebten Beruf)
c. die fragwürdigen Aussagen/Vorhersagen aufgrund von Tests
(Von wissenschaftlicher Seite wird der Ableitung und Vorhersagbarkeit

von Testerfolg auf Berufserfolg entschieden widersprochen, trotzdem werden Entscheidungen von oft »lebenslänglicher« Bedeutung von Tests abgeleitet.)

B. Die Test-Situation
Erniedrigende Art des Umgangs mit dem Bewerber: Die Bewerber werden in der Regel in einer Herr-Knecht-Situation durch Undurchschaubarkeit der Situation, sinnlose Fragen und Aufgaben, enormen Zeitdruck etc. systematisch geängstigt; »gemessen« wird in diesen häufig sadistisch gefärbten Ritualen lediglich die Angsttoleranz.

C. Juristische Aspekte
Die juristischen Zulässigkeitsvoraussetzungen werden meist nicht erfüllt: meist keine fachlich kompetente Leitung der Tests; Laien statt Fachpsychologen; keine Beschränkung auf arbeitsplatzbezogene Merkmale; rechtswidriger Einsatz selbstgestrickter/wissenschaftlich nicht ausreichend abgesicherter Verfahren; rechtswidriger Einsatz von Persönlichkeitstests u. a.

Noch eine Anmerkung:
Einstellungstests, wie in diesem Buch beschrieben, halten wir über alle Maßen für zweifelhaft und unseriös. Die von uns kritisierten Intelligenz-, Konzentrations-, Leistungs- und Eignungstests sind nicht im entferntesten in der Lage, das zu halten, was sie versprechen.
Durchaus anders verhält es sich bei Persönlichkeitstests.
Angewandt im klinisch-psychologischen Bereich, d. h. in einer Beratungs- bzw. Therapiesituation zwischen Psychotherapeut und Patient, können sie einen wertvollen Beitrag leisten. Hier, unter ganz anderen Voraussetzungen als in der Berufswelt, haben ausgewählte Persönlichkeitstests eine wirkliche Existenzberechtigung und können für beide (Testanwender und Getesteten) hilfreich sein.
Im beruflichen Feld eingesetzt, stellen sie eine wirkliche Bedrohung des Arbeitnehmers dar und sind in jeder Hinsicht – psychologisch, moralisch und juristisch – verwerflich.

Zum Umgang mit diesem Buch und den Testaufgaben

Bevor Sie loslegen
Der nun folgende umfangreiche Testaufgabenteil – von Allgemeinwissen über logisches Denken bis hin zu Persönlichkeitstests und Berichten aus der realen Testpraxis – ist nach einem bestimmten System aufgebaut.
Von entscheidender Bedeutung sind besonders die Kapitel *Logisches Denken/Abstraktionfähigkeit*, aber auch alle Aufgaben, die unter die Abschnitte *Spezielle intellektuelle Fähigkeiten und Leistungs-Konzentrations-Tests* fallen. Vor allem in den ersten Kapiteln wird – in der Regel auf der rechten Seite – die Aufgabenstellung erklärt und durch Beispiele illustriert. Dann folgt die Angabe, wie viele Aufgaben in welcher Zeit zu bearbeiten sind. In der realen Testsituation ist es ganz ähnlich. Nur: Hier erfahren Sie nicht, wieviel Zeit Sie für wie viele Aufgaben haben.
Erst wenn Sie die Aufgabenstellung verstanden haben, dürfen Sie mit der Bearbeitung anfangen. Dann läuft die Uhr, und damit Sie das so realistisch wie möglich schon im Vorfeld üben können, empfehlen wir Ihnen, die Aufgabenbearbeitung hier im Buch einmal unter Zeitdruck mit einer Stoppuhr durchzuführen.
Ganz wichtig zu wissen: In den meisten Fällen werden Sie – hier im Buch wie in der realen Testsituation – die große Menge der Testaufgaben in der Kürze der Zeit nicht erfolgreich bearbeiten können. Das ist auch in der Realität so intendiert, d. h., man will Sie als Kandidaten zusätzlich unter Streß setzen, wenn Sie erleben müssen, wie wenig Sie eigentlich schaffen. Hinzu kommt, daß die Aufgaben in der Regel im Schwierigkeitsgrad ansteigen, so daß Sie immer langsamer vorankommen.
Für Ihre persönliche Auswertung berücksichtigen Sie bitte, daß 50 % richtig gelöste Aufgaben (der Gesamtmenge eines Testaufgabentyps – z. B. *Allgemeinwissen, Figurenreihen fortsetzen, Dominos* etc.) schon recht befriedigend sind. 100 % sind im Grunde genommen nie zu erreichen, und wenn Sie um die 70 % liegen, können Sie wirklich mit Ihrer Leistung zufrieden sein.
Übrigens: Wer alles bzw. fast alles richtig löst, kann trotzdem nicht sicher sein, daß er sein angestrebtes Ziel erreicht, denn oftmals sind Testern und Personalchefs zu gute Kandidaten in höchstem Maße suspekt.
Weitere generelle Tips zur Bearbeitung von Tests sowie spezielle Tricks zu einzelnen Aufgabentypen entnehmen Sie bitte dem Kapitel *Bearbeitungs-Hilfen* (S. 304). Das Lösungsverzeichnis finden Sie ab S. 481.

Unser Anliegen ist es vor allem, daß Sie sich mit den verschiedenen Aufgabentypen vertraut machen und somit besser wissen, was auf Sie zukommen kann. Wir wissen aus unserer langjährigen Praxis, daß der Lerneffekt groß ist. Ähnlichkeiten zwischen den Tests in diesem Buch und denen in realen Prüfungssituationen sind keineswegs zufällig.
In dieses Buch sind die Berichte und Erfahrungen zahlreicher Testteilnehmer eingeflossen, die uns geschrieben haben. Vielleicht berichten Sie uns ja auch einmal, wie Ihre Testerfahrungen sind. Dafür sind wir Ihnen dankbar und wünschen Ihnen jetzt zunächst einmal eine gute Vorbereitungszeit *(Adresse für Ihre Zuschriften s. vorn im Buch)*.

Intelligenztests

In Abgrenzung zu den Leistungs-, Konzentrations- und Persönlichkeitstests widmen wir uns zuerst den sogenannten Intelligenztests. Was dabei eigentlich »Intelligenz« ist, glauben wir zwar umgangssprachlich zu wissen, in der Psychologie ist jedoch die Definition von »Intelligenz« ziemlich uneindeutig. Das Spektrum gliedert sich in die nachfolgenden Gebiete wie Allgemeinwissen, Logik, bis hin zur praktisch-technischen Intelligenz. Zuallererst aber geht es um das so beliebte...

Allgemeinwissen

Wir haben es schon immer gewußt: Wir Deutschen lieben Quizshows. Ganz ähnlich geht es bei vielen Allgemeinwissenstests zu. Was unter dem sogenannten Allgemeinwissen zu verstehen ist, bestimmen die Arbeitsplatzvergeber. Aber auch Psychologen neigen dazu, in ihren Testfragensammlungen willkürlich festzulegen, was man ihrer Meinung nach wissen sollte.

Meistens geht es um folgende Sachgebiete: Staat, Politik, Geschichte, Geographie, Wirtschaft, berühmte Persönlichkeiten, Schöngeistiges (Kunst/Literatur/Musik), manchmal auch Sport und Technik, weniger Biologie, Physik und Chemie.

Von Minisammlungen (etwa 10 Fragen) am Anfang einer Testbatterie bis zu 200 Fragen (10 Gebiete à 20 Fragen) reicht die Palette. Oftmals werden die Fragensammlungen durch berufsspezifische Wissensfragen erweitert. Man kann sich viele Allgemeinwissensfragen ausdenken – unsere Beispiele jedoch stammen aus Originaltests der täglichen Testpraxis, geordnet nach Sachgebieten, unter Berücksichtigung von Wichtigkeit und Häufigkeit. Hier zunächst ein leichter Einstieg in Form eines Satzergänzungstests:

Satzergänzung

Ihnen werden Sätze vorgegeben, die durch eines der Lösungsworte a–f zu ergänzen sind. Nur ein Lösungswort ist richtig.

1. Beispiel: Am meisten Ähnlichkeit haben Kaninchen mit…
   a) Hasen
   b) Katzen
   c) Eichhörnchen
   d) Füchsen
   e) Igeln
   f) Frettchen

Lösung: a) Hasen

2. Beispiel: Vor allem aus Mangel an… sind Hochhäuser entstanden.
   a) Sauerstoff
   b) ästhetischem Empfinden
   c) Baugrund
   d) Bauholz
   e) Architekten
   f) Wohnungen

Lösung: c) Baugrund

Für die folgenden 27 Satzergänzungsaufgaben haben Sie 6 Minuten Zeit.

1. Beim Autofahren benötigt man besonders…
   a) Vorsicht
   b) Ausdauer
   c) Geschick
   d) Kraft
   e) Aufmerksamkeit
   f) Rücksicht

Bitte arbeiten Sie auf der nächsten Seite weiter

Satzergänzung

2. Am wichtigsten am Fernseher ist...
   a) die Antenne
   b) der Abstellknopf
   c) die Transistoren
   d) die Bildröhre
   e) der Kontrastregler
   f) der Lautstärkeregler

3. ... gehört nicht zum Wetter.
   a) der Nebel
   b) das Gewitter
   c) der Hagel
   d) das Erdbeben
   e) der Orkan
   f) der Sturm

4. Als Verkehrsmittel ist das Flugzeug das...
   a) unsicherste
   b) leichteste
   c) teuerste
   d) größte
   e) vernünftigste
   f) schnellste

5. Letztlich werden Entscheidungen...
   a) diskutiert
   b) überlegt
   c) getroffen
   d) geplant
   e) befolgt
   f) vermieden

6. Am ehesten zu Lebzeiten muß der Ruf eines... begründet sein.
   a) Komponisten
   b) Malers
   c) Bildhauers
   d) Schauspielers
   e) Dichters
   f) Schriftstellers

Bitte arbeiten Sie auf der nächsten Seite weiter

7. Am wenigsten kann man über längere Zeit verzichten auf das…
   a) Fernsehen
   b) Schlafen
   c) Sprechen
   d) Trinken
   e) Essen
   f) Gehen

8. Quecksilber ist…
   a) eine Legierung
   b) ein Metall
   c) ein Mineral
   d) eine Lösung
   e) ein Gemisch
   f) eine Mixtur

9. In der Regel sind Väter… erfahrener als ihre Söhne.
   a) nie
   b) immer
   c) gewöhnlich
   d) grundsätzlich
   e) selten
   f) manchmal

10. …gehört/gehören immer zu einer Prüfung.
    a) Fragen
    b) Antworten
    c) Wissen
    d) Fähigkeiten
    e) ein Programm
    f) ein Prüfender

11. Hat man Geld, hat man immer…
    a) Freude
    b) Freunde
    c) Sicherheit
    d) Macht
    e) Besitz
    f) Konten

Bitte arbeiten Sie auf der nächsten Seite weiter

Satzergänzung

12. Am besten löst man ein Problem durch...
   a) Einfühlung
   b) Verstand
   c) Ausprobieren
   d) Konzentration
   e) Nachdenken
   f) Aufgeben

13. Etwa...% beträgt der Anteil der Bundesrepublik Deutschland an der Festlandoberfläche der Erde.
   a) 0,2%
   b) 0,5%
   c) 1,5%
   d) 2,3%
   e) 2,8%
   f) 3,2%

14. Man braucht..., wenn man arbeitet.
   a) Verstand
   b) Intelligenz
   c) Werkzeuge
   d) Chefs
   e) Aufgaben
   f) Ehrgeiz

15. ...ist die häufigste Ursache eines Hochwassers.
   a) Unglück
   b) Katastrophe
   c) Unwetter
   d) Dammbruch
   e) Regen
   f) Eisschmelze

16. Mit Menschen sollte man...im Umgang sein.
   a) abwartend
   b) vergnügt
   c) aufgeschlossen
   d) zurückhaltend
   e) vorsichtig
   f) gewandt

Bitte arbeiten Sie auf der nächsten Seite weiter

17. Man benötigt viel…, um tiefe Töne zu erzeugen.
    a) Verstand
    b) Gefühl
    c) Übung
    d) Kraft
    e) Schwung
    f) Konzentration

18. Eine mit Inhalten aus der Tierwelt gestaltete kurze Erzählung, die häufig eine Belehrung enthält, bezeichnet man als…
    a) Anekdote
    b) Roman
    c) Fabel
    d) Legende
    e) Gleichnis
    f) Symbol

19. Eine/ein… dient nicht der Regelung des Verkehrs auf der Straße.
    a) Parkverbot
    b) Bahnschranke
    c) Einbahnstraße
    d) Ampelanlage
    e) Scheinwerfer
    f) Verkehrspolizist

20. Die Differenz zwischen sog. bürgerlichem und astronomischem Jahr wird ausgeglichen durch das/die…
    a) Schaltjahr
    b) Kalenderjahr
    c) Jahreszeiten
    d) Monatslängen
    e) Kirchenjahr
    f) Sabbatjahr

Bitte arbeiten Sie auf der nächsten Seite weiter

Satzergänzung

21. ... gibt ein subjektives Gefühl der Sicherheit, obwohl objektiv die Reaktionszeiten länger werden.
   a) Trauer
   b) Freude
   c) Koffein
   d) Erfolg
   e) Alkohol
   f) Tein

22. Ein Gradierwerk wird eingesetzt zur...
   a) Landvermessung
   b) Stromgewinnung
   c) Wasserverdunstung
   d) Flußregulierung
   e) Landgewinnung
   f) Städteplanung

23. Wassertürme haben die Funktion, das Wasser...
   a) zu reinigen
   b) zu kontrollieren
   c) zu sammeln
   d) unter Druck in die Wasserleitung zu bringen
   e) aufzufangen
   f) kühlzuhalten

24. Mit dem Wort Unruhe bezeichnet man einen Teil aus...
   a) der menschlichen Seele
   b) einem Kompaß
   c) einem Motor
   d) einer Uhr
   e) einem Seismographen
   f) einem Computer

Bitte arbeiten Sie auf der nächsten Seite weiter

25. Generell gilt: Wasser ist immer ... als Fett.
    a) weicher
    b) schwerer
    c) härter
    d) leichter
    e) wärmer
    f) kühler

26. Generell gilt: Eis ist immer ... als Wasser.
    a) flexibler
    b) leichter
    c) reiner
    d) schwerer
    e) klarer
    f) unruhiger

27. Das Phänomen der ... basiert auf der Tatsache, daß die Umdrehungsachse der Erde nicht senkrecht zur Erdbahnebene steht.
    a) Gezeiten
    b) Jahreszeiten
    c) Mondfinsternis
    d) Sonnenfinsternis
    e) Erdabspaltung
    f) Vulkanausbrüche

Stop. Hier endet diese Aufgabe

Einzelne Wissensgebiete

Aus den folgenden 13 Allgemeinwissensgebieten präsentieren wir Ihnen eine Aufgabensammlung. Aber: Bearbeiten Sie diese Aufgabe möglichst nur, wenn Sie genug Zeit und Muße haben. Die anschließend folgenden Aufgaben zum logischen Denken sind z. B. noch wichtiger, wenn Ihnen in Kürze ein Test bevorsteht.

Hier ein Überblick über die einzelnen Wissensgebiete:

1. Staat und Politik
2. Geschichte
3. Bedeutende Persönlichkeiten
4. Wirtschaft
5. Geographie
6. Literatur
7. Kunst
8. Musik
9. Sport
10. Technik
11. Biologie
12. Physik
13. Chemie

Auch wenn die folgenden Frageinhalte abenteuerlich anmuten und Sie rätseln, was das alles mit der Qualifikation für bestimmte Berufe zu tun hat – es ist lohnend, sich das folgende »Bildungsgut« anzueignen.

Versuchen Sie, die 13 Aufgabengebiete mit 350 Aufgaben in 90 Minuten durchzuarbeiten.

1. Staat und Politik

1. Die Staatsform der Bundesrepublik Deutschland heißt...
   a) Volksdemokratie
   b) parlamentarische Volksrepublik
   c) parlamentarische Demokratie
   d) Bundesstaat

2. Wer wurde als erster zum Ministerpräsidenten von Sachsen gewählt?
   a) Lothar de Maiziere
   b) Manfred Stolpe
   c) Oskar Lafontaine
   d) Kurt Biedenkopf

3. Wie viele neue Bundesländer hat die Bundesrepublik Deutschland am 3. Oktober 1990 hinzubekommen?
   a) 4
   b) 5
   c) 6
   d) 7

4. Von wem wird der Bundeskanzler der Bundesrepublik gewählt?
   a) durch das Volk
   b) durch die Bundesversammlung
   c) durch den Bundesrat
   d) durch den Bundestag

5. Wie lautet die richtige Abkürzung für die Vorläuferorganisation der EU?
   a) ETA
   b) EFTA
   c) EG
   d) EVA

Bitte arbeiten Sie auf der nächsten Seite weiter

1. Staat und Politik

6. Für welchen Zeitraum wird der deutsche Bundestag gewählt?
   a) für 2 Jahre
   b) für 3 Jahre
   c) für 4 Jahre
   d) für 5 Jahre

7. Von wem wird der Bundespräsident gewählt?
   a) vom Bundestag
   b) vom Bundesrat
   c) vom Volk
   d) von der Bundesversammlung

8. In welchem Alter erlangt man das passive Wahlrecht?
   a) mit 18 Jahren
   b) mit 21 Jahren
   c) mit 23 Jahren
   d) mit 25 Jahren

9. Unter dem Begriff Gewaltenteilung versteht man…
   a) einen Fachausdruck aus dem Wirtschaftsrecht
   b) einen Begriff des Eherechts
   c) Kurzbezeichnung für die Aufgaben der Polizei
   d) Trennung der Funktionen von Rechtsprechung, Verwaltung und Gesetzgebung

10. Wenn in unserem Land ein neues Gesetz entstanden ist, wird es zuletzt gegengezeichnet vom…
    a) Bundeskanzler
    b) Bundespräsidenten
    c) Bundestagspräsidenten
    d) von den Bundesministern

11. Welches Bundesorgan setzt sich ausschließlich aus Vertretern der Länderregierungen zusammen?
    a) der Bundestag
    b) die Bundesversammlung
    c) der Bundesrat
    d) die Bundesregierung

Bitte arbeiten Sie auf der nächsten Seite weiter

12. Welches der folgenden Merkmale charakterisiert eine demokratische Grundordnung?
    a) Pressezensur
    b) Kontrolle der Gerichtsbarkeit
    c) Teilung der Staatsgewalt
    d) Zusammenfassung der Staatsgewalt

13. Wie bezeichnet man den Zusammenschluß von Abgeordneten einer im Parlament vertretenen Partei?
    a) Opposition
    b) Fraktion
    c) Koalition
    d) Kabinett

14. Welcher Staat ist NATO-Mitglied?
    a) Österreich
    b) Finnland
    c) Schweden
    d) Norwegen

15. Das Hauptarbeitsfeld eines Kommunalpolitikers ist…
    a) sein Bundesland
    b) sein Heimatland
    c) die Gemeinde
    d) der Regierungsbezirk

16. Welches Land hat eine Präsidialdemokratie als Staatsform?
    a) Italien
    b) Schweiz
    c) Schweden
    d) Frankreich

17. Was versteht man unter einem Hammelsprung?
    a) Abstimmungsverfahren zur Wahl eines Parteivorsitzenden
    b) Auseinanderbrechen einer Fraktion
    c) Abstimmungsverfahren mit Ja- und Nein-Türen
    d) nichts von alledem

Bitte arbeiten Sie auf der nächsten Seite weiter

1. Staat und Politik

18. Die Zuständigkeit des Bundes ist gegeben bei...
    a) allen Sozialämtern
    b) allen Finanzämtern
    c) der Polizei
    d) der Bundeswehr

19. Wer diskutiert und verabschiedet den Haushalt der Bundesrepublik Deutschland?
    a) der Bundestag
    b) das Bundesfinanzministerium
    c) die Bundesministerkonferenz
    d) der Bundeswirtschaftsminister

20. Wo ist der Sitz des Bundesverfassungsgerichts?
    a) Berlin
    b) Bonn
    c) Karlsruhe
    d) Frankfurt a. M.

21. Bei welchem Amt wird ein Neugeborenes angemeldet?
    a) Ordnungsamt
    b) Standesamt
    c) Regierungspräsidium
    d) Einwohnermeldeamt

22. Ein Bürger hat nicht nur Rechte, sondern auch Pflichten. Welche Pflichten hat er nicht?
    a) Schulbesuch
    b) zu wählen
    c) das Schöffenamt wahrzunehmen
    d) sich beim Einwohnermeldeamt registrieren zu lassen

23. Welches Gericht übt keine Strafjustiz aus?
    a) Landgericht
    b) Amtsgericht
    c) Bundesverfassungsgericht
    d) Oberlandesgericht

Bitte arbeiten Sie auf der nächsten Seite weiter

24. Wer hat kein Streikrecht?
    a) Pilot
    b) Postbeamter
    c) Bankangestellter
    d) Arzt

25. Wann wurde die Bundesrepublik gegründet?
    a) 1945
    b) 1946
    c) 1949
    d) 1947

26. Wann wurde die Bundeswehr aufgestellt?
    a) 1945
    b) 1949
    c) 1950
    d) 1956

27. Was bedeutet Föderalismus?
    a) Zentrale Regierungsform
    b) Zusammenfassung von Einzelstaaten zu einem Staatenbund
    c) Planwirtschaft
    d) Zentralwirtschaft

28. Wieviele Bundesländer hat die Bundesrepublik?
    a) 10
    b) 15
    c) 12
    d) 16

29. Welches Ministerium ist nicht auf Bundesebene vertreten?
    a) Wirtschaft
    b) Finanzen
    c) Kultur
    d) Arbeit und Soziales

Bitte arbeiten Sie auf der nächsten Seite weiter

1. Staat und Politik

30. Welches Ressort nimmt seit Jahren den größten Haushaltsetat ein?
    a) Verteidigung
    b) Arbeit und Soziales
    c) Verkehr
    d) Wissenschaft und Bildung

31. Was ist das Bruttosozialprodukt?
    a) Meßgröße für die Gesamtleistung einer Volkswirtschaft
    b) Ausdruck aus der Wirtschaftspsychologie
    c) Meßgröße für das Steueraufkommen
    d) Meßgröße für die Dienstleistungen der Kurzarbeiter

32. Welches Amt ist in einer Kommunalverwaltung unerläßlich?
    a) Postamt
    b) Ordnungsamt
    c) Verkehrsamt
    d) Pfarramt

33. Wie lange beträgt die Amtszeit des Bundespräsidenten?
    a) 6 Jahre
    b) 2 Jahre
    c) 4 Jahre
    d) 5 Jahre

34. Welche Versicherung muß man bei der Zulassung eines Pkw unbedingt abschließen?
    a) Haftpflichtversicherung
    b) Vollkaskoversicherung
    c) Insassen-Unfallversicherung
    d) Diebstahlversicherung

35. Welcher Steuerpflicht unterliegt ein Arbeitnehmer auf jeden Fall?
    a) Vergnügungssteuer
    b) Mineralölsteuer
    c) Lohnsteuer
    d) Umsatzsteuer

Bitte arbeiten Sie auf der nächsten Seite weiter

36. Wer wählt den Bundestagspräsidenten?
    a) Bundestag
    b) Bundesrat
    c) Bundesversammlung
    d) Bundesminister

37. Was bedeutet der Begriff passives Wahlrecht?
    a) Möglichkeit, gewählt zu werden
    b) an einer Briefwahl teilzunehmen
    c) Aussichtslosigkeit, durch seine Wahl etwas zu bewirken
    d) Verlust aktiver Wahlmöglichkeiten

38. Wann wurde die Deutsche Mark (DM) eingeführt?
    a) 1945
    b) 1948
    c) 1949
    d) 1946

39. Wer war der erste Bundeskanzler der BRD?
    a) Heuß
    b) Schumacher
    c) Adenauer
    d) Erhard

40. Wer sagte, Politik sei die Kunst des Möglichen?
    a) Bismarck
    b) Truman
    c) Adenauer
    d) Churchill

41. Wie lautet die Inschrift über dem Portal des Reichstagsgebäudes in Berlin?
    a) Die Diener des Volkes
    b) Einigkeit und Recht und Freiheit
    c) Dem deutschen Volke
    d) Auferstanden aus Ruinen

Bitte arbeiten Sie auf der nächsten Seite weiter

1. Staat und Politik

42. Die festorganisierte Verbindung von Abgeordneten der gleichen Partei im Bundestag wird bezeichnet als:
    a) Fraktion
    b) Sektion
    c) Parteiflügel
    d) Koalition

43. Die totalitäre Überbetonung des nationalen Denkens heißt:
    a) Chauvinismus
    b) Nationalismus
    c) Faschismus
    d) Patriotismus

44. Wie heißt die Verpflichtung zur einheitlichen Stimmabgabe innerhalb einer Partei?
    a) Unionsverhalten
    b) Fraktionszwang
    c) Parteisolidarität
    d) Politkonsens

45. Wie heißt das Streben der Mitglieder eines Staatenbundes nach möglichst weitgehender Selbständigkeit?
    a) Neutralismus
    b) Partikularismus
    c) Isolationismus
    d) Pluralismus

46. Die Verbindung mehrerer Gesetzesvorlagen, die im Parlament gemeinsam behandelt werden, bezeichnet man als:
    a) Courtage
    b) Fusion
    c) Junktim
    d) Population

47. Wofür wurde das Schengener Abkommen geschlossen?
    a) Ethische Kontrollinstanz bei Genversuchen
    b) Einführung des Euro
    c) Abbau der Grenzkontrollen innerhalb der EU
    d) Koordination der Frequenzen im Flugverkehr

Bitte arbeiten Sie auf der nächsten Seite weiter

48. Die Grundrechte in unserer Verfassung sind…
    a) mittelbar geltendes Recht
    b) unmittelbar geltendes Recht
    c) sozial bindendes Recht
    d) absolut geltendes Recht

49. In welchem Land existiert heute noch das Modell einer konstitutionellen Monarchie?
    a) Norwegen
    b) Finnland
    c) Island
    d) Schweiz

50. Der politische Liberalismus fand seinen Niederschlag in…
    a) dem Sozialismus-Kommunismus
    b) den Ständekämpfen des Mittelalters
    c) den Revolutionen des 18. Jahrhunderts
    d) in der Gründung von föderalistischen Staatenbünden

51. Wie hieß das Gegenstück zur EG in den sozialistischen Ländern?
    a) ILO
    b) COMISCO
    c) EFTA
    d) COMECON

52. Die Aufgabe der Bundesversammlung ist es, …
    a) die zu wählenden Bundesrichter vorzuschlagen
    b) die Entscheidungen des Bundesrates zu kontrollieren
    c) die Wahl des Bundespräsidenten vorzunehmen
    d) übergreifende Polizeiaktivitäten zu koordinieren

53. Die UNESCO als Unterorganisation der UN hat ihren Sitz in…
    a) Paris
    b) Genf
    c) Brüssel
    d) Wien

Bitte arbeiten Sie auf der nächsten Seite weiter

1. Staat und Politik

54. Die USA unterstützten 1946 den Wiederaufbau Europas und insbesondere der BRD. Dies geschah mit Geldern aus dem...
    a) Dawes-Plan
    b) Marshall-Plan
    c) Morgenthau-Plan
    d) Clay-Roosevelt-Plan

55. Der Volksentscheid, meist aufgrund eines Volksbegehrens zustandegekommen, heißt (sofern in der Verfassung vorgesehen):
    a) Referendum
    b) Konsortium
    c) Distribution
    d) Kollusion

56. Auf wieviel Jahre wird der Bundeskanzler gewählt?
    a) 8 Jahre
    b) 4 Jahre
    c) 5 Jahre
    d) 2 Jahre

57. Wo ist der Sitz des Europarates?
    a) Genf
    b) Brüssel
    c) Straßburg
    d) Wien

58. Wo ist der Sitz des Bundesverwaltungsgerichts?
    a) Bonn
    b) Frankfurt a. M.
    c) Karlsruhe
    d) Berlin

59. Was versteht man unter der 5%-Hürde?
    a) Mindestprozentzahl von Wahlstimmen, um ins Parlament zu gelangen
    b) Fachausdruck für Hürdenläufer
    c) Regel für innerparteiliche Abstimmungen
    d) Abstimmungsregelung der neuen Bundesländer

Bitte arbeiten Sie auf der nächsten Seite weiter

60. Wer hat in den USA die höchste Gerichtsbarkeit?
   a) der Präsident
   b) der Kongreß
   c) das Supreme Court (Washington)
   d) das Foreign Office

61. Wer wählt in den USA den Präsidenten?
   a) die Wahlmänner
   b) das Volk direkt
   c) der Kongreß
   d) die Abgeordneten

62. Wer macht in der BRD die Gesetze?
   a) der Bundesrat
   b) der Bundestag
   c) der Bundeskanzler
   d) die Bundesversammlung

63. Wo befindet sich der Sitz der Bundesbank?
   a) Brüssel
   b) Berlin
   c) München
   d) Frankfurt a. M.

64. Wann trat das Grundgesetz für die Bundesrepublik Deutschland in Kraft?
   a) Mai 1948
   b) Mai 1946
   c) Mai 1945
   d) Mai 1949

65. Welche Grundrechte unterscheidet man?
   a) Arbeits- und Eherecht
   b) Menschen- und Bürgerrechte
   c) Privat- und Staatsrecht
   d) Miet- und Arbeitsrecht

Bitte arbeiten Sie auf der nächsten Seite weiter

1. Staat und Politik

66. Was bedeutet „Lobby" im ursprünglichen Sinn?
    a) Interessenvertretung
    b) Wandelhalle im Parlament
    c) wahltechnischer Ausdruck
    d) parteipolitisches Organ

67. Seit wann gibt es in Deutschland politische Parteien im modernen Sinn?
    a) seit etwa 1815
    b) seit etwa 1890
    c) seit etwa 1910
    d) seit etwa 1945

68. Was versteht man unter der Bezeichnung »House of Lords«?
    a) das englische Unterhaus
    b) das englische Oberhaus
    c) Wohnsitz des Premierministers
    d) Wohnsitz der englischen Adligen

69. Welche Parteien sind im amerikanischen Abgeordnetenhaus?
    a) Konservative und Liberale
    b) Demokraten und Republikaner
    c) Demokraten und Konservative
    d) Republikaner und Liberale

70. Was ist die ILO?
    a) eine Wirtschaftsorganisation
    b) eine militärische Organisation
    c) ein privatrechtliches Institut
    d) eine internationale Arbeitsorganisation

Bitte arbeiten Sie auf der nächsten Seite weiter

2. Geschichte

1. Wann endete der 2. Weltkrieg in Europa?
   a) März 1945
   b) April 1945
   c) Mai 1945
   d) Juni 1945

2. Wann erfolgte die Proklamation der Menschen- und Bürgerrechte in Frankreich?
   a) 1776
   b) 1789
   c) 1813
   d) 1850

3. In welcher Zeitspanne ereignete sich der 1. Weltkrieg?
   a) 1913-1917
   b) 1913-1919
   c) 1914-1917
   d) 1914-1918

4. Wann fand die Oktoberrevolution statt?
   a) 1920
   b) 1918
   c) 1917
   d) 1896

5. Die Entente Cordiale wurde geschlossen zwischen…
   a) England und Rußland
   b) England und Frankreich
   c) Frankreich und Rußland
   d) Frankreich und Deutschland

6. Wann wurde Deutschland in den Völkerbund aufgenommen?
   a) 1924
   b) 1926
   c) 1928
   d) 1945

Bitte arbeiten Sie auf der nächsten Seite weiter

2. Geschichte

7. Julius Cäsar adoptierte seinen Großneffen. Er hieß...
   a) Crassus
   b) Oktavian
   c) Cäsario
   d) Augustus

8. Der Spartakusaufstand 1919: Wer versteckte sich hinter dem Pseudonym »Spartakus«?
   a) Karl Liebknecht
   b) Rosa Luxemburg
   c) Ernst Thälmann
   d) Wilhelm Pieck

9. Der Gedanke der kommunalen Selbstverwaltung stammt von...
   a) Stresemann-Severing
   b) Wilhelm v. Humboldt
   c) Stein-Hardenberg
   d) August Bebel

10. Woher kamen die Goten ihrer Stammessage nach?
    a) aus Skandinavien
    b) vom Balkan
    c) aus Vorderasien
    d) aus Lettland

11. In England wurden 1215 dem Königtum zugunsten des Klerus und des Adels feudale Vorrechte abgenötigt. Die Urkunde dieser »ersten Freiheitsrechte« heißt...
    a) Great Bill of England
    b) Magna Charta
    c) Bill of Rights
    d) Keiner dieser drei Lösungsvorschläge ist richtig.

12. Die Unabhängigkeitserklärung der USA war...
    a) 1769
    b) 1776
    c) 1793
    d) 1815

Bitte arbeiten Sie auf der nächsten Seite weiter

13. Friedrich List gründete 1819 den »Deutschen Handels- und Gewerbeverein«. Dieses Modell war der Vorläufer für…
    a) das deutsche Gewerkschaftswesen
    b) den deutschen Zollverein
    c) das deutsche Kolonialwesen
    d) den deutschen Sparkassenverein

14. Mit der Flucht Mohammeds von Mekka nach Medina beginnt im Islam eine eigene Zeitrechnung. Wann fand dies nach unserer Zeitrechnung statt?
    a) 518 v. Chr.
    b) 400 v. Chr.
    c) 612 n. Chr.
    d) 622 n. Chr.

15. Der amtliche Name des 1. Deutschen Reichs lautete…
    a) Kleindeutsches Reich
    b) Deutsches Kaiserreich
    c) Heiliges Römisches Reich Deutscher Nation
    d) Großdeutsches Reich

16. Die Schlagworte der französischen Revolution hießen…
    a) Freiheit, Gleichheit, Brüderlichkeit
    b) Frieden, Freiheit, Wohlstand
    c) Frieden, Freiheit, Gerechtigkeit
    d) Einigkeit und Recht und Freiheit

17. Wer gründete das Deutsche Reich?
    a) Hitler
    b) Bismarck
    c) Hindenburg
    d) Stresemann

18. Welches Geschehen besiegelte den Untergang des spanischen Weltreiches?
    a) Entdeckung Amerikas
    b) Erbstreitigkeiten im spanischen Herrscherhaus
    c) Vernichtung der spanischen Flotte
    d) die Schlacht bei Waterloo

Bitte arbeiten Sie auf der nächsten Seite weiter

2. Geschichte

19. Welches kleine, aber wichtige europäische Land hat seit 1815 keine Kriege geführt?
    a) Holland
    b) Schweiz
    c) Dänemark
    d) Österreich

20. Wer zerstörte Karthago?
    a) die Ägypter
    b) die Athener
    c) die Römer
    d) die Mohammedaner

21. In welchem Jahrhundert fand die Reformation statt?
    a) 15. Jahrhundert
    b) 17.
    c) 14.
    d) 16.

22. Welcher römische Kaiser befreite das Christentum von staatlicher Verfolgung?
    a) Nero
    b) Konstantin
    c) Diokletian
    d) Augustinus

23. Welcher amerikanische Präsident beendete den Krieg zwischen den Süd- und Nordstaaten des Landes und schaffte die Sklaverei weitestgehend ab?
    a) Jefferson
    b) Lincoln
    c) Washington
    d) Roosevelt

Bitte arbeiten Sie auf der nächsten Seite weiter

24. Nachdem China durch viele Jahrhunderte hindurch ein feudalistisches Kaiserreich gewesen war, wurde die nationale Revolution zu Anfang des 20. Jahrhunderts von dem folgenden Politiker eingeleitet:
    a) Mao Tse-tung
    b) Schiang Kai-schek
    c) Sun Yat-sen
    d) Lin Piao

25. Welche Nationalität hatte Kolumbus?
    a) Italiener
    b) Spanier
    c) Grieche
    d) Portugiese

3. Bedeutende Persönlichkeiten

Wer war…

1. Adolph Woermann
    a) Gegenpart zu Jakob Fugger
    b) Initiator der Hanse
    c) Mitbegründer der Deutschen Ostafrikalinie
    d) bekannter Ahnenforscher

2. Ferdinand Lassalle
    a) Gründer des Deutschen Arbeitervereins
    b) bedeutender französischer Arzt
    c) Entdecker der Großen Antillen
    d) Gründer des Roten Kreuzes

3. Leopold Gmelin
    a) Theologe in Wien
    b) Philosoph in Marburg
    c) Chemiker in Heidelberg
    d) Schriftsteller in Weimar

Bitte arbeiten Sie auf der nächsten Seite weiter

3. Bedeutende Persönlichkeiten

4. Ignatius von Loyola
   a) spanischer Freiheitskämpfer
   b) Gründer des Deutschen Ritterordens
   c) Gründer des Jesuitenordens
   d) Steuermann unter Christoph Kolumbus

5. Ruggiero Leoncavallo
   a) italienischer Baumeister in Florenz
   b) italienischer Astronom
   c) italienischer Opernkomponist
   d) italienischer Meisterkoch

6. Oskar Kokoschka
   a) bedeutender Regisseur
   b) bedeutender Graphiker
   c) Kunstauktionator in München
   d) bekannter Musiker

7. Ernst Heinkel
   a) Erfinder des Turbostrahltriebwerks bei Flugzeugen
   b) Erfinder der Taschenuhr
   c) Erfinder der Turbinentechnik
   d) Waschmittelfabrikant

8. Hans von Seeckt
   a) Chef der Reichswehr
   b) Gründer der Zeiss-Werke
   c) Vertreter Deutschlands beim Vatikan
   d) Mitinitiator der Luftbrücke

9. Paul-Henri Spaak
   a) niederländischer Reeder
   b) französischer Schauspieler
   c) belgischer Politiker
   d) luxemburgischer Finanzier

Bitte arbeiten Sie auf der nächsten Seite weiter

10. Emil Wiechert
    a) Minister in der Weimarer Zeit
    b) Begründer der Erdbebenkunde
    c) bedeutender deutscher Dichter
    d) Begründer der Farbenlehre

11. Alfred Nobel
    a) Museumsgründer
    b) Kunstforscher
    c) Preisstifter
    d) Politiker

12. Heinrich von Stephan
    a) Begründer des Weltpostvereins
    b) Erzbischof von Mainz
    c) Autor des Sachsenspiegels
    d) Wettkampfsportler

13. Otto v. Guericke
    a) Erfinder des Zeichenbretts
    b) Erfinder des Kugelschreibers
    c) Erfinder der Luftpumpe
    d) Erfinder des Flugzeugs

14. Leonardo da Vinci
    a) Erfinder des Luftreifens
    b) Erfinder des Sturzhelms
    c) Erfinder des Fallschirms
    d) Erfinder der Zwölftonmusik

15. Vasco da Gama
    a) Entdecker des Seeweges nach Indien
    b) Entdecker der Antillen
    c) Entdecker Alaskas
    d) Entdecker der Kurillen-Inselgruppe

Bitte arbeiten Sie auf der nächsten Seite weiter

3. Bedeutende Persönlichkeiten

16. Johannes Kepler
    a) Entdecker der Sonnenstrahlung
    b) Entdecker der Planetengesetze
    c) Entdecker der Mondkrater
    d) Entdecker der Mondanziehungskraft

17. Alexander Fleming
    a) Entdecker der Viren
    b) Erfinder der Buchdruckerkunst
    c) Entdecker des Penicillins
    d) Schöpfer der James-Bond-Figur

18. Emil Berliner
    a) Erfinder des Mikrophons
    b) Erfinder des Telefons
    c) Erfinder des Grammophons
    d) Erfinder eines Backrezeptes

19. Benjamin Franklin
    a) Erfinder des Blitzableiters
    b) Erfinder des Glasglühlichts
    c) Erfinder des Thermometers
    d) Entdecker des Wechselstroms

20. James Watt
    a) Erfinder der Dampfmaschine
    b) Erfinder des Revolvers
    c) Entdecker des Pulvers
    d) Erfinder der Glühbirne

21. Marie Curie
    a) Köchin
    b) Tänzerin
    c) Malerin
    d) Physikerin

Bitte arbeiten Sie auf der nächsten Seite weiter

22. Rosa Luxemburg
   a) Malerin
   b) Filmemacherin
   c) Politikerin
   d) Schriftstellerin

23. Käthe Kollwitz
   a) Politikerin
   b) Theologin
   c) Graphikerin
   d) Köchin

24. Indira Gandhi
   a) Musikerin
   b) Kirchenrechtlerin
   c) Politikerin
   d) Philosophin

25. Heinrich Schliemann
   a) Filmemacher
   b) Fußballer
   c) Archäologe
   d) Geschäftsmann

26. August Bebel
   a) Gründer der Bibelgesellschaft
   b) ehemaliger DDR-Politiker
   c) Sozialdemokratischer Parteiführer
   d) Arzt

27. Robert Koch
   a) Pseudonym für Dr. Oetker
   b) Bäcker
   c) Heilpraktiker
   d) Bakteriologe

Bitte arbeiten Sie auf der nächsten Seite weiter

3. Bedeutende Persönlichkeiten

28. Otto Hahn
    a) Chemiker
    b) Mediziner
    c) Ingenieur
    d) Agrarwissenschaftler

29. Ernest Mandel
    a) Maler und Romanautor
    b) Wirtschaftswissenschaftler und Schriftsteller
    c) Naturwissenschaftler und Sachbuchautor
    d) Fußballtrainer

30. Adam Smith
    a) amerikanischer Naturwissenschaftler und Philosoph
    b) britischer Moralphilosoph und Volkswirtschaftler
    c) australischer Geschichtsforscher und Mineraloge
    d) englischer Rockmusiker

31. Carl Röntgen
    a) Erfinder des Fotoapparats
    b) Entdecker des Tuberkelvirus
    c) Physiker
    d) Chemiker

32. Clara Schumann
    a) Schrifstellerin
    b) Malerin
    c) Musikerin
    d) Politikerin

33. Sophie Scholl
    a) Pädagogin
    b) Widerstandskämpferin
    c) Politikerin
    d) Musikerin

Bitte arbeiten Sie auf der nächsten Seite weiter

34. Konrad Lorenz
    a) Erdbebenforscher
    b) Kabarettist
    c) Pädagoge
    d) Verhaltensforscher

35. Carl Orff
    a) Schrifsteller
    b) Schauspieler
    c) Politiker
    d) Komponist

4. Wirtschaft

1. Die von einem Kreditnehmer zu zahlenden Kosten für einen Kredit bezeichnet man als...
    a) Dividende
    b) Zinsen
    c) Devisen
    d) Prämie

2. Was charakterisiert eine inflationäre Entwicklung?
    a) abnehmende Exporte
    b) Flucht in die Sachwerte
    c) Wachsen der Kaufkraft
    d) das Ansteigen der Sparneigung

3. Was versteht man unter dem Nettogewicht?
    a) das Gewicht einer Ware zum Zeitpunkt der Verpackung
    b) den Wert einer Ware exklusive Mehrwertsteuer
    c) das Gewicht einer Ware ohne Verpackung
    d) das Gesamtgewicht einer Ware

4. Was sind Subventionen?
    a) staatliche Zuschüsse
    b) indirekte Steuern
    c) eine Art Schutzzoll
    d) eine Art Investitionsabgabe

Bitte arbeiten Sie auf der nächsten Seite weiter

4. Wirtschaft

5. Bei einer Rezession (Verschlechterung der wirtschaftlichen Lage) steigen besonders die Ausgaben der...
   a) Invalidenversicherung
   b) Arbeitslosenversicherung
   c) Rentenversicherung
   d) Krankenversicherung

6. Was charakterisiert am ehesten die Marktwirtschaft?
   a) Die Produktion ist staatlich gelenkt.
   b) Die freie Konsumwahl wird durch staatliche Maßnahmen eingeschränkt.
   c) Die Produktionsmittel gehören überwiegend dem Staat.
   d) Die Unternehmen betreiben ihre Planentscheidungen individuell.

7. Wie bezeichnet man die gesamtwirtschaftliche Größe der in einem Jahr produzierten Sachgüter und Dienstleistungen?
   a) Sozialvermögen
   b) Sozialprodukt
   c) Volksvermögen
   d) Volkseinkommen

8. Was versteht man unter einer Investition?
   a) Geldentwertung
   b) eine Art Kredit
   c) die langfristige Geldanlage eines Unternehmers in Sachgütern
   d) einen staatlichen Zuschuß

9. Wie bildet sich der tägliche Aktienkurs an der Börse?
   a) durch Angebot und Nachfrage
   b) durch Prognosen der Börsenmakler
   c) durch staatliche Festsetzung
   d) aufgrund der Konjunkturlage

10. Was versteht man unter der Liquidität eines Unternehmens?
    a) die Zahlungsfähigkeit eines Unternehmens
    b) die Auflösung und Beendigung
    c) die Kreditwürdigkeit
    d) eine Form der Unternehmensfinanzierung

Bitte arbeiten Sie auf der nächsten Seite weiter

11. In folgender Branche hat die Erhöhung der Löhne die stärkste Auswirkung auf die Produktionskosten:
    a) Automobilindustrie
    b) Papierindustrie
    c) Bauunternehmungen
    d) Stahlindustrie

12. Wie bezeichnet man die Lösung finanzieller Unternehmensschwierigkeiten?
    a) Inventur
    b) Sanierung
    c) Bankrott
    d) Konkurs

13. Man hat als Eigentümer einer Aktie ein Recht auf…
    a) seine Provision
    b) seine Tantiemen
    c) seine Verzinsung
    d) seine Dividende

14. Was ist die OPEC?
    a) ein Verteidigungsbündnis
    b) eine Konferenz für Sicherheit und Zusammenarbeit
    c) die Organisation erdölexportierender Länder
    d) eine Organisation für wirtschaftliche Zusammenarbeit

15. Was versteht man unter dem Begriff »Inflation«?
    a) Einer großen Geldmenge steht eine geringe Gütermenge gegenüber; die Preise steigen, der Geldwert sinkt.
    b) Einer kleinen Geldmenge steht eine große Gütermenge gegenüber; die Preise steigen, der Geldwert bleibt gleich.
    c) Einer großen Gütermenge steht eine große Geldmenge gegenüber; die Preise bleiben stabil.
    d) Der Geldwert sinkt mit den Preisen, die Geldmenge wächst, ebenso wie die Gütermenge.

Bitte arbeiten Sie auf der nächsten Seite weiter

4. Wirtschaft

16. Wie bezeichnet man das herrschende Wirtschaftssystem in der Bundesrepublik?
    a) zentrale Verwaltungswirtschaft
    b) gesteuerte Planwirtschaft
    c) soziale Marktwirtschaft
    d) gelenkte Verbrauchswirtschaft

17. Wie definiert man bargeldlosen Zahlungsverkehr?
    a) Kreditkauf
    b) Ratenkauf
    c) Überweisung von Konto zu Konto
    d) Kauf von Devisen mittels Euroscheck

18. Wer bezahlt letztendlich Subventionen für bestimmte Wirtschaftszweige?
    a) alle steuerzahlenden Bürger
    b) die Deutsche Bundesbank
    c) die subventionierten Unternehmen selbst
    d) das Bundeswirtschaftsministerium

19. Wer ist berechtigt, Banknoten zu drucken und in Umlauf zu setzen?
    a) die Landeszentralbank
    b) der Zentralbankrat
    c) die Deutsche Bundesbank
    d) der Bundesfinanzminister

20. Wen kann man als die »Hüterin der deutschen Währung« bezeichnen?
    a) die Deutsche Bank
    b) die Deutsche Landesbank
    c) die Deutsche Bundesbank
    d) die Deutsche Zentralbank

21. Was ist ein Wechsel?
    a) die Übertragung von Aktienmehrheiten
    b) die Verpflichtungserklärung eines Schuldners
    c) eine Veränderung der Konjunkturlage
    d) ein Begriff aus der Börsenwelt

Bitte arbeiten Sie auf der nächsten Seite weiter

22. Was ist ein Pfandbrief?
    a) eine festverzinsliche Schuldverschreibung
    b) Urkunde eines Leihhauses
    c) eine Hypothek
    d) Verpflichtungserklärung eines Schuldners

23. Was ist eine Hypothek?
    a) ein Zahlungsversprechen
    b) eine schwere Belastung
    c) ein Darlehen gegen Sicherheit an Grundstücken/Häusern
    d) ein Scheck auf eine zukünftige Wirtschaftsleistung

24. Was versteht man unter Dividende?
    a) einen bestimmten Steuersatz
    b) einen nicht zu versteuernden Lotteriegewinn
    c) einen Gewinnanteil an einer Aktiengesellschaft
    d) eine finanzielle Beteiligung an einer Gesellschaft

25. Aus welcher Steuer ergibt sich das meiste Steueraufkommen?
    a) Vermögenssteuer
    b) Umsatzsteuer
    c) Lohnsteuer
    d) Mineralölsteuer

26. Die Erklärung eines ohne Erfolg gepfändeten Schuldners über den Bestand seines Vermögens ist…
    a) die Gütertrennung
    b) die eidesstattliche Versicherung
    c) die Inventurliste
    d) eine Offenbarung

27. Wie nennt man land- und forstwirtschaftlichen Besitz des Staates?
    a) Migräne
    b) Domäne
    c) Latifundien
    d) kein Begriff ist richtig

Bitte arbeiten Sie auf der nächsten Seite weiter

4. Wirtschaft

28. Wie nennt man das Verpackungsgewicht?
    a) Atta
    b) Netto
    c) Brutto
    d) Tara

29. Eine Handelsvollmacht mit bestimmten Rechten und Pflichten bezeichnet man als...
    a) Valuta
    b) Matura
    c) Prokura
    d) Validität

30. Der Überschuß auf der Soll- oder Habenseite heißt...
    a) Insolvenz
    b) Debet
    c) Manko
    d) Saldo

31. Der Preisnachlaß auf eine Ware wird bezeichnet als...
    a) Prolongation
    b) Rabatt
    c) Skonto
    d) Diskont

32. Was zeichnet einen Erbhof aus?
    a) Er kann nicht gepachtet werden.
    b) Er verfällt bei dem Tode des Eigentümers an den Staat.
    c) Er ist unverkäuflich.
    d) Er ist unteilbar.

33. Wer war Friedrich Wilhelm Raiffeisen?
    a) Begründer des Giroverkehrs
    b) Begründer der Landwirtschafts-Darlehenskassen
    c) Begründer der Versicherungen
    d) bedeutender Reifenfabrikant

Bitte arbeiten Sie auf der nächsten Seite weiter

34. Wie heißt ein unterschriebener, aber nicht ausgefüllter Scheck?
    a) Überbringerscheck
    b) Blankoscheck
    c) Verrechnungsscheck
    d) ungedeckter Scheck

35. Der Zahlungsverkehr ohne Bargeld heißt…
    a) Giroverkehr
    b) Wechselverkehr
    c) Scheckverkehr
    d) Geldverkehr

36. Die rechtliche und wirtschaftliche Verschmelzung von Unternehmen nennt man…
    a) GmbH
    b) Koalition
    c) Union
    d) Fusion

37. Wie nennt man eine Zwangsverwaltung?
    a) Präjustiz
    b) Plebeszit
    c) Sequestration
    d) Treuhand

38. Wie nennt man die Provision eines Börsenmaklers?
    a) Courtage
    b) Remisse
    c) Markise
    d) Obligation

39. Die Einziehung von Bargeld nennt man…
    a) Impresso
    b) Inferno
    c) Inkasso
    d) Insolvenz

Bitte arbeiten Sie auf der nächsten Seite weiter

40. Wie nennt man das Verhältnis des Wertes einer Währungseinheit zum Goldwert?
    a) Wechselkurs
    b) Diskount
    c) Floating
    d) Goldparität

5. Geographie

1. Wo liegt Melbourne?
    a) USA
    b) Australien
    c) Afrika
    d) Großbritannien

2. Welches Land grenzt nicht ans Schwarze Meer?
    a) Rußland
    b) Rumänien
    c) Bulgarien
    d) Tschechien

3. Wo steht die Sonne am 21. Juni im Zenit?
    a) nördlicher Wendekreis
    b) südlicher Wendekreis
    c) Äquator
    d) Südpol

4. Was ist die Tundra?
    a) eine gebirgige Landschaft
    b) eine wüstenähnliche Landschaft
    c) eine steinige Graslandschaft
    d) eine baumlose Kältesteppenlandschaft

5. Was ist im Süden von Südamerika?
    a) der Ärmelkanal
    b) Kap der Guten Hoffnung
    c) Cape Canaveral
    d) Kap Horn

Bitte arbeiten Sie auf der nächsten Seite weiter

6. Wo liegt die Apenninen-Halbinsel?
   a) Spanien
   b) Portugal
   c) Griechenland
   d) Italien

7. Europas längster Fluß?
   a) Rhein
   b) Wolga
   c) Rhône
   d) Donau

8. Welches der folgenden Länder hat die längste Küste?
   a) Italien
   b) Frankreich
   c) Norwegen
   d) Griechenland

9. Wie alt ist etwa die Erde?
   a) eine Million Jahre
   b) 10 Millionen
   c) mehr als 100 Millionen
   d) weniger als 1 Million

10. Welches der folgenden Ländergruppen enthält Länder, die keine gemeinsame Grenze mit der Bundesrepublik Deutschland haben?
    a) Tschechien, Österreich, Schweiz
    b) Österreich, Liechtenstein, Polen
    c) Dänemark, Belgien, Luxemburg
    d) Niederlande, Luxemburg, Frankreich

11. Wie viele Einwohner hat Deutschland?
    a) ca. 65 Millionen
    b) ca. 82 Millionen
    c) ca. 90 Millionen
    d) ca. 95 Millionen

Bitte arbeiten Sie auf der nächsten Seite weiter

5. Geographie

12. Belgrad ist die Hauptstadt von...
    a) Tschechien
    b) Rumänien
    c) Serbien
    d) Bulgarien

13. Bei welcher Stadt fließt die Elbe in die Nordsee?
    a) Hamburg
    b) Cuxhaven
    c) Heiligenhafen
    d) Bremerhaven

14. Wie heißt die Hauptzwischenstation auf dem Weg von New Orleans nach Japan?
    a) Kuba
    b) Antillen
    c) Hawaii
    d) Neuseeland

15. Welches Gebirge liegt (am Rhein) dem Taunus gegenüber?
    a) Harz
    b) Hunsrück
    c) Eifel
    d) Teutoburger Wald

16. Durch welchen Gebirgszug werden das europäische und das asiatische Rußland getrennt?
    a) Karpaten
    b) Kaukasus
    c) Ural
    d) Pyrenäen

17. Das Kap der Guten Hoffnung ist die Südspitze von...
    a) Südafrika
    b) Südamerika
    c) Indien
    d) Südkorea

Bitte arbeiten Sie auf der nächsten Seite weiter

18. Persiens heutiger Staatsname lautet...
    a) Syrien
    b) Irak
    c) Iran
    d) Sudan

19. Istanbul wird durch folgende Meerenge geteilt:
    a) Kalmar-Sund
    b) Bosporus
    c) Dardanellen
    d) Seychellen

20. Die Hauptstadt des Libanon heißt...
    a) Amman
    b) Damaskus
    c) Beirut
    d) Ankara

21. Die Insel Korsika gehört politisch zu...
    a) Spanien
    b) Frankreich
    c) Italien
    d) Griechenland

22. Der Verbindungskanal zwischen Stillem Ozean und Karibischem Meer heißt...
    a) Canal de Grande
    b) Suezkanal
    c) Panamakanal
    d) Keine Lösung ist richtig.

23. Die Wolga mündet in das...
    a) Schwarze Meer
    b) Kaspische Meer
    c) Ägäische Meer
    d) Rote Meer

Bitte arbeiten Sie auf der nächsten Seite weiter

5. Geographie

24. An welchem See liegt Lausanne?
    a) Gardasee
    b) Genfer See
    c) Vierwaldstätter See
    d) Bodensee

25. Das berühmte Zweistromland zwischen Euphrat und Tigris heißt
    a) Macedonien
    b) Mesopotamien
    c) Apulien
    d) Katalanien

26. Die Pyrenäen bilden Grund und Boden für...
    a) Monaco
    b) San Marino
    c) Andorra
    d) Liechtenstein

27. Wie heißt der Hauptausfuhrhafen für Baumwolle in den USA?
    a) Boston
    b) Baltimore
    c) New Orleans
    d) Chicago

28. Welches der folgenden Länder ist nach Kanada und USA das drittgrößte Amerikas?
    a) Mexiko
    b) Brasilien
    c) Argentinien
    d) Peru

29. Welcher Kontinent hat die meisten Bewohner?
    a) Europa
    b) Amerika
    c) Asien
    d) Afrika

Bitte arbeiten Sie auf der nächsten Seite weiter

30. Wie viele Einwohner hat Österreich?
   a) ca. 5 Millionen
   b) ca. 15 Millionen
   c) ca. 3 Millionen
   d) ca. 8 Millionen

6. Literatur

1. Zarathustra (Beschreibung des sog. Übermenschen) ist von...
   a) George
   b) Morgenstern
   c) Nietzsche

2. Der bedeutendste Erziehungs- und Entwicklungsroman um 1800 war »Wilhelm Meisters Lehr- und Wanderjahre« und stammt von...
   a) Herder
   b) Schiller
   c) Goethe

3. Hans Jacob Christoph v. Grimmelshausen schuf im 17. Jahrhundert eine satirische Dichtung mit dem Namen...
   a) Die Betschwester
   b) Der Arme Heinrich
   c) Der Simplicissimus

4. Über den 30jährigen Krieg schrieb Schiller sein dreiteiliges Drama...
   a) Don Carlos
   b) Wilhelm Tell
   c) Wallenstein

5. Ein bedeutender französischer Komödiendichter des 17. Jahrhunderts war...
   a) Balzac
   b) Molière
   c) Tartuffe

Bitte arbeiten Sie auf der nächsten Seite weiter

6. Literatur

6. Welcher deutsche Schriftsteller wurde bekannt durch einen Kriegsroman?
   a) Zweig
   b) Brecht
   c) Remarque

7. »Die Buddenbrooks«, die Familiengeschichte einer Lübecker Kaufmannsfamilie, schrieb 1901…
   a) Thomas Mann
   b) Stefan Zweig
   c) Hermann Hesse

8. Gerhart Hauptmanns soziales Drama »Die Weber« stammt aus der Epoche des…
   a) Symbolismus
   b) Naturalismus
   c) Expressionismus

9. Dürrenmatt warf die Frage nach der Eigenverantwortung der Wissenschaftler neu auf. Seine Komödie, die hinsichtlich der atomaren Aufrüstung zu denken gibt, hat den Titel…
   a) Die Physiker
   b) Der Besuch der alten Dame
   c) Ein Engel

10. Wer schrieb den Roman »Krebsstation«?
    a) Solschenizyn
    b) Bulgakow
    c) Pasternak

11. Der deutsche Dramatiker Hochhuth provozierte mit seinem Erstlingswerk politische Spannungen mit dem Vatikan. Dieses Werk heißt…
    a) Guerillas
    b) Der Stellvertreter
    c) Soldaten

Bitte arbeiten Sie auf der nächsten Seite weiter

12. Wer schrieb »Die fromme Helene«?
    a) Kleist
    b) Busch
    c) Wagner

13. Wer schrieb den »Hauptmann von Köpenick«?
    a) Zuckmayer
    b) Valentin
    c) Böll

14. Wer schrieb »Emilia Galotti?«
    a) Lessing
    b) Schiller
    c) Goethe

15. Wie hieß Schillers erstes Drama?
    a) Die Räuber
    b) Kabale und Liebe
    c) Romeo und Julia

16. Eine mittelalterliche Dichtung, die vor allem das Rittertum verherrlichte, war…
    a) Parzival
    b) Der arme Heinrich
    c) Tristan und Isolde

17. Wie heißt die amerikanische Verfasserin zahlreicher Chinaromane?
    a) Buck
    b) Christie
    c) Jong

18. Welches Drama Goethes behandelt vor allem die Themen Ehrfurcht vor Sitte, Sittlichkeit und Ordnung?
    a) Götz von Berlichingen
    b) Tasso
    c) Iphigenie

Bitte arbeiten Sie auf der nächsten Seite weiter

19. Zahlreiche Operntexte für Richard Strauß schrieb...
    a) Hofmannsthal
    b) Zuckmayer
    c) Grillparzer

20. Außer von Brentano ist »Des Knaben Wunderhorn« (Liedersammlung) von...
    a) Eichendorff
    b) Novalis
    c) Arnim

7. Kunst

1. Renoir gehörte zu den Malern, die das moderne Leben in der Großstadt malten. Die Stilgruppe heißt...
   a) Expressionismus
   b) Impressionismus
   c) Realismus

2. Die vier Apostel (1526), ursprünglich als Altarflügel konzipiert, stammen von...
   a) Cranach
   b) Dürer
   c) Grünewald

3. In welchem Stil ist der Kölner Dom gebaut?
   a) Renaissance
   b) Romantik
   c) Gotik

4. Ein italienischer Renaissance-Maler, Mathematiker und Erfinder war...
   a) Tizian
   b) Raffael
   c) Da Vinci

5. Die Sixtinische Kapelle im Vatikan malte vor allem...
   a) Da Vinci
   b) Tizian
   c) Michelangelo

Bitte arbeiten Sie auf der nächsten Seite weiter

6. Die Mona Lisa (1502) malte…
   a) Verrochio
   b) Da Vinci
   c) Michangelo

7. Welcher bedeutende flämische Künstler (1577–1640) malte u.a. das Bild »Kopf eines Kindes«?
   a) Rubens
   b) van Delft
   c) van Dyck

8. Wie heißt die deutsche Graphikerin und Bildhauerin, die vor allem soziale Themen beeindruckend darstellte?
   a) Waldorf
   b) Zille
   c) Kollwitz

9. Um 1888 wurde eine neue Pinseltechnik entwickelt. An der Punkt-Strich-Malerei erkennt man den Stil von…
   a) van Gogh
   b) Raffael
   c) Cézanne

10. Welcher Bildhauer bevorzugte Holz für seine Plastiken?
    a) Schkopau
    b) Barlach
    c) Moore

11. Ein bekanntes Werk von Franz Marc ist…
    a) Der blaue Reiter
    b) Frühlingspflügen in Iowa
    c) Der Turm der blauen Pferde

12. Der bekannteste Vertreter der abstrakten Kunst in Rußland um 1900 war…
    a) Kandinsky
    b) Rodin
    c) Degas

Bitte arbeiten Sie auf der nächsten Seite weiter

13. Aus dem sog. Jugendstil entwickelte sich auch das Plakat. Der »Erfinder«, der sich an den Japanern orientierte, war...
    a) Toulouse Lautrec
    b) Ferdinand Hodler
    c) Marees

14. Der bedeutendste Vertreter einer 1906 gegründeten Gruppe Dresdener Maler, der Kunstvereinigung »Die Brücke«, war der Maler...
    a) Kokoschka
    b) Nolde
    c) Klee

15. In welchem Stil wurde der Dom zu Speyer erbaut?
    a) romanisch
    b) gotisch
    c) barock

16. Die Glasmalerei erreichte in einer bestimmten Stilepoche ihren Höhepunkt, und zwar in der...
    a) romanischen Stilepoche
    b) gotischen Stilepoche
    c) byzantischen Stilepoche

17. Die byzantinische Epoche hat insbesondere die Kunstart der... entwickelt und gepflegt.
    a) Fresken
    b) Mosaike
    c) Ornamentik

18. Im 16. Jahrhundert wurde ein Maler durch besonders ausdrucksvolle Altarbilder berühmt. Er hieß...
    a) Grünewald
    b) Holbein
    c) Cranach

Bitte arbeiten Sie auf der nächsten Seite weiter

19. Welcher Maler des 19. Jahrhunderts befaßte sich in seinen Bildern besonders liebe- und humorvoll mit dem Leben von Kleinstädtern und Sonderlingen?
   a) Liebermann
   b) Dix
   c) Spitzweg

20. Welcher französische Maler verwendete mit Vorliebe Motive aus der Inselwelt Polynesiens (Südsee)?
   a) Cézanne
   b) Gauguin
   c) Magritte

8. Musik

1. Welcher Notendreiklang ergibt einen C-Dur-Akkord?
   a) C – D – G
   b) D – F – A
   c) C – E – G

2. Wer komponierte »Die Fledermaus«?
   a) Ralph Benatzky
   b) Leon Jessel
   c) Johann Strauß

3. Wie viele Noten hat eine Oktave?
   a) 10 Noten
   b) 8 Noten
   c) 12 Noten

4. Wer komponierte »Das Land des Lächelns«?
   a) Carl Millöcker
   b) Franz Lehár
   c) Johann Strauß

5. Wer komponierte den Liederzyklus »Die Winterreise«?
   a) Schubert
   b) Schumann
   c) Schulz

Bitte arbeiten Sie auf der nächsten Seite weiter

8. Musik

6. Wie viele Saiten hat eine »normale« Gitarre?
   a) 4 Saiten
   b) 6 Saiten
   c) 8 Saiten

7. Wer komponierte »Der Vogelhändler«?
   a) Emmerich Kálmán
   b) Fred Raymond
   c) Carl Zeller

8. Wer komponierte »Fidelio«?
   a) Beethoven
   b) Bach
   c) Wagner

9. Wer komponierte die »Dreigroschenoper«?
   a) Rossini
   b) Brecht
   c) Weill

10. Woraus stammt »Die Christel von der Post«?
    a) Im Reich der Inkas
    b) Land des Lächelns
    c) Vogelhändler

11. Wer komponierte »Tosca«?
    a) Puccini
    b) Verdi
    c) Leoncavallo

12. Wer komponierte »Zar und Zimmermann«?
    a) Wagner
    b) Lortzing
    c) Beethoven

13. Wer komponierte »Porgy and Bess«?
    a) Paul Hindemith
    b) George Gershwin
    c) Werner Egk

Bitte arbeiten Sie auf der nächsten Seite weiter

14. Welches dieser Blechblasinstrumente ist ein Baßinstrument?
    a) Horn
    b) Trompete
    c) Tuba

15. Das Geburtsland des Jazz ist...
    a) Afrika
    b) Lateinamerika
    c) Nordamerika

16. Wie bezeichnet man eine Tonleiter, die sich aus Halbtonstufen zusammensetzt?
    a) melodische
    b) harmonische
    c) chromatische

17. Wer gestaltete seine Opern in Form von Musikdramen?
    a) Hindemith
    b) Lortzing
    c) Wagner

18. Welches ist eines der wirkungsvollsten Elemente der Jazzmusik?
    a) Rhythmus
    b) Synkope
    c) Staccato

19. Bei welchem modernen russischen Komponisten erfuhr vor allem der Rhythmus eine neuartige Behandlung?
    a) Schostakowitsch
    b) Prokofieff
    c) Strawinsky

20. Größter Meister der Barockmusik ist neben Bach auch...
    a) Haydn
    b) Mozart
    c) Händel

Bitte arbeiten Sie auf der nächsten Seite weiter

9. Sport

1. Wie setzt sich die nordische Kombination zusammen?
   a) Skisprung und Langlauf
   b) Taubenschießen und Abfahrtslauf
   c) Skispringen und Slalom

2. Wie heißen drei in unmittelbarer Folge vom gleichen Spieler im gleichen Spielabschnitt erzielte Tore beim Fußball?
   a) dreifaches Hipp-Hipp-Hurra
   b) dreifacher Rittberger
   c) Hattrick

3. Wie viele Stürmer hat eine Fußballmannschaft?
   a) alle bis auf den Torwart
   b) je nach Trainerauffassung und Taktik
   c) einen

4. Wie hoch ist das Netz beim Volleyballspiel?
   a) Damen 2,52 m / Herren 2,62 m
   b) Damen 2,24 m / Herren 2,43 m
   c) Damen 1,52 m / Herren 1,98 m

5. Welche Schneeart ist Ski-Anfängern am liebsten?
   a) Pappschnee
   b) Eierschnee
   c) Pulverschnee

6. Bei welcher Sportart beginnt das Spiel mit einem Hochball bzw. Hochwurf?
   a) Handball
   b) Tennis
   c) Basketball

7. Was umfaßt die Alpine-Dreier-Kombination?
   a) Abfahrtslauf, Slalom, Riesenslalom
   b) Abfahrtslauf, Slalom, Ski-Sprung
   c) Abfahrtslauf, Slalom, Langlauf

Bitte arbeiten Sie auf der nächsten Seite weiter

8. In welcher Sportart gibt es einen Penalty?
   a) Rugby
   b) Eishockey
   c) Hallenhandball

9. Wie heißt die Sportart, bei der ein Kämpfer versucht, den anderen auf den Rücken zu legen?
   a) Boxen
   b) Ringen
   c) Fechten

10. In welcher Sportart spricht man von einem Libero?
    a) Volleyball
    b) Handball
    c) Fußball

11. Bei welcher Sportart kann man »einen Krebs fangen«?
    a) Rudern
    b) Schwimmen
    c) Tennis

12. Wie viele Spieler zählen zu einer Rugbymannschaft?
    a) 11 Spieler
    b) 15 Spieler
    c) 19 Spieler

13. Körperloses Spiel ist höchstes Gebot beim…
    a) Fußball
    b) Basketball
    c) Hallenhandball

14. Ein Box-Weltmeisterschaftskampf geht über wie viele Runden?
    a) 10 Runden
    b) 12 Runden
    c) 15 Runden

Bitte arbeiten Sie auf der nächsten Seite weiter

15. Ein Rundstreckenrennen (vor allem bei Radsportlern) heißt:
    a) Dex-Plieu
    b) Kriterium
    c) Omnium

16. Wodurch unterscheidet man die gegnerischen Spieler beim Wasserball?
    a) an verschiedenfarbigen Badehosen
    b) an farbigen Badekappen
    c) an farbigen dünnen Handschuhen

17. Welche Disziplin haben moderner Fünfkampf und leichtathletischer Zehnkampf gemeinsam?
    a) Kugelstoßen
    b) Geländelauf
    c) keine

18. Nach wie vielen Schlägen wechselt in der Regel beim Tischtennis der Aufschlag? Nach...
    a) 5 Aufschlägen
    b) 7 Aufschlägen
    c) 10 Aufschlägen

19. In welcher Sportart gibt es eine spanische Eröffnung?
    a) Kricket
    b) Schach
    c) Golf

20. Wie viele Feldspieler können beim Fußball in der Regel ausgewechselt werden?
    a) 2 Spieler
    b) 3 Spieler
    c) 4 Spieler

Bitte arbeiten Sie auf der nächsten Seite weiter

10. Technik

1. Bimsstein ist leichter oder schwerer als Wasser?
   a) schwerer
   b) leichter
   c) gleich schwer

2. Bei welchem Wetter pflanzt sich Schall schneller fort?
   a) bei warmem
   b) bei kaltem
   c) gleich

3. Von der Sonne bis zur Erde braucht Licht…
   a) 8 Minuten 13 Sek.
   b) 1 Stunde 03 Min.
   c) 2 Stunden 14 Min.

4. Welche Funktion hat ein Transformator?
   a) Umspanner
   b) Speicher
   c) Gleichrichter

5. Das… ist ein Meßinstrument für den Luftdruck.
   a) Hygrometer
   b) Barometer
   c) Thermometer

6. Was ist weiches Wasser?
   a) ohne Kalkgehalt
   b) mit starkem Kalkgehalt
   c) mit mittlerem Kalkgehalt

7. Wie viele Stunden zeigt die Skala einer Sonnenuhr an?
   a) 6 Stunden
   b) 12 Stunden
   c) 24 Stunden

Bitte arbeiten Sie auf der nächsten Seite weiter

10. Technik

8. Der/das... ist ein Meßinstrument für Erdbeben.
   a) Quadrometer
   b) Seismograph
   c) Hygrometer

9. Welche Strahlen zeigt der Geigerzähler an?
   a) Röntgenstrahlen
   b) radioaktive Strahlung
   c) Sonnenstrahlen

10. Was ist ein Zyklotron?
    a) Beschleuniger für Elementarteilchen
    b) freiwerdendes Teilchen bei der Kernspaltung
    c) Gezeitenmesser

11. Was versteht man unter einem Semaphor?
    a) Meßinstrument im Flugzeug
    b) optischer Signalgeber (Schiffahrt)
    c) Eisenbahnsignal

12. Wie wird beim Flugzeug die Geschwindigkeit geregelt?
    a) durch Neigungsveränderung der Flugflächen
    b) durch Gasgeben und Drosseln
    c) durch Verstellen der Landeklappen

13. Nach welchem Prinzip wird Rohrpost befördert?
    a) mit Druck- oder Saugluft
    b) mit dem Prinzip der schiefen Ebene
    c) mit Flüssigkeit

14. Können Diamanten verbrennen?
    a) ja, ohne Rückstand zu Kohlendioxyd
    b) nein, sie sind zu rein
    c) nein, sie sind zu hart

Bitte arbeiten Sie auf der nächsten Seite weiter

15. Wie bezeichnet man die in Höhlen von unten nach oben
 »wachsenden« Tropfsteine?
   a) Lapislazulis
   b) Stalaktiten
   c) Stalagmiten

16. Bernstein ist aus... entstanden.
   a) Abfallprodukten bei der Ölverarbeitung
   b) Harz von Kiefern
   c) Ablagerungen ähnlich wie Kohle

17. Wozu wird eine Pipette benutzt?
   a) als Umrührstab
   b) als Saugheber
   c) als Meßinstrument

18. Die Braunsche Röhre findet Verwendung im/in der...
   a) Stereoanlage
   b) Telefon
   c) Oszilloskop

19. Wie heißt das mechanische Teil, das eine Vor- und Rückwärtsbewegung eines Kolbens in eine Drehbewegung umsetzt?
   a) Pleuelstange
   b) Zylinder
   c) Schiebemuffe

20. Hausstrom hat in Mitteleuropa... Hertz.
   a) 220
   b) 50
   c) 100

Bitte arbeiten Sie auf der nächsten Seite weiter

11. Biologie

1. Was enthält Düngemittel für einen wichtigen Stoff?
   a) Stickstoff
   b) Kohlenstoff
   c) Sauerstoff

2. Welche Tiere haben Facettenaugen?
   a) Säugetiere
   b) Insekten
   c) Fische

3. Welcher Teil der Zelle spielt bei der Fortpflanzung eine Hauptrolle?
   a) Zellflüssigkeit
   b) Zellmantel
   c) Zellkern

4. Wie viele Chromosomen hat die menschliche Zelle?
   a) 38 Chromosomen
   b) 46 Chromosomen
   c) 58 Chromosomen

5. Welcher Stoff sorgt dafür, daß ein Rasen grün ist?
   a) Chlorophorm
   b) Chlorophyll
   c) Chloräthylen

6. Welche der folgenden Pflanzen gehören zu den einkeimblättrigen?
   a) Primeln
   b) Veilchen
   c) Lilien

7. Welches Teil des Auges ist für das Sehen hauptverantwortlich?
   a) Netzhaut
   b) Pupille
   c) Linse

Bitte arbeiten Sie auf der nächsten Seite weiter

8. Die Mücke legt ihre Eier ab in/auf...
   a) Müll
   b) Sand
   c) Wasser

9. Wie viele Zähne hat der Mensch (normalerweise)?
   a) 28 Zähne
   b) 32 Zähne
   c) 42 Zähne

10. Wieviel Liter Blut hat der Mensch?
    a) 4-5 l
    b) 5-6 l
    c) 6-7 l

11. Was ist der Hauptbestandteil der Luft?
    a) Sauerstoff
    b) Stickstoff
    c) Kohlenstoff

12. Was verwendet man bei der Pockenimpfung als Impfstoff?
    a) Heilserum
    b) Gegengift
    c) Krankheitserreger

13. Welcher Fisch liefert den Lebertran?
    a) Wal
    b) Hai
    c) Kabeljau

14. Wo befindet sich das Hauptlaichgebiet der europäischen Flußaale?
    a) Nordsee
    b) Ostsee
    c) Sargassosee

15. Was versteht man unter Ornithologie?
    a) Insektenkunde
    b) Paarungsverhalten
    c) Vogelkunde

Bitte arbeiten Sie auf der nächsten Seite weiter

16. Eine maßgebliche Änderung im Anlagenbestand eines Lebewesens bezeichnet man als…
    a) Mutation
    b) Modifikation
    c) Variation

17. Wo befindet sich der Adamsapfel?
    a) am Kehlkopf
    b) am Schienbein
    c) neben der Milz

18. Was ist Thyroxin?
    a) ein Schlangengift
    b) ein Hormon der Schilddrüse
    c) ein Nebennierenrindenprodukt

19. Wie heißt das innere Ohr?
    a) Labyrinth
    b) Trommelfell
    c) Schnecke

20. Wie heißt der Oberbegriff für Gallen- und Magensaft?
    a) Hormone
    b) Enzyme
    c) Sekrete

12. Physik

1. Was ist ein Ion?
    a) chemisches Element
    b) elektrisch geladenes Atom
    c) physikalische Maßeinheit für Elektrizität

2. Was ist ein Episkop?
    a) Gerät zum Projizieren von Bildern
    b) Untersuchungsgerät für Schallwellen
    c) Gerät zum Messen von Erdbeben

Bitte arbeiten Sie auf der nächsten Seite weiter

3. Was versteht man unter einem Faradayschen Käfig?
   a) historischer Blitzableiter
   b) geschlossene Hülle aus Blech oder Maschendraht, in die von außen kein elektrisches Feld eindringen kann
   c) physikalische Experimentierbox für Röntgenstrahlen

4. Erklären Sie den Unterschied zwischen konvex und konkav.
   a) konvex = nach außen gewölbt / konkav = nach innen
   b) umgekehrt
   c) beides falsch

5. Wie hoch ist die Temperatur des Drahtes in der Glühlampe?
   a) über 2000 Grad Celsius
   b) 1000 Grad Celsius
   c) 100 Grad Celsius

6. Kann sich Schall im luftleeren Raum ausbreiten?
   a) ja
   b) nein
   c) kommt darauf an

7. Kann sich Schall in festen Stoffen ausbreiten?
   a) ja
   b) nein
   c) kommt darauf an

8. Was ist ein Kondensierungsprozeß?
   a) ein Verdichtungsprozeß
   b) ein Entladungsprozeß
   c) ein Entstehungsprozeß

9. Wer ist der bessere Wärmeleiter?
   a) Glas
   b) Kunststoff
   c) Metall

Bitte arbeiten Sie auf der nächsten Seite weiter

10. Bei welcher Temperatur liegt der absolute Nullpunkt?
    a) bei etwa 0 Grad Celsius
    b) bei etwa minus 333 Grad Celsius
    c) bei etwa minus 273 Grad Celsius

13. Chemie

1. Auf welchem Grundstoff baut sich die organische Chemie auf?
    a) Kohlenstoff
    b) Wasserstoff
    c) Stickstoff

2. Woraus wird Benzin gewonnen?
    a) Erdöl
    b) Gas
    c) Mineralien

3. Was ist Quecksilber?
    a) ein Edelmetall
    b) ein Element
    c) ein Metall

4. Haben Flüssigkeiten ein Volumen und ein spezifisches Gewicht?
    a) ja
    b) nein
    c) teils / teils

5. Was versteht man unter Oxidation?
    a) Verbindung eines Stoffes mit Stickstoff
    b) Verbindung eines Stoffes mit Sauerstoff
    c) Verbindung eines Stoffes mit Kohlenstoff

6. Was sind Moleküle?
    a) Gruppe von Atomen
    b) Gruppe von Elementen
    c) Gruppe von Kühlstoffen

Bitte arbeiten Sie auf der nächsten Seite weiter

7. Was ist ein Atoll?
   a) kleines Atom
   b) niedriges ringförmiges Koralleneiland
   c) falsches Wort

8. Wann wird Lackmuspapier rot?
   a) in Kontakt mit Säure
   b) in Kontakt mit Basen
   c) in Kontakt mit Sauerstoff

9. Wie viele Elemente kennt die Chemie?
   a) weniger als 100
   b) unzählige
   c) etwa 100

10. Was ist eine Emulsion?
    a) scharfes Reinigungsmittel
    b) feinverteilte Lösung eines Stoffes in einer Flüssigkeit
    c) eine hochexplosive Mixtur

Stop. Hier endet diese Aufgabe

Logisches Denken / Abstraktionsfähigkeit

Unter dem Begriff »Logik« wird ein folgerichtiges, schlüssiges, gültiges, sogenanntes »denkrichtiges« Denken bezeichnet, das zu einleuchtenden, offenkundig und selbstverständlich richtigen Schlußfolgerungen und Aussagen führt. Logisch, daß Testanwender gern über diese Art zu denken verfügen (möchten) und deshalb auch ihre Testkandidaten bezüglich dieser Qualitäten einer ausführlichen Prüfung unterziehen. Der *Unlogik* – d. h. ihres wissenschaftlich und menschlich höchst fragwürdigen Vorgehens – sind sie sich dabei natürlich nicht bewußt.

Das logische Denken und sein Verwandter, die Abstraktionsfähigkeit, sind »Highlights« in jedem Einstellungs-Testverfahren. Mit Hilfe unterschiedlicher Testaufgabentypen versucht man, sich an Logik- und Abstraktionsfähigkeiten der Getesteten heranzupirschen. Es lassen sich graphische Aufgaben, Sprach- (z. B. Analogien) und Zahlenaufgaben (-reihen) unterscheiden.

Im jetzt folgenden Abschnitt beschäftigen wir uns mit typischen Aufgaben aus dem Testgebiet *Logisches Denken, Abstraktionsfähigkeit*.

Logik ist die Anatomie des Denkens.

John Locke

1. Figurenreihen fortsetzen

Mit welcher Auswahlfigur unten (a, b, c oder d) kann man die Figurenreihe oben richtig fortsetzen?

1. Beispiel:

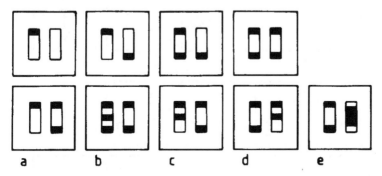

Lösung: b

Erklärung: Hier werden in die Rechtecke schwarze Balken eingefügt: erst in das linke oben, dann in das rechte unten, dann in das linke unten, im vierten Bild rechts oben. Die Fortsetzung kann nur wie bei Lösungsvorschlag b erfolgen.

2. Beispiel:

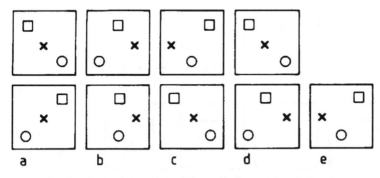

Lösung: d

Erklärung: Die Reihe hat bereits ab dem vierten Bild von vorne angefangen und setzt sich jetzt mit dem zweiten Bild fort.
Für die folgenden 12 Aufgaben haben Sie 6 Min. Zeit.

Bitte arbeiten Sie auf der nächsten Seite weiter

Logisches Denken / Abstraktionsfähigkeit

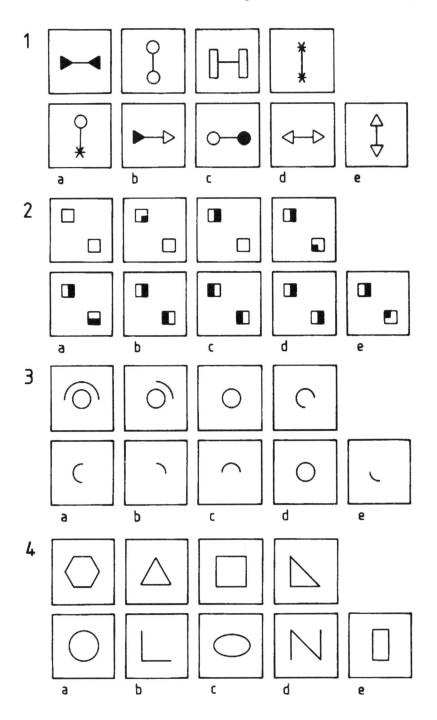

Bitte arbeiten Sie auf der nächsten Seite weiter

1. Figurenreihen fortsetzen

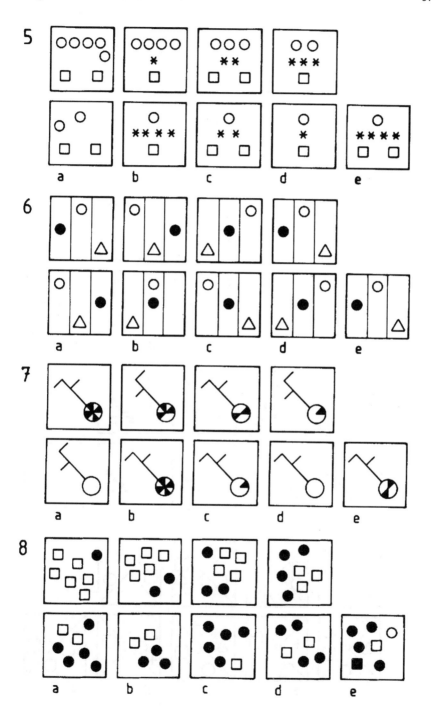

Bitte arbeiten Sie auf der nächsten Seite weiter

Logisches Denken / Abstraktionsfähigkeit

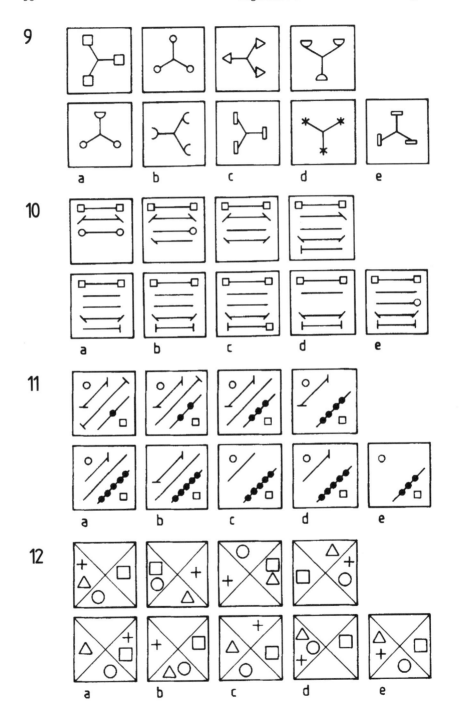

2. Sinnvoll ergänzen

Sie sehen ein Rechteck mit 8 Figuren. Welcher der vorgegebenen 9 Lösungsvorschläge (rechts, a–i) paßt als einziger in das freie 9. Feld?

1. Beispiel:

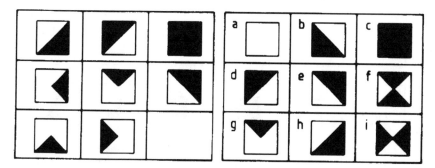

Lösung: b

Erklärung: Die schwarze Fläche der ersten Figur, addiert mit der schwarzen Fläche der zweiten Figur, ergibt, sozusagen als Summe, die dritte Figur. Dieses Prinzip gilt sowohl in vertikaler wie in horizontaler Richtung – ein wichtiger Hinweis für die generelle Bearbeitung dieses Aufgabentyps.

2. Beispiel:

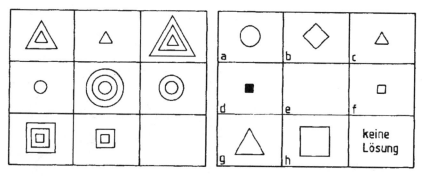

Lösung: f

Für die folgenden 20 Aufgaben haben Sie 20 Min. Zeit.

Bitte arbeiten Sie auf der nächsten Seite weiter

Logisches Denken / Abstraktionsfähigkeit

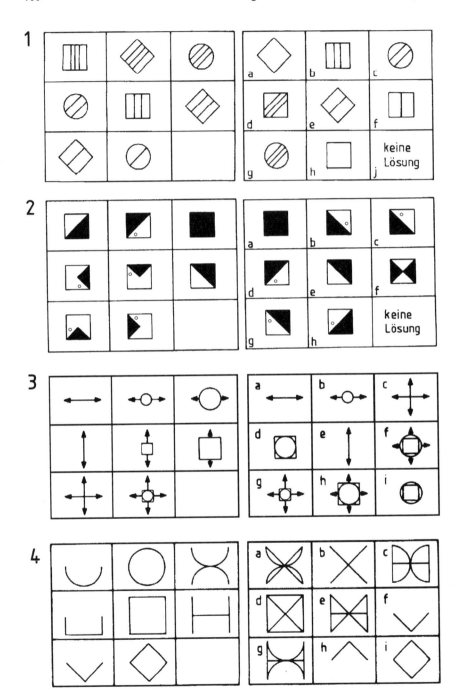

Bitte arbeiten Sie auf der nächsten Seite weiter

2. Sinnvoll ergänzen

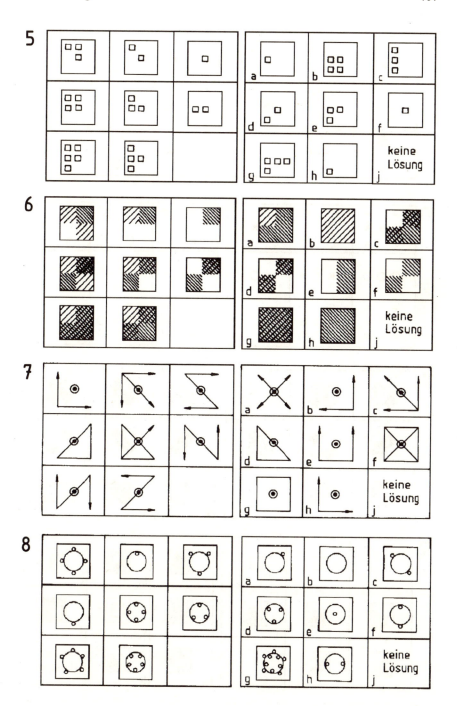

Bitte arbeiten Sie auf der nächsten Seite weiter

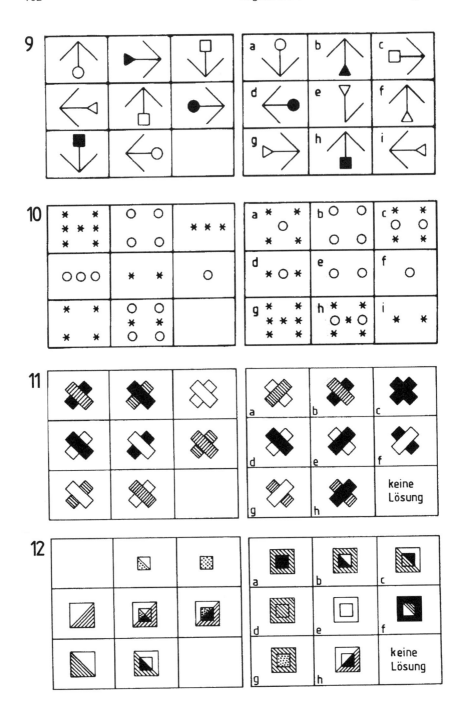

2. Sinnvoll ergänzen

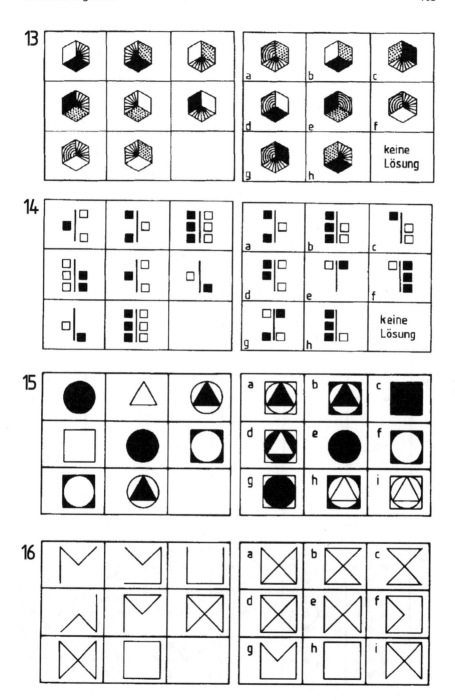

Logisches Denken / Abstraktionsfähigkeit

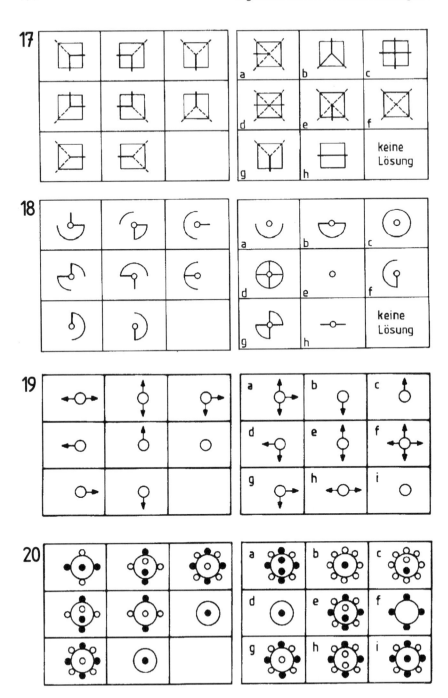

Stop. Hier endet diese Aufgabe

3. Buchstabengruppen

Welche Buchstabengruppe (a, b, c, d oder e) ist nicht wie die vier anderen Gruppen nach einer bestimmten Regel zusammengesetzt?

1. Beispiel:

a	b	c	d	e
A A A B	B B B C	C C C D	D D E E	E E E F

Lösung: Gruppe d

2. Beispiel:

a	b	c	d	e
C B A Z	P O N M	U T S R	I H G F	E C B A

Lösung: Gruppe e

Erklärung: Das Alphabet wird jetzt rückwärts präsentiert, und in der Gruppe e ist der Anfangsbuchstabe E falsch, denn es müßte eigentlich das D sein.

Für die Bearbeitung der folgenden 10 Aufgaben haben Sie 5 Min. Zeit.

Bitte arbeiten Sie auf der nächsten Seite weiter

	a	b	c	d	e
1	L N N P	D N N T	P N N P	D N N T	Q N N X
2	A A B A	A A A B	A A A C	A A A T	A A A U
3	C D D C	K L L K	Q R R Q	U T T U	W X X W
4	M O P Q	A C D E	U W X Y	D F G H	S R Q P
5	A C D E	U W X Y	F H I J	P R S T	H I J K
6	B C D A	O P Q N	V W X Y	D E F C	L M N K
7	Y X V W	T S Q R	N O L M	H G E F	E D B C
8	K C B L	M E D N	O G F P	Q I H R	S K O T
9	O R U X	A D G J	M P S V	I L O R	L O R T
10	M P S V	A D G J	O R U X	A D G J	N Q T V

Stop. Hier endet diese Aufgabe

4. Zahlenreihen

Sehr häufig eingesetzt wird der Aufgabentyp »Zahlenreihen«, bei dem eine nach bestimmten Regeln aufgebaute Folge von Zahlen zu ergänzen ist.

1. Beispiel: 2   4   8   16   32   ?

Lösung: 64

Erklärung: Jede Zahl wird mit 2 multipliziert.

2. Beispiel: 5   4   8   7   14   13   26   ?

Lösung: 25

Erklärung: Ausgangszahl −1, Ergebnis mit 2 multipliziert, Ergebnis −1 usw.

Für die folgenden 10 Aufgaben haben Sie 15 Min. Zeit.

Bitte arbeiten Sie auf der nächsten Seite weiter

A	3	9	6	9	27	?	
B	0	−1	1	3	−1	4	?
C	2	5	11	23	47	?	
D	2	12	6	30	25	100	?
E	80	40	42	40	20	?	
F	3	8	23	68	203	?	
G	1	1/2	5/2	5	5/2	9/2	?
H	7	15	0	8	−7	?	
I	81	9	18	2	11	?	
J	323	107	35	11	3	?	

Stop. Hier endet diese Aufgabe

5. Zahlenmatrizen

Die folgende Aufgabe ist – ähnlich wie die vorangegangenen – eine Art Kombination aus Figuren- und Zahlenreihen.

1. Beispiel:

1	2	3
4	?	6
7	8	9

Lösung: 5

2. Beispiel:

5	6	7
7	8	9
9	10	?

Lösung: 11

Erklärung: Senkrecht jede Zahl mit 2, waagerecht jede Zahl mit 1 addiert.

Für die folgenden 10 Aufgaben haben Sie 5 Min. Zeit.

Bitte arbeiten Sie auf der nächsten Seite weiter

A	0	2	4
	2	4	6
	4	6	?
B	5	8	11
	3	6	?
	1	4	7
C	40	25	10
	32	17	2
	24	9	?
D	216	36	6
	72	12	2
	24	4	?
E	16	4	1
	32	?	2
	64	16	4
F	3	12	48
	9	36	144
	?	108	432
G	77	64	51
	90	77	64
	?	90	77
H	9	8	6
	6	5	3
	2	1	?
I	18	35	52
	9	26	43
	?	17	34
J	6	24	8
	2	8	8/3
	8	32	?

Stop. Hier endet diese Aufgabe

6. Buchstabenreihen

Ganz ähnlich wie Zahlenreihen sind auch Buchstabenreihen aufgebaut. Sie haben sie schon – in einer einfacheren Form – kennengelernt (s. S. 105). Hier eine kompliziertere Variante:

1. Beispiel:

Ergänzen Sie die Buchstabenreihe logisch:

a   d   g   j   m   p   ?   ?

Welcher Lösungsvorschlag ist der richtige?

1)   s   u
2)   s   v
3)   s   w
4)   r   u

Lösung: 2

Erklärung: Die Buchstabenreihe ist nach dem Prinzip aufgebaut, daß in der alphabetischen Reihenfolge jeweils zwei Buchstaben fehlen.

2. Beispiel

q   p   o   n   m   l   k   ?   ?

1)   i   j
2)   a   b
3)   r   s
4)   j   i

Lösung: 4

Erklärung: Von q geht es im Alphabet rückwärts.

Für die folgenden 5 Aufgaben haben Sie 5 Min. Zeit.

Bitte arbeiten Sie auf der nächsten Seite weiter

Logisches Denken / Abstraktionsfähigkeit

1

a n b c n d e f n g h i j ? ? ?

1) k n l
2) n l m
3) n k l
4) k l n

2

a z c y e x g w i v ? ? ?

1) k u m
2) u m v
3) m v k
4) v i w

3

f g f g d e h i h i f g ? ? ?

1) k l m
2) j k k
3) j i k
4) j k j

4

e d f f e g g f h ? ? ?

1) h i j
2) h g i
3) f g h
4) g h i

5

a d f i k n p s ? ? ?

1) u w z
2) t v w
3) u x z
4) u v w

Stop. Hier endet diese Aufgabe

7. Dominos

Welcher Dominostein aus der rechten Lösungsgruppe paßt in die linke Dominogruppe? Gesucht wird der Stein, der durch seine Punktzahl oben und unten die linke Dominogruppe logisch sinnvoll ergänzt. Dazu 2 Beispiele:

1. Beispiel:

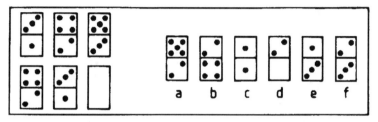

Lösung: d
Die erste Reihe Dominosteine baut sich im oberen (3-4-5 Punkte) wie im unteren Feld (1-2-3 Punkte) nach dem System +1 auf. Das Aufbauprinzip der zweiten Reihe Dominosteine ist entsprechend, aber nach dem System -1.

2. Beispiel:

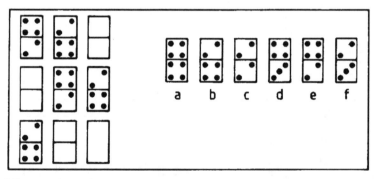

Lösung: e
Jetzt haben wir es mit drei Dominoreihen zu tun, die wir uns anschauen müssen. Auch hier gilt es, ein gemeinsames System festzustellen. Jede Reihe Dominosteine hat die Kombination 4-2, 2-4 (die Umkehrung) und einen 0-0-Stein. Diese Steinkombination wird lediglich unterschiedlich angeordnet. In der ersten Reihe ist der 0-0-Stein in der letzten Position, in der zweiten Reihe in der ersten, in der dritten Reihe in der zweiten Position.

Für die folgenden 15 Aufgaben haben Sie 10 Min. Bearbeitungszeit.

Bitte arbeiten Sie auf der nächsten Seite weiter

Logisches Denken / Abstraktionsfähigkeit

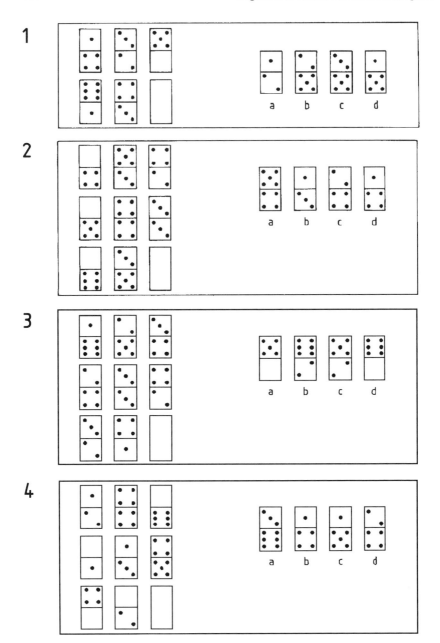

7. Dominos

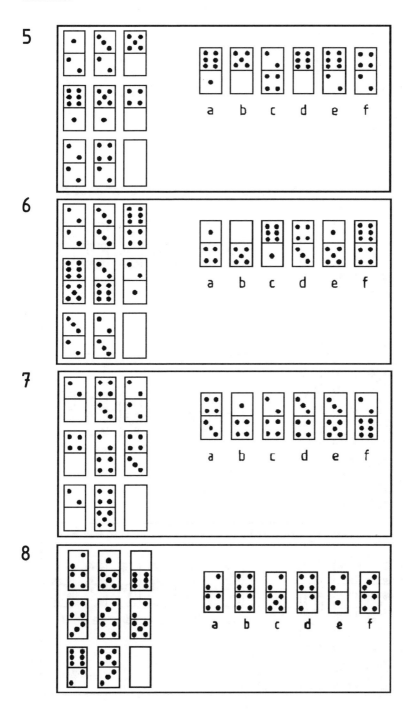

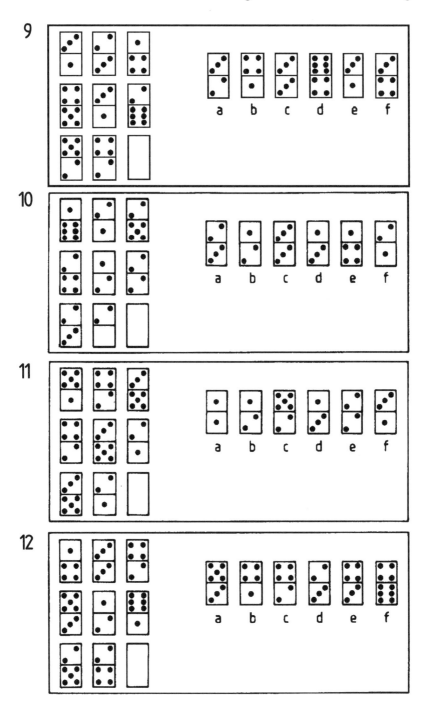

7. Dominos

13
14
15

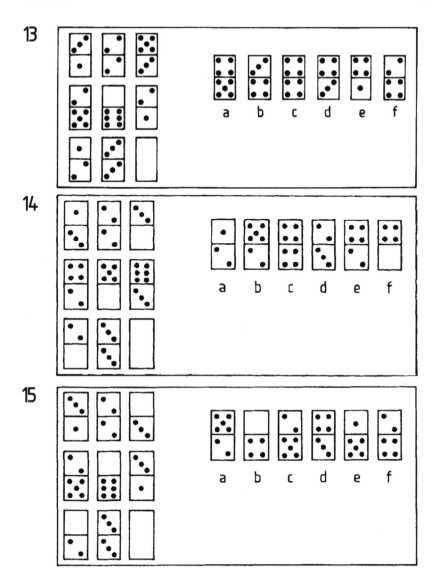

Stop. Hier endet diese Aufgabe

8. Zahlensymbole

Bei dieser Aufgabe werden Zahlen durch bestimmte Symbole ersetzt. Einzelne Symbole entsprechen einer einstelligen Zahl (0–9), zwei nebeneinanderstehende Symbole einer zweistelligen Zahl (10–99). Die Aufgabe besteht darin herauszufinden, welche der angebotenen Zahlen für ein bestimmtes Symbol eingesetzt werden muß, damit die Aufgabe richtig gelöst werden kann (Lösungsvorschläge neben dem zu entschlüsselnden Symbol).

1. Beispiel:

Lösung: 7
Nur wenn diese Zahl für das Quadrat eingesetzt wird, kann das Ergebnis zweistellig werden.

2. Beispiel:

Lösung: 5
Denn nur die 5 bleibt als Einerstelle wie auch als Multiplikant im Ergebnis der Einerstelle 5.

Für die folgenden 26 Aufgaben haben Sie 10 Min. Zeit.

Bitte arbeiten Sie auf der nächsten Seite weiter

8. Zahlensymbole

1 △ + △ + △ + △ = ○   △ = 3 7 0 4 2 5

2 ▽ − ○ = ▽   ○ = 6 3 4 0 2 1

3 ○ × ○ = ⊡○   ⊡ = 1 4 5 3 8 6

4
```
    ○
  − ⬡
  − ⬡
  − ⬡
  − ⬡
  ─────
    ⬡
```
⬡ = 0 2 1 3 5 4

5
```
    △ □
    △ □
    △ □
  + △ □
  ─────
    ○ □
```
□ = 6 2 5 3 0 4

6 ▽⊘ : ⊘ = ⊘   ⊘ = 1 3 0 4 2 5

7 ⊠ × △ = ⊠   △ = 3 2 1 0 4 5

Bitte arbeiten Sie auf der nächsten Seite weiter

Logisches Denken / Abstraktionsfähigkeit

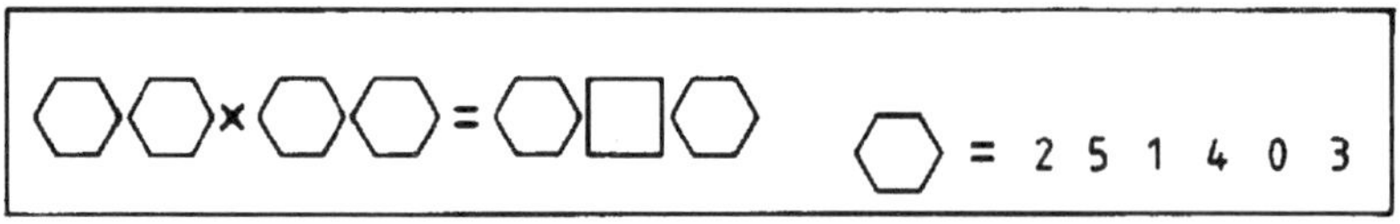

8 ⬡⬡ × ⬡⬡ = ⬡▢⬡   ⬡ = 2 5 1 4 0 3

9 ○▢ − △○ = △○   ○ = 1 0 3 6 7 8

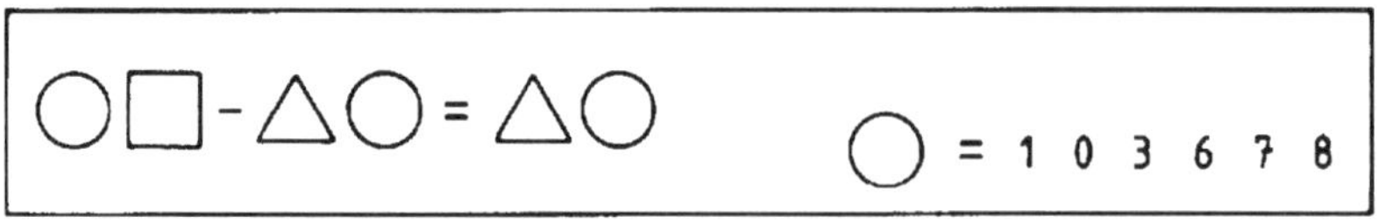

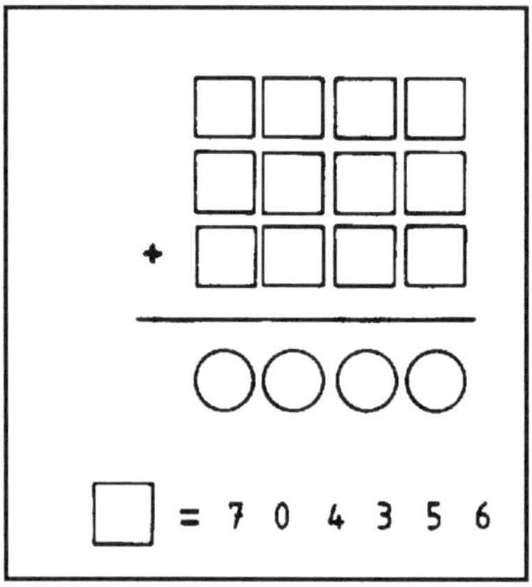

10
▢▢▢▢ / ▢▢▢▢ / ▢▢▢▢ + = ○○○○
▢ = 7 0 4 3 5 6

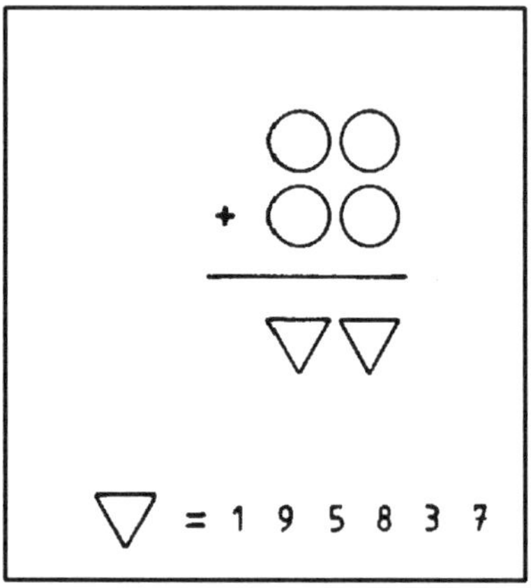

11
○○ / ○○ + = ▽▽
▽ = 1 9 5 8 3 7

12 ○▽▢ − ⬡ = ⊘⊘   ⊘ = 5 7 1 9 6 0

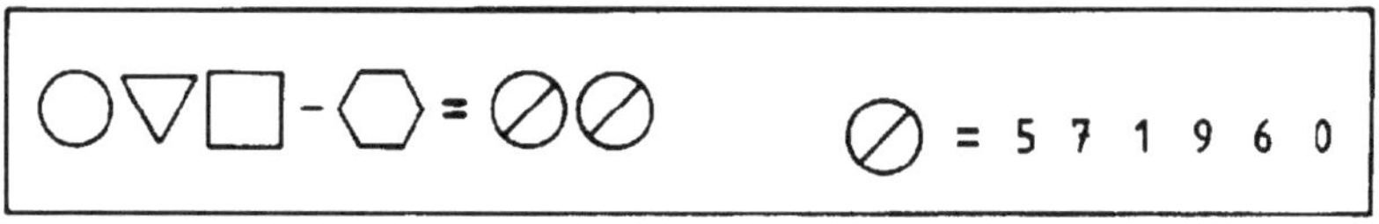

13 △○△ : △ = ▢△▢   △ = 4 5 2 1 9 6

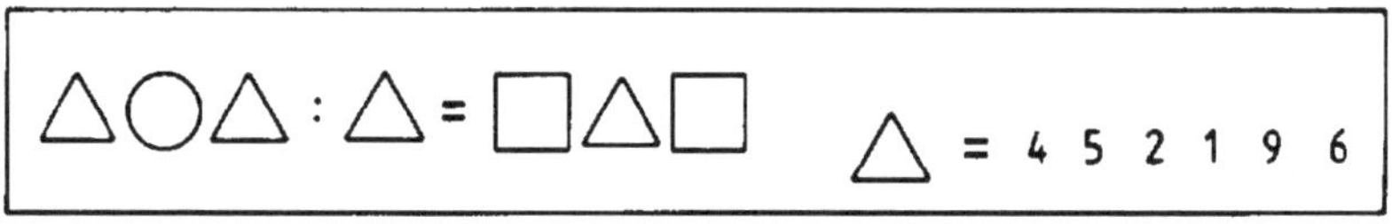

14 ⬡▢ × ○ = ▽▢   ▢ = 3 0 9 1 7 8

Bitte arbeiten Sie auf der nächsten Seite weiter

8. Zahlensymbole

15 □ × ○ + △ − △ = ▱ ○   ○ = 1 3 9 0 7 5

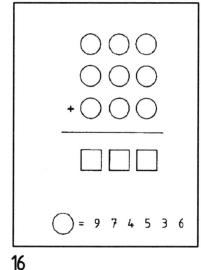

16 ○ = 9 7 4 5 3 6

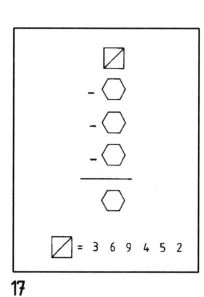

17 ▱ = 3 6 9 4 5 2

18 ○□○ × □ = □▽□   ○ = 3 6 1 7 4 2

19 □ × ⊕○ = □○   ○ = 2 7 6 0 3 8

20 □⟨⟩ : ⟨⟩ = ⟨⟩   ⟨⟩ = 2 7 6 3 4 1

Bitte arbeiten Sie auf der nächsten Seite weiter

Logisches Denken / Abstraktionsfähigkeit

21
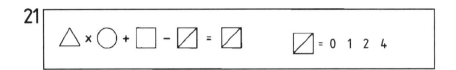

22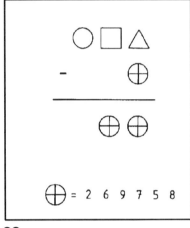

23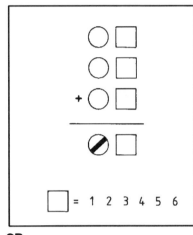

24

25

△○△ : △△ = △△   △ = 1 6 7 3 5 4

26

◨ · ◨ = ◉ ◨   ◨ = 3 8 1 4 6 7

Stop. Hier endet diese Aufgabe

9. Wochentage

Mit den Wochentagen kennen Sie sich aus. Ihre Aufgabe ist es jetzt, aufgrund einer Aussage den logisch richtigen Wochentag herauszufinden.

1. Beispiel:

Heute ist Montag. Welcher Tag ist drei Tage nach gestern?

Lösung: Mittwoch

Erklärung: Wenn heute Montag ist, war demzufolge gestern Sonntag. Drei Tage dazugerechnet ergibt Mittwoch.

2. Beispiel:

Vorgestern war fünf Tage vor Sonntag. Welchen Tag haben wir heute?

Lösung: Donnerstag

Erklärung: Wenn vorgestern fünf Tage vor Sonntag war, so muß heute drei Tage vor Sonntag sein, also Donnerstag.

3. Beispiel:

Übermorgen ist der vierte Tag nach Samstag. Welcher Tag war vorgestern?

Lösung: Samstag

Erklärung: Wenn übermorgen der vierte Tag nach Samstag ist, so ist heute der zweite Tag, nämlich Montag. Zwei Tage zurück = Samstag.

Für 10 Aufgaben haben Sie 10 Min. Zeit.

Bitte arbeiten Sie auf der nächsten Seite weiter

1. Übermorgen ist der dritte Tag nach Montag. Welcher Tag war vorgestern?

2. Morgen sind es noch vier Tage bis Sonntag. Welcher Tag ist übermorgen?

3. Gestern waren bis Sonntag noch fünf Tage. Welcher Tag ist morgen?

4. Der Tag, der vor vorgestern lag, liegt drei Tage nach Samstag. Heute ist also…?

5. Übermorgen in einer Woche ist zwei Tage vor Dienstag. Vorgestern war…?

6. Vorgestern waren es drei Tage vor Dienstag. Welchen Tag haben wir nach übermorgen?

7. Zwei Tage vor vorgestern war Dienstag. Welcher Tag wird übermorgen sein?

8. Wenn drei Tage vor gestern Mittwoch war, welcher Tag wird morgen sein?

9. Übermorgen ist fünf Tage vor Freitag. Welcher Tag war gestern?

10. Welcher Tag war vorgestern, wenn der Tag nach übermorgen zwei Tage vor Samstag liegt?

Stop. Hier endet diese Aufgabe

10. Sprach-Analogien

Aufgabe ist es, aus vorgegebenen Lösungsvorschlägen das Wort auszuwählen, das ein fehlendes Element in einer Wortgleichung sinnvoll ergänzt. Oder anders ausgedrückt: Drei Worte sind vorgegeben, bei denen zwischen dem ersten und zweiten eine gewisse Beziehung besteht. Aufgabe ist es, zwischen dem dritten und einem allein passenden Wahl- und Lösungswort eine Beziehung herzustellen.

1. Beispiel:

Dach verhält sich zu Keller wie Decke zu…?

    a) Teppich   b) Leuchter   c) Wand   d) Boden

Lösung: d

2. Beispiel:

Gerade / Viereck = Kurve / ???

    a) Fläche   b) Kugel   c) Quadrat   d) Kreis   e) Laufbahn   f) Kegel

Lösung: d

Für die folgenden 35 Aufgaben haben Sie 15 Min. Zeit.

Bitte arbeiten Sie auf der nächsten Seite weiter

Logisches Denken / Abstraktionsfähigkeit

1. Auto / Räder = Flugzeug / ???
   a) Motor   b) fliegen   c) Tragflächen   d) Pilot   e) Düsen   f) Kerosin

2. Muster / Entwurf = Maschine / ???
   a) Antrieb   b) kaputt   c) Räder   d) Arbeit   e) Konstruktion   f) Kraft

3. manchmal / oft = etwas / ???
   a) mehr   b) viel   c) immer   d) meistens   e) wenig   f) alles

4. Leder / Eisen = zäh / ???
   a) flexibel   b) schwer   c) hart   d) haltbar   e) biegsam   f) fest

5. Telegramm / Brief = Stichwort / ???
   a) Nachricht   b) Erzählung   c) Zeile   d) Information   e) Satz   f) Telefonat

6. Reportage / Dichtung = Foto / ???
   a) Kunst   b) Zeichnung   c) Lyrik   d) Gedicht   e) Aquarell   f) Gemälde

7. gestehen / verhören = diagnostizieren / ???
   a) heilen   b) Krankheit   c) untersuchen   d) Befund   e) Behandlung   f) vernehmen

8. Haus / Stein = Pflanze / ???
   a) Zweig   b) Blatt   c) Samen   d) Baum   e) Zelle   f) Wurzel

9. werben / verkaufen = Sport treiben / ???
   a) trainieren   b) jung bleiben   c) Ehrgeiz   d) gesund bleiben   e) turnen   f) siegen

10. Kanal / Fluß = Park / ???
    a) Anlage   b) Bäume   c) Sträucher   d) Landschaft   e) Rasen   f) Garten

11. gehen / schlendern = sprechen / ???
    a) lallen   b) plaudern   c) schwafeln   d) stottern   e) springen   f) weinen

12. Stoffwechsel / Natur = Verbrennung / ???
    a) Maschine   b) Kraft   c) Motor   d) Antrieb   e) Kohle   f) Leben

13. Wind / Sturm = rinnen / ???
    a) strömen   b) tröpfeln   c) einsickern   d) brausen   e) duschen   f) fließen

14. Ton / Melodie = Farbe / ???
    a) Brillanz   b) Kunstobjekt   c) Gemälde   d) Farbkasten   e) Palette   f) Foto

15. Molekül / Atom = Pfund / ???
    a) Menge   b) Last   c) Zentner   d) Gramm   e) Gewicht   f) Last

Bitte arbeiten Sie auf der nächsten Seite weiter

10. Sprach-Analogien

16. Gramm / Gewicht = Stunde / ???
    a) Minuten   b) Zeit   c) Uhr   d) Tag   e) Jahr   f) Monat

17. Wasser / Erosion = Alter / ???
    a) Jugend   b) Kindheit   c) Falten   d) Lebenszeit   e) Pubertät   f) Rente

18. chronisch / akut = dauerhaft / ???
    a) ständig   b) öfter   c) zeitweilig   d) langwierig   e) schnell   f) langsam

19. Flut / Damm = Regen / ???
    a) Tropfen   b) Schirm   c) Wasser   d) feucht   e) kühl   f) naß

20. liberal / radikal = gemäßigt / ???
    a) gleichgültig   b) verständnisvoll   c) extrem   d) engagiert   e) plus   f) fix

21. Seite / Buch = Satz / ???
    a) Wörter   b) Buchstaben   c) Kapitel   d) Inhalt   e) Zeitung   f) TV

22. Zunge / sauer = Nase / ???
    a) salzig   b) brenzlig   c) kosten   d) schmecken   e) Ohr   f) Auge

23. Haus / Treppe = Fluß / ???
    a) Schiff   b) Wasser   c) Ufer   d) Schleuse   e) Hof   f) Floß

24. schneiden / kleben = Trennung / ???
    a) Spaltung   b) Verbindung   c) Teilung   d) Lösung   e) Ring   f) Kirche

25. verlangen / Gier = wachsen / ???
    a) sprießen   b) Entwicklung   c) Wucherung   d) Vergrößerung
    e) schnell   f) kurz

26. Töne / Musik = Wörter / ???
    a) Stimmen   b) Sprache   c) Klänge   d) Ausdruck   e) Tenor   f) Tod

27. Freude / Erfolg = Müdigkeit / ???
    a) Arbeit   b) Pause   c) Reise   d) Traum   e) wach   f) Gier

28. Diät / Gewicht = Medikament / ???
    a) Arzt   b) Rezept   c) Gesundung   d) Schmerz   e) Geduld   f) Blut

29. Zorn / Affekt = Trauer / ???
    a) Begeisterung   b) Verärgerung   c) Stimmung   d) Verzweiflung
    e) Wut   f) Mut

30. Porträt / Karikatur = schildern / ???
    a) deuten   b) Kritik   c) beleidigen   d) übertreiben   e) groß   f) klein

Bitte arbeiten Sie auf der nächsten Seite weiter

Logisches Denken / Abstraktionsfähigkeit

Bei den folgenden Wortgleichungen fehlt das Anfangs- und Endwort. Die Sätze sind aus den vorhandenen Lösungsmöglichkeiten so zu ergänzen, daß sie einen Sinn erhalten.

Beispiel:
...?... verhält sich zu Blindheit wie Ohr zu...?...
a Auge 1 hören
b Sehfähigkeit 2 Gehör
c Brille 3 Taubheit
d Blindenhund 4 Schwerhörigkeit
Lösung: a3 (Auge verhält sich zu Blindheit wie Ohr zu Taubheit)

31. ...?... verhält sich zu Länge wie Gramm zu...?...
a Entfernung 1 Waage
b Geschwindigkeit 2 Gewicht
c Zentimeter 3 abwiegen
d Abstand 4 Kilo

32. ...?... verhält sich zu niemand wie alles zu...?...
a manche 1 mehr
b jeder 2 immer
c viele 3 nichts
d einige 4 nie

33. ...?... verhält sich zu Kreis wie Würfel zu...?...
a Kegel 1 Quadrat
b rund 2 sechs
c Kugel 3 Rechteck
d Kuppel 4 Rhombus

34. ...?... verhält sich zu Herz wie Takt zu...?...
a Pumpe 1 Dirigent
b Pulsschlag 2 Komposition
c Gesundheit 3 Musik
d Leben 4 Musiker

35. ...?... verhält sich zu Krankheit wie Schweiß zu...?...
a Arzt 1 Erfolg
b Tablette 2 Anstrengung
c Fieber 3 Lob
d Thermometer 4 Chef

Stop. Hier endet diese Aufgabe

11. Grafik-Analogien

Ging es bei der vorigen Aufgabe darum, bestimmte Begriffe auf rein sprachlicher Ebene miteinander in Bezug zu setzen, ist jetzt die gleiche Aufgabenstellung auf grafischer Ebene zu bewältigen.

1. Beispiel:

Lösungsvorschläge:
    a   b   c   d   e

Lösung: e
Der Kreis verhält sich zum Quadrat wie die Ellipse zum Rechteck.

2. Beispiel:

Lösungsvorschläge:
    a   b   c   d   e

Lösung: a

Für die folgenden 24 Aufgaben haben Sie 10 Min. Zeit.

Bitte arbeiten Sie auf der nächsten Seite weiter

Logisches Denken / Abstraktionsfähigkeit

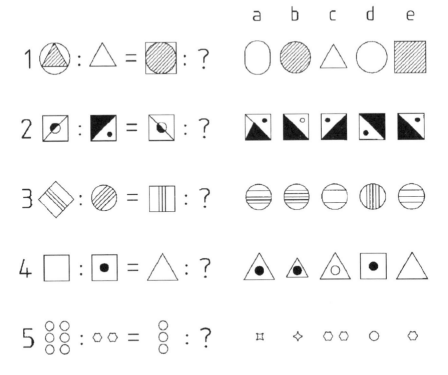

Bitte arbeiten Sie auf der nächsten Seite weiter

11. Grafik-Analogien

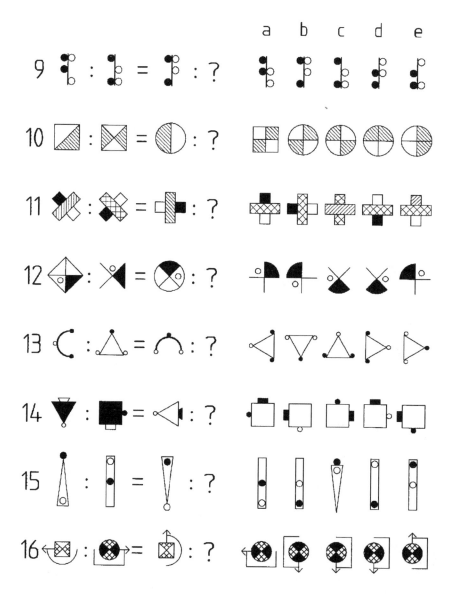

Logisches Denken / Abstraktionsfähigkeit

a b c d e

17

18

19

20

21

22

23

24

Stop. Hier endet diese Aufgabe

12. Sprichwörter

Hier geht es darum, Sprichwörter mit ähnlicher Bedeutung zu erkennen.

1. Beispiel

Wie man sich bettet, so liegt man.

   a) Nach dem Essen soll man ruhn oder tausend Schritte tun.
   b) Wer rastet, der rostet.
   c) In den Eimer geht nicht mehr, als er fassen kann.
   d) Wie in den Wald hineingerufen wird, so schallt es heraus.

Lösung: d

2. Beispiel

Hochmut kommt vor dem Fall.

   a) Wer sich selbst erhöht, der soll erniedrigt werden.
   b) Wer über sich haut, dem fallen bald Späne in die Augen.
   c) Wer bereuen kann, der hat seinen Hochmut eingebüßt.
   d) Wer im Glashaus sitzt, soll nicht mit Steinen werfen.

Lösung: b

Für die folgenden 19 Aufgaben haben Sie 8 Min. Zeit.

Bitte arbeiten Sie auf der nächsten Seite weiter

1. Wer sich in Gefahr begibt, kommt darin um.

   a) Wer einmal lügt, dem glaubt man nicht.
   b) Was Jupiter darf, darf der Ochse noch lange nicht.
   c) Vorsicht ist besser als Nachsicht.
   d) Wer sich unter die Kleie mischt, den fressen die Schweine.

2. Wie die Alten sungen, so zwitschern auch die Jungen.

   a) Wer A sagt, muß auch B sagen.
   b) Reden ist Silber, Schweigen ist Gold.
   c) Junge fideln, wie Alte die Geigen gestimmt haben.
   d) Jung gewohnt, alt getan.

3. Sorge dich nicht um die Wiege, ehe dein Kind geboren ist.

   a) Ein ungelegtes Ei ist ein ungewisses Huhn.
   b) Ein blindes Huhn findet auch ein Korn.
   c) Frisch gewagt ist halb gewonnen.
   d) Ehrlichkeit währt am längsten.

4. Kleinvieh macht auch Mist.

   a) Kommt Zeit, kommt Rat.
   b) Wer A sagt, muß auch B sagen.
   c) Steter Tropfen höhlt den Stein.
   d) Rom ist nicht an einem Tag erbaut worden.

5. Ein Unglück kommt selten allein.

   a) Glück und Glas, wie schnell bricht das.
   b) Unglück kennt keine Moral.
   c) Wenn Unglück dir geschadet, denk nicht, es sei nun satt.
   d) Jeder ist seines Unglückes Schmied.

Bitte arbeiten Sie auf der nächsten Seite weiter

12. Sprichwörter

6. Was ein Häkchen werden will, krümmt sich beizeiten.

   a) Altes Holz brennt am besten.
   b) Es ist noch kein Meister vom Himmel gefallen.
   c) Was Hänschen nicht lernt, lernt Hans nimmermehr.
   d) Gut Ding braucht Weile.

7. Wer zuletzt lacht, lacht am besten.

   a) Ende gut, alles gut.
   b) Jeder möchte alt werden, aber nicht alt sein.
   c) Die Mode kommt, die Mode geht.
   d) Unverhofft kommt oft.

8. Ein gesprungener Topf hält lange aus.

   a) Die Zeit heilt alle Wunden.
   b) Gut Ding braucht Weile.
   c) Was lange währt, wird endlich gut.
   d) Wer immer klagt, stirbt nicht so bald.

9. Wer zuerst kommt, mahlt zuerst.

   a) Morgenstunde hat Gold im Munde.
   b) Was du heute kannst besorgen, das verschiebe nicht auf morgen.
   c) Nur der schnellste Hund fängt den Hasen.
   d) Trinke, sobald du am Brunnen bist.

10. Ohne Fleiß kein Preis.

    a) Es ist nicht alle Tage Sonntag.
    b) Wer Heu machen will, wartet, bis die Sonne scheint.
    c) Wie man den Acker bestellt, so trägt er.
    d) Man lebt nicht immer im Schlaraffenland.

Bitte arbeiten Sie auf der nächsten Seite weiter

11. Überdruß kommt auch von Überfluß.

   a) Übereilen bedeutet manchmal Verweilen.
   b) Glück ist wie der Wind, es kommt und geht geschwind.
   c) Mach den Bissen nicht größer als das Maul.
   d) Nichts ist schwerer zu ertragen als eine Reihe von guten Tagen.

12. Ein Baum fällt nicht beim ersten Hieb.

   a) Rom ist nicht an einem Tag erbaut worden.
   b) Eine Schwalbe macht noch keinen Sommer.
   c) Einer allein, das ist nicht fein.
   d) Wer nur einen Teil hört, hört keinen.

13. Man muß das Eisen schmieden, solange es heiß ist.

   a) Man muß eine Gelegenheit beim Schopfe packen.
   b) Selbst getan ist bald getan.
   c) Bei gutem Wind ist gut segeln.
   d) Durch Zufall kann auch ein Krüppel einen Hasen fangen.

14. Ein Esel macht dem anderen den Hof.

   a) Ein Esel schimpft den anderen Langohr.
   b) Tauben und Krähen fliegen nie zusammen.
   c) Man muß mit den Wölfen heulen.
   d) Gleich und gleich gesellt sich gern.

15. Jung gewohnt, alt getan.

   a) Wie die Alten sungen, so zwitschern jetzt die Jungen.
   b) Wie die Saat, so die Ernte.
   c) Es muß der Junge lernen, was der Alte können will.
   d) Es ist noch kein Meister vom Himmel gefallen.

Bitte arbeiten Sie auf der nächsten Seite weiter

12. Sprichwörter

16. Eigener Herd ist Goldes Wert.

   a) Morgenstunde hat Gold im Munde.
   b) Es ist nicht alles Gold, was glänzt.
   c) Wer reich ist, ist überall zu Hause.
   d) Fremdes Feuer ist nirgendwo so hell wie der Rauch daheim.

17. Keiner kann aus seiner Haut.

   a) Wer im Glashaus sitzt, sollte nicht mit Steinen werfen.
   b) Vorsicht ist besser als Nachsicht.
   c) Niemand kann über seinen eigenen Schatten springen.
   d) Jeder Baum wirft seinen Schatten.

18. Hast du nicht Pfeile im Köcher, so mische dich nicht unter die Schützen.

   a) Wie man in den Wald hineinruft, so schallt es heraus.
   b) Mancher schießt ins Blaue und trifft ins Schwarze.
   c) Auge um Auge, Zahn um Zahn.
   d) Wer einen kleinen Mund hat, erstickt sehr leicht an großen Bissen.

19. Geteiltes Leid ist halbes Leid.

   a) Ein Unglück kommt selten allein.
   b) Schaden macht klug.
   c) Wer nicht hören will, muß fühlen.
   d) Wer im Schaden schwimmt, hat gern, daß andere mit ihm baden.

Stop. Hier endet diese Aufgabe

13. Unmöglichkeiten

Es werden sechs Behauptungen aufgestellt. Dabei sind entweder fünf richtig und eine falsch, oder aber fünf falsch und nur eine richtig. Aufgabe ist es, die eine richtige oder die eine falsche Behauptung herauszufinden.

1. Beispiel: Unmöglich ist es, daß ein Zebra...

    a) kleiner ist als ein Pferd
    b) kariert gestreift ist
    c) in einem Stall lebt
    d) als Reittier dient
    e) Gras frißt
    f) traben kann

Lösung: b

Erklärung: Die Frage war: Welche Behauptung ist entweder als einzige richtig oder falsch? Als einzige richtig ist b, alle anderen Aussagen sind falsch (es ist z. B. sehr wohl möglich, daß ein Zebra kleiner ist als ein Pferd).

2. Beispiel: Es ist völlig unmöglich, daß ein Huhn...

    a) gackert
    b) Eier legt
    c) Milch gibt
    d) Körner pickt
    e) lange lebt
    f) Federn hat

Lösung: c

Erklärung: Als einzige Aussage ist c richtig, alle anderen sind falsch.

Für die folgenden 15 Aufgaben haben Sie 10 Min. Zeit.

Bitte arbeiten Sie auf der nächsten Seite weiter

13. Unmöglichkeiten

1. Unmöglich ist es, daß eine Flüssigkeit
   a) verdampft
   b) kristallisiert
   c) sich vermischt
   d) eingefärbt wird
   e) sich in einem normalen Sieb transportieren läßt
   f) eingefroren wird

2. Unmöglich ist es, daß eine Flüssigkeit
   a) eine bestimmte Farbe annimmt
   b) einen Geruch aufnimmt
   c) eine bestimmte Gestalt annimmt
   d) eine spezielle Konsistenz erreicht
   e) ein Volumen hat
   f) eine Verbindung eingeht

3. Unmöglich ist es, ein Lied zu singen ohne…
   a) Notenkenntnis
   b) Unterstützung
   c) Anteilnahme
   d) Energie zu verbrauchen
   e) Begleitung
   f) Anleitung

4. Auf keinen Fall kann man in der Antarktis…
   a) auf Räuber stoßen
   b) russische Forscher antreffen
   c) englische Touristen sehen
   d) auf Eisbären treffen
   e) Eskimos antreffen
   f) Schlittschuh laufen

Bitte arbeiten Sie auf der nächsten Seite weiter

5. Auf keinen Fall kann man in Afrika...
   a) Farbige treffen
   b) Schlangen sehen
   c) Jaguare jagen
   d) amerikanische Touristen beobachten
   e) auf Fotosafari gehen
   f) Eis essen

6. Ein Mensch kann auf keinen Fall...
   a) ewig leben
   b) ohne Nahrung auskommen
   c) ohne Sauerstoff leben
   d) auf Fernsehen verzichten
   e) wie ein Vogel fliegen
   f) über sehr lange Zeit ohne Schlaf auskommen

7. Fische können auf keinen Fall auf dem Lande leben, weil...
   a) sie das Wasser zu sehr lieben
   b) das Wasser bessere Nahrung für sie hat
   c) sie von der Landwirtschaft nichts verstehen
   d) sie an der Luft vertrocknen würden
   e) sie Kiemen besitzen
   f) sie nicht Traktor fahren können

8. Es ist völlig unmöglich, in einem Kühlschrank mit kleinem einfachen Eisfach...
   a) Eßwaren aufzubewahren
   b) Eiswürfel herzustellen
   c) Eis zu schmelzen
   d) hochprozentigen Rum gefrieren zu lassen
   e) Fisch kurzzeitig frisch zu halten
   f) Lebensmittel kühl zu halten

Bitte arbeiten Sie auf der nächsten Seite weiter

13. Unmöglichkeiten

9. Es ist völlig unmöglich, daß ein Richter...
   a) immer recht hat
   b) sich nie irrt
   c) selbst zum Verbrecher wird
   d) unsterblich ist
   e) seine Frau betrügt
   f) nie einen Fehler macht

10. Auf keinen Fall kann ein Lichtstrahl...
    a) in seine Spektralfarben zerlegt werden
    b) umgeleitet werden
    c) reflektiert werden
    d) verstärkt werden
    e) durch ein Brennglas gebündelt werden
    f) durch eine Konvexlinse zerstreut werden

11. Es ist völlig unmöglich, daß Schall sich ausbreitet...
    a) in Gasen
    b) in geschlossenen Räumen
    c) in luftleeren Räumen
    d) in Flüssigkeiten
    e) bei Nebel
    f) bei Dunkelheit

12. Die Summe zweier positiver Zahlen ist unmöglich...
    a) gleich 0
    b) durch 7 teilbar
    c) kleiner als 2
    d) größer als 2 000 000
    e) größer als 1
    f) kleiner als 1

Bitte arbeiten Sie auf der nächsten Seite weiter

13. Bei Gegenverkehr ist es wirklich unmöglich, daß...
    a) einem LKWs entgegenkommen
    b) man selbst überholt wird
    c) Autos am Straßenrand parken
    d) Kraftfahrzeuge nur in eine Richtung fahren
    e) die Polizei Anstoß nimmt
    f) Sichtbehinderungen auftreten

14. Ein Atomkraftwerk kann unmöglich...
    a) einen Unfall haben
    b) abgestellt werden
    c) billigen Strom produzieren
    d) ohne Sicherungsvorkehrungen auskommen
    e) in Brand geraten
    f) von Terroristen besetzt werden

15. Elektrischer Strom kann auf keinen Fall...
    a) gefährlich sein
    b) in Gas umgewandelt werden
    c) in Wärme umgewandelt werden
    d) in Energie umgewandelt werden
    e) teuer sein
    f) Leben retten

Stop. Hier endet diese Aufgabe

14. Schlußfolgerungen

Beantworten Sie bitte die folgenden Fragen unter Berücksichtigung der Informationen, die Sie bekommen.

1. Beispiel:

Welches Auto ist am schnellsten?
   Auto A ist langsamer als Auto C.
   Auto D ist langsamer als Auto B, aber schneller als Auto C.

Lösung: Auto B ist am schnellsten.

Erklärung:
1. Aussage: A < C (A ist kleiner/langsamer als C)
2. Aussage: C < D < B
Daraus folgt: A < C < D < B – d.h.: Auto B ist am schnellsten.

2. Beispiel:

Welche Lampe ist die hellste?
   Lampe A ist dunkler als Lampe B.
   B ist heller als C.
   C ist gleich hell wie D.
   B ist heller als D.
   D ist heller als A.

Lösung: Lampe B ist die hellste.

Es kann aber auch bei unseren Aufgaben vorkommen, daß keine eindeutige Aussage möglich ist.

Für 5 Aufgaben haben Sie 10 Min. Zeit.

Bitte arbeiten Sie auf der nächsten Seite weiter

1. Schüler

Paul wäre der beste Schüler, wenn Robert nicht wäre.
Friederike und Simone haben immer die gleichen Noten.
Anna ist nicht besser als Simone.
Friederike ist ein bißchen besser als Anna.

Wer ist der/die schlechteste Schüler/in?

a) keine Lösung ist möglich
b) Friederike und Simone
c) Robert
d) Paul
e) Anna

2. Währungen

Der Jenn ist sehr stabil, aber nicht so wie das Fund.
Die Drachmän sind nicht so stabil wie die Rubbels.
Die Schillings sind zwar stabiler als das Fund,
die Drachmän sind jedoch noch fester.
Der Fronk ist nicht die stärkste Währung, aber doch recht begehrt.

Welche Währung ist die stärkste (= stabilste, festeste)?

a) Jenn
b) Fund
c) Drachmän
d) Rubbels
e) Fronk
f) keine Lösung ist möglich

Bitte arbeiten Sie auf der nächsten Seite weiter

3. Edelsteine

Topazine werden nicht am häufigsten gefunden,
jedoch häufiger als Diamantine.
Rubintine und Turkisine findet man gleich oft,
aber Ametistine werden doch häufiger gefunden.
Jedoch werden Ametistine seltener als Topazine gefunden.
Topazine sind viel schöner als Ametistine.
Granatine findet man nicht so oft wie Diamantine.

Welche Edelsteine findet man am seltensten?

a) Topazine
b) Rubintine und Turkisine
c) keine Lösung ist möglich
d) Turkisine
e) Diamantine
f) Granatine
g) Rubintine
h) Ametistine

4. Hunde

Rambo ist nicht der schnellste Hund, wenn es um die Wurst geht.
Waldi und Bonzo sind gleich schnell.
Ringo ist schneller als Bonzo, aber doch langsamer als Fiffi.
Rikki ist langsamer als Waldi, aber bedeutend schneller als Hektor.
Rambo ist schneller als Rikki, und Hektor ist ein guter Futterverwerter.

Welcher Hund kriegt die Wurst (am schnellsten)?

a) Rikki
b) Waldi
c) keine Lösung ist möglich
d) Fiffi
e) Rambo
f) Bonzo
g) Hektor
h) Ringo

Bitte arbeiten Sie auf der nächsten Seite weiter

5. Mahlzeit

Sechs Freunde haben eine Abmachung getroffen: Immer, wenn einige von ihnen gemeinsam essen gehen, wird für alle das gleiche Gericht bestellt. Da ihre Lieblingsgerichte sehr unterschiedlich sind, muß sich jeweils ein Freund nach dem anderen richten. Bernd zum Beispiel ißt gern Suppen, aber zusammen mit Klaus ißt er Braten. Emil und Detlef entscheiden sich zusammen immer für Fisch, wenn aber Andreas mitessen soll, bestellen die drei Salat. Klaus ißt zusammen mit Detlef Spaghetti, obwohl er eigentlich lieber etwas anderes essen würde. Franz, der am liebsten Eierspeisen ißt, richtet sich immer nach Bernd.

Was wird bestellt, wenn alle sechs Freunde zusammen essen gehen?

a) Hühnchen
b) Braten
c) Salat
d) Spaghetti
e) Fisch
f) keine Lösung ist möglich
g) Eierspeisen
h) Suppe

Stop. Hier endet diese Aufgabe

15. Absurde Schlußfolgerungen

Jetzt geht es darum zu überprüfen, ob Schlußfolgerungen, die aufgrund bestimmter Behauptungen gezogen werden, formal richtig oder falsch sind. Die »reale Wirklichkeit« spielt dabei überhaupt keine Rolle, was die Sache erheblich erschwert und – wie so oft in Tests – Verwirrung stiftet.

1. Beispiel:
Alle Schnecken haben Häuser. Alle Häuser haben Schornsteine. Schlußfolgerung: Deshalb haben alle Schnecken Schornsteine.
   a) stimmt
   b) stimmt nicht

Lösung: a

2. Beispiel:
Alle Schnecken sind Marathonläufer. Alle Marathonläufer können fliegen, weil sie Fische sind. Fische haben zwei Beine.
Schlußfolgerung: Alle Schnecken haben zwei Beine.
   a) stimmt
   b) stimmt nicht

Lösung: a

3. Beispiel:
Alle Mäuse essen Fisch. Fisch kann miauen.
Also: Mäuse können miauen.
   a) stimmt
   b) stimmt nicht

Lösung: b
Essen und können ist nicht das gleiche. Es gibt Menschen, die zwar Fisch essen, aber deshalb noch lange nicht wie Fische schwimmen können!

Für die folgenden 17 Aufgaben haben Sie 15 Min. Zeit.

Bitte arbeiten Sie auf der nächsten Seite weiter

Zum ersten Aufgabenteil:
Frage jeweils: Stimmt die Behauptung, oder stimmt sie nicht?

1. Alle Bleistifte können lesen. Bücher können schreiben.
   Behauptung: Bleistifte können Bücher schreiben.
   a) stimmt
   b) stimmt nicht

2. Bücher können schreiben, aber nicht lesen. Bleistifte können lesen, aber nicht schreiben. Brillen können lesen und schreiben.
   Behauptung: Brillen sind intelligenter als Bücher und Bleistifte.
   a) stimmt
   b) stimmt nicht

3. Weitere Behauptung zu 2: Bleistifte können von Brillen nicht zum Schreiben benutzt werden.
   a) stimmt
   b) stimmt nicht

4. Spione tauchen gerne unter. U-Boote auch.
   Also: Spione sind U-Boote.
   a) stimmt
   b) stimmt nicht

5. Weitere Behauptung zu 4: Was gerne taucht, ist ein U-Boot, aber kein Spion.
   a) stimmt
   b) stimmt nicht

6. Bälle können alles beißen. Alle Hunde sind Bälle, und alle Katzen sind rund, weil sie Bälle gerne essen.

   1. Behauptung: Alle Hunde können beißen.
   a) stimmt
   b) stimmt nicht

Bitte arbeiten Sie auf der nächsten Seite weiter

15. Absurde Schlußfolgerungen

2. Behauptung zu 6: Alle Bälle sind rund.
a) stimmt
b) stimmt nicht

3. Behauptung zu 6: Bälle können Katzen beißen.
a) stimmt
b) stimmt nicht

7. Wenn alle rosa Elefanten zur Schule gehen und lesen können und rote Kugelschreiber nur rosa Elefanten sind, wenn sie singen und zur Arbeit gehen, stimmt dann die Behauptung, daß rosa Elefanten rote Kugelschreiber sind?
a) stimmt
b) stimmt nicht

Bitte arbeiten Sie auf der nächsten Seite weiter

Zum zweiten Aufgabenteil: Welche Aussage ist logisch zulässig? Es können auch mehrere Aussagen richtig sein, ebenso wie es möglich ist, daß keine einzige Aussage innerhalb einer Aufgabe logisch richtig ist.

8. Alle Schnürsenkel sind leer.
   Was nicht voll ist, kann kein Schnürsenkel sein.
   a) Nur volle Schnürsenkel sind leer.
   b) Leere Schnürsenkel sind alles andere als voll.
   c) Nicht volle Schnürsenkel sind leer.
   d) Man kann sagen, daß einige Schnürsenkel leer sind.
   e) Es gibt keine Schnürsenkel, die nicht voll sind.

9. Es ist bekannt, das Waschmaschinen brüllen können.
   Was nicht brüllen kann, kann auch nicht waschen.
   a) Alle Waschmaschinen können nicht waschen.
   b) Einige Waschmaschinen können brüllen.
   c) Einige Waschmaschinen können waschen.
   d) Wenn Waschmaschinen nicht brüllen könnten, könnten sie auch nicht waschen.
   e) Was wäscht, kann auch brüllen.

10. Im Winter heizen Telefone nur dienstags.
    Jeden Dienstag fällt Schnee.
    a) Wenn Schnee fällt, heizen Telefone.
    b) Jeden Dienstag im Winter heizen Telefone.
    c) Telefone heizen immer dienstags.
    d) Dienstags im Winter fällt Schnee.
    e) Wenn im Winter dienstags Schnee fällt, heizen Telefone.

Bitte arbeiten Sie auf der nächsten Seite weiter

15. Absurde Schlußfolgerungen

11. Alle Bäume tragen ausschließlich dicke Kronen.
    Wer dicke Kronen trägt, war beim Zahnarzt.
    Nur wer beim Zahnarzt war, kennt Schmerz.
    a) Bäume kennen Schmerz.
    b) Bäume kennen keinen Schmerz.
    c) Wer dicke Kronen trägt, ist kein Baum.
    d) Wer Schmerz kennt, ist kein Baum.
    e) Kronen tragen Bäume, weil sie beim Zahnarzt waren.
    f) Wer Schmerz kennt, war beim Zahnarzt.
    g) Dicke Kronen kennen Schmerz.

12. Morgens sind immer alle Stühle blau.
    Morgens ist blau unmöglich.
    Was morgens unmöglich ist, kann stehen.
    a) Alle Stühle sind unmöglich.
    b) Alle Stühle können stehen.
    c) Abends ist blau möglich.
    d) Was nicht unmöglich ist, kann morgens stehen.

13. Nur schlechte Menschen betrügen oder stehlen.
    Elfriede ist gut.
    a) Elfriede betrügt.
    b) Elfriede stiehlt.
    c) Elfriede stiehlt nicht.
    d) Elfriede betrügt und stiehlt.
    e) Elfriede betrügt nicht.
    f) Elfriede ist ein guter Mensch.
    g) Elfriede ist gut.

14. Manche Menschen sind Europäer.
    Europäer haben drei Beine.
    a) Manche Menschen haben drei Beine.
    b) Europäer, die Menschen sind, haben manchmal drei Beine.
    c) Menschen mit zwei Beinen sind keine Europäer.
    d) Europäer sind Menschen mit drei Beinen.
    e) Europäer mit zwei Beinen sind manchmal Menschen.

Bitte arbeiten Sie auf der nächsten Seite weiter

15. Jedes Quadrat ist rund.
    Alle Quadrate sind rot.
    Manche Ecken sind rund.
    a) Es gibt Quadrate mit roten Ecken.
    b) Es gibt Quadrate mit runden Ecken.
    c) Es gibt runde rote Ecken.
    d) Ecken in Quadraten sind rund und rot.
    e) Rote Quadrate haben runde Ecken.

16. Gute Pfarrer fallen vom Himmel herunter.
    Schlechte Pfarrer können singen.
    Gute Pfarrer können nicht fliegen.
    a) Schlechte Pfarrer fliegen vom Himmel herunter.
    b) Gute Pfarrer, die fliegen können, können singen.
    c) Manche schlechten Pfarrer können nicht singen.
    d) Manche gute Pfarrer sind schlecht, weil sie singen können.
    e) Schlechte Pfarrer fallen nicht vom Himmel herunter.

17. Alle Möpse bellen. Kleine Rollmöpse beißen, aber bellen nicht.
    Gurken lieben Möpse nicht, können aber bellen und beißen.
    a) Alle kleinen Möpse bellen.
    b) Alle Gurken lieben Rollmöpse.
    c) Gurken, die bellen, sind wie Rollmöpse.
    d) Beißende Gurken lieben keine bellenden Möpse.
    e) Rollmöpse bellen und beißen Gurken.

Stop. Hier endet diese Aufgabe

16. Komplexe Schlußfolgerungen

Einige Formen von grafischen und verbalen Schlußfolgerungen haben Sie schon kennengelernt (siehe z. B. Aufgaben 10 und 11).

Eine Schlußfolgerung ist zu definieren als eine Annahme, die aus bestimmten Informationen oder Beobachtungen abgeleitet werden kann. So könnte man z. B. aus der Information »Licht hinter einem Fenster« folgern, daß jemand zu Hause ist. Dies muß aber nicht stimmen, da möglicherweise beim Verlassen des Hauses nur vergessen wurde, das Licht zu löschen.

In dem folgenden Test finden Sie Aufgaben mit einem kurzen Einleitungstext, der Informationen enthält. Nehmen Sie diese als Tatsache an. Dann werden Ihnen zu diesem Text mehrere mögliche Schlußfolgerungen präsentiert. Prüfen Sie für jede einzelne Schlußfolgerung den Grad ihrer Berechtigung.

Dabei ergeben sich folgende Möglichkeiten:

W = wahr
  Die Schlußfolgerung ergibt sich ohne jeden Zweifel aus den präsentierten Tatsachen.
WW = wahrscheinlich wahr
  Die Schlußfolgerung ist wahrscheinlich wahr.
NZB = nicht zu beurteilen
  Der Text enthält nicht genügend Informationen, um zu beurteilen, ob die Schlußfolgerung wahr oder falsch ist.
WF = wahrscheinlich falsch
  Die Schlußfolgerung muß aufgrund der angeführten Informationen als wahrscheinlich falsch beurteilt werden.
F = falsch
  Die Schlußfolgerung ist mit Sicherheit als falsch zu beurteilen.

Bitte arbeiten Sie auf der nächsten Seite weiter

Dazu folgendes Beispiel:

Die Anzahl der Studenten nimmt in Deutschland ständig zu. Immer mehr Studenten müssen zur Finanzierung ihres Studiums nebenbei arbeiten. Nach einer repräsentativen Umfrage sind 56 Prozent der Studenten über die Semesterferien hinaus berufstätig. Der Frankfurter Soziologe Albinoni zieht daraus den Schluß: »Je mehr Probleme die Finanzierung des Studiums macht, um so stärker wird die Universität als Belastung empfunden.« Schlußfolgerungen aufgrund von Aussagen a–e:

a) 56 Prozent der deutschen Studenten gehen auch während der Vorlesungszeit einem Job nach.
Ist diese Aussage entsprechend den obigen Definitionen wahr (W), wahrscheinlich wahr (WW), nicht zu beurteilen (NZB), wahrscheinlich falsch (WF) oder falsch (F)?

Lösung: W (diese Schlußfolgerung ist direkt aus dem Text zu entnehmen)

b) Für viele Studenten stellt sich das Studium als eine Belastung dar.

Lösung: WW (diese Schlußfolgerung kann man als nur wahrscheinlich wahr beurteilen, denn sie steht zwar im Einklang mit der Aussage des Soziologen, ist aber natürlich keine absolute, »letzte« Wahrheit)

c) Für viele Studenten ist der Gelderwerb für den Lebensunterhalt auch während der Vorlesungszeit genauso wichtig wie das Lernen für das Studium.

Lösung: WF (der obige Text enthält keine eindeutigen Informationen für eine derart krasse Beurteilung, sie ist aber auch nicht mit absoluter Sicherheit als »falsch« auszuschließen, es gibt jedoch Hinweise in dieser Richtung)

Stop. Hier endet diese Aufgabe

16. Komplexe Schlußfolgerungen

d) Die Zahl der berufstätigen Studenten in Deutschland nimmt in Relation genauso zu wie die Zahl der Studenten.

Lösung: F (diese Verknüpfung – steigende Studentenzahl / steigende Zahl der berufstätigen Studenten – ist willkürlich, dafür gibt es keine Informationen)

e) Über 80 Prozent der Studenten arbeiten während der Semesterferien.

Lösung: NZB (aus dem Text nicht zu beurteilen, wenn auch vorstellbar)

Wichtig: Nicht alle Lösungskategorien (von W bis F) müssen bei jeder Aufgabe vorkommen.

Für die folgenden 4 Aufgaben haben Sie 10 Min. Zeit.

1. Nach Gewerkschaftsangaben macht die Arbeit Büroangestellte fast ebenso schnell krank wie Arbeiter in der Fabrik. Während Fließbandarbeiter im Schnitt mit 53,5 Jahren wegen Krankheit frühberentet werden, scheiden männliche Angestellte mit durchschnittlich 54,3 Jahren wegen Arbeitsunfähigkeit aus ihrem Beruf aus. So erreicht nur ein Drittel aller Berufstätigen das Rentenalter arbeitend.

a) Die Krankheitsursachen bei Büroangestellten liegen in den Beziehungen zwischen Vorgesetzten und Kollegen.
b) Arbeit im Büro ist fast genauso belastend wie Arbeit in einer Fabrik.
c) Büroangestellte arbeiten durchschnittlich genau ein Jahr länger als die Fließbandarbeiter.
d) Die Gewerkschaft fordert daraufhin wenigstens eine bessere psychologische Betreuung für Büroangestellte.
e) Die statistischen Daten der Gewerkschaft, bezogen auf weibliche Angestellte, unterscheiden sich von den Angaben, die männliche Arbeiter betreffen.

2. Die Fraktion Bündnis 90/Grüne fordert vehement den Erhalt des Berliner »Hofbegrünungsprogramms«. Das Projekt war 1985 – also noch in Zeiten des geteilten Berlins – eingerichtet worden. Es ermöglichte bisher die Verschönerung von über 2000 Höfen in den Innenstadt-Bezirken. Die Grünen: »Der Senat soll nicht am City-Grün sparen.«

a) Da die Kosten der Einheit höher als erwartet ausfallen, versucht der Senat, u.a. am City-Grün zu sparen.
b) In den letzten Jahren sind verhältnismäßig mehr Höfe begrünt worden als in den ersten Jahren des »Hofbegrünungsprogramms«.
c) Nicht einmal die Hälfte der Höfe, die im Rahmen des Projekts verschönert werden sollten, ist begrünt worden.
d) In der 2. Hälfte der 80er Jahre des 20. Jahrhunderts wurde auf das City-Grün in West-Berlin besonders geachtet.
e) Der größte Teil der nach dem Hofbegrünungsprogramm begrünten Höfe befindet sich im Ostteil der Stadt.

Bitte arbeiten Sie auf der nächsten Seite weiter

16. Komplexe Schlußfolgerungen

3. Der Schall ist eine sich wellenförmig ausbreitende Schwingung der Moleküle eines Stoffes (z. B. Luft). Schwingungen mit einer Frequenz zwischen 16 Hz und 20 000 Hz befinden sich im Hörbereich und können im menschlichen Gehör einen Sinneseindruck hervorrufen. Das Hörvermögen ist von Mensch zu Mensch unterschiedlich. Schwingungen mit einer Frequenz unterhalb von 16 Hz werden als Infraschall, oberhalb von 20 000 Hz als Ultraschall bezeichnet.

a) Für die Qualität der Ausbreitung des Schalles spielt das Medium keine große Rolle.
b) Es gibt Schwingungen, die weder als Infraschall noch als Ultraschall zu bezeichnen sind.
c) Schwingungen in dem Frequenzbereich zwischen Infraschall und Ultraschall können im menschlichen Gehör keinen Sinneseindruck hervorrufen.
d) Nur sehr wenige Menschen sind in der Lage, Schwingungen in einer Frequenz von deutlich unter 16 Hz akustisch wahrzunehmen.
e) Die meisten Tiere haben ein deutlich feineres Hörvermögen als Menschen.

4. Etwa 300 000 Fach- bzw. Hochschulabsolventen stehen jedes Jahr in Deutschland vor dem Problem, eine adäquate Arbeitsstelle zu finden. Dabei bleibt den meisten von ihnen eine intensive Auseinandersetzung mit dem Thema Bewerbung nicht erspart. Die Bewerbung ist eine klassische Prüfungssituation, die Chancen und Risiken beinhaltet: Bestätigung oder Abweisung. Die Zahl der Bewerber für eine Stelle ist in der Regel hoch. Das Autorenteam Hesse/Schrader zieht daher den Schluß: »Bei der Bewerbung ist eine gezielte Vorbereitung die Grundregel Nummer 1.«

a) Hochschulabsolventen finden leichter eine Arbeitsstelle als Abiturienten einen Ausbildungsplatz.
b) Das Autorenteam Hesse/Schrader hat sich mit dem Thema Bewerbung befaßt.
c) Jeder Hochschulabsolvent, der eine Arbeitsstelle sucht, muß sich mehrfach bewerben.
d) Die Chancen, in einer Bewerbungssituation eine Bestätigung bzw. eine Abweisung zu bekommen, liegen bei 50:50.
e) Hochschulabschluß ist kein Freifahrtschein für eine berufliche Karriere.

Stop. Hier endet diese Aufgabe

17. Nochmals Schlußfolgerungen / Syllogismen

Diesen Aufgabentypus kennen Sie schon aus Schlußfolgerungen, absurden Schlußfolgerungen und auch in gewisser Weise aus der vorhergehenden Aufgabe (Komplexe Schlußfolgerungen). Hier noch einmal derartige Aufgaben, allerdings in einer anderen Präsentationsform.

Auf jede der folgenden zwei Aussagen (Prämissen) folgen mehrere Schlußfolgerungen. Nehmen Sie die beiden Prämissen als wahre Aussagen an und entscheiden Sie für die Schlußfolgerungen, ob sie zwingend aus ihnen folgen oder nicht. Lassen Sie sich dabei nicht durch Ihre Meinung beeinflussen, sondern richten Sie Ihr Urteil nur nach den vorgegebenen beiden Aussagen.

Stets ergeben sich folgende Möglichkeiten:

folgt: a (Entscheidung für a)
folgt nicht: b (Entscheidung für b)

Beispiel:

Manche Feiertage sind verregnet. Alle verregneten Feiertage sind langweilig, also…

1. …ist kein sonniger Tag langweilig.
   Sie würden (b) notieren, da dies nicht folgt.
2. …sind einige Feiertage langweilig.
   Dies folgt, also setzen Sie ein (a).
3. …sind einige Feiertage nicht langweilig.
   Sie würden (b) notieren, da dies nicht folgt.

Für die folgenden 18 Aufgaben haben Sie 5 Min. Bearbeitungszeit.

Bitte arbeiten Sie auf der nächsten Seite weiter

17. Nochmals Schlußfolgerungen / Syllogismen

A. Alle Bankräuber, die die Bank X im Jahre 1979 überfielen, trugen eine getönte Brille. Bankräuber, die keine getönte Brille tragen, lassen sich leicht von Zeugen wiedererkennen.
   1) 1979 haben alle Bankräuber in der Stadt X eine getönte Brille getragen.
   2) Die Bank X wurde von Bankräubern überfallen, die getönte Brillen trugen.
   3) Bankräuber tragen eine getönte Brille, um nicht wiedererkannt werden zu können.

B. Einige Krankenschwestern arbeiten halbtags. Krankenschwestern, die Nachtdienst haben, haben immer eine volle Stelle.
   4) Krankenschwestern mit einer vollen Stelle müssen auch nachts arbeiten.
   5) Krankenschwestern arbeiten nachts, wenn sie eine volle Stelle haben.
   6) Es gibt einige Krankenschwestern, die nachts nicht arbeiten.

C. Manche Leute vertragen sich wie Hund und Katze. Einige Personen halten Haustiere.
   7) Es gibt Haustierbesitzer, die sich wie Hund und Katze vertragen.
   8) Manche Leute vertragen Haustiere nicht.
   9) Leute, die sich wie Hund und Katze vertragen, halten keine Haustiere.

D. Alle Musikwissenschaftler können ein Instrument spielen. Manche Instrumente sind sehr schwierig zu spielen.
   10) Es gibt Musikwissenschaftler, die ein Instrument spielen können.
   11) Schwierige Instrumente werden nicht von Musikwissenschaftlern gespielt.
   12) Es gibt Musikwissenschaftler, die schwierige Instrumente spielen können.

Bitte arbeiten Sie auf der nächsten Seite weiter

E. Einige Politiker sind korrupt. Alle Politiker sind ehrgeizig.
13) Es gibt Politiker, die ehrgeizig und korrupt sind.
14) Politiker, die ehrgeizig sind, sind korrupt.
15) Korrupte Politiker können ehrgeizig sein.

F. Alle ernstzunehmenden Krankheitssymptome beeinträchtigen die Lebensqualität. Einige ernstzunehmende Krankheitssymptome sind lebensgefährlich.
16) Einige ernstzunehmende, lebensgefährliche Krankheitssymptome beeinträchtigen die Lebensqualität nicht.
17) Alle ernstzunehmenden Krankheitssymptome, die die Lebensqualität beeinträchtigen, sind lebensgefährlich.
18) Alle ernstzunehmenden Krankheitssymptome, die lebensgefährlich sind, beeinträchtigen die Lebensqualität.

Stop. Hier endet diese Aufgabe

18. Meinung oder Tatsache

Zurück zur Realität. Jetzt geht es darum, Meinungen von Tatsachen zu unterscheiden. Tatsachen sind so charakterisiert, daß sie sofort bzw. in relativ kurzer Zeit beweisbar wären, Meinungen dagegen müssen erst ausdiskutiert werden.

Beispiel:

Rauchen ist ungesund.
   a) Tatsache   b) Meinung

   Lösung: a

Die Sterne lügen nicht.
   a) Tatsache   b) Meinung

   Lösung: b

Für die folgenden 10 Aufgaben haben Sie 2 Min. Zeit.

Bitte arbeiten Sie auf der nächsten Seite weiter

1. Der Weltraum ist unendlich.
   a) Tatsache   b) Meinung

2. Geld verdirbt den Charakter.
   a) Tatsache   b) Meinung

3. Menschen sind Sozialwesen.
   a) Tatsache   b) Meinung

4. Soziales Engagement hat einen christlichen Ursprung.
   a) Tatsache   b) Meinung

5. Politik ist ein schmutziges Geschäft.
   a) Tatsache   b) Meinung

6. Fernsehen bildet.
   a) Tatsache   b) Meinung

7. Es gibt Menschen, die glauben an ihr Horoskop.
   a) Tatsache   b) Meinung

8. Die Umweltzerstörung hat in den letzten Jahren zugenommen.
   a) Tatsache   b) Meinung

9. Man sagt, daß Treibgas die Ozonschicht zerstört.
   a) Tatsache   b) Meinung

10. Manche Zeitungen lügen.
    a) Tatsache   b) Meinung

Stop. Hier endet diese Aufgabe

19. Flußdiagramme

Die folgenden Übungsaufgaben sollen Ihnen Gelegenheit geben, sich mit einem bestimmten Aufgabentyp aus gängigen Eignungsverfahren (Fluß- oder Ablaufdiagramm) besser vertraut zu machen.

Eine Reihe von Problemstellungen und möglichen Lösungswegen werden in einem Flußdiagramm schematisch dargestellt. Zur Problemlösung gelangen Sie, indem Sie den Pfeilen des Flußdiagramms Schritt für Schritt folgen und das Schema begreifen.

Die »Bausteine« (Felder) des Flußdiagramms können sein: Handlungsschritte, Fragen, Antworten.

Ihre Aufgabe ist es, für die numerierten ovalen »Bausteine« (Felder) aus einer vorgegebenen Lösungsmenge a–e jeweils den richtigen Text auszuwählen, so daß das gesamte Flußdiagramm einen stimmigen Problemlösungsablauf aufzeigt.

Sie finden also zu den lediglich mit einer Ziffer versehenen ovalen »Bausteinen« (Feldern) jeweils fünf aus Texten bestehende Lösungsvorschläge (a, b, c, d, e), von denen nur einer richtig ist. Diesen gilt es für jeden numerierten »Baustein« (1–3) logisch richtig herauszufinden. Nochmals: Nur jeweils eine Lösung (für einen »Baustein«) ist richtig.

Beispiel:

Mit der Vorbereitung eines Bades kennen Sie sich aus. Sie müssen warmes und kaltes Wasser in die Wanne laufen lassen, die Temperatur überprüfen, ggf. Wasser ab- oder weiteres warmes oder kaltes Wasser zulaufen lassen, um dann endlich baden zu können.
In dem folgenden Flußdiagramm ist das Problem schematisch dargestellt. Zunächst wird Wasser in die Wanne gelassen, dann muß man entscheiden, ob die Wanne zu voll ist, die Temperatur überprüfen usw.

Bitte arbeiten Sie auf der nächsten Seite weiter

Logisches Denken / Abstraktionsfähigkeit

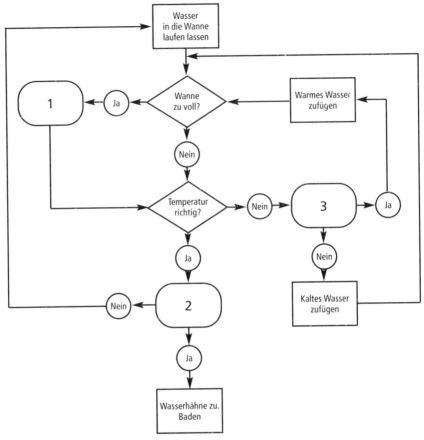

Welcher Text gehört in die Bausteine 1, 2, 3, damit das Flußdiagramm logisch richtig vervollständigt ist?

1. Aufgabe: Welcher Text gehört in den ovalen Baustein 1?
   a) Warmes Wasser zufügen
   b) Kaltes Wasser zufügen
   c) Wanne zu voll?
   d) Etwas Wasser ablaufen lassen
   e) Zusätzliches Wasser zufügen

Lösung: d
Begründung: Lösung c kann es nicht sein, denn in diesem Feld kann keine Frage kommen. Die Lösungen a, b und e scheiden auch aus, da die ja eben als zu voll erkannte Wanne überlaufen würde.

Bitte arbeiten Sie auf der nächsten Seite weiter

19. Flußdiagramme

2. Welcher Text gehört in den ovalen Baustein 2?
   a) Wanne zu voll?
   b) Wanne voll genug?
   c) Wanne zu leer?
   d) Temperatur ist zu kalt.
   e) Temperatur ist richtig.

Lösung: b

Begründung: Die Lösungen d und e scheiden aus, weil das Feld eine Frage beinhalten muß (schließlich folgt ein JA oder NEIN). Lösung a scheidet aus, denn die Wanne kann nicht zu voll sein, das wird bereits am Anfang überprüft (Wanne zu voll?). Auch c kann nicht die richtige Lösung sein, denn das führt ja dazu, die Wasserhähne zu schließen und zu baden. Also kann die Wanne nicht zu leer sein.

3. Aufgabe: Welcher Text gehört in den ovalen Baustein 3?
   a) Temperatur zu kalt?
   b) Temperatur zu warm?
   c) Wanne zu voll?
   d) Wanne ist voll.
   e) Wasser ablaufen lassen.

Lösung: a

Begründung: Lösungen d und e entfallen, weil sie keine Fragen sind, aber der Anschluß JA und NEIN folgt. Lösung c scheidet aus, denn die Wanne ist bereits überprüft. Lösung b ist ebenfalls falsch, weil man bei zu warmem Wasser kein zusätzliches warmes Wasser hinzufügen würde.

Hier nun 10 Aufgaben mit insgesamt 30 Fragen. Sie haben 45 Min. Zeit.

Bitte arbeiten Sie auf der nächsten Seite weiter

1. Lagerhallen

Eine Fabrik besitzt drei Lagerhallen:

Im Lager A befinden sich: – Geschirr (Porzellan)
                           – Gläser (Glas)
Im Lager B befinden sich: – Industrieteile (Porzellan)
Im Lager C befinden sich: – Steingut
                           – Flaschen (Glas)

1.1. Aufgabe: Welcher Text gehört in den ovalen Baustein 1?
   a) Industrieteile?
   b) Stück kann nicht getrennt werden.
   c) Porzellan?
   d) Geschirr?
   e) Gläser?

1.2. Aufgabe: Welcher Text gehört in den ovalen Baustein 2?
   a) Gläser?
   b) Flaschen?
   c) Geschirr?
   d) Stück ist aus Glas.
   e) Industrieteile?

1.3. Aufgabe: Welcher Text gehört in den ovalen Baustein 3?
   a) Stück ist ein Teller.
   b) Stück ist eine Flasche.
   c) Industrieteile?
   d) Stück ist aus Steingut.
   e) Ist Stück eine Flasche?

19. Flußdiagramme

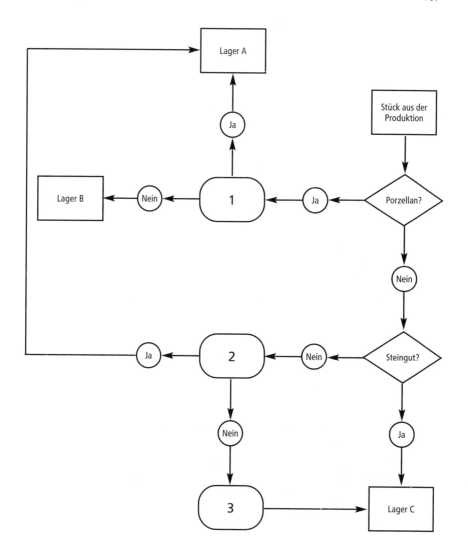

2. Kurierdienst

Ein privater Kurierdienst hat folgende Tarife:
- Brief: Tarif A; mit Expreßzuschlag Tarif B
- Päckchen bis 3 kg: Tarif B; mit Expreßzuschlag Tarif C
- Paket über 3 kg: Tarif C; mit Expreßzuschlag Tarif D

2.1. Aufgabe: Welcher Text gehört in den ovalen Baustein 1?
   a) Expreßzuschlag bezahlen
   b) Ist es ein Päckchen?
   c) Ist es ein Paket?
   d) Ist es ein Brief?
   e) Expreß-Sendung?

2.2. Aufgabe: Welcher Text gehört in den ovalen Baustein 2?
   a) Tarif A
   b) Tarif C
   c) Päckchen ist zu schwer für die Sendung
   d) Tarif D
   e) Brief schicken

2.3. Aufgabe: Welcher Text gehört in den ovalen Baustein 3?
   a) Firma »ASSO« ist pleite
   b) Tarif ist berechnet
   c) Kurierdienst kann Auftrag nicht entgegennehmen
   d) Tarif ist falsch berechnet
   e) Keine Sendung ist möglich.

19. Flußdiagramme

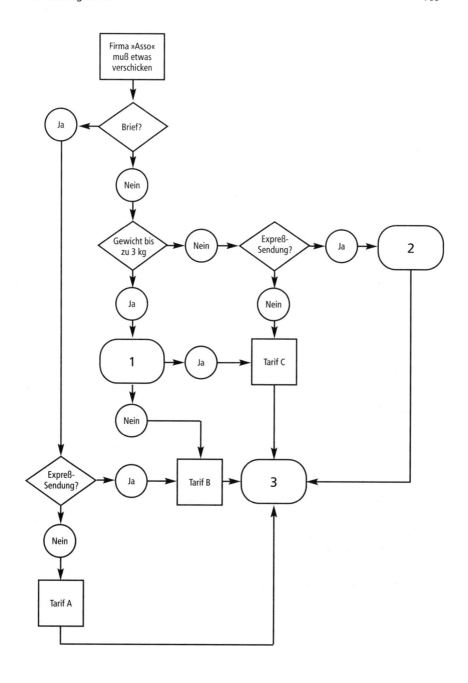

3. Murmeln

Ein Kind sortiert seine Murmeln. Es hat
- rote Murmeln (große und kleine)
- gelbe Murmeln (große)
- blaue Murmeln (kleine)

Die kleinen Roten kommen in den Kasten A,
die Blauen in den Kasten D,
die großen Roten in den Kasten B,
die Gelben in den Kasten C.

3.1. Aufgabe: Welcher Text gehörte in den ovalen Baustein 1?
   a) Murmel in Kasten B
   b) Farbe gelb?
   c) Farbe rot?
   d) Farbe blau?
   e) Ist sie klein?

3.2. Aufgabe: Welcher Text gehört in den ovalen Baustein 2?
   a) Ist sie klein?
   b) Farbe blau?
   c) Farbe gelb?
   d) Murmel in Kasten B
   e) Farbe rot?

3.3. Aufgabe: Welcher Text gehört in den ovalen Baustein 3?
   a) Es sind keine Murmeln, sondern Knöpfe.
   b) Murmel kaputt?
   c) Kästen weggestellt?
   d) Alle Murmeln sortiert?
   e) Murmeln sind falsch sortiert

19. Flußdiagramme

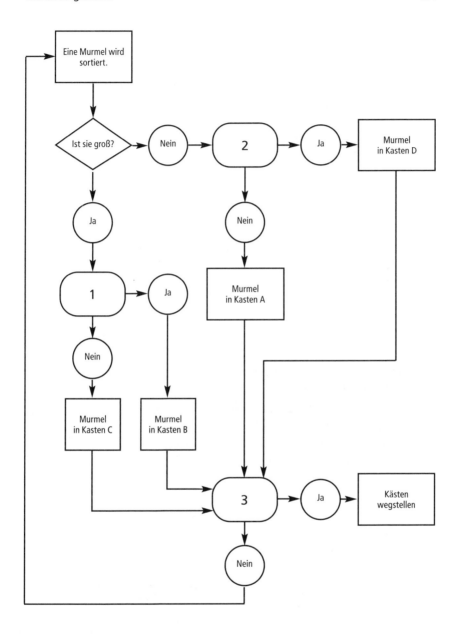

Bitte arbeiten Sie auf der nächsten Seite weiter

4. Einbruch

Ein Einbrecher will in der Villa von Professor Witzig den Safe knacken. Der Professor hat einen Butler, Herr Riese, der im Nebenhaus wohnt.

4.1. Aufgabe: Welcher Text gehört in den ovalen Baustein 1?
  a) Hat der Butler ihn gehört?
  b) Ist er leise genug gewesen?
  c) Hat er den Weg zum Safe gefunden?
  d) Hat er seine Tat bereut?
  e) Hat er sein Einbrecherwerkzeug mit?

4.2. Aufgabe: Welcher Text gehört in den ovalen Baustein 2?
  a) Hat er Schnupfen?
  b) Der Safe ist nicht da.
  c) Hat er zuviel Lärm gemacht?
  d) Hat er den Safe gefunden?
  e) Er will flüchten.

4.3. Aufgabe: Welcher Text gehört in den ovalen Baustein 3?
  a) Hat er alles eingesteckt?
  b) Steht die Polizei vor dem Haus?
  c) Hat er seine Tat bereut?
  d) Der Einbrecher ist erfolgreich gewesen.
  e) Der Butler hat die Polizei gerufen.

19. Flußdiagramme

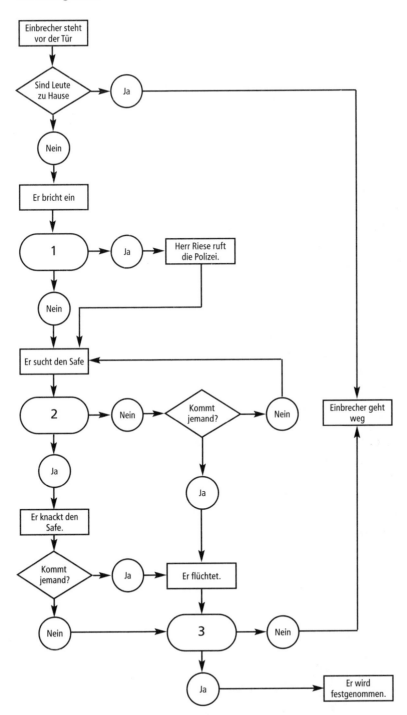

Bitte arbeiten Sie auf der nächsten Seite weiter

5. Geschirrfabrik

In einer Fabrik wird handbemaltes Porzellangeschirr produziert. Die Stücke müssen zweimal gebrannt werden. Beim 1. Brennvorgang leicht beschädigte Stücke kommen unbemalt in den 2. Brennvorgang. Leicht beschädigte Stücke werden als 2.-Wahl-Ware (B-Produktion) verkauft und kommen in das Lager 2.
1.-Wahl-Ware (A-Produktion) wird dagegen im Lager 1 gelagert.

5.1. Aufgabe: Welcher Text gehört in den ovalen Baustein 1?
a) Stück kommt in das Lager 1
b) Stück kommt in das Lager 2
c) Stück wird weggeschmissen
d) Stück wird bemalt
e) Ist Stück kaputt?

5.2. Aufgabe: Welcher Text gehört in den ovalen Baustein 2?
a) Stück leicht beschädigt?
b) Stück ist ein Teller
c) Stück zum Lager 1
d) Erster Brennvorgang
e) Stück wird bemalt

5.3. Aufgabe: Welcher Text gehört in den ovalen Baustein 3?
a) Stück wird lasiert
b) Dritter Brennvorgang
c) Stück aus A-Produktion?
d) Lasur leicht beschädigt?
e) Ist das Stück ein Teller?

19. Flußdiagramme

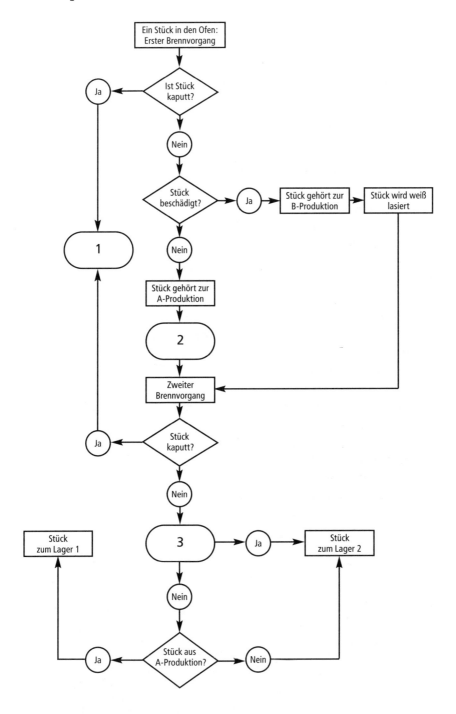

Bitte arbeiten Sie auf der nächsten Seite weiter

6. Fahrkartenautomat

Ein Fahrkartenautomat stellt folgende Tickets aus:
- Normalticket   3,20 EUR
- Kurzstrecke   0,80 EUR
- Reduziert (bis 14 Jahre) 1,80 EUR

6.1. Aufgabe: Welcher Text gehört in den ovalen Baustein 1?
   a) Ticket beim Bahnpersonal kaufen
   b) Nach Hause gehen
   c) Reklamieren
   d) Ist es eine Kurzstrecke?
   e) Geld einwerfen

6.2. Aufgabe: Welcher Text gehört in den ovalen Baustein 2?
   a) Ist es eine Kurzstrecke?
   b) Ist es eine Langstrecke?
   c) Ist der Reisende älter als 14 Jahre?
   d) Geld suchen
   e) Nach Hause gehen

6.3. Aufgabe: Welcher Text gehört in den ovalen Baustein 3?
   a) In die Bahn einsteigen
   b) Geld in die Tasche gesteckt?
   c) Ticket einstecken
   d) Ticket erhalten?
   e) Ist es eine Kurzstrecke?

19. Flußdiagramme

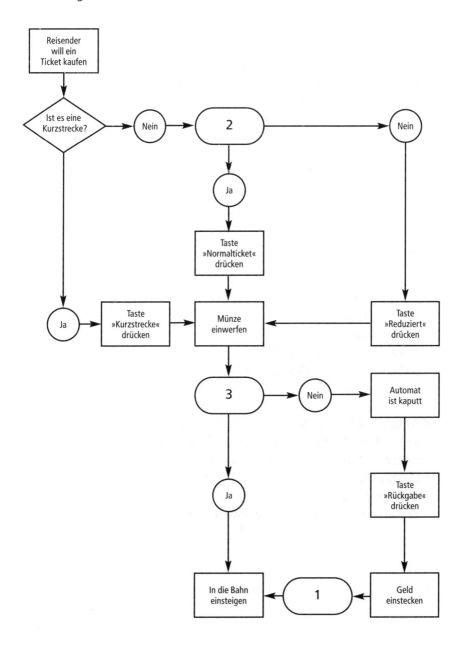

Bitte arbeiten Sie auf der nächsten Seite weiter

7. Waschmaschinen

Ein Geschäft verkauft drei verschiedene Waschmaschinentypen:
- ÖKO-CLEAN: 1500 EUR, sofort lieferbar, in Weiß oder Grün
- WASCH-O-MATIC: 1200 EUR, 8 Wochen Lieferzeit, in Weiß oder Braun
- SAUBER-AZ: 1000 EUR, 4 Wochen Lieferzeit, nur in Braun

7.1. Aufgabe: Welcher Text gehört in den ovalen Baustein 1?
   a) Lieferzeit von 8 Wochen zu lang?
   b) Das Produkt gefällt dem Kunden nicht?
   c) Kunde kauft WASCH-O-MATIC
   d) 8 Wochen Lieferzeit OK?
   e) Farbe Braun OK?

7.2. Aufgabe: Welcher Text gehört in den ovalen Baustein 2?
   a) Farbe Braun OK?
   b) Farbe Weiß OK?
   c) Farbe spielt keine Rolle
   d) Lieferzeit von 8 Wochen zu lang?
   e) Kunde kauft nichts

7.3. Aufgabe: Welcher Text gehört in den ovalen Baustein 3?
   a) Die Frau des Kunden wäscht per Hand.
   b) Kunde braucht keine Waschmaschine
   c) Kunde kann sich nicht entscheiden
   d) Kunde kauft nichts
   e) Kann sich der Kunde eine Waschmaschine leisten?

19. Flußdiagramme

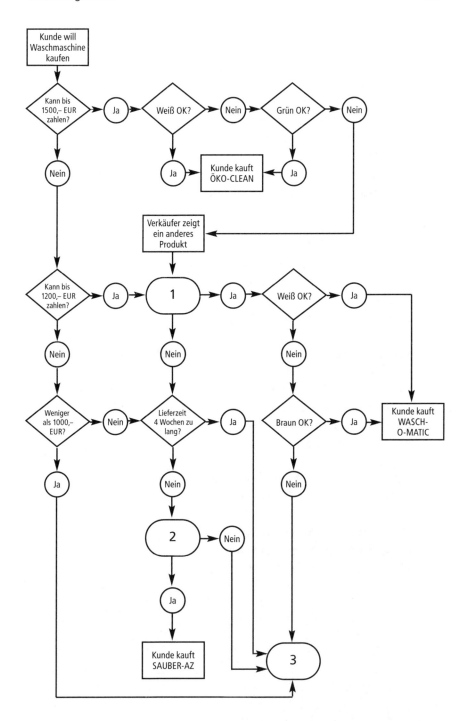

Bitte arbeiten Sie auf der nächsten Seite weiter

8. Telefonat

In dem Büro der Rechtsanwälte Schwarz, Erichsson und Karsten klingelt eines Tages das Telefon. Die Sekretärin muß beachten, daß:
- RA Schwarz auf alle Fälle für seine Schwiegermutter nicht da ist.
- RA Erichsson wirklich nicht da ist. Sollte sich Herr Müller melden, muß die Sekretärin die Privatnummer von RA Erichsson herausgeben.
- RA Karsten manchmal unterwegs ist. Falls er nicht da ist, muß Frau Rose gesagt werden, daß er in einer wichtigen Sitzung ist.

8.1. Aufgabe: Welcher Text gehört in den ovalen Baustein 1?
a) Erichsson selbst ruft an.
b) Ist es Herr Müller für Erichsson?
c) Ist es die Schwiegermutter von Schwarz?
d) Der Anrufer legt den Hörer auf.
e) Ist es Herr Erichsson für Müller?

8.2. Aufgabe: Welcher Text gehört in den ovalen Baustein 2?
a) Klingelt das 2. Telefon?
b) Keiner der Anwälte ist da.
c) Sekretärin legt den Hörer auf.
d) Telefongespräch wird beendet.
e) Sekretärin verbindet.

8.3. Aufgabe: Welcher Text gehört in den ovalen Baustein 3?
a) Der Anruf ist für Erichsson.
b) Der Anrufer spinnt.
c) Ist der Anruf für Erichsson?
d) Sekretärin legt den Hörer auf.
e) Am Apparat ist Frau Rose.

19. Flußdiagramme

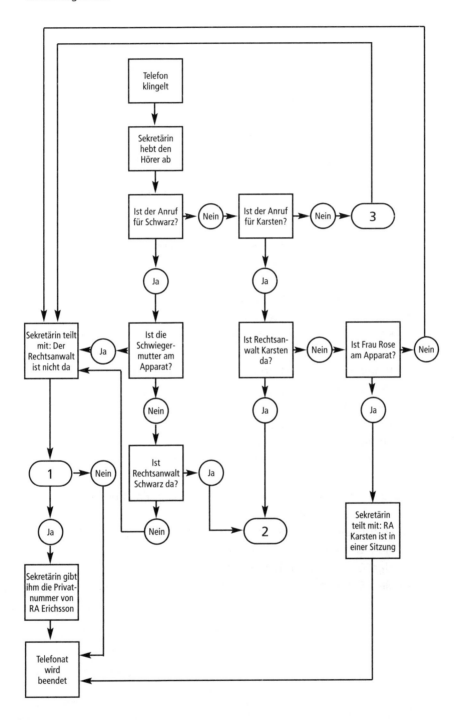

Bitte arbeiten Sie auf der nächsten Seite weiter

9. Flugticket

Ein Reisebüro bietet folgende Flugtickets nach Rom an:

A: nur Hinflug, 300 EUR
B: hin und zurück, 550 EUR
C: Spartarif (Mo, Mi, Do), 450 EUR
D: Wochenendflug hin Fr 20 Uhr, zurück So 7.15 Uhr, 380 EUR

Herr G. muß unbedingt nach Rom, möchte allerdings möglichst preisgünstig fliegen.

9.1. Aufgabe: Welcher Text gehört in den ovalen Baustein 1?
a) Sind Plätze für Tarif D frei?
b) Sind Plätze für Tarif B frei?
c) Kann Herr G. am Montag fliegen?
d) Herr G. muß das Ticket B kaufen.
e) Hat der Kunde das Geld mit?

9.2. Aufgabe: Welcher Text gehört in den ovalen Baustein 2?
a) Herr G. fliegt nach Madrid.
b) Herr G. muß 550 EUR zahlen.
c) Ticket kann nicht ausgestellt werden.
d) Ticket B wird ausgestellt.
e) Ticket C wird ausgestellt.

9.3. Aufgabe: Welcher Text gehört in den ovalen Baustein 3?
a) Ticket ausgestellt?
b) Herr G. steckt Wechselgeld ein.
c) Herr G. nimmt das Ticket mit.
d) Herr G. verläßt das Reisebüro.
e) Herr G. kauft das Ticket.

19. Flußdiagramme

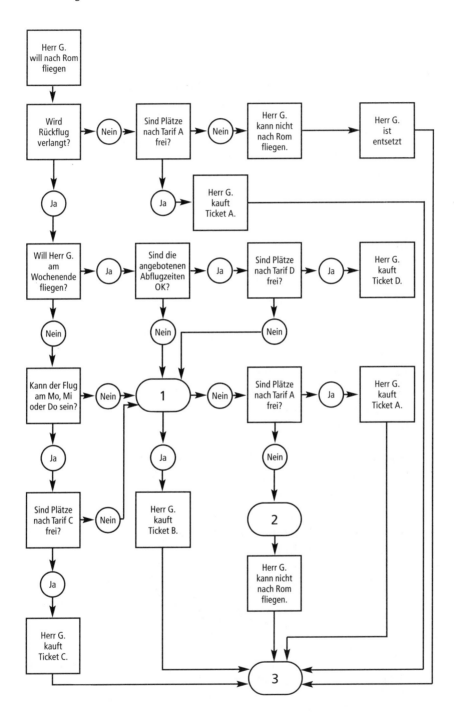

Bitte arbeiten Sie auf der nächsten Seite weiter

10. Partnervermittlung

Die Eheanbahnungsagentur »Romeo und Julia« ist erfolgreich tätig. Da das Geschäft so gut läuft, sind die meisten ihrer (ehemaligen) Kunden bereits verheiratet. Zur Zeit sind nur drei Personen zu vermitteln:

Frau K: mollig, rothaarig, 44 Jahre alt
Frau S: normalgewichtig, brünett, 33 Jahre alt
Herr V: 1,68 groß, 50 Jahre alt, schüchtern

10.1. Aufgabe: Welcher Text gehört in den ovalen Baustein 1?
a) Darf er einen Bart tragen?
b) Darf sie brünett sein?
c) Agentur vermittelt Telefonnummer von Frau K
d) Darf er 1,68 m groß sein?
e) Darf sie rothaarig sein?

10.2. Aufgabe: Welcher Text gehört in den ovalen Baustein 2?
a) Agentur hat nichts zu vermitteln
b) Agentur vermittelt Telefonnummer von Frau S und Frau K
c) Agentur vermittelt Telefonnummer von Frau S
d) Agentur ist unseriös
e) Darf sie mollig sein?

10.3. Aufgabe: Welcher Text gehört in den ovalen Baustein 3?
a) Darf das Alter bis 44 sein?
b) Darf sie brünett sein?
c) Ist der Kunde ein reicher Mann?
d) War der Kunde schon mal verheiratet?
e) Agentur kann nichts vermitteln

19. Flußdiagramme

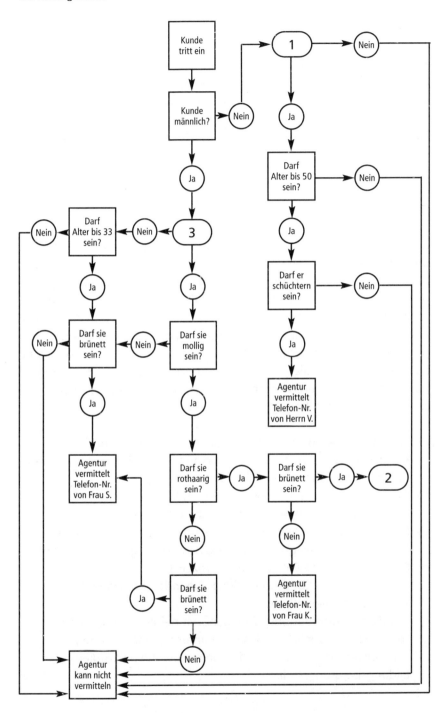

Stop. Hier endet diese Aufgabe

20. Textanalyse

Lesen Sie bitte den folgenden Text und versuchen Sie, den Inhalt zu verstehen. Im Anschluß an den Text finden Sie 7 Sätze bzw. Aussagen (a–g), von denen lediglich einer Teilaspekte des Inhalts korrekt wiedergibt. Alle anderen Sätze enthalten inhaltlich etwas anderes, falsches bzw. neue Informationen, die im Text nicht vorgegeben sind. Ihre Aufgabe ist es, den Satz bzw. die Aussage herauszufinden, die bestimmte Textinhalte korrekt wiedergibt.

Beispiel:

Zu den wichtigsten Entscheidungshilfen für Ihre persönliche Studien- und Berufswahl gehören neben der Information über die sachlichen und rechtlichen Aspekte der Ausbildung und späteren Berufsausübung Informationsschriften, Bücher, Hörfunk- und Fernsehbeiträge sowie das persönliche Gespräch und die Diskussion mit Freunden und Bekannten. In diesem für Sie nicht einfachen Entscheidungsprozeß können auch Gruppenmaßnahmen der Berufsberatung sowie der Besuch von Studien- und Bildungsberatungsstellen in Schulen und Hochschulen, bei Beauftragten für Behindertenfragen als auch die Teilnahme an geeigneten Volkshochschulkursen weiterhelfen.

a) Entscheidungsprozesse für oder gegen die Studien- und Berufswahl gehören zu den wichtigsten Schritten im persönlichen Leben eines heranwachsenden Menschen.
b) Auch Hörfunk- und Fernsehsendungen können wichtige Entscheidungshilfen für die persönliche Berufswahl darstellen.
c) Durch Gruppenmaßnahmen der Beauftragten für Behindertenfragen können geeignete Volkshochschulkurse gefunden werden.
d) Der nicht einfache Entscheidungsprozeß für die richtige Studienwahl wird besonders durch Freunde und Bekannte entscheidend beeinflußt.
e) Schriftliche Informationsmittel gehören neben anderen Medien sowie dem persönlichen Gespräch unter Freunden zu den wichtigsten Entscheidungshilfen beim Besuch von Studien- und Bildungsberatungsstellen.

f) Entscheidungshilfen durch Beauftragte für Behindertenfragen können eine wesentliche Unterstützung darstellen.
g) Keiner der hier aufgeführten Sätze a–f gibt den obigen Textinhalt korrekt wieder.

Lösung: b.

Nur diese Aussage gibt einen Teilaspekt des Textes richtig wieder.

Für die Bearbeitung der folgenden drei Texte haben Sie 10 Min. Zeit.

Bitte arbeiten Sie auf der nächsten Seite weiter

Logisches Denken / Abstraktionsfähigkeit

1.
Hauptmerkmale des Aufgabenbereichs Bankkaufmann lassen sich unterscheiden nach Beratungs- und Verkaufsaktivitäten im kundennahen Bereich sowie in Planung, Organisation und Verwaltung im bankinternen Bereich. Hauptfunktionen des kundennahen Bereichs sind u. a. Kontoführung, Einzahlungsverkehr, Geld- und Kapitalanlage, Auslands- und Kreditgeschäfte sowie die sonstige Beratungs- und Vermittlungstätigkeit beim Handel mit Geld, Devisen und Wertpapieren. Demgegenüber sind die Hauptaufgaben des bankinternen Bereichs durch die Organisation automatisierter Datenverarbeitung, Rechnungswesen, Revision sowie dem Personal- und Ausbildungswesen gekennzeichnet. Nach abgeschlossener Berufsausbildung besteht gegebenenfalls die Möglichkeit, ein berufsbegleitendes Studium an der Bankakademie zu absolvieren, dessen erste Stufe aus einem zweijährigen Lehrgang zur Vorbereitung auf die Prüfung zum Bankfachwirt besteht.

Welche der folgenden Aussagen gibt Teilaspekte des Textinhaltes als einzige korrekt wieder? Oder ist keine der Aussagen korrekt?

a) Hauptfunktion des kundennahen Tätigkeitsfeldes des Bankkaufmanns ist die Organisation von Datenverarbeitung und Rechnungswesen.
b) Geldgeschäfte durch Devisen und Wertpapiere sind Inhalt des berufsbegleitenden Aufbaustudiums an der Bankakademie.
c) Personal- und Ausbildungswesen gehören ebenso zu den Aufgaben im bankinternen Bereich wie Planung, Organisation und Verwaltung.
d) Die erste berufsbegleitende Stufe der Fortbildung an der Bankakademie beinhaltet die Möglichkeit, nach abgeschlossener Berufsausbildung vorwärtszukommen.
e) Nach abgeschlossener Berufsausbildung als Bankkaufmann hat man die Wahl zwischen zwei Bereichen und Arbeitsschwerpunkten.
f) Der kundennahe Bereich im Tätigkeitsfeld des Bankkaufmanns unterscheidet sich nur geringfügig vom bankinternen Bereich.
g) Keiner der hier aufgeführten Sätze a–f gibt den obigen Textinhalt korrekt wieder.

Bitte arbeiten Sie auf der nächsten Seite weiter

2.

Die Pädagogik (Erziehungswissenschaft) beschäftigt sich heutzutage mit allen Fragen der Entwicklung und Hinführung des einzelnen zum selbständigen und verantwortlichen Leben in Gesellschaft und Gemeinschaft. Damit hat die Pädagogik zugleich der Erziehungswirklichkeit in der Familie und Gesellschaft und in den erzieherischen, insbesondere den schulischen und sozialpädagogischen Einrichtungen konsequent Rechnung zu tragen, wobei sie durch wichtige Nachbarwissenschaften wie Anthropologie, Biologie, Philosophie, Psychologie und Soziologie Unterstützung findet, da hier sowohl die Voraussetzungen als auch die Funktionen von Erziehungs- und Lernprozessen Aufklärung finden.

Welche der folgenden Aussagen gibt Teilaspekte des Textinhaltes als einzige korrekt wieder? Oder ist keine der Aussagen korrekt?

a) In erzieherischen sozialpädagogischen Einrichtungen hat die Pädagogik der Erziehungsrealität der Gesellschaft Rechnung zu tragen.
b) Die Erziehungwirklichkeit wird durch den einzelnen in der Gesellschaft und Gemeinschaft bestätigt.
c) Die Pädagogik hat den angrenzenden Wissenschaften wie Anthropologie, Soziologie und Philosophie Rechnung durch Aufklärung zu tragen.
d) Die Biologie, Soziologie, Psychologie und andere Wissenschaften unterstützen die Pädagogik durch ihre Aufklärungsarbeit von Lernprozessen.
e) Heute beschäftigt sich die Pädagogik vor allem mit erziehungswissenschaftlichen Entwicklungen in Familie und Gesellschaft.
f) Sozialpädagogische Einrichtungen haben die Aufgabe, die Erziehungswirklichkeit im Leben von Gesellschaft und Gemeinschaft selbständig zu verantworten.
g) Keiner der hier aufgeführten Sätze a–f gibt den obigen Textinhalt korrekt wieder.

Bitte arbeiten Sie auf der nächsten Seite weiter

3.
Die Musikwissenschaft umfaßt als aktuelles Studienfach im Unterschied zu den musikpraktischen und musikpädagogischen Studiengängen – als Beispiel dafür kann die Ausbildung zum Konzertpianist bzw. der Bildungsweg zum Studienrat mit Hauptfach Ausrichtung Musik angeführt werden – vorrangig die theoretischen und historischen Aspekte der Musik. Dadurch bedingt, gliedert sich die Musikwissenschaft einerseits in Musikgeschichte – auch als historische Musikwissenschaft bezeichnet –, andererseits in die systematische Musikwissenschaft sowie in die Musikethnologie, d.h. in die musikalische Volks- und Völkerkunde. Den Kern des musikwissenschaftlichen Studiums bildet jedoch eindeutig die Musikgeschichte, deren Hauptaufgabe es ist, die Entwicklung der Musik von der Antike bis zur Gegenwart zu erforschen. Ebenso gehört die intensive Beschäftigung mit dem Leben und den Werken führender Musiker dazu wie auch das Studium des Wandels der Stile und die Auseinandersetzung mit einzelnen Gattungen und historischen Epochen.

Welche der folgenden Aussagen gibt Teilaspekte des Textinhaltes als einzige korrekt wieder? Oder ist keine der Aussagen korrekt?

a) Die historische Musikwissenschaft ist ein Untergebiet des musikpraktischen Bildungswegs.
b) Aus musikethnologischer Sicht ist die musikalische Volks- und Völkerkunde ein musikpraktischer Aspekt systematischer Musikwissenschaftsuntersuchungen.
c) Die theoretischen und historischen Aspekte der Musik werden hauptsächlich im Studienfach Musikwissenschaft untersucht.
d) Schwerpunkt des musikwissenschaftlichen Studiums ist die Beschäftigung mit dem Leben und den Werken alter Meister.
e) Musiktheoretische und musikpraktische Studien stehen im Gegensatz zum musikwissenschaftlichen Studium.
f) Eine intensive Auseinandersetzung mit musikalischen Stilwandlungen und historischen Epochen ist Gegenstand musikethnologischer Untersuchungen.
g) Keiner der hier aufgeführten Sätze a–f gibt den obigen Textinhalt korrekt wieder.

Stop. Hier endet diese Aufgabe

21. Interpretation von Schaubildern

Für die auf den nächsten Seiten folgenden 6 Schaubilder und Tabellen (A–F) und die dazugehörigen Fragen haben Sie insgesamt 15 Minuten Bearbeitungszeit.

A. KLIMA

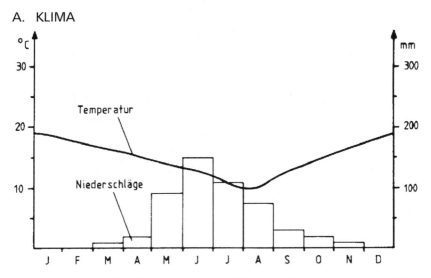

Das Diagramm zeigt Temperatur- und Niederschlagswerte in Santiago (Chile). Welche der folgenden Aussagen ist richtig bzw. falsch?

1. In S. herrscht ein gemäßigtes Klima.
   a) stimmt   b) stimmt nicht

2. In den Monaten Juni bis September ist die Temperatur in S. am niedrigsten.
   a) stimmt   b) stimmt nicht

3. Die meisten Niederschläge fallen in S. in den Monaten Juni und Juli.
   a) stimmt   b) stimmt nicht

4. Die Jahresdurchschnittstemperatur liegt bei ca. 19 Grad Celsius.
   a) stimmt   b) stimmt nicht

Bitte arbeiten Sie auf der nächsten Seite weiter

B. VERSTÄDTERUNG

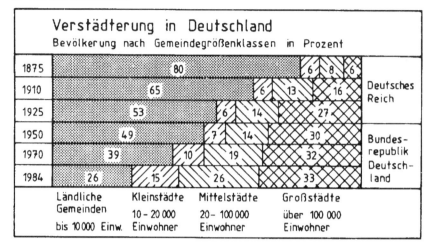

Welche der folgenden Aussagen gibt den Inhalt des Diagramms korrekt wieder?

1. 6% der Bevölkerung lebten 1875 in Großstädten.
   a) stimmt   b) stimmt nicht

2. Der Anteil der städtischen Bevölkerung hat sich von 1875–1985 vervielfacht.
   a) stimmt   b) stimmt nicht

3. Die Zahl der Gemeinden unter 10 000 ist in einem Zeitraum von etwas mehr als 100 Jahren deutlich zurückgegangen.
   a) stimmt   b) stimmt nicht

4. Ungefähr die Hälfte der Einwohner lebte 1970 in Großstädten.
   a) stimmt   b) stimmt nicht

5. Zwischen 1875 und 1925 wuchsen die Großstädte am stärksten.
   a) stimmt   b) stimmt nicht

6. Die Entwicklung ländlicher Gemeinden entspricht dem Wachstum der Großstädte am deutlichsten zwischen 1970 und 1985.
   a) stimmt   b) stimmt nicht

Bitte arbeiten Sie auf der nächsten Seite weiter

C. WIRTSCHAFT

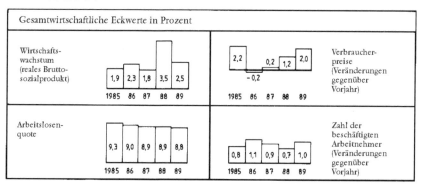

Unter der Bezeichnung »magisches Viereck« versteht man in der Volkswirtschaftslehre die Kombination folgender Daten: Wirtschaftswachstum, Verbraucherpreise, Arbeitslosenquote und Zahl der beschäftigten Arbeitnehmer.

Welche Aussagen sind aufgrund der oben dargestellten Graphik richtig oder falsch?

1. Zwischen 1987 und 1988 hat das Bruttosozialprodukt um 1,7 Mrd. DM zugenommen.
   a) stimmt   b) stimmt nicht

2. Das Wirtschaftswachstum hat um 1,7 % zwischen 1987 und 1988 zugenommen.
   a) stimmt   b) stimmt nicht

3. Seit 1987 kann man eine Beschleunigung des Preisanstiegs feststellen.
   a) stimmt   b) stimmt nicht

4. 1988 lag die Zahl der Arbeitslosen etwas unter 9 Mio.
   a) stimmt   b) stimmt nicht

5. 1986 sind die Verbraucherpreise gegenüber 1985 gefallen.
   a) stimmt   b) stimmt nicht

Bitte arbeiten Sie auf der nächsten Seite weiter

6. Seit 1985 hat die Zahl der beschäftigten Arbeitnehmer ständig zugenommen.
   a) stimmt   b) stimmt nicht

7. Die Zahl der beschäftigten Arbeitnehmer ist 1988 gegenüber 1985 geringer.
   a) stimmt   b) stimmt nicht

Bitte arbeiten Sie auf der nächsten Seite weiter

D. NIEDERSCHLÄGE + TEMPERATUREN

Die folgende Übersicht zeigt die durchschnittlichen Jahresniederschläge (JN) für vier verschiedene Städte sowie deren Höchst- (HT) und Niedrigsttemperaturen (NT) Im Anschluß daran sollen Sie einige Fragen beantworten.

Jahr	K-Stadt			T-Stadt			M-Stadt			H-Stadt		
	HT	NT	JN	HT	NT	JN	HT	NT	JN	HT	NT	JN
1990	31	07	65	26	12	66	36	04	55	32	14	62
1991	34	06	66	28	16	68	39	05	33	28	17	68
1992	33	07	69	24	13	63	37	07	41	29	17	64
1993	32	07	73	25	18	65	41	06	46	31	13	67
1994	33	08	64	27	16	67	39	05	44	31	15	18

1. In welcher Stadt und in welchem Jahr war die höchste Tages-Durchschnittstemperatur?

2. In welchem Jahr hatte welche Stadt die geringste Jahres-Niederschlagsmenge?

3. Welche Stadt kann die größten Temperaturschwankungen aufweisen, und wann war das?

4. Welche Stadt hatte in welchem Jahr 100% mehr Niederschlag als eine andere Stadt im selben Jahr?

5. In welcher Menge hatte welche Stadt von 1990 bis 1994 im Durchschnitt den meisten Niederschlag?

6. Wo war es in den Jahren 1990 bis 1994 durchschnittlich am kältesten?

7. Welche Stadt erreichte 1990 bis 1994 durchschnittlich den größten Höchsttemperaturendurchschnitt?

8. Welche Stadt hat in welchem Jahr durchschnittlich die tiefste Niedrigsttemperatur in Relation zum höchsten Jahresniederschlag?

Bitte arbeiten Sie auf der nächsten Seite weiter

E. SCHÖNE WIRTSCHAFT

Folgendes Wirtschaftsdiagramm zeigt die Entwicklung von Bruttosozialprodukt, Export-Import-Rate, Durchschnittseinkommen der Arbeitnehmer, Zahl der Arbeitslosen, Vorhandensein von Teilzeitarbeitsplätzen sowie die Inflationsrate für einen Zeitraum von vier Jahren (2086–2089).

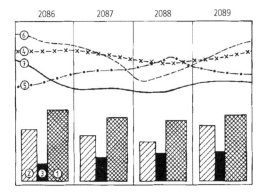

a. Dazu zunächst drei Fragen:

1. In welchem Zusammenhang stehen Zu- und Abnahme von Im- und Export in den Jahren 2086–2089?

2. Wie verhält sich die Zahl der Teilzeitarbeitsplätze in Relation zu den Exportzahlen?

3. Welche Werte (maximal 3) bleiben über den dargestellten Zeitraum relativ stabil?

Bitte arbeiten Sie auf der nächsten Seite weiter

b. Überprüfen Sie folgende Aussagen (stimmt / stimmt nicht)?

1. Im Laufe der Jahre 2086–2089 verändert sich das Bruttosozialprodukt nur geringfügig.

2. Die Exportzahlen fallen gegen Ende der 80er Jahre.

3. Die Arbeitslosigkeit hat 2087 ihren Höhepunkt.

4. Parallel mit der Arbeitslosenzahl entwickelt sich die Inflation.

5. Das Angebot an Teilzeitarbeitsplätzen verhält sich ähnlich wie die Entwicklung der Arbeitslosenzahlen, nur mit umgekehrten Vorzeichen.

6. Gegen Ende der 80er Jahre deutet sich eine positive Stabilisierung der Wirtschaft an.

7. Die Importeure können mit dem Verlauf ihrer Wirtschaftsentwicklungszahlen nicht wirklich unzufrieden sein.

8. Entgegen Behauptungen von Gewerkschaftsseite bleibt das Durchschnittseinkommen relativ stabil.

9. Anfang 2088 ist das Teilzeitarbeitsplatzangebot auf seinem tiefsten Stand.

10. Der Höhepunkt einer kleinen wirtschaftlichen Rezession ist 2087 bereits überschritten.

Bitte arbeiten Sie auf der nächsten Seite weiter

F. TEST-AMENT

Das Interpretieren von Todesursachenstatistiken gehört zu den »geschmackvollsten« und »einfühlsamsten« Aufgabenpräsentationen, die einem Testkandidaten in der Realität zugemutet werden. Damit Sie in der Streßsituation Test auch psychisch mit diesem belastenden Thema klarkommen, hier ein Vorab-Beispiel:

Die folgende Statistik-Tabelle beschäftigt sich u. a. mit verschiedenen Todesursachen innerhalb einer nicht näher benannten Bevölkerungsgruppe über einen fiktiven Zeitraum 2150 bis 2250. Dabei geht es u.a. um die Sterblichkeitsrate bei internistischen Krankheitsbildern insgesamt (z. B. Tod durch Nierenversagen, Leberzirrhose usw.)
Es werden aber auch einzelne Todesursachen dargestellt, z.B. die Anzahl tödlich ausgegangener Verkehrsunfälle, Tod durch Drogen sowie der Tod durch drei spezielle Krankheiten: Herzinfarkt, Krebs und Aids. Zusätzlich wird die Geburtenzahl und die Neugeborenen-Sterblichkeitsrate angegeben.

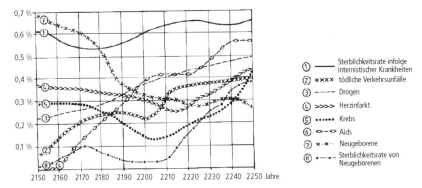

Bitte arbeiten Sie auf der nächsten Seite weiter

21. Interpretation von Schaubildern

Beantworten Sie bitte zu diesem Diagramm folgende Fragen:

1. Was vermittelt das Diagramm bezüglich der Gesamtsterblichkeitsrate infolge internistischer Todesursachen in der Bevölkerung und der Geburtenrate insbesondere in den 70er und 80er Jahren?

2. Welche Sterblichkeitsrate steigt am stärksten innerhalb des Zeitraums von 2210 bis 2250?

3. Welche Todesarten übersteigen die Neugeborenenrate innerhalb des Zeitraums von 2180 bis 2220 (inkl.)?

4. Zu welchem Zeitpunkt sind Krebstod, tödliche Verkehrsunfälle und Tod durch Aids auf nahezu gleich hohem Niveau?

5. Welche Todesarten bleiben über einen längeren Zeitraum (mindestens 40 Jahre) konstant und steigen um weniger als 0,03 %?

6. Welche Todesursache erreicht nach einem deutlich starken Anstieg eine Plateauphase für etwa 20 Jahre, um dann nach einem Anstieg erneut in eine Plateauphase einzutreten?

7. Welche Todesursache steigt am kontinuierlichsten im Laufe der Jahre 2150 bis 2250?

8. Zu welchem Zeitpunkt ist die Sterblichkeit der nicht näher bezeichneten Bevölkerungsgruppe am größten?

9. Welche Einzeltodesursache fordert die meisten Toten?

10. Wie ist die Tendenz der Todesursachen insgesamt?

Stop. Hier endet diese Aufgabe

22. Sprachsysteme

Hier sind 10 Aufgaben, in denen Sie mit einigen Wörtern einer erfundenen Fremdsprache und deren deutscher Übersetzung konfrontiert werden.
Es gilt, die Bedeutung der einzelnen Wörter und die grammatikalischen Regeln und Zusammenhänge der jeweiligen »Fremdsprache« zu erkennen. Die Aufgaben sind in drei Gruppen zusammengefaßt, jede Gruppe bezieht sich auf eine andere Sprache.
Beachten Sie bitte, daß die grammatikalischen Regeln und der Satzbau der jeweiligen Fremdsprache sich möglicherweise von derjenigen der deutschen Sprache und auch untereinander sehr unterscheiden. Es sind nur die Regeln gültig, die sich aus den Zusammenhängen der vorgegebenen Sätze erschließen lassen; Ausnahmen gibt es in den ausgedachten Fremdsprachen nicht. Zur Verdeutlichung:

Beispiel:
    fützuft   = sie kommt
    gütteft   = sie geht
    güttegü   = ich gehe
    defützuft   = sie kam

Wie heißt nun »Ich ging« in der fiktiven Fremdsprache?

a) degütteft
b) defützuft
c) defützugü
d) degüttegü
e) güttegü

Lösung: d.

Warum ist d richtig? Die Ausdrücke für »sie kommt« und »sie geht«, beides im Präsens, weisen als einzige Gemeinsamkeit die Endung »ft« auf, also muß »ft« für »sie« stehen. Das erlaubt den Schluß, daß die Endung »gü« für »ich« steht: Damit scheiden die beiden ersten Lösungen aus. Vergleichen wir die Ausdrücke »sie kommt« und »sie kam« miteinander, so wird klar, daß die Vergangenheitsform des jeweiligen Verbs durch die Vorsilbe »de« ausgedrückt wird. So ist auch die Lösung (e) mit Sicherheit falsch. Da der Stamm von »gehen« offensichtlich »gütte« und nicht »fütz« (kommen) ist, bleibt dann als Lösung nur (d), denn Lösung (c) ist auch falsch.

Für 3 Aufgabengruppen haben Sie 10 Min. Zeit.

Bitte arbeiten Sie auf der nächsten Seite weiter

Erste Aufgabengruppe: Die Luopi-Sprache

wutezippe gag = die Frau läuft weg
chalchapschie wuteen = der Mann streichelt die Frau
böddlitzippe düot = der Hund läuft schnell
bültemüstie böddliten = die Katze ärgert den Hund

Aufgabe 1: »Die Frau streichelt die Katze« heißt demzufolge:

a) wutezippe bülte
b) wutepschie chalchaen
c) wutepschie bülteen
d) bültemüstie bülteen
e) bültepschie wuteen

Aufgabe 2: »Der Mann ärgert den Hund« heißt dann:

a) chalchamüstie böddliten
b) chalchabülte böddliten
c) chalchamüstie bülteen
d) chalchapschie düot
e) chalchapschie böddliten düot

Aufgabe 3: »Die Katze läuft schnell weg vor dem Hund« kann dann nur heißen:

a) bultezippe böddlitdüot gag
b) bültemüstie gag böddlit düot
c) bültemüstie böddlitzippe düot gag
d) bültezippe böddlitgag düot
e) bültezippe böddlitzippe düot

Bitte arbeiten Sie auf der nächsten Seite weiter

22. Sprachsysteme

Zweite Aufgabengruppe: Die Daol-Sprache

yoülidana	= ich aß
yüolidö	= ihr trinkt
yoülidona	= du aßest
yüolidüil	= sie werden trinken
yoülidä	= wir essen

Aufgabe 4: »Er wird trinken« heißt demzufolge:

a) yoülidüil
b) yuöliduil
c) yüolidu
d) yüoliduil
e) yöulidü

Aufgabe 5: »Ich trank« heißt dann:

a) yoülidöna
b) yöulidana
c) yüolido
d) yüolidana
e) yöulidö

Aufgabe 6: »Sie aßen« heißt dann:

a) yoülidüna
b) yoüliduna
c) yöulidüil
d) yöulidüna
e) yüolidüil

Bitte arbeiten Sie auf der nächsten Seite weiter

Dritte Aufgabengruppe: Die Wüwü-Sprache

pyhyari duomi = ich koche Eier
wühllyri ririmi = sie kochen Kartoffeln
gütto midiöllelepzi = der Koch brät den Fisch
zuotuomi ayuöq = der Kochtopf ist voll
duogütti diqö = ich fische gerne
ghnori zuotuoghnori ayuöq = der Blumentopf ist voller Blumen
kkaotuolepzi asyuöp = die Bratpfanne ist leer

Aufgabe 7: »Der Fischer fischt Fische« heißt dann:

a) gütti güttridiöllegüttri
b) gütti migütti
c) güttri güttrigütti
d) güttri güttidiöllegütti
e) gütti güttidiölle

Aufgabe 8: »Ich brate gern Kartoffeln« heißt dann:

a) duolepzi wühllyri diqö
b) wühllyri güttoduo diqö
c) ririmi güttolepzimi diqö
d) wühllyri duolepzi diqö
e) wühllyri lepzimi diqö

Aufgabe 9: Was bedeutet dann der Satz »pyhyarituogütto ririlepzi«?

a) der Koch kocht Fischeier
b) ich koche gerne Fisch und Eier
c) der Eiermann brät Fischeier
d) sie braten Fischeier
e) gebratener Fisch mit Eiern

Aufgabe 10: Als letztes: Wie würden Sie den Satz »Der Eiermann kocht Eierblumensuppe« ins Wüwü übersetzen, wenn Suppe = prödeyo ist?

Stop. Hier endet diese Aufgabe

Gestaltwahrnehmung

»Naht Ihr mir wieder, schwankende Gestalten«, heißt es bei Goethe. Nicht, daß der Begriff »Gestaltwahrnehmung« bei Ihnen falsche Assoziationen auslöst, hier geht es nicht um Figur-Probleme, sondern es geht um das Erkennen von Formen in einer mehr oder weniger ungeordneten Menge.

1. Figuren erkennen

Das Beispiel zeigt Ihnen eine der vorgegebenen Figuren (a–e), die in mehrere Stücke zerschnitten wurde. Finden Sie heraus, welche von den vorgegebenen Musterfiguren a, b, c, d oder e aus den einzelnen Teilstücken zusammengesetzt werden kann, ohne daß Ecken überstehen oder Platz zwischen den Stücken bleibt.

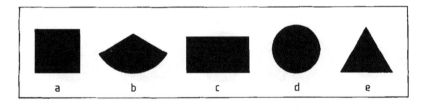

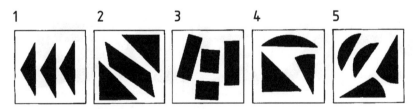

Lösung (Beispiele): 1e/2c/3a/4b/5d

Für die nun folgenden 20 Aufgaben haben Sie 6 Min. Zeit.

Bitte arbeiten Sie auf der nächsten Seite weiter

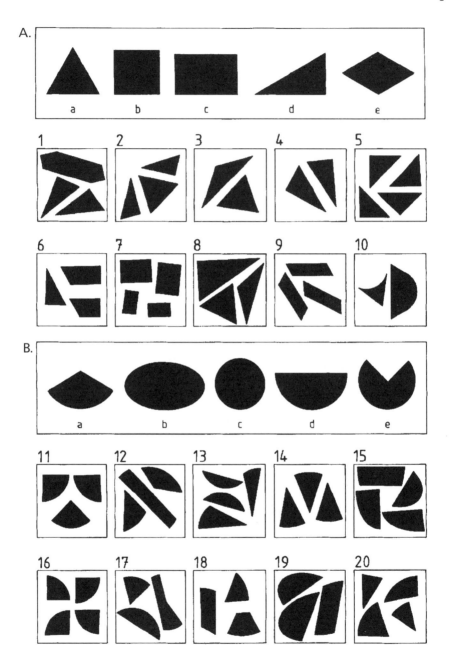

Stop. Hier endet diese Aufgabe

2. Mosaiken prüfen

Bei dieser Aufgabe sollen Sie zwei Quadrate, den Plan rechts für ein Mosaik und das fertige Mosaik links, miteinander vergleichen und gegebenenfalls Fehler feststellen. Im Plan sind die Nummern der Mosaikbausteine eingetragen. Möglicherweise ist eine Nummer falsch, es kann aber auch sein, daß Plan und Mosaik genau übereinstimmen. Ihre Aufgabe ist es, das Feld A, B, C, D oder E zu benennen, in dem der falsche Mosaikbaustein ggf. sitzt.

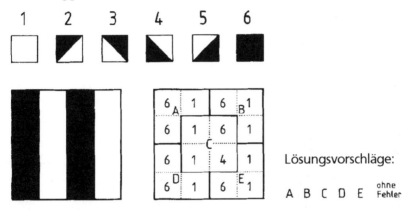

Lösungsvorschläge:

A B C D E ohne Fehler

Lösung: C. Im Feld C ist ein Mosaikbaustein falsch (die 4).

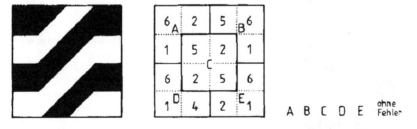

A B C D E ohne Fehler

Lösung: D. Hier ist der Mosaikbaustein 4 im Feld D links unten falsch.

Für die folgenden 15 Aufgaben haben Sie 6 Min. Bearbeitungszeit.

Bitte arbeiten Sie auf der nächsten Seite weiter

Gestaltwahrnehmung

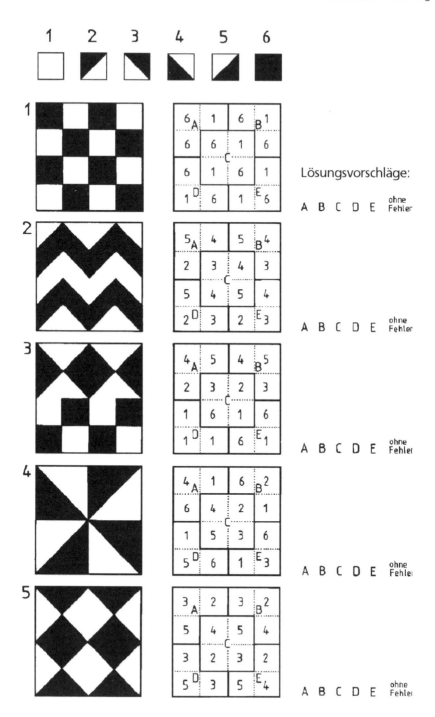

Lösungsvorschläge:

A B C D E ohne Fehler

A B C D E ohne Fehler

A B C D E ohne Fehler

A B C D E ohne Fehler

A B C D E ohne Fehler

Bitte arbeiten Sie auf der nächsten Seite weiter

2. Mosaiken prüfen

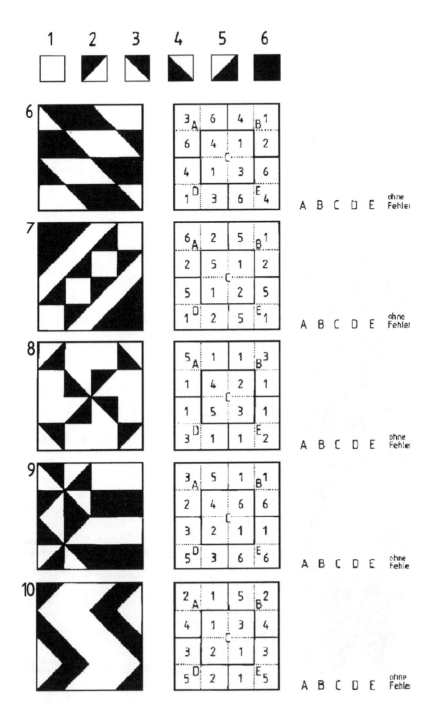

Gestaltwahrnehmung

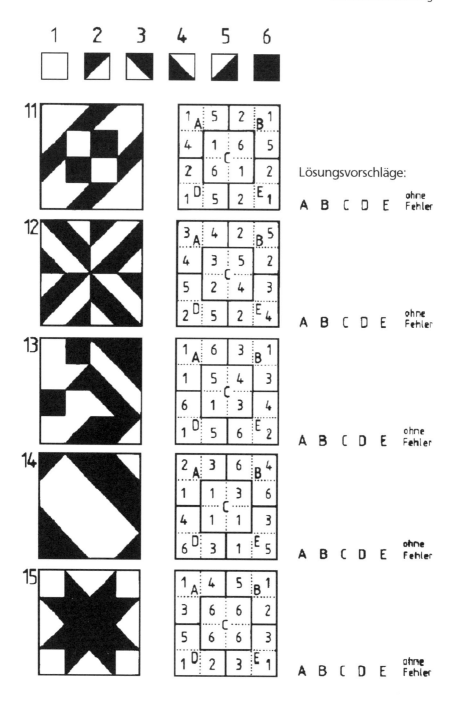

Stop. Hier endet diese Aufgabe

Merkfähigkeit / Kurzzeitgedächtnis

Was wäre der Mensch ohne sein Gedächtnis – das sagten sich auch die Testpsychologen und entwickelten Aufgaben zur Überprüfung des Kurzzeitgedächtnisses. Nun gehört es zwar zu den glücklichen Eigenschaften eines Menschen, vergessen (und auch vergeben) zu können (vor allem auch den Testpsychologen, die sich solche Widrigkeiten ausdenken), aber hier kommt es jetzt genau darauf an, quasi auf Knopfdruck dummes Zeug wie sinnlose Zahlenreihen, absurde Begriffsammlungen und abstruse Geschichten über teilweise abnorme Persönlichkeiten zu memorieren.

1. Gut einprägen
Die nachfolgenden beiden Lebensgeschichten sowie die Fotos der handelnden Personen prägen Sie sich bitte gut ein. Dafür stehen Ihnen nach dem ersten Durchlesen fünf Minuten Zeit zur Verfügung.

Lebensgeschichte A

Emil Koll
geboren am 11.3.1929 in Sääs
Wohnort: Labonn
Telefon: 321 64 00

Emil Koll war der Älteste von fünf Geschwistern und mußte schon früh seinen Eltern in der Gaststätte helfen. In seiner Freizeit bewies er ein beachtliches Zeichentalent. Mit 19 Jahren heiratete er eine junge, vorwärtsstrebende, aber leichtsinnige Reisende für Spirituosen, Frau Wepp. Schon nach zweieinhalb Jahren mußte er einsehen, daß seine Ehe verfehlt war. Nach der Scheidung ging er zunächst zu seinen Eltern zurück und bildete sich durch den täglichen Besuch von Kursen in der Nachbarstadt Bulo als Modezeichner fort. Bald hatte er viel Erfolg in dieser Tätigkeit. Als er seine zweite Frau, Vera Puschmann, eine Kinderärztin, kennenlernte, gab er seine Tätigkeit auf.

Bitte arbeiten Sie auf der nächsten Seite weiter

Emil Koll   Vater von Emil Koll   Frau Wepp

Mutter von Adele Notzell   Frl. Luna   2. Mann von Adele Notzell   Tochter Notzell

Lebensgeschichte B

Adele Notzell
geboren am 8.12.1926 in Cann
Wohnort: Rantrum
Telefon: 723 45 00

Adele Notzell wollte, wie ihr Vater, den Lehrerberuf ergreifen. Von Jugend an interessierte sie sich für Technik. Nach einem vierjährigen Studium wurde sie Ingenieurin. Zunächst beschäftigte sie sich mit der Entwicklung neuzeitlicher Kühlmaschinen. Mit ihrer Kollegin, Fräulein Luna, erfand sie eine verbesserte Eiszubereitungsmaschine. Sie entwarf außerdem einen neuartigen und sehr preisgünstigen Seifenspender, der sehr sparsam im Stromverbrauch war. Später wechselte sie ihre Arbeitsstelle und kam in einen Großbetrieb für Motorräder in Dagblitz. Sie wurde Chefkonstrukteurin und arbeitete mit ihrem Mitarbeiterstab an Plänen für einen neuartigen Lärmschutz für Auspuffanlagen. Auf einer längeren Geschäftsreise lernte sie in Venedig ihren Mann kennen. Sie haben zwei Mädchen und zwei Jungen und sind glücklich verheiratet.

2. Zahlen merken

Kleine Abwechslung! Für die nächste Aufgabe benötigen Sie einen Mitspieler, der Ihnen bei der Durchführung eines Zahlengedächtnistests hilft. Bitten Sie ihn, Ihnen die folgenden 10 Zahlenreihen vorzulesen. Ihre Aufgabe besteht darin, nach dem einmaligen deutlichen und lauten Vorlesen (ohne Versprecher) einer Zahlenreihe diese auswendig hinzuschreiben. Wir beginnen:

A 6 4 5 4 2
B 3 4 6 7 9 0
C 5 4 2 1 3 6
D 7 4 1 2 4 6 7
E 8 9 0 3 4 6 7 8
F 9 7 4 2 3 4 9 7 0
G 1 3 7 9 0 7 3 1 0 3
H 2 3 7 6 9 0 1 4 8 9 0
I 7 8 7 6 4 3 2 2 8 9 7
J 2 8 4 2 3 6 7 1 8 4 6

3. Auswendiglernen

Folgende Worte sollen Sie in drei Minuten auswendig lernen:

a) Berufe: Eismann – Imker – Nachtwächter – Pfarrer – Uhrmacher
b) Städte: Aachen – Cuxhaven – Oldenburg – Quellbach – York
c) Bauwerke: Funkturm – Jagdhaus – Liederhalle – Scheune – Viadukt
d) Lebensmittel: Butter – Kartoffeln – Reis – Teigwaren – Wurst
e) Sport: Hockey – Golf – Marathonlauf – Degenfechten – Zehnkampf

Achtung! Bitte nicht umblättern, bevor die Auswendiglernzeit beendet ist!

Bitte arbeiten Sie auf der nächsten Seite weiter

Das ist jetzt Ihre Aufgabe:

In welche Gruppe gehörte das Wort mit dem Anfangsbuchstaben V?
a) in die Berufsgruppe
b) in die Städtegruppe
c) in die Bauwerkegruppe
d) in die Lebensmittelgruppe
e) in die Sportgruppe

Lösung: c (Viadukt – Bauwerke)

Für die nun folgenden Fragen haben Sie 5 Min. Bearbeitungszeit.

1. In welche Gruppe gehörte das Wort mit dem Anfangsbuchstaben A?
a) in die Berufsgruppe
b) in die Städtegruppe
c) in die Bauwerkegruppe
d) in die Lebensmittelgruppe
e) in die Sportgruppe

2. In welche Gruppe gehörte das Wort mit dem Anfangsbuchstaben B?
a) in die Berufsgruppe
b) in die Städtegruppe
c) in die Bauwerkegruppe
d) in die Lebensmittelgruppe
e) in die Sportgruppe

3. In welche Gruppe gehörte das Wort mit dem Anfangsbuchstaben C?
a) in die Berufsgruppe
b) in die Städtegruppe
c) in die Bauwerkegruppe
d) in die Lebensmittelgruppe
e) in die Sportgruppe

Bitte arbeiten Sie auf der nächsten Seite weiter

3. Auswendiglernen

4. ... das Wort mit dem Anfangsbuchstaben D?
a) in die Berufsgruppe
b) in die Städtegruppe
c) in die Bauwerkegruppe
d) in die Lebensmittelgruppe
e) in die Sportgruppe

5. ... das Wort mit dem Anfangsbuchstaben E?
a) in die Berufsgruppe
b) in die Städtegruppe
c) in die Bauwerkegruppe
d) in die Lebensmittelgruppe
e) in die Sportgruppe

Usw. geht es das ganze Alphabet durch bis auf X:
6. F in a b c d e
7. G in a b c d e
8. H in a b c d e
9. I in a b c d e
10. J in a b c d e
11. K in a b c d e
12. L in a b c d e
13. M in a b c d e
14. N in a b c d e
15. O in a b c d e
16. P in a b c d e
17. Q in a b c d e
18. R in a b c d e
19. S in a b c d e
20. T in a b c d e
21. U in a b c d e
22. V in a b c d e
23. W in a b c d e
24. Y in a b c d e
25. Z in a b c d e

Stop. Hier endet diese Aufgabe

4. Erinnern

Erinnern Sie sich noch an die 1. Aufgabe: Gut einprägen, die unsäglichen Lebensschicksale von Emil Koll und Adele Notzell? Nun sollen Sie feststellen, welche Details in der folgenden nacherzählten Lebensgeschichte unserer beiden Helden falsch wiedergegeben oder neu hinzugefügt worden sind (natürlich ohne irgendwelche Rückblätteraktionen, Sie Schummellieschen…).

Beispiel:
Welches Detail ist falsch?

<u>Seit seiner Jugend</u> <u>interessierte sich</u> <u>Emil Koll</u> für die
       a   b   c
<u>Gaststätte seiner Eltern</u>.
       d

Lösung: Detail b ist falsch, denn Emil Koll interessierte sich nicht für die Gaststätte, sondern mußte da helfen.

1. Bitte notieren Sie, welche Details in dem folgenden Text falsch sind, und arbeiten Sie dann weiter (insgesamt zu dieser Thematik 10 Minuten):

<u>Emil Koll</u> mußte <u>nach drei Jahren</u> erkennen, daß seine
   a   b
<u>Ehe gescheitert war</u>, und ging deshalb <u>nach der Scheidung</u> zurück
     c   d
zu seinen <u>fünf Geschwistern</u>. Er bildete sich zum <u>Modezeichner</u> fort
            e   f
und hatte in dieser Tätigkeit <u>viel Erfolg</u>, als er seine Frau, <u>eine Tierärztin</u>,
                                   g   h
kennenlernte. <u>Vera Notzell</u> entwickelte mit ihrer <u>Kollegin, Frau Luna</u>,
                i   j
einen neuen, <u>verbesserten Seifenspender</u> und lernte <u>in Venedig</u> ihre
                k   l
<u>zwei Kinder</u> kennen…
    m

(Man möge uns verzeihen, aber dieser Schwachsinn ist einfach nicht zu ertragen. Uns ging es darum, Ihnen das System zu erklären.)

Bitte arbeiten Sie auf der nächsten Seite weiter

4. Erinnern

Weitere Fragen:

2. Wie viele Kinder hatten die Eltern von Emil Koll?
3. Welchen Beruf hat die zweite Frau von Emil Koll?
4. Welchen Beruf erlernte Emil Koll?
5. In welchem Alter heiratete Emil Koll zum ersten Mal?
6. Wie heißt Emil Kolls Frau aus erster Ehe?
7. Was besaßen die Eltern von Emil Koll?
8. In welchem Beruf arbeitete der Vater von Adele Notzell?
9. Wie lange studierte Adele Notzell Ingenieurwissenschaft?
10. Wie viele Kinder hat sie zusammen mit ihrem Ehemann?

Noch nicht genug: Welche der folgenden Einzelheiten kommt in einer der beiden Geschichten vor?

11. a) Sass	b) Saß	c) Säs	d) Sääs
12. a) Labonn	b) Bonn	c) Laboe	d) Labohn
13. a) Nizza	b) Cann	c) Kahn	d) Kannes
14. a) Rantrum	b) Rantram	c) Rant	d) Radebold
15. a) 321 64 01	b) 321 64 00	c) 322 00 64	d) 328 12 89
16. a) 723 45 00	b) 714 35 00	c) 676 76 76	d) 777 27 00
17. a) 8.12.21	b) 12.8.26	c) 8.12.26	d) 9.12.33
18. a) 3.11.29	b) 29.3.11	c) 11.3.21	d) 11.3.29

Bitte arbeiten Sie auf der nächsten Seite weiter

Merkfähigkeit / Kurzzeitgedächtnis

Erinnern Sie sich noch an die Fotos, können Sie noch die richtigen Namen zuordnen? Ordnen Sie bitte der folgenden Namensliste die richtige Foto-Nummer zu.

1. Emil Koll
2. Bruder von Emil Koll
3. Frau Wepp
4. Vera Puschmann
5. Adele Notzell

6. Vater von Adele Notzell
7. Kollegin Luna
8. Herr Notzell
9. Tochter Notzell
10. Eduard Zimmermann

Stop. Hier endet diese Aufgabe

Verbale Intelligenz / Sprachbeherrschung

Wort- und Sprachverständnis

In allen sog. Intelligenztests kommen umfangreiche Aufgaben zum Wort- und Sprachverständnis vor. Dabei geht es um die Überprüfung Ihres Wortschatzes, um Ihre Fähigkeit, Wortbedeutungen zu erfassen sowie generell um Sprachgefühl und Sprachphantasie.

1. Wortauswahl

Von fünf Wörtern sind vier in einer gewissen Weise einander ähnlich. Finden Sie das fünfte Wort heraus, das nicht in diese Reihe paßt.

1. Beispiel:

   a) Tisch
   b) Sessel
   c) Schrank
   d) Bett
   e) Taube

Lösung: e, denn a, b, c und d sind Möbelstücke.

2. Beispiel:

   a) Butter
   b) Milch
   c) Gras
   d) Käse
   e) Joghurt

Lösung: c, denn die anderen Begriffe sind Lebensmittel.

Für die nächsten 19 Aufgaben haben Sie 5 Min. Zeit.

Bitte arbeiten Sie auf der nächsten Seite weiter

1. a) Betrug
   b) Unterschlagung
   c) Schwindel
   d) Fälschung
   e) Trugschluß

2. a) Kochen
   b) Schneidern
   c) Brauen
   d) Schmieden
   e) Lernen

3. a) sofort
   b) bald
   c) demnächst
   d) in Kürze
   e) übermorgen

4. a) Patient
   b) Klient
   c) Mandant
   d) Kunde
   e) Freund

5. a) Mikroskop
   b) Fenster
   c) Glas
   d) Fernglas
   e) Sonnenbrille

6. a) identisch
   b) kongruent
   c) gleich
   d) ähnlich
   e) symmetrisch

7. a) gefettet
   b) gepflegt
   c) gebohnert
   d) geschmirgelt
   e) gewaschen

8. a) Ansprache
   b) Abstimmung
   c) Monolog
   d) Rede
   e) Diskussion

9. a) verängstigt
   b) verunsichert
   c) beunruhigt
   d) bedroht
   e) verstimmt

10. a) Entwicklungsprozeß
    b) Steigerung
    c) Fortschritt
    d) Reifungsprozeß
    e) Wachstum

11. a) beispielhaft
    b) ausgezeichnet
    c) hervortretend
    d) mustergültig
    e) vorbildlich

12. a) Herberge
    b) Hotel
    c) Pension
    d) Restaurant
    e) Gasthof

Bitte arbeiten Sie auf der nächsten Seite weiter

1. Wortauswahl

13. a) überreichen
    b) übergeben
    c) übereignen
    d) überlassen
    e) aushändigen

14. a) Flugzeug
    b) Lift
    c) Treppe
    d) Fallschirm
    e) Leiter

15. a) Eheverbindung
    b) Gemeinschaft
    c) Brücke
    d) Grenze
    e) Steg

16. a) windig
    b) regnerisch
    c) kalt
    d) bewölkt
    e) neblig

17. a) entscheiden
    b) quittieren
    c) planen
    d) beurteilen
    e) werten

18. a) gebohrt
    b) gehobelt
    c) geschliffen
    d) poliert
    e) gewalzt

19. a) Türschloß
    b) Wasserhahn
    c) Reißverschluß
    d) Schraubenzieher
    e) Korkenzieher

Stop. Hier endet diese Aufgabe

2. Gleiche Wortbedeutungen

Zu dem vorgegebenen Wort ist ein zweites zu finden, das die gleiche oder eine sehr ähnliche Bedeutung hat.

1. Beispiel:

Kopf
   a) Körper
   b) Kugel
   c) Haupt
   d) Haar
   e) Mensch
   f) rund

Lösung: c

2. Beispiel:

Psyche
   a) Saal
   b) Gedächtnis
   c) Gewissen
   d) Seele
   e) Antlitz
   f) Kopf

Lösung: d

Für 28 Aufgaben haben Sie 5 Min. Bearbeitungszeit.

Bitte arbeiten Sie auf der nächsten Seite weiter

2. Gleiche Wortbedeutungen

1. kräftigen
   a) füttern
   b) mästen
   c) fördern
   d) stärken
   e) steigern
   f) sorgen

2. mindern
   a) verengen
   b) einengen
   c) verringern
   d) einschätzen
   e) vertiefen
   f) abziehen

3. Argwohn
   a) Ahnung
   b) Mißtrauen
   c) Hinterlist
   d) Neid
   e) Falschheit
   f) Charakterschwäche

4. echt
   a) aufrichtig
   b) unverfälscht
   c) ehrlich
   d) anständig
   e) wirklich
   f) kostbar

5. unversehens
   a) zufällig
   b) achtlos
   c) plötzlich
   d) schnell
   e) blindlings
   f) konsequent

6. hämisch
   a) verschlagen
   b) verstohlen
   c) neidisch
   d) bitter
   e) schadenfroh
   f) spöttisch

7. willfährig
   a) gefällig
   b) nachgiebig
   c) gefügig
   d) bereitwillig
   e) gutwillig
   f) schwach

8. Quote
   a) Gewinn
   b) Zuweisung
   c) Zahlung
   d) Beitrag
   e) Leistung
   f) Anteil

9. schmähen
   a) demütigen
   b) verurteilen
   c) verachten
   d) bemäkeln
   e) beschimpfen
   f) beschuldigen

10. unterwürfig
    a) schmeichlerisch
    b) unwürdig
    c) bescheiden
    d) kriecherisch
    e) willenlos
    f) gefühllos

Bitte arbeiten Sie auf der nächsten Seite weiter

11. Publikation
   a) Publikumsveranstaltung
   b) Kneipe
   c) Buchhandlung
   d) Veröffentlichung
   e) Entwicklungsalter
   f) Pubertät

12. absurd
   a) Theater
   b) ungeschickt
   c) absolut
   d) abstrakt
   e) unverständlich
   f) widersinnig

13. verunstalten
   a) verletzen
   b) mißhandeln
   c) beschädigen
   d) beschmutzen
   e) entstellen
   f) kaputtmachen

14. perfekt
   a) gescheit
   b) vollkommen
   c) begrenzt
   d) regelmäßig
   e) richtig
   f) treulos

15. kolossal
   a) erdrückend
   b) außerordentlich
   c) gewaltig
   d) eindrucksvoll
   e) unheimlich
   f) imposant

16. Delikt
   a) Delikatesse
   b) Vergehen
   c) Überbleibsel
   d) Beschlagnahme
   e) Gartengerät
   f) Gerichtsverhandlung

17. Trophäe
   a) Tierjagd
   b) exotische Pflanze
   c) Werkzeug
   d) Stammeszeichen
   e) Gewinn
   f) Siegeszeichen

18. pedantisch
   a) kleinlich
   b) kränklich
   c) streng
   d) soldatisch
   e) mißvergnügt
   f) zu Fuß

19. irden
   a) vergänglich
   b) aus Ton
   c) zur Erde gehörig
   d) täuschend
   e) zu Ende
   f) menschlich

20. Eingabe
   a) Ausgabe
   b) Meldung
   c) Mitteilung
   d) Anliegen
   e) Gesuch
   f) Bericht

Bitte arbeiten Sie auf der nächsten Seite weiter

2. Gleiche Wortbedeutungen

21. Traktat
    a) Quälerei
    b) Abhandlung
    c) landwirtschaftliche Maschine
    d) Vorschrift
    e) Kochkunst
    f) Vortrag

22. Gesinde
    a) Mädchenname
    b) Lumpenpack
    c) Teil einer Schraube
    d) Blumenstrauß
    e) Helfer
    f) Hausangestellte

23. Fuge
    a) Furche
    b) Flucht
    c) Schnaps
    d) landwirtschaftliches Gerät
    e) Graben
    f) Musikstück

24. Konvoi
    a) Südfrucht
    b) Verbindung
    c) Vertrauen
    d) Überzeugung
    e) Gastmahl
    f) Geleitzug

25. unablässig
    a) wiederholt
    b) unersättlich
    c) eindringlich
    d) ausdauernd
    e) fortwährend
    f) unnachgiebig

26. unzulänglich
    a) unsinnig
    b) unzweckmäßig
    c) unbedeutend
    d) unzureichend
    e) bruchstückhaft
    f) dürftig

27. Vorwand
    a) Entschuldigung
    b) Erklärung
    c) Notlüge
    d) Vorbehalt
    e) Vorkehrung
    f) Scheingrund

28. rührig
    a) abrundend
    b) strebsam
    c) gefühlvoll
    d) regsam
    e) übereifrig
    f) ergreifend

Stop. Hier endet diese Aufgabe

3. Gemeinsamkeiten

Sieben Wörter sind vorgegeben. Finden Sie die beiden Wörter heraus, die einen gemeinsamen Oberbegriff haben. Sollten mehrere Lösungsmöglichkeiten sinnvoll erscheinen, wählen Sie bitte die Lösung, die am genauesten einen Oberbegriff oder eine Gemeinsamkeit definiert.

1. Beispiel:

   a) Butter
   b) Brot
   c) Zeitung
   d) Messer
   e) Zigarette
   f) Uhr
   g) Baum

Lösung: a) Butter und b) Brot haben den Oberbegriff Nahrungsmittel.

2. Beispiel:

   a) Walkman
   b) Zeitung
   c) Bibliothek
   d) Videospiel
   e) CD-Spieler
   f) Spielfilm
   g) Telefon

Lösung: a) und e) mit dem Oberbegriff Unterhaltungselektronik.

Für 15 Aufgaben haben Sie 6 Min. Zeit.

Bitte arbeiten Sie auf der nächsten Seite weiter

3. Gemeinsamkeiten

1. a) Luft
    b) Teppich
    c) Tür
    d) Haus
    e) Tisch
    f) Stuhl
    g) Gardine

2. a) Auto
    b) Hotel
    c) Café
    d) Straße
    e) Büro
    f) Behausung
    g) Garten

3. a) Armut
    b) Elend
    c) Gefahr
    d) Durst
    e) Hunger
    f) Angst
    g) Krankheit

4. a) Gras
    b) Wurzel
    c) Tulpe
    d) Eiche
    e) Laub
    f) Rose
    g) Wald

5. a) Meer
    b) Strand
    c) Wal
    d) Seetang
    e) Schutt
    f) Qualle
    g) Delphin

6. a) Brille
    b) Sonne
    c) Blick
    d) Duft
    e) Auge
    f) Reiz
    g) Nase

7. a) Reiten
    b) Gymnastik
    c) Schwimmen
    d) Fußball
    e) Tennis
    f) Speerwerfen
    g) Ringen

8. a) Sparbuch
    b) Briefmarke
    c) Zahlkarte
    d) Quittung
    e) Aktie
    f) Pfandbrief
    g) Wechsel

9. a) Epoche
    b) Warnung
    c) Burg
    d) Frieden
    e) Zeitung
    f) Schule
    g) Termin

10. a) Mütze
    b) Eis
    c) Kälte
    d) Auto
    e) Taschenuhr
    f) Strumpf
    g) Winter

Bitte arbeiten Sie auf der nächsten Seite weiter

11. a) Kleiderschrank
    b) Reißverschluß
    c) Bank
    d) Türriegel
    e) Kleidungsstück
    f) Fensterscheibe
    g) Schlüsselbund

12. a) Dose
    b) Rad
    c) Kreis
    d) Knopfloch
    e) Knoten
    f) Stöpsel
    g) Deckel

13. a) Kunstwerk
    b) Zelt
    c) Lied
    d) Ruine
    e) Stein
    f) Rüstung
    g) Torso

14. a) Kinderlähmung
    b) Diabetes
    c) Skorbut
    d) Tod
    e) Fieber
    f) Krebs
    g) Rachitis

15. a) Schiff
    b) Rad
    c) Silo
    d) Bank
    e) Haus
    f) Tresor
    g) Werkstatt

Stop. Hier endet diese Aufgabe

4. Worteinfall

Denken Sie sich Worte mit dem Anfangsbuchstaben S und dem Endbuchstaben N aus (z. B. sagen, schreiben, Süden etc.). Alle Wortklassen (Haupt-, Tätigkeits-, Eigenschaftswörter etc.) und ihre Abwandlungen sind zugelassen (Plural, Vergangenheit etc.), auch Eigen- und Städtenamen gelten. Sämtliche Wörter, wie sie in Zeitungen und Büchern Verwendung finden, gelten als richtige Lösung. Nicht zugelassen sind Wörter aus einer fremden Sprache oder aus einem deutschen Dialekt und natürlich sinnlose Wörter und willkürliche Neubildungen.

Für jede Aufgabe haben Sie eine Minute Zeit.

1. Anfangsbuchstabe B
   Endbuchstabe E (z. B. Blase)

2. Anfangsbuchstabe S
   Endbuchstabe E (z. B. Sage)

3. Anfangsbuchstabe M
   Endbuchstabe N (z. B. Mann)

4. Anfangsbuchstabe A
   Endbuchstabe N

5. Anfangsbuchstabe T
   Endbuchstabe N

6. Anfangsbuchstabe K
   Endbuchstabe R

7. Anfangsbuchstabe S
   Endbuchstabe R

8. Anfangsbuchstabe G
   Endbuchstabe T

9. Anfangsbuchstabe M
   Endbuchstabe E

10. Anfangsbuchstabe S
    Endbuchstabe D

Stop. Hier endet diese Aufgabe

Rechtschreibung

Die Überprüfung der Rechtschreibkenntnisse gehörte neben Rechentests zu den speziell bei jungen Bewerbern am häufigsten eingesetzten Bewerbungshürden. Grob zu unterscheiden sind:
- Diktate (ähnlich wie in der Schule)
- die Darbietung von schwierigen Worten, mit der Frage: richtige oder falsche Schreibweise?
- die Vorgabe von vier verschiedenen Schreibweisen eines Wortes oder Kurzsatzes mit der Aufgabe, die einzig richtige Schreibweise anzukreuzen.

Generell gibt es auch hier zwei Hauptgruppen von Rechtschreibtests: selbstgestrickte Verfahren und angeblich wissenschaftlich fundierte. Nun könnten wegen der Rechtschreibreform auch die Tester verunsichert sein, was zur Folge hätte, daß Rechtschreibtests für einen Übergangszeitraum weniger eingesetzt werden.
Wir haben versucht, die Rechtschreibreform ein bißchen zu berücksichtigen.

1. Diktat
Bitte streichen Sie in den folgenden Sätzen die Rechtschreibfehler an. Sie haben 5 Min. Zeit.

1. Wir wissen, das seid jahrzehnten viele Hundertmilionen EURO für Überflüssiges aufgewendet werden.

2. Es ist also nichts Erstaunliches, wenn wir hören, das dem menschlichen Wollen enge Grenzen gesetzt sind.

3. Die acht tausender des Himalayas wurden schon manchem Bergsteiger zum Verhängnis.

4. Dem Chemiker wurde angst und Bange, als er nach einigem überlegen merkte, etwas Neues entdeckt zu haben.

5. Der Automechaniker hatte den Wagen frühmorgens zum Reparieren abgeholt und am Abend wiederzurückgebracht.

Stop. Hier endet diese Aufgabe

2. Richtige Schreibweise

Ist das Wort richtig geschrieben? Falls nicht, bitte die richtige Schreibweise notieren! Sie haben 5 Min. Zeit.

1. allmehlich
2. tödlich
3. wohlweißlich
4. Kannone
5. Rhabarber
6. Depäsche
7. Gelantine
8. Sattelit
9. zusehends
10. atletisch
11. Gelleee
12. Galopprennbahn
13. unversehens
14. Theke
15. Metode
16. Filliale
17. Karosserie
18. Labürinth
19. Rododendrohn
20. Rytmus
21. Portmonaie
22. Wagabund
23. Wiederstand
24. Zyklohp
25. Synpathie

Stop. Hier endet diese Aufgabe

3. Orthographie

Welche der Schreibweisen ist jeweils allein richtig? Sie haben 8 Min. Zeit.

1. a) Gutmüthigkeit
   b) Guthmütigkeit
   c) Gutmütigkeit
   d) Gutmüdigkeit
   e) Gutmüdichkeit

2. a) Musikapele
   b) Musikkappelle
   c) Musikappelle
   d) Musikkapelle
   e) Musikkappele

3. a) vielversprechent
   b) vielversprechendt
   c) vielversprechend
   d) vielversprächend
   e) viel versprechend

4. a) naturgemeß
   b) naturgemäs
   c) naturgemess
   d) naturgemäß
   e) naturgemäss

5. a) krehen
   b) krähän
   c) grähen
   d) kräen
   e) krähen

6. a) Karusel
   b) Karussel
   c) Karusell
   d) Karussell
   e) Karrussel

7. a) unentgeldlich
   b) unentgeldtlich
   c) unendgeldlich
   d) unendtgeldlich
   e) unentgeltlich

8. a) endgültich
   b) entgültig
   c) endtgültig
   d) endgültig
   e) endgültik

9. a) Tausendfüssler
   b) Tausentfüßler
   c) Tausendfüßler
   d) Tausentfüssler
   e) Tausend Füßler

10. a) Anäkdote
    b) Aneckdote
    c) Anegdote
    d) Anekdohte
    e) Anekdote

11. a) Indiskrätion
    b) Indiskrition
    c) Indiskretion
    d) Indeskrätion
    e) Indiskrähtion

12. a) Almohsen
    b) Allmose
    c) Almoosen
    d) Almoßen
    e) Almosen

Bitte arbeiten Sie auf der nächsten Seite weiter

3. Orthographie

13. a) Revormvorschlag
    b) Reformvorschlak
    c) Refornvorschlag
    d) Reformvorschlag
    e) Reform Vorschlag

14. a) Gewantheit
    b) Gewandtheit
    c) Gewandheit
    d) Gewandheidt
    e) Gewantheid

15. a) es geschah im Dunkel der nacht
    b) es Geschah im dunkel der Nacht
    c) es geschah im dunkel der Nacht
    d) es geschah im Dunkel der Nacht
    e) es geschar im Dunkel der Nacht

16. a) eine zartbesaitete Maidt
    b) eine zartbeseitete Maid
    c) eine zardtbesaitete Maid
    d) eine zartbeseidete Maid
    e) eine zartbesaitete Maid

17. a) sie kann gut Wäschewaschen
    b) sie kann gut Wäsche Waschen
    c) sie kann gut Wäsche waschen
    d) sie kann gut wäschewaschen
    e) sie kann gut wäsche waschen

18. a) ein einzelnes paar Socken
    b) ein einzelnes Paar Socken
    c) ein einzelnes Paarsocken
    d) ein Einzelnes Paar Socken
    e) ein Einzelnes paar Socken

19. a) eine grimmsche Märchenerzählung
    b) eine Grimmsche Märchen Erzählung
    c) eine Grimmsche Märchenerzählung
    d) eine Grimmsche Merchenerzählung
    e) eine Grimmsche Mährchenerzählung

20. a) eine unwiderstehliche Balettruppe
    b) eine unwiderstehliche Ballettruppe
    c) eine unwiederstehliche Ballettruppe
    d) eine unwiderstehliche Balettruppe
    e) eine unwiderstähliche Ballettruppe

21. a) ein interessantes Dilemna
    b) ein interessantes Dilämma
    c) ein interessantes Dilemma
    d) ein interessantes Dilema
    e) ein interesantes Dilemma

22. a) mit allem drum und Dran
    b) mit allem drum und dran
    c) mit Allem drum und dran
    d) mit allem Drum und Dran
    e) mit allem Drum und dran

Bitte arbeiten Sie auf der nächsten Seite weiter

23. a) sie kamen gestern abend
    b) sie kamen gesternabend
    c) sie kamen Gestern abend
    d) sie kamen Gesternabend
    e) sie kamen gestern Abend

24. a) ein kuputter Fabrikschlod
    b) ein kaputer Farbrikschlot
    c) ein kaputter Fabrikschlot
    d) ein kapputter Fabrikschlot
    e) ein kaputter Fabrikschloht

25. a) ein mimosenhafter Telegrambote
    b) ein mimosenhafter Tellegrammbote
    c) ein mimosenhafter Telegrammbote
    d) ein mimosenhafter Tellegrambote
    e) ein mimosenhafter Telegrammbothe

Stop. Hier endet diese Aufgabe

4. Zeichensetzung

Hier müssen Sie sich entscheiden, ob an der vorgegebenen Stelle ein Komma zu setzen ist oder nicht.

Beispiel:

Ich glaube ( ) daß der Sommer dieses Jahr ( ) schön werden wird.

Lösung: Ich glaube (,) daß der Sommer dieses Jahr (0) schön werden wird.

Für die folgenden 20 Aufgaben haben Sie 5 Min. Zeit.

1. Für eine verbindliche Antwort ( ) wäre ich Ihnen äußerst zu Dank verpflichtet.
2. Er sattelte das Pferd ( ) und ritt nach Hause.
3. Er sang ( ) und sang ( ) immer tiefer ( ) bis es nicht mehr weiter ging.
4. Bei Vertragsabschluß ( ) ist es am sichersten ( ) alle Vereinbarungen schriftlich festzuhalten.
5. Im Zusammenhang mit der steigenden Kriminalität ( ) nehmen die Verdächtigungen ( ) insbesondere was Ausländer anbetrifft ( ) beträchtlich zu.
6. Der Mannheimer Drehorgelmann ( ) von Hause aus mit der Rechtschreibung auf Kriegsfuß ( ) machte sein Instrument zu ( ) schloß den Wagen ein ( ) und fühlte den unwiderstehlichen Drang ( ) ein Bier trinken zu müssen ( ) oder wenigstens ( ) in einem Gasthaus einzukehren.
7. »Ich darf es nicht vergessen« ( ) dachte der Mann bei sich, bevor er endlich einschlief ( ) und schon klingelte das Telefon.
8. Sie ist keine zartbesaitete Maid ( ) dachte er ( ) und nahm noch eine Beruhigungstablette ( ) bevor er sich weiter mit ihr unterhielt.
9. Ohne es zu wollen ( ) kam er der Lösung des Rätsels fast schon auf die Spur ( ) als er durch das Telefon abgelenkt wurde.
10. Er fuhr ( ) ohne zu gucken ( ) geradewegs ( ) mit seinem schönen neuen Fahrrad ( ) in die Hecke.
11. Für eine baldige Zusage ( ) wäre ich Ihnen sehr verbunden.
12. Aus diesem Grund sind gerade deshalb Pinguine geeignete Testobjekte für das Studium von Ausmaß ( ) Dauer und Bedingungen der Kältegewöhnung.
13. In der Bundesregierung hält sich leider niemand ( ) nicht einmal der ( )

Bitte arbeiten Sie auf der nächsten Seite weiter

Bundeskanzler ( ) für kompetent ( ) um eine derartige Prognose zu wagen.
14. Seine einzige Unterstützung bestand in dem Funkgerät ( ) falls dieses überhaupt funktionieren würde.
15. Am Aktienmarkt überwogen die Gewinne ( ) was namentlich für die Autopapiere und Chemiewerte galt.
16. Bei Vertragsabschluß ist es am besten ( ) sich alle gewünschten Zusätze schriftlich bestätigen zu lassen.
17. Die unmittelbare Nähe des Meeres ( ) garantierte immer eine frische Brise ( ) und versprach bei starker Hitze Kühlung.
18. In Zusammenhang mit den steigenden Produktionszahlen ( ) können auch die inländischen Unternehmen ( ) allen voran unsere Firma ( ) größere Aufträge verbuchen.
19. Wir hoffen ( ) mit diesem Buch ( ) ein deutlicheres Bewußtsein für die Lage der Auszubildenden geschaffen zu haben.
20. Wir hoffen sehr ( ) nun allseits ( ) Unterstützung zu finden.

5. Rechtschreibreform

Die folgenden Aufgaben beschäftigen sich mit der Rechtschreibreform. Ihre Aufgabe ist es, die alte Schreibweise in die neue zu bringen. Schreiben Sie die Sätze auf einem extra Blatt jeweils in der neuen richtigen Schreibweise auf. In jedem Satz können mehrere jetzt neu zu schreibende Worte enthalten sein. Sie haben 10 Min. Zeit.

1. Wir sahen gestern abend eine Ballettänzerin.
2. Ich habe ähnliches bei ackerbautreibenden Völkern erlebt.
3. Ich will im besonderen erwähnen, daß es das beste ist, wenn wir auseinandergehen.
4. Er ist immer der alte geblieben, der gerne jemandem angst macht.
5. Egal ob bei arm oder reich – die blondgefärbte Blondine aß Delikateßgurken.
6. Der in der metallverarbeitenden Industrie tätige Panther war aus Pappmaché.
7. Die laubtragenden Bäume waren in Null Komma nichts entlaubt.
8. Der Rauhhaardackel fraß am liebsten Rauhfasertapete.
9. Der 80jährige hat bereits sein Schäfchen durch das Schalloch ins trockene gebracht.
10. Das schlimmste ist ein schlechtgelauntes Saxophon.

Stop. Hier endet diese Aufgabe

Praktisch-technische Intelligenz

Dieser Abschnitt umfaßt Aufgaben zur Rechenfähigkeit und zum mathematischen Denken, Aufgaben, die ein technisches Basisverständnis überprüfen, und last but not least soll Ihr räumliches Vorstellungsvermögen getestet werden.

Rechenfähigkeit / Mathematisches Denken

Neben der Rechtschreibung gehört die Rechenfähigkeit zu den sog. Kulturtechniken, die quer durch alle Personalausleseverfahren Überprüfungsgegenstand ist. Ansätze in dieser Richtung sind u. a. schon die Zahlenreihen- und Zahlenmatrizenaufgaben gewesen, die wir im Abschnitt Logisches Denken / Abstraktionsfähigkeit vorgestellt haben. Neben den klassischen Grundrechenarten (Addition, Subtraktion, Multiplikation und Division) geht es um Bruch- und Dezimalrechnung, Prozent- und Zinsrechnung, Potenzieren, Wurzelziehen, in seltenen Fällen um Algebra. Einen breiten Raum nehmen Text- und Schätzaufgaben ein, während Geometrieaufgaben und das Umrechnen von Maßeinheiten seltener vorkommen.

1. Grundrechnen

Bei den folgenden Aufgaben sollen Sie Ihre Rechenfähigkeit unter Beweis stellen. Sie haben 6. Min. Zeit.

1) 33,24
  \+ 1.725,11
  \+ 845,23
  \+ 2.936,12

  a) 5.529,70
  b) 5.539,71
  c) 5.439,70
  d) 5.539,70
  e) 4.539,70

2) 12.176,11
  − 2.181,32

  a) 9.994,79
  b) 10.994,79
  c) 9.894,79
  d) 9.994,69
  e) 9.993,79

3) 11 x 13,125

  a) 144,365
  b) 143,375
  c) 134,375
  d) 144,375
  e) 14,375

4) 102,5 : 1,25

  a) 83
  b) 8,2
  c) 81
  d) 82
  e) 72

Bitte arbeiten Sie auf der nächsten Seite weiter

5) Welche Zahl ist um 1.000 kleiner als 177.909.483?
   a) 177.809.483
   b) 177.919.483
   c) 177.908.483
   d) 177.909.383
   e) 177.819.483

6) 14 x 8 = 7 x ?
   a) 14
   b) 16
   c) 15
   d) 18
   e) 22

2. Schätzaufgaben

Die folgenden Rechenaufgaben sollen Sie mehr schätzen als ausrechnen. Deshalb haben Sie für 14 Aufgaben nur 5 Min. Zeit.

1) 8.365 + 5.545 + 1.140 =
   a) 16.025
   b) 15.045
   c) 15.050
   d) 15.150
   e) 15.550
   f) 14.995

2) 7.320 + 2.675 + 7.533 =
   a) 21.155
   b) 20.150
   c) 19.995
   d) 20.005
   e) 19.555
   f) 17.528

3) 19.002 x 45.890 =
   a) 800.750
   b) 8.001.780
   c) 872.001.780
   d) 87.001.770
   e) 950.002.535
   f) 9.003.535

4) $55.455 + 5/17 + 544\,2/17 + 4.001\,10/17 =$
   a) $59.005\,1/17$
   b) 60.001
   c) 59.500
   d) $65.435\,2/17$
   e) 64.001
   f) $64.101\,1/17$

5) 48.825.412 − 41.950.437 =
   a) 555.555
   b) 6.874.975
   c) 38.749.750
   d) 4.950.753
   e) 4.125.655
   f) 4.002.354

6) 49 x 49 =
   a) 24.500
   b) 24.501
   c) 2.401
   d) 2.501
   e) 2.105
   f) 1.111

Bitte arbeiten Sie auf der nächsten Seite weiter

2. Schätzaufgaben

7) 311 x 811 + 45.501 =
   a) 25.223
   b) 101.222
   c) 220.571
   d) 297.722
   e) 350.455
   f) 400.503

8) 2,2 x 5,9 =
   a) 11,05
   b) 11,90
   c) 12,98
   d) 13,98
   e) 13,99
   f) 14,55

9) 199^2 =
   a) 3.960
   b) 29.507
   c) 39.601
   d) 49.602
   e) 41.104
   f) 40.201

10) $\sqrt{12.321}$ =
    a) 11
    b) 51
    c) 111
    d) 225
    e) 550
    f) 735

11) 17,25 + 13 + 0,75 + 0,005 =
    a) 31,005
    b) 310,05
    c) 31,00
    d) 20,00
    e) 130,005
    f) 30,80

12) 25,33 − 0,05 + 2 =
    a) 27,38
    b) 25,28
    c) 25,38
    d) 23,28
    e) 23,38
    f) 27,28

13) 7,5 − 0,025 + 11,425 =
    a) − 18,9
    b) − 3,95
    c) 18,95
    d) 18,9
    e) 18,5
    f) 19,425

14) 1.297 + ? = 9.289
    a) 7.892
    b) 7.998
    c) 8.992
    d) 7.992
    e) 7.991
    f) 8.121

Stop. Hier endet diese Aufgabe

3. Dezimal- und Bruchrechnung
Für 12 Aufgaben haben Sie 15 Min. Zeit.

1) $0,04 \times 0,02 =$
   a) 0,08
   b) 0,0008
   c) 0,008
   d) 0,006
   e) 0,6

2) $0,021 : 0,3 =$
   a) 0,063
   b) 0,07
   c) 0,7
   d) 0,007
   e) 0,63

3) $9/4 : 0,025 =$
   a) 90
   b) 9.000
   c) 0,9
   d) 0,09
   e) 9

4) Wie oft ist 0,6 in 48 enthalten?
   a) 800 mal
   b) 40 mal
   c) 400 mal
   d) 8 mal
   e) 80 mal

5) $1\,3/4 \times 2\,1/4 =$
   a) $3\,15/16$
   b) $1\,1/16$
   c) 4
   d) $2\,3/16$
   e) $2\,1/2$

6) Verwandle $3\,2/3$ in Dezimalzahlen.
   a) 3,67
   b) 2,67
   c) 3,13
   d) 2,13
   e) 2,25

7) $4\,5/8 - 1\,3/4 =$
   a) $3\,1/4$
   b) $3\,2/4$
   c) $2\,7/8$
   d) $3\,2/32$
   e) $3\,7/8$

8) $3/4 : 1/5 =$
   a) $2\,1/2$
   b) $4/9$
   c) $3/20$
   d) $3\,3/4$
   e) $3\,1/4$

9) $2/3 + 1/2 =$
   a) $7/6$
   b) $5\,7/8$
   c) $3/5$
   d) $1\,1/3$
   e) $3/4$

10) $1\,3/4 + 4\,1/8 =$
    a) $5\,1/3$
    b) $5\,7/8$
    c) $5\,1/2$
    d) $5\,3/4$
    e) $5\,1/8$

11) $4/4 \times 1/3 =$
    a) $4/12$
    b) $5/8$
    c) $2\,2/5$
    d) $5/3$
    e) 1

12) $5/8 - 1/3 =$
    a) $1/2$
    b) $6/24$
    c) $4/8$
    d) $4/5$
    e) $7/24$

Stop. Hier endet diese Aufgabe

4. Maße und Gewichte

Für 6 Aufgaben haben Sie 5 Min. Zeit.

1. 4 Pfund und 30 Gramm sind wieviel Gramm?
   - a) 430
   - b) 4.030
   - c) 203
   - d) 20,3
   - e) 2.030

2. Ein Kanister hat die Innenmaße:
   Länge 80 cm
   Breite 40 cm
   Höhe 60 cm
   Wie viele Kubikdezimeter Wasser kann er enthalten?
   - a) 0,192
   - b) 192.000
   - c) 1,92
   - d) 192
   - e) 19,2

3. Schreiben Sie 90 Zentner als Tonne.
   - a) 9
   - b) 4,5
   - c) 45
   - d) 0,45
   - e) 0,9

4. Ein Pflasterer benötigt für eine Fläche von 50 qm Platten, deren Größe 10x20 cm beträgt. Wie viele Platten benötigt der Pflasterer?
   - a) 500
   - b) 2.500
   - c) 50
   - d) 250
   - e) 5.000

5. Wie viele Stunden und Minuten sind 18.600 Sekunden?
   - a) 5 Std. 10'
   - b) 3 Std. 10'
   - c) 31 Std.
   - d) 5 Std.
   - e) 3 Std.

6. Schreiben Sie 0,55 a als qm.
   - a) 550
   - b) 55
   - c) 5.500
   - d) 1.100
   - e) 5,5

Stop. Hier endet diese Aufgabe

5. Textaufgaben

Diese Form des Denk- und Rechenproblems ist Ihnen sicherlich nicht unbekannt. Wir verzichten auf eine Beispielaufgabe und weitere Erklärungen und geben Ihnen für die Bearbeitung dieser 16 Aufgaben 20 Minuten Bearbeitungszeit.

1. Ein Kaufmann kauft für 1.200 EUR Tee. Diesen verkauft er für 1.500 EUR. An jedem Sack Tee beträgt sein Verdienst 50 EUR. Wie viele Säcke hatte er?

2. Zum Beladen eines Bananenschiffs werden 300 Träger gebraucht. Diese können die Arbeit in 16 Stunden bewältigen. Wie viele Träger braucht man, wenn man zum Beladen dieses Schiffs 48 Stunden Zeit zur Verfügung hat?

3. Schüler wollen bei einem Sportfest Softeis verkaufen. Aus einem Softeis-Behälter lassen sich 170 normale Portionen abfüllen. Wie viele Behälter müssen gekauft und auf Vorrat gelegt werden, wenn man mindestens 4.000 Portionen Softeis verkaufen will?

4. Ein Trinkvorrat reicht für 16 Personen 24 Tage aus. Wie viele Tage würde der Vorrat für 8 Personen ausreichen?

5. Zwei Brüder, die sich in ihrem Alter um lediglich sieben Jahre unterscheiden, sind zusammen 39 Jahre alt. Wie alt ist der jüngere Bruder?

6. Zwei Radfahrer begegnen sich um 11 Uhr. Wie viele Kilometer sind sie um 12.20 Uhr voneinander entfernt, wenn der eine 7,5 km und der andere 12 km in der Stunde fährt?

7. Eine Beute von 576 Talern soll im Verhältnis von 4:5 auf zwei Raubritter verteilt werden. Wie viele Taler bekommt der Ritter, der die kleinere Beute erhält?

8. 87 kg Äpfel sind in zwei Kisten verpackt. In der einen Kiste sind 11 kg Äpfel mehr als in der anderen. Wieviel Kilo Äpfel sind in der kleineren?

Bitte arbeiten Sie auf der nächsten Seite weiter

5. Textaufgaben

9. Ein Kind hat 1,20 EUR in 5- und 10-CENT-Stücken bei sich. Dieser Betrag setzt sich aus insgesamt 17 Geldstücken zusammen. Wie viele 10-CENT-Stücke sind darunter?

10. Es sollen 52 Goldtaler so aufgeteilt werden, daß der eine Teil dreimal so groß ist wie der andere. Aus wie vielen Goldtalern besteht der kleinere Teil?

11. Man kann 3% Butter aus Milch gewinnen. Wieviel Kilogramm Milch werden benötigt, um 1,5 kg Butter zu gewinnen?

12. Wieviel muß zu 12 hinzugezählt werden, damit die Summe im gleichen Verhältnis zu 15 steht wie 30:25?

13. Mit einer Stundengeschwindigkeit von 80 km fährt ein Zug seinem Ziel entgegen. Nach drei Stunden soll der Zug an seinem Ziel sein. Wie viele Kilometer ist er noch von seinem Zielbahnhof entfernt, wenn nach 2 Stunden und 12 Minuten ein Rotsignal die Weiterfahrt stoppt?

14. Wie viele Flaschen benötigt man von einem Fassungsvermögen von 3/4 l, um 28 l einer Flüssigkeit einzufüllen, ohne daß etwas übrig bleibt?

15. In einer Verkaufsorganisation erreichen 10% der männlichen Vertreter und 15% der weiblichen Vertreter gute Verkaufsergebnisse. Wieviel Prozent erreichen insgesamt gute Verkaufsergebnisse, wenn in der Gruppe 60% männliche Vertreter sind?

16. Ein Würfel hat eine Kantenlänge von 2 cm. Er wiegt 48 g. Wieviel Gramm würde ein Würfel aus gleichem Material wiegen, der eine Kantenlänge von nur 1 cm hat?

Stop. Hier endet diese Aufgabe

Bitte lösen Sie die folgenden 26 Rechentextaufgaben (A–Z) in 45 Min.:

A Ein Motorrad verbraucht 6 Liter Benzin auf 100 km. Wieviel verbraucht es auf 250 km, und wie viele km kann es mit einem 24 Liter fassenden Benzintank fahren?

B Ein Maulwurf ist 4 Jahre alt. Nur $1/24$stel von dieser Zeit hat er das Tageslicht gesehen. Wie viele Monate sind das?

C Ein Malergeselle renoviert ein Zimmer von 18 qm an einem Arbeitstag in 8 Stunden. Der Azubi schafft in der gleichen Zeit nur $1/3$ dieser Arbeitsleistung. Der Meister arbeitet noch schneller als der Geselle und liegt damit um 25 % höher in der Arbeitsleistung. Wie hoch ist die Differenz der geleisteten Arbeit (renovierter Raum in qm) zwischen bestem und schlechtesten Ergebnis nach eineinhalb Arbeitstagen?

D Teilt man eine Zahl x durch 3,4 und erhält als Ergebnis 9,2, muß die Zahl x wie lauten?

E Ein Nahrungsmittelvorrat reicht für 12 Personen 16 Tage aus. Wie viele Tage könnten 6 Personen davon essen?

F Ein Händler kauft für 10.500 EUR Gewürzpartien. An jeder verkauften Gewürzpartie verdient er 100 EUR. Nach Verkauf seines Gesamtbestandes hat er 14.000 EUR eingenommen. Wie viele Gewürzpartien hatte er?

G Eine Steinsetzerfirma benötigt für einen Platz mit 500 qm Fläche Pflastersteine. Die gängige Größe beträgt 10 x 20 cm. Wie viele Steine müssen bestellt werden?

H Die Maße eines Hohlraums betragen 4 m Länge, 20 cm Breite und 15 cm Höhe. Wieviel Kubikdezimeter hat der Hohlraum?

I Bei einem Ehepaar beträgt der Altersunterschied zwischen den beiden Partnern 5 Jahre. Das Lebensalter der beiden addiert beträgt 75 Jahre. Wie alt ist der ältere Partner?

Bitte arbeiten Sie auf der nächsten Seite weiter

5. Textaufgaben

J Wenn ein Bürovorsteher dreimal so alt ist wie die jüngste Azubi-Mitarbeiterin und doppelt so alt wie die dienstälteste Sekretärin und alle drei Personen auf ein Gesamtlebensalter von 88 Jahren zurückblicken können, wie alt ist dann jeder einzelne?

K Ein rechteckiges Grundstück hat eine Größe von 2.193 qm, bei einer Front von 51 m Länge. Wie breit ist das Grundstück?

L Eine Erbschaft von 52.000 EUR soll unter zwei Erben so verteilt werden, daß der jüngere Erbe einen dreimal so großen Erbteil bekommt wie der ältere Erbe. Wie groß ist der kleinere Erbanteil in EUR?

M Die Reaktionszeit eines Busfahrers beträgt eine Sekunde. Wie viele Meter fährt der Bus, wenn der Fahrer mit einer Geschwindigkeit von 96 km/h fährt und plötzlich eine Gefahrensituation sieht, bevor er anfängt zu bremsen?

N Zwei Skateboardfahrer sehen sich bei einem Kurztreffen um 14.55 Uhr. Sie tauschen für 5 Minuten ihre Erfahrungen aus und fahren weiter. Wie groß ist die Entfernung zwischen ihnen nach 80 Minuten, wenn der eine 12 km, der andere Skateboardfahrer 7,5 km in der Stunde zurücklegt?

O Ein Lottogewinn von 576.000 EUR soll im Verhältnis von 4:5 aufgeteilt werden. Wie groß ist der kleinere Gewinn?

P Von 30 Testaufgaben haben Sie 18 richtig. Wieviel Prozent sind das?

Q 1/3 dieser Testaufgaben war leicht, 1/6 schwer. Wie viele Aufgaben waren weder schwer noch leicht?

R Während sich ein großes Zahnrad 36mal dreht, muß sich ein kleineres 108mal drehen. Wenn sich das kleinere aber 432mal gedreht hat, wie viele Male muß sich dann das größere Zahnrad gedreht haben?

S Wenn von 100 geborenen Kindern 63 Jungen sind, wieviel Prozent Mädchen wurden geboren?

Bitte arbeiten Sie auf der nächsten Seite weiter

T Wie groß ist die monatliche Zinsleistung für die Bank bei einer jährlichen Zinsbelastung von 9 1/2 % für eine Kreditsumme von 150.000 EUR?

U Die Wurzel einer Heilpflanze enthält 5 % Wirkstoff. Wieviel Kilogramm Wurzel benötigt ein Medikamentenhersteller, um 2,5 kg Wirkstoff zu extrahieren?

V Ein Schreibwarenhändler verkauft Schreibhefte. Für zwei verlangt er soviel, wie ihn drei gekostet haben. Wie hoch ist der Gewinn in Prozent?

W Ein Jaguar, ein Gepard und eine Hyäne fressen gemeinsam eine Antilope. Der Jaguar allein würde die Antilope in einer Stunde auffressen. Der Gepard bräuchte drei Stunden dafür und die Hyäne sogar sechs. Wieviel Zeit brauchen sie, wenn sie die Antilope zusammen fressen?

X In einer Familie hat jeder Sohn dieselbe Anzahl von Schwestern wie Brüder. Jede Tochter hat aber zweimal so viele Brüder wie Schwestern. Wie viele Töchter hat die Familie?

Y Ein Motorrad fährt mit 60 km/h von X nach Y. In 5 Stunden wird es in Y eintreffen. Nach bereits 3 Stunden und 10 Minuten bleibt das Motorrad wegen einer Panne stehen. Wieviel Kilometer ist es vom Ziel Y entfernt?

Z Ein Draht von 90 m Länge ist so zu zerschneiden, daß das eine Stück 2/3 der Länge des anderen beträgt. Wie lang ist das kürzere Stück Draht?

Stop. Hier endet diese Aufgabe

6. Zahlenreihen

Die folgenden Zahlenreihen sind nach einer bestimmten Regel aufgebaut. Ihre Aufgabe ist es, das nächste Glied (bei den Aufgaben x, y, z die zwei nachfolgenden) in einer Reihe herauszufinden.

Beispiel: 2 4 6 8 10 12 14 ?

Die richtige Lösung ist 16. Die nächstfolgende Zahl wächst immer um 2.

Für die folgenden 26 Zahlenreihen haben Sie 20 Min. Zeit.

a) 3   4   6   9   13   18   24   ?
b) 4   5   6   8   10   13   16   20   24   ?
c) 6   7   5   8   4   9   3   10   2   ?
d) 3   9   10   5   15   16   8   24   25   ?
e) 8   8   15   13   13   19   16   16   21   ?
f) 1   2   3   5   8   13   21   ?
g) 9   12   16   20   25   30   36   42   ?
h) 114   57   60   30   34   17   22   11   ?
i) 2   3   6   11   18   27   ?
j) 8   7   7   5   10   7   21   17   ?
k) 15   19   22   11   15   18   9   ?
l) 8   15   24   35   48   63   ?
m) 4   5   7   4   8   13   ?
n) 27   9   6   18   21   7   4   ?
o) 39   13   6   30   10   3   ?
p) 84   21   63   65   64   16   48   50   ?
q) 200   100   105   35   40   10   ?
r) 3   6   10   30   35   140   146   730   ?
s) 75   80   40   45   15   20   5   10   ?
t) 17   14   7   21   18   9   ?
u) 199   150   108   73   45   24   ?
v) 3   5   2   8   13   7   ?
w) 34   33   66   22   18   90   15   8   ?
x) 12   19   17   17   23   20   20   25   ?   ?
y) 24   26   11   15   3   9   0   8   ?   ?
z) 11   13   17   25   32   37   47   58   ?   ?

Bitte arbeiten Sie auf der nächsten Seite weiter

1. Block

A	3	5	7	9	11	13	15	?
B	27	30	29	32	33	36	35	?
C	103	98	103	99	103	100	103	?
D	7	10	13	17	21	26	31	?
E	10	11	13	14	16	17	19	?
F	10	15	22	31	42	55	70	?
G	10	11	13	10	14	19	13	?
H	2	4	1	4	9	3	21	?
I	9	6	3	9	6	3	9	?
J	13	21	34	55	89	144	233	?

2. Block

A	2	4	3	9	8	64	63	?
B	10	5	20	10	30	15	30	?
C	54	52	26	24	12	10	5	?
D	18	20	40	42	84	86	172	?
E	100	50	52	26	28	14	16	?
F	10	20	40	30	60	120	110	?
G	33	30	15	45	42	21	63	?
H	20	5	9	36	40	10	14	?
I	12	9	27	30	10	7	21	?
J	18	20	10	14	6	12	6	?

3. Block

A	15	10	13	8	11	6	?
B	5	3	6	2	7	1	?
C	5	2	6	2	8	3	?
D	16	4	8	9	3	6	?
E	1	1	3	9	12	144	?
F	−10	50	45	−180	−184	552	?
G	5	4	7	6	10	9	?
H	32	16	21	7	12	3	?
I	18	9	36	28	112	105	?
J	5	12	10	10	16	13	?

Stop. Hier endet diese Aufgabe

7. Zahlenmatrizen

Zahlenmatrizen sind ähnlich wie Zahlenreihen zu bearbeiten. Man muß das Aufbauprinzip erkennen und die Fragezeichen sinnvoll ersetzen

Beispiel:

1	2	3	4	
4	3	2	1	
1	2	?	4	Lösung: 3
4	?	2	1	Lösung: 3

Für die folgenden 9 Aufgaben haben Sie 15 Min. Zeit.

A

2	4	6	8
3	5	7	9
1	3	?	7
?	6	8	?

B

12	34	56
23	?	67
34	56	78

C

16	64	68
12	48	?
8	32	36

D

48	51	17	20
51	54	18	21
54	57	??	22
??	60	20	23

E

5	3	6
2	?	1
8	0	9

F

1	4	9
16	25	?
49	64	81

G

52	55	58
67	64	61
?	73	76

H

3	11	7	9
9	11	7	15
15	?	19	21
27	29	25	?

I

156	148	37	39
64	56	14	16
24	16	?	6
12	4	1	?

Stop. Hier endet diese Aufgabe

Technisches Verständnis

Hier ist sicher zunächst einmal der Hinweis angebracht, daß nicht bei jedem Personalausleseverfahren Fragen zum technischen Verständnis eingesetzt werden, sondern eher z. B. bei Ausbildungsberufen, in denen der Umgang mit Geräten, Werkzeugen und Maschinen im Mittelpunkt steht.

Technisch-physikalische Aufgaben

Beispiel:

Sie sehen drei Gewichte, die an einer Art Flaschenzug befestigt sind. Welches von diesen drei Gewichten kann man mit der geringsten Kraftanstrengung heben (A, B oder C)?

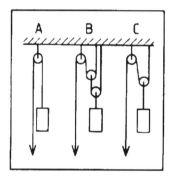

Lösung: B

Für die folgenden 20 Aufgaben haben Sie 10 Min. Zeit.

Noch ein Hinweis: Im Gegensatz zur sonst üblichen Praxis können falsche Lösungen mit Minuspunkten bestraft werden – also Vorsicht beim Raten.

Bitte arbeiten Sie auf der nächsten Seite weiter

Technisch-physikalische Aufgaben

1 Wie leeren Sie die rechte Füllanzeige?
a) Ventil 1 und 2 werden geschlossen, Ventil 3 geöffnet
b) Ventil 2 wird geschlossen, Ventil 1 und 3 geöffnet
c) Alle Ventile werden geöffnet.

2 Welches der Räder A, B, C oder D dreht sich am langsamsten?

3 Bewegt sie sich, die Kiste, oder nicht – das ist hier die Frage. Und wenn ja, in welche Richtung?
a) Richtung A
b) Richtung B
c) Sie bewegt sich nicht.

4 Drei Dosen müssen Wasser lassen. Aus welchem Schlauch welcher Dose tritt das Wasser mit dem stärksten Druck heraus?
a) Dose A
b) Dose B
c) Dose C
d) Der Druck ist gleich stark.

Bitte arbeiten Sie auf der nächsten Seite weiter

5 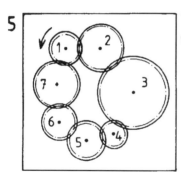 Welche der Zahnräder drehen sich in die gleiche Richtung wie das Zahnrad 1?
a) 6 und 4
b) 3 und 5
c) 1 und 6
d) Die Zahnräder drehen sich überhaupt nicht.

6 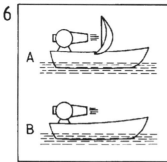 Welches der beiden Boote fährt vorwärts?
a) A
b) B
c) Keins fährt vorwärts.

7 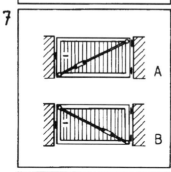 Welche der beiden Spannvorrichtungen ist zweckmäßiger?
a) A
b) B
c) Beide gleich

8 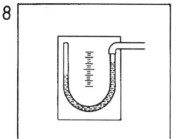 Was zeigt das U-Rohr an?
a) Unterdruck
b) Überdruck
c) ein Vakuum

Bitte arbeiten Sie auf der nächsten Seite weiter

Technisch-physikalische Aufgaben 253

9 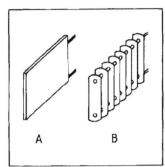 Von welchem der beiden Heizkörper wird mehr Wärme abgegeben?
a) Heizkörper A
b) Heizkörper B
c) beide gleich

10 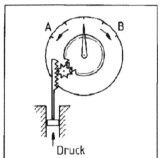 Wenn sich der Druck erhöht, bewegt sich der Zeiger in welche Richtung?
a) Richtung A
b) Richtung B
c) weder noch

11 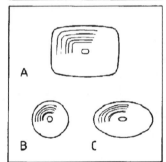 Sie sehen drei verschiedene Lautsprecher. Welcher eignet sich am besten zum Übertragen von tiefen Tönen?
a) Modell A
b) Modell B
c) Modell C

12 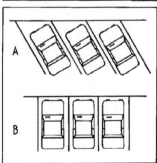 Welche Anordnung von Parkmöglichkeiten ist auf einer Länge von 100 Metern platzsparender?
a) A
b) B
c) beide gleich

Bitte arbeiten Sie auf der nächsten Seite weiter

13 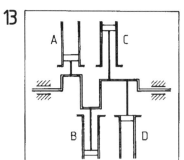 Eine Kolbenstellung ist falsch gezeichnet. Welche?
a) A
b) B
c) C
d) D

14 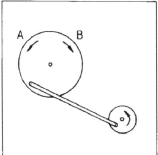 Wenn sich das kleine Rad in Pfeilrichtung dreht, bewegt es das große…
a) in Richtung A
b) in Richtung B
c) hin und her

15 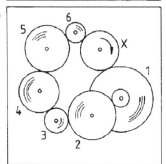 Welche Antriebsräder drehen sich in dieselbe Richtung wie X?
a) 1 und 2
b) 3 und 4
c) 3 und 6
d) Die Zahnräder können sich nicht drehen.

16 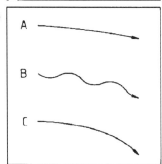 Ein Modell-Segelflugzeug ist schwanzlastig. Wie ist seine Flugbahn?
a) A
b) B
c) C

Bitte arbeiten Sie auf der nächsten Seite weiter

Technisch-physikalische Aufgaben

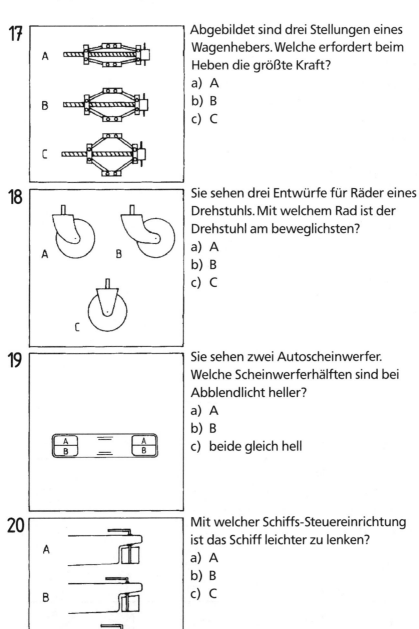

17 Abgebildet sind drei Stellungen eines Wagenhebers. Welche erfordert beim Heben die größte Kraft?
a) A
b) B
c) C

18 Sie sehen drei Entwürfe für Räder eines Drehstuhls. Mit welchem Rad ist der Drehstuhl am beweglichsten?
a) A
b) B
c) C

19 Sie sehen zwei Autoscheinwerfer. Welche Scheinwerferhälften sind bei Abblendlicht heller?
a) A
b) B
c) beide gleich hell

20 Mit welcher Schiffs-Steuereinrichtung ist das Schiff leichter zu lenken?
a) A
b) B
c) C

Stop. Hier endet diese Aufgabe

Räumliches Vorstellungsvermögen

In diesem Abschnitt geht es um Ihre Fähigkeit, sich Formen und komplexe Bewegungsabläufe im Raum aufgrund von schriftlichen Darstellungen bzw. zweidimensionalen Zeichnungen vorstellen und analysieren zu können. Manche Aufgaben gehen fast schon in Richtung technisches Verständnis.

1. Spiegelbilder
Die folgenden Figuren lassen sich durch einfaches Verschieben zur Deckung bringen – bis auf eine. Diese muß man erst umklappen, bis auch sie durch Verschieben zur Deckung mit den anderen Figuren gebracht werden kann. Welche Figur das ist, sollen Sie herausfinden.

1. Beispiel

A   B   C   D   E   F

Lösung: C

2. Beispiel

A   B   C   D   E   F

Lösung: B

3. Beispiel:

A   B   C   D   E   F

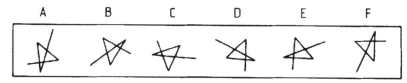

Lösung: E
Für die folgenden 50 Aufgaben haben Sie 20 Min. Zeit.

Bitte arbeiten Sie auf der nächsten Seite weiter

1. Spiegelbilder

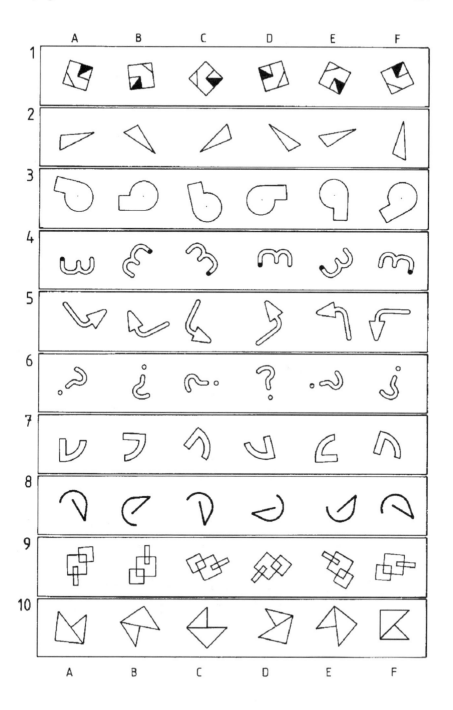

Bitte arbeiten Sie auf der nächsten Seite weiter

258 Praktisch-technische Intelligenz

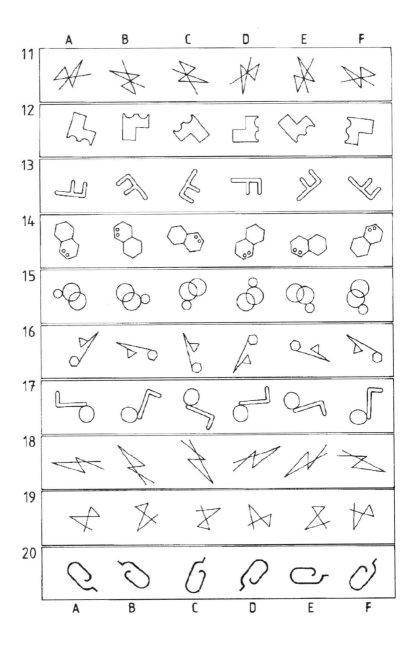

1. Spiegelbilder

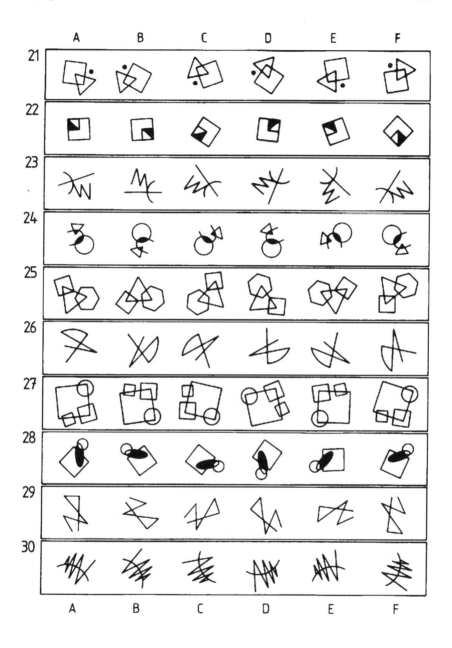

260 Praktisch-technische Intelligenz

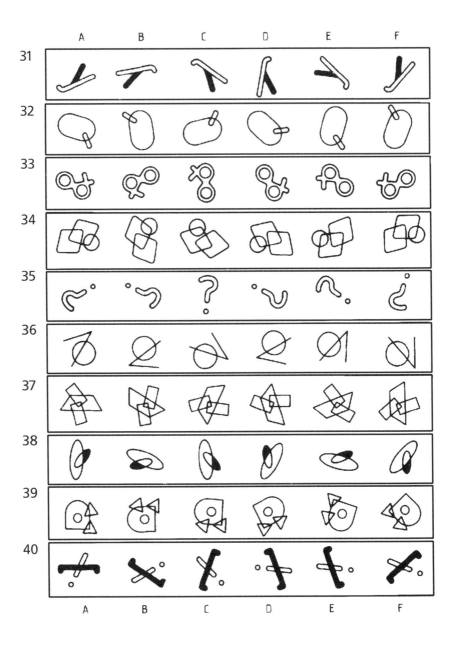

Bitte arbeiten Sie auf der nächsten Seite weiter

1. Aufgabe: Spiegelbilder

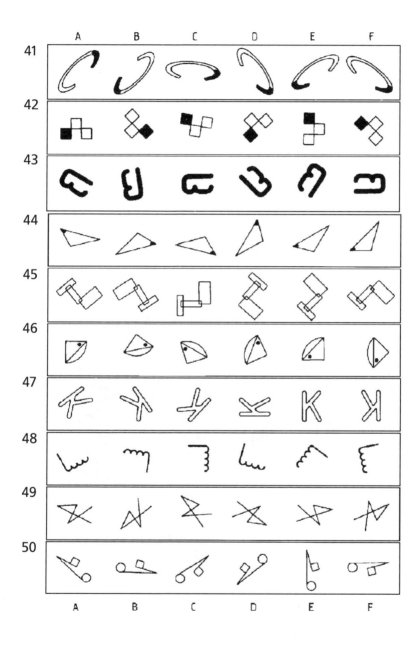

Stop. Hier endet diese Aufgabe

2. Abwicklungen

Auch wenn Ihnen dieses Wort schon einmal in einem anderen Zusammenhang untergekommen ist, hier geht es um Fragen wie: Welcher der vier links dargestellten Körper kann aus der Faltvorlage rechts gebildet werden? Die Faltvorlage stellt immer die Außenseite des Körpers dar.

1. Beispiel:

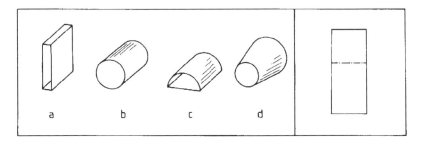

Lösung: c

2. Beispiel:

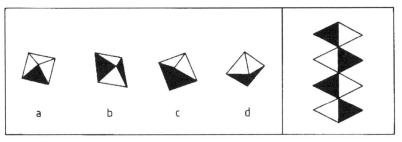

Lösung: b

Für die folgenden 20 Aufgaben haben Sie 10 Min. Zeit.

Bitte arbeiten Sie auf der nächsten Seite weiter

2. Abwicklungen

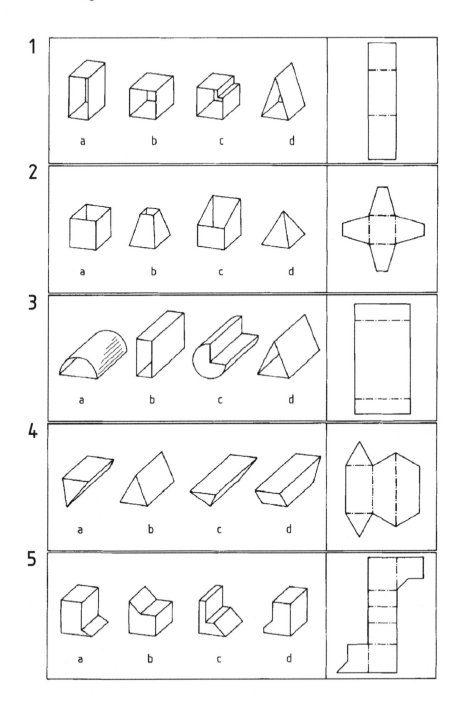

Bitte arbeiten Sie auf der nächsten Seite weiter

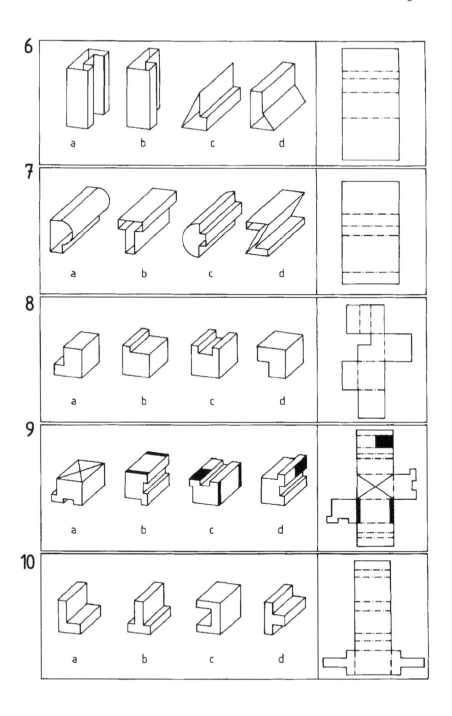

2. Abwicklungen

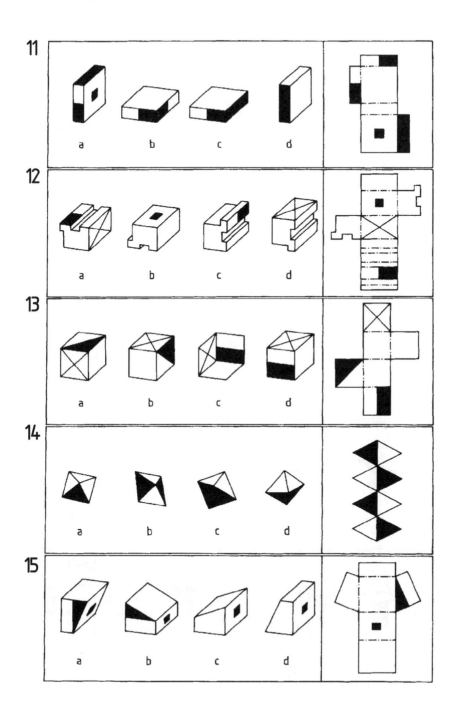

Bitte arbeiten Sie auf der nächsten Seite weiter

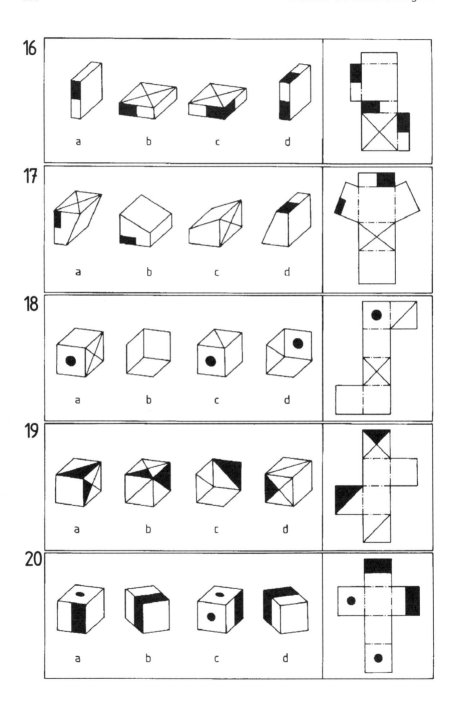

3. Würfel

Ihnen werden 4 Musterwürfel vorgegeben (a, b, c, d). Auf jedem sind sechs verschiedene Zeichen, drei davon können Sie sehen. Finden Sie heraus, welcher Musterwürfel a–d sich in den Aufgabenwürfeln versteckt. Hierzu Beispiele:

Beispiel:

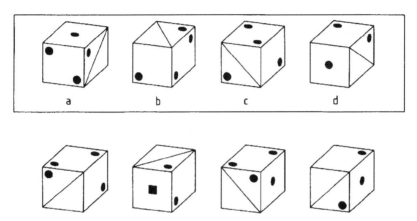

Lösungen (von links nach rechts): b, d, a, c.

Der erste Würfel (links) ist der Musterwürfel a, weil dieser nach links gedreht wurde und nach vorne gekippt.
Bitte beachten Sie, daß der Würfel gedreht oder gekippt, aber auch gedreht und gekippt sein kann. Dabei kann auch maximal ein neues Zeichen (eine neue Seite) bei den Musterwürfeln sichtbar werden. Beachten Sie weiterhin, daß es sich um 4 verschiedene Würfel handelt, auch wenn die Musterwürfel zum Teil gleiche Zeichen / Symbole tragen. Der letzte Teil der Aufgabe hat 5 verschiedene Musterwürfel (a–e).

Für die folgenden 31 Aufgaben haben Sie 20 Min. Zeit.

Bitte arbeiten Sie auf der nächsten Seite weiter

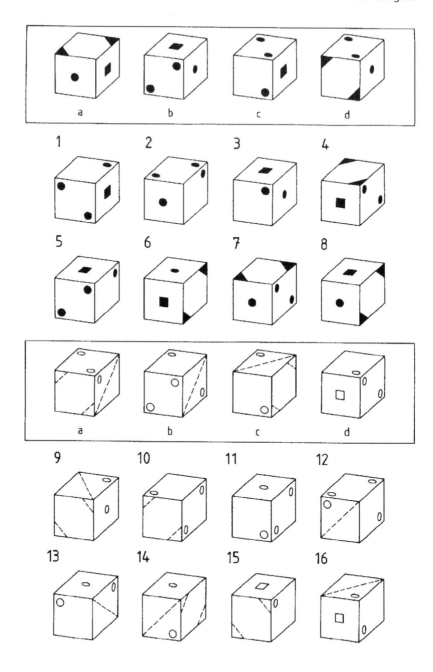

3. Aufgabe: Würfel

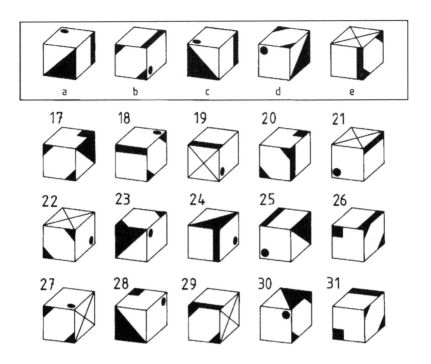

Stop. Hier endet diese Aufgabe

Intelligenz ist die Fähigkeit,
seine Umwelt zu akzeptieren.

William Faulkner

Leistungs-Konzentrations-Tests

In zahlreichen Einstellungstests und Personalausleseverfahren werden Testaufgaben zur Überprüfung der Konzentrationsfähigkeit und des allgemeinen Leistungs- und Arbeitsverhaltens eingesetzt.

Zu schön, um wahr zu sein, wenn man Bewerbern eine Arbeitsaufgabe vorlegen könnte und ihnen beim Lösen – möglichst nicht länger als 30, maximal 60 Minuten – quasi über die Schulter schaut, um daraus zuverlässig vorhersagen zu können: Dieser Bewerber kann gut, schnell und konzentriert arbeiten.

Dieser Wunsch ist verständlich, aber deshalb nicht weniger unmöglich. Es ist unrealistisch, aus einem Arbeitsproben-Miniausschnitt Rückschlüsse auf das Lern- und Arbeitsverhalten ganz allgemein ziehen zu können. Und dennoch: So leicht lassen sich diese Testaufgaben trotz aller Vorbehalte nicht vom Tisch wischen. Hier geht es um das Konzentrations-Leistungs-Vermögen, Ihre Ausdauer und Belastbarkeit, um Ihren Sinn für Ordnung und Sorgfalt und um die Fähigkeit, sich die Arbeit gut zu organisieren.

Nach unserem Motto »Wissen, was alles auf einen zukommen kann und worauf es wirklich ankommt« möchten wir Ihnen hier die gängigsten Verfahren ausführlicher vorstellen und damit eine konkrete Übungsmöglichkeit anbieten. Wieder einmal gilt: Übung macht den Meister.

1. Der Zwei-d/bq-Test

Bei den nun folgenden 30 Buchstabenreihen müssen alle d's, die durch insgesamt zwei Striche gekennzeichnet sind, markiert werden. Dabei handelt es sich um folgende d's:

```
  "  |
  d  d  d
  |  "
```

d's, die mehr oder weniger als zwei Striche haben (oben/unten), dürfen nicht markiert werden, ebensowenig wie b's und q's.

Für die folgenden 30 Zeilen haben Sie 8 Minuten Zeit. Bitte notieren Sie nach Testdurchführung am Zeilenrand jeweils die Anzahl der markierten d's.

Bitte arbeiten Sie auf der nächsten Seite weiter

1. d b q d q d q d q b b b d b d b d b d b d b d b d b d
2. b q d q d q d q d q d q b d d d d d b d d d d d d d b q
3. d d d d d q d b q d d d d d d d b q d b q d d d d d d d
4. d d d d q d q d q d d d d b b d b d b q d b q d b d d b
5. b d d d q q d d d d d b d d d d d d d d b d b d b d q q
6. b d b d b d b d q d q d q b d b d d d d b d b d b d b q d
7. b d b d b d b d b d b d b b d d d b d b d b d b d b d q d
8. q d q d q d b d q d q d q d b d q d q d q d d d d b d q d
9. d b q d q d q d q b b b d b d b d b d b d b d b d b d
10. b q d q d q d q d q d q b d d d d d b d d d d d d d b q
11. d d d d d q d b q d d d d d d d b q d b q d d d d d d d
12. d d d d q d q d q d d d d b b d b d b q d b q d b d d b
13. b d d d q q d d d d d b d d d d d d d d b d b d b d q q
14. b d b d b d b d q d q d q b d b d d d d b d b d b d b q d
15. b d b d b d b d b d b d b b d d d b d b d b d b d b d q d

Bitte arbeiten Sie auf der nächsten Seite weiter

1. Der Zwei-d/bq-Test

16. b b d d q d d d q b b b d b d b d b d b d b d b d b d
17. q d d b d q d q d q d q b d d d d b d d d d d d d b q
18. b q d d b q d b q d d d d d d b q d b q d d d d d d d
19. q d q b q d b d d d d d d b b d b d b q d b q d b d d b
20. q d d d q q d d d d b d d d d d d d d b d b d b d q q
21. q d b d q d b d q d q d q b d b d d d d b d b d b d q d
22. q d d d b d b d b d b d b b d d d b d b d b d b d b d q d
23. b d b d q d b d q d q d q d b d q d q d q d d d d b d q d
24. b q d d q d q d q b b b d b d b d b d b d b d b d b d
25. q d b q d q d q d q d q b d d d d d b d d d d d d d b q
26. q b d d b q d b q d d d d d d d b q d b q d d d d d d d d
27. d d d d q d q d q d d d d d b b d b d b q d b q d b d d b
28. q d d d q q d d d d d b d d d d d d d d b d b d b d q q
29. q d q d b d b d q d q d q b d b d d d d b d b d b d b q d
30. q d q d b d b d b d b d b b d d d b d b d b d b d b d q d

Stop. Hier endet diese Aufgabe

2. Rechen-Konzentrations-Leistungs-Test

Diese Aufgaben sind nach folgendem System zu lösen:

Die obere Zeile wird zuerst ausgerechnet. Das Ergebnis darf nicht aufgeschrieben werden, sondern muß »im Kopf behalten« werden. Nun ist die untere Zeile dran. Auch hier das Ergebnis ausrechnen und merken. Jetzt gilt folgende Regel: Stets ist die kleinere Zahl von der größeren abzuziehen, und nur dieses Ergebnis ist neben der Aufgabe zu notieren. Es dürfen keine Nebenrechnungen aufgeschrieben oder sonst irgendwelche Notizen gemacht werden.

1. Beispiel:

8 + 2 − 4
7 − 5 + 2   Ergebnis: 2

Obere Zeile: Ergebnis 6
Untere Zeile: Ergebnis 4

6 − 4 = 2   Nur die 2 darf als Lösung hingeschrieben werden.

2. Beispiel:

5 − 4 + 1
9 + 6 − 7   Ergebnis: 6

Obere Zeile: Ergebnis 2
Untere Zeile: Ergebnis 8

8 − 2 = 6   Nur die 6 darf als Lösung hingeschrieben werden.

Da 2 − 8 ein negatives Ergebnis zur Folge hätte, müssen die beiden Zahlen vertauscht werden.

Für die folgenden 26 Aufgaben haben Sie 5 Min. Zeit. In der Testrealität erwarten Sie weit über 200 Aufgaben dieses Typs mit einer Bearbeitungszeit von etwa 30–45 Minuten.

Bitte arbeiten Sie auf der nächsten Seite weiter

2. Rechen-Konzentrations-Leistungs-Test

A 5 + 7 − 4
   8 − 5 + 3

B 9 + 6 − 4
   2 + 9 + 2

C 4 − 3 + 5
   8 − 2 − 5

D 2 + 8 − 7
   6 − 5 + 9

E 8 − 3 + 7
   9 − 5 + 3

F 8 − 6 + 5
   4 + 9 − 7

G 8 + 4 − 9
   3 + 8 − 5

H 9 − 5 + 7
   4 + 3 + 6

I 2 + 7 + 9
   9 − 3 − 4

J 7 + 9 − 3
   8 − 5 + 3

K 2 + 7 − 4
   6 + 3 − 2

L 8 + 6 − 4
   7 − 5 + 7

M 2 + 6 + 7
   5 − 3 + 7

N 9 − 7 + 8
   4 + 9 − 2

O 5 − 2 + 9
   4 + 8 + 6

P 2 + 5 − 4
   4 + 7 − 9

Q 4 + 5 + 2
   8 − 6 + 9

R 4 + 8 + 6
   7 − 9 + 8

S 6 + 8 + 7
   2 + 4 − 6

T 4 − 3 + 6
   5 + 7 − 3

U 5 − 2 + 8
   7 + 9 − 6

V 4 + 6 + 5
   5 − 3 + 7

W 7 + 6 + 3
   8 − 7 + 9

X 5 + 9 − 4
   6 − 2 + 8

Y 7 − 3 + 8
   9 − 5 + 3

Z 5 + 2 + 7
   6 − 4 + 8

Nach dieser Rechenoperation beginnen Sie bitte mit folgender Variante von vorn:
Ist das Ergebnis der oberen Zeile größer als das der unteren, müssen Sie jetzt das Ergebnis der unteren Zeile von dem der oberen abziehen (wie gehabt). Ist das Ergebnis der oberen Zeile kleiner oder gleich dem Ergebnis der unteren Zeile, müssen Sie es dazuzählen.

Diese Variante schafft Ihnen nochmals 26 neue Aufgaben, für die Sie wieder 5 Min. Zeit haben.

Stop. Hier endet diese Aufgabe

3. Summa summarum

Jetzt geht es um die Überprüfung der Richtigkeit von Additionen. Sie sollen vier zweistellige Zahlen jeweils von links nach rechts in der Zeile addieren und das Ergebnis, das am Rand notiert ist, überprüfen sowie von oben nach unten beide Zahlen addieren und das vorliegende Ergebnis wiederum überprüfen. Sind alle Zahlen richtig addiert, können Sie die Aufgabe abhaken. Falsche Ergebnisse sind durchzustreichen.

Beispiele: 15   23 = 38
            27   48 = 75
            42   71   Alle Additionen sind richtig.

            69   20 = 75
            21   56 = 77
            90   66   Die Ergebnisse 75 und 66 sind durchzustreichen.

Für die folgenden 10 Aufgaben haben Sie 3 Min. Zeit.

A 22   44 = 66   E 13   33 = 46   I 41   12 = 43
   19   47 = 65   25   41 = 66   14   21 = 35
   43   91   38   74   55   32

B 34   61 = 95   F 51   9 = 70   J 67   13 = 80
   18   44 = 61   22   47 = 69   51   43 = 93
   52 104   83   56   127   56

C   9   82 = 91   G 92   4 = 96
   28   29 = 59   7   63 = 80
   47 111   98   67

D 33   44 = 67   H 29   11 = 50
   66   26 = 92   30   37 = 67
   99   70   59   49

Stop. Hier endet diese Aufgabe

4. Kettenaufgaben

Man muß vielleicht sogar froh sein, daß diese Kettenaufgaben nicht lediglich mündlich angesagt, sondern immerhin schriftlich gegeben werden. Für 5 Aufgaben (A–E) haben Sie 10 Min. Zeit (Achtung: Hier gilt nicht »Punktrechnung vor Strichrechnung«):

A $2 \times 5 + 2 : 6 + 4 \times 5 + 6 : 6 + 4 \times 5 : 2 - 5 : 4 - 4 \times 9 + 1 =$

B $8 - 4 \times 2 : 4 + 9 \times 5 : 5 + 4 - 5 : 2 - 4 \times 8 + 2 \times 7 + 4 : 2 =$

C $2 \times 4 - 5 + 3 \times 6 + 4 - 5 : 7 \times 5 + 5 \times 2 : 6 \times 5 : 2 + 7 - 8 =$

D $9 - 6 + 2 \times 7 : 5 + 3 \times 7 : 7 - 2 \times 3 + 6 \times 4 - 9 + 2 + 2 - 6 =$

E $4 \times 5 : 4 + 5 \times 4 - 3 \times 3 - 1 : 2 - 8 + 3 - 9 \times 2 - 1 : 9 + 1 =$

5. Zahlensuche

Bei dieser Aufgabe geht es darum, alle (aus zwei Zeilen bestehenden) Zahlenblöcke herauszusuchen, die folgende Bedingungen erfüllen:

obere Zeile von 0,1600 bis 0,3350,
untere Zeile > 240.

Beispiel:

A	B	C	D	E	F	G
0,1434	2,4773	0,5540	0,8555	0,2156	0,2320	3,1843
(131)	(140)	(245)	(222)	(450)	(231)	(220)

Lösung: E

Die Lösungen sind entsprechend der Position in das Lösungsschema einzutragen.

Für 20 Aufgaben haben Sie 5 Min. Zeit.

Bitte arbeiten Sie auf der nächsten Seite weiter

	A	B	C	D	E	F	G
1	0,1124 (243)	1,2260 (134)	0,8920 (326)	0,2572 (673)	1,1502 (215)	0,7221 (451)	9,6600 (534)
2	1,1576 (345)	0,2456 (267)	0,3051 (904)	0,1050 (762)	0,8060 (267)	0,4562 (156)	0,8742 (450)
3	0,1995 (135)	0,2950 (945)	0,2456 (456)	0,1670 (229)	0,2458 (192)	0,5470 (235)	0,2245 (210)
4	0,4672 (256)	0,2178 (230)	0,1645 (674)	0,1296 (236)	0,6281 (456)	0,7239 (330)	0,2980 (506)
5	0,2113 (845)	0,1565 (103)	1,1452 (506)	0,1672 (220)	0,1990 (206)	0,2147 (298)	0,2001 (245)
6	0,1750 (556)	0,7810 (348)	0,3450 (453)	0,1240 (249)	0,2361 (335)	0,6712 (863)	0,1265 (437)
7	0,1602 (215)	0,1279 (349)	0,2107 (317)	0,1456 (268)	0,1562 (654)	0,1376 (159)	0,7619 (560)
8	0,2789 (229)	0,5623 (658)	0,2935 (123)	0,3250 (569)	0,3103 (437)	0,2956 (216)	0,3345 (231)
9	0,3859 (299)	0,2217 (115)	1,1355 (564)	0,2459 (209)	0,3102 (158)	0,1925 (211)	0,2376 (391)
10	0,2568 (075)	0,3127 (213)	0,2547 (192)	0,1934 (298)	3,2458 (545)	1,2983 (875)	0,2884 (739)
11	0,1995 (135)	0,2950 (945)	0,2456 (456)	0,1670 (229)	0,2458 (192)	0,5470 (235)	0,2245 (210)
12	0,4672 (256)	0,2178 (230)	0,1645 (674)	0,1296 (236)	0,6281 (456)	0,7239 (330)	0,2980 (506)
13	0,2003 (845)	0,1560 (103)	0,1452 (506)	0,1672 (220)	0,1990 (206)	0,2147 (298)	0,2001 (245)
14	0,1750 (556)	0,7810 (348)	0,3450 (453)	0,1240 (249)	0,2361 (335)	0,6712 (863)	0,1265 (437)
15	0,1708 (125)	0,1279 (349)	0,2107 (317)	0,1456 (268)	0,1562 (654)	0,1376 (159)	0,7619 (560)
16	0,2789 (229)	0,5623 (658)	0,2935 (123)	0,3250 (569)	0,3103 (437)	0,2956 (216)	0,3345 (231)
17	0,3456 (298)	0,3210 (215)	1,2354 (514)	0,2557 (219)	0,3232 (168)	0,1445 (215)	0,2571 (341)
18	0,2568 (175)	0,3127 (213)	0,2547 (192)	0,1934 (298)	3,2458 (545)	1,2983 (875)	0,2884 (739)
19	0,1111 (240)	2,7878 (239)	1,7878 (676)	0,0001 (141)	0,2121 (889)	0,8988 (545)	0,1454 (666)
20	0,1711 (241)	3,7878 (229)	0,7878 (626)	1,0001 (121)	2,2121 (882)	0,8288 (525)	0,1464 (666)

Bitte arbeiten Sie auf der nächsten Seite weiter

5. Zahlensuche

	A	B	C	D	E	F	G
Beisp.	O	O	O	O	⊗	O	O
1	O	O	O	O	O	O	O
2	O	O	O	O	O	O	O
3	O	O	O	O	O	O	O
4	O	O	O	O	O	O	O
5	O	O	O	O	O	O	O
6	O	O	O	O	O	O	O
7	O	O	O	O	O	O	O
8	O	O	O	O	O	O	O
9	O	O	O	O	O	O	O
10	O	O	O	O	O	O	O
11	O	O	O	O	O	O	O
12	O	O	O	O	O	O	O
13	O	O	O	O	O	O	O
14	O	O	O	O	O	O	O
15	O	O	O	O	O	O	O
16	O	O	O	O	O	O	O
17	O	O	O	O	O	O	O
18	O	O	O	O	O	O	O
19	O	O	O	O	O	O	O
20	O	O	O	O	O	O	O

Stop. Hier endet diese Aufgabe

6. Zahlen-/Buchstaben-Tabelle

Hier geht es um die Koordination von Zahlen und Buchstaben. Bei einigen Arbeitgebern wird diese Art von Aufgaben auch mündlich oder vom Tonband veranstaltet.

	AJKL	VWXB	ZCHM	GFDR	YSTQ	IOPN
1	6542	2324	7890	6589	4354	4652
2	4454	1234	8890	9058	3452	5895
3	4763	4783	1795	1919	1831	3675
4	0945	4316	0278	7865	5895	4278
5	7453	7541	4570	4793	4810	5335
6	0321	6792	6490	4745	8978	2893
7	1235	8659	1234	2639	4532	1985
8	6643	9836	2179	9999	4527	3456
9	0934	3543	6378	1891	1903	3654
10	5184	2724	7870	6579	4854	2975
11	4454	1234	8890	9058	3452	2653
12	4663	4383	1793	1913	1331	3967
13	0945	4316	0278	7865	5895	6745
14	7453	7541	4570	4793	4810	0876
15	0321	6792	6490	4745	8978	2590
16	1235	8659	1234	2639	4532	5784
17	6643	9836	2179	9999	4527	2678
18	0934	3543	6378	1891	1903	1456
19	5224	2324	7890	6589	4354	3789
20	1235	8659	1234	2639	4532	4567

Aufgabe z. B.: Welche Zahl ist für 1A einzusetzen? (Lösung: 6) Für die folgenden 60 Aufgaben haben Sie 10 Min. Zeit.

1K = 4	1H =	5X =	C5 =	A7 =	O2 =
1V = 2	3K =	9Z =	X9 =	W8 =	N12 =
2M = ?	L5 =	Z19 =	B5 =	4H =	L1 =
12Z =	19H =	5L =	J7 =	C1 =	I18 =
8R =	M20=	13S =	2N =	4Q =	P20 =
6G =	3F =	3R =	14Y =	2T =	L17 =
18C =	4D =	3X =	5Y =	1Q =	V13 =
13J =	4B =	5R =	9S =	G8 =	B2 =
5J =	3W =	4L =	7Q =	13K =	Z11 =
5T =	8R =	17X =	9D =	1Y =	I4 =

Stop. Hier endet diese Aufgabe

7. Buchstaben/Zahlen

Ähnlich ist die folgende Aufgabe. Vorgegeben sind Buchstaben- und Zahlenkombinationen:

C	I	G	J	A	T	H	L	B	Y	P	alle anderen Buchstaben
4	1	5	0	3	2	8	6	8	9	7	X

Bitte schreiben Sie unter die folgenden Buchstabenreihen die entsprechenden Zahlen. Für diese Aufgabenreihen haben Sie 3 Min. Zeit (Tip: nach diesem Muster eigene zusätzliche Übungsbeispiele basteln).

A U G K L T Z C F J B E P T B V X Y M T
3 X 5 X 6 ...

1) L K C M P D P N J O B M F D T R Z A L N

2) H Z R D V J O P S E J L B C M H O U R W

3) J O P T Z E R W A D C X Y B G I K O P D

4) L K H G F D S A Q W E R T Z U I O P K B

Stop. Hier endet diese Aufgabe

8. Buchstaben einkreisen

Hier besteht Ihre Aufgabe darin, in einer Reihe vorgegebener Buchstaben alle Buchstabenkombinationen einzukreisen, die aus drei im Alphabet unmittelbar aufeinanderfolgenden Buchstaben bestehen, z. B. so:

g j (g h i) k m a b d r z (u v w) (c d e) k l i v b

Für 10 Zeilen haben Sie 3 Min. Zeit. Bitte notieren Sie hinter jeder Zeile die Anzahl der gefundenen Dreierkombinationen.

1) u g k l o b u s o j e c d e k p d e g k a q r n m g d b f n m

2) a b k n x y h j f a b c l b v c x g h l n l f l m x a x e r z

3) t h k l u i r s e f j a b i p k o m b c g h i j r d c d s z z

4) k l m g f d e r s j o l b c a b x c x v x s x y b k u b u m u

5) h i j g d r t u c f c d e t n k l p q d r d t d u d b d e c m

6) s f j t z h u j i k o l z h k g g b f v d c s x a y j m h n g

7) y d x y h t g b d v c h i j k l o i u z t r e d s t z u i o p

8) l h k l u i r s e c d a b h r k o m b c g h i j r d c d s z z

9) a b m g f d e r s j o l b c a b x c x v x s x y b k u b u m u

10) d m o g d r t u c f c d e t n k l p q d r d t d u d b d e c m

Aufgabenvariante: Lediglich zwei aufeinanderfolgende Buchstaben müssen identifiziert werden.

Stop. Hier endet diese Aufgabe

9. Zahlen verbinden

9. Zahlen verbinden
Versuchen Sie, in 30 Sekunden bei 1 beginnend so viele Zahlen wie möglich in der richtigen Reihenfolge (bis 30) zu verbinden. Fangen Sie mit dem Zahlenfeld A an:

A

```
              7      17              6
                 5                          19
          4          3   18
     16                            26
     8          2  10                       20
         25            1   11
                    9                       27
                28         30 21
         15                              24   12
     22                        13
                       23           29
                14
```

B

```
              7      17       20    6
                 16  5                    3   19
          4             18
                                  2    26
     8        22  10                          27
         25           1   11
                    9
                 28       30       13  21
     15                                    24
                    14
                                       29        12
     23
```

C

```
     5        7      17                         6
                           26               19
                              18      4
                      10                  20   24
                 8           1    11
         16              25
                    28  9        30 21              12
              15                          27
     22                 2            3          13
                                        29           23
                 14
```

Stop. Hier endet diese Aufgabe

10. Beobachten

Schauen Sie sich bitte die folgenden drei Beispielaufgaben mit jeweils drei Gesichtern genau an. Zwei der drei Gesichter sind gleich, das dritte unterscheidet sich von den beiden anderen deutlich.

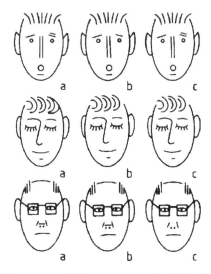

Lösungen: b (Augenbraue), a (Haar), c (Nase).

Beachten Sie bitte, daß das gesuchte Gesicht sich von den anderen beiden deutlich unterscheiden muß. Etwas wurde verändert, hinzugefügt oder weggelassen. Minimale Unterschiede in der Zeichnung (z. B. Strichlänge oder Form) haben keine Bedeutung.

Für die folgenden 80 Aufgaben haben Sie 12 Min. Zeit.

Bitte arbeiten Sie auf der nächsten Seite weiter

10. Beobachten

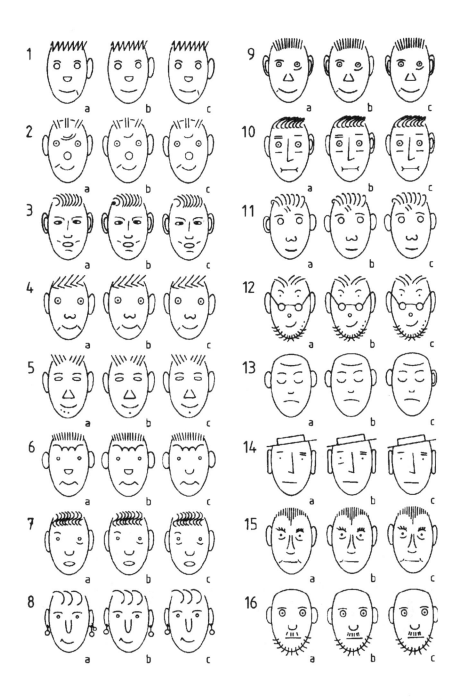

Bitte arbeiten Sie auf der nächsten Seite weiter

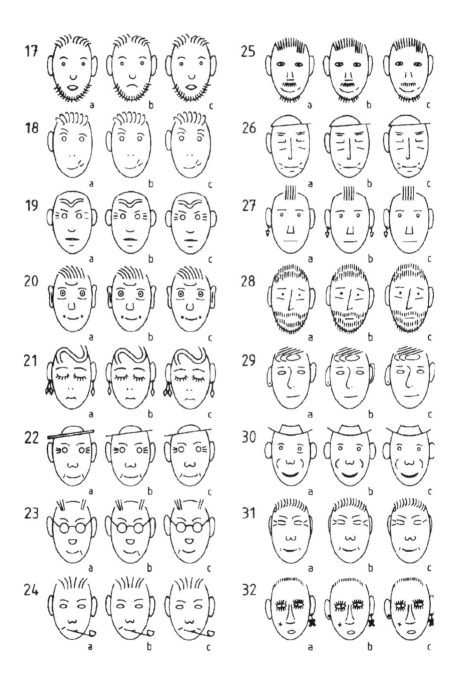

Bitte arbeiten Sie auf der nächsten Seite weiter

10. Beobachten

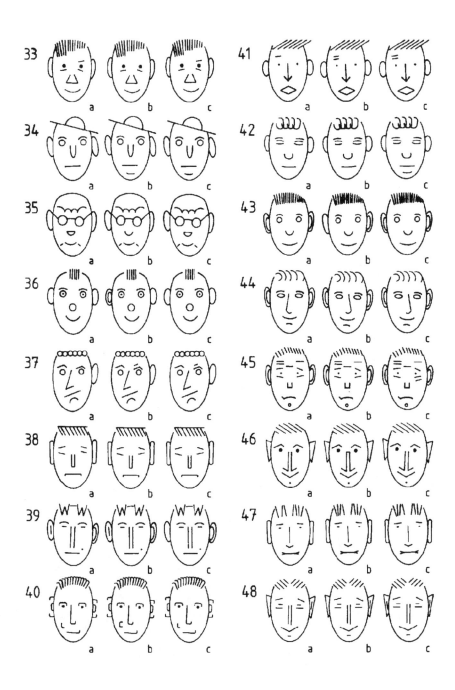

Bitte arbeiten Sie auf der nächsten Seite weiter

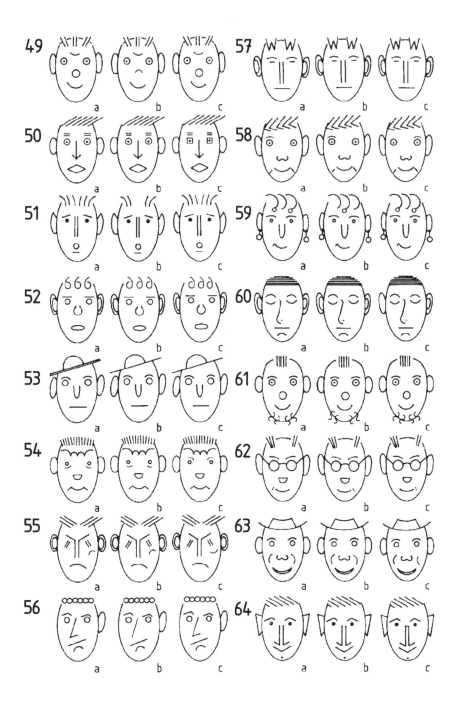

Bitte arbeiten Sie auf der nächsten Seite weiter

10. Beobachten

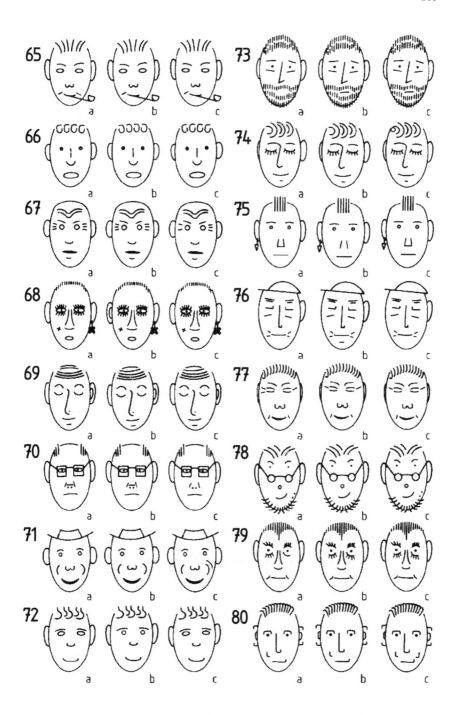

Stop. Hier endet diese Aufgabe

Gelassenheit ist die angenehmste Form des Selbstbewußtseins.

Marie von Ebner-Eschenbach

11. Adressen-Überprüfung

Ihnen wird eine Original-Adressenliste und deren Abschrift vorgelegt. Ihre Aufgabe ist es, die Abschrift mit dem Original zu vergleichen. Alle Fehler sind zu unterstreichen und pro Abschriftzeile insgesamt auszuzählen.

Beispiel:

Original

1. Christof Müller   10020   Berlin, Im Rait 2   T: 89 76 56
2. Sybille Schwarz   80000   München, Sonnentau 10   T: 54 54 67

Abschrift   Fehler:

1. Christof Möller   10020   Berlin, Im Reit 2   T: 89 76 56   2
2. Sybille Schwarz   80000   München, Sonnentau 11   T: 54 54 68   2

Für die folgende Adressenliste haben Sie 10 Minuten Zeit.

Bitte arbeiten Sie auf der nächsten Seite weiter

Original

Name	PLZ	Adresse	Telefon
Franz Bekkenbauers	67430	Bayerndorf 1, Ballplatz 175 A	T: 1234567
Jeremias Gotthilf	56340	Schleusendorf 2, Käferring 4	T: 036 6745
Egon Groschenbügel	32450	Narrenheim 15, Budikerring 12c	T: 98678
Schlosserei Skiele	23500	Berndow 7, Monumentenstr. 3	T: 035 2788
Wäscherei Weiß	77000	Miendorf 4, Döllersweg 25 d	T: 086 67 56
Anita G. Pranglie	89500	Karlshorst 3, Wegschneiderstr. 2	T: 8645
Sabine K. Horney	34200	Magdeburg 23, Heinzenhuber Weg 5	T: 9067
Bäckerei Schnelle	35620	Gießen 45, Hahnkampweg 286 f	T: 023 56 71
Gernot F. Browney	65000	Sydow, Am Marktplatz 33	T: 034 56 99 00
Sonja S. Müllers	90560	Müllershausen, Waldstr. 5	T: 90 1568 67
Petra Schnellenbach	76500	Meinheim 45, Friedsaalstr. 5	T: 389 89 0
Fa. K. B. Vautenloh	34000	Sülze 2, Heißenstr. 163	T: 876 54 96 23
Fa. Max Kühlenbrot	12300	Bachelach, Heilsbrunnen 34	T: 457 23 13
Franz Mainzbergs	77670	Nymphenburg 4, Herrmanstr. 1 b	T: 12 32 14
Fa. Heinz Brinkmann	56390	Jellingsdorf 23, Hamstr. 34	T: 56 37 28
Manfred H. C. Börner	75610	Hexenfurth 2, Bahnhofsstr. 34	T: 081 891
Gustav Gründermann	10000	Berlin 41, Calvinstr. 29	T: 0301 25 67 7
Dr. Grnot H. Binder	10000	Berlin 44, Robert Lück Weg 54	T: 231 56
Prof. Dr. H. Siebel	10020	Berlin 894, Kellerweg 361	T: 123 334 34
Hannemann AG Neuß	54020	Neuß 2, Am Hamelbruch 23	T: 4334 562 34
Fa. S. Kulperts	89000	Bellen 3, Kruppstr. 144	T: 023 45 76 12
Prof. Hennigsstein	98980	Nenn 1, Innerer Weg 21 c	T: 675 65 76 59
Harald Landsert	88100	Bremenau 56, Weißstr. 59	T: 012 45 76 65
Dr. Heinz P. Knall	67000	Brenner 1, Knießstr. 651 h	T: 03 76 98 89
Kaiser & Sohn	66650	Hahnendorf 4, Bachgasse 44	T: 112 563 76
Dr. Alt & Partner	81210	Keulenbach 3, Am Feldrand 23	T: 98 98 1
Postspar e.V.	27560	Oldenbourg 12, Feldsweg 114 d	T: 089 38 4
Tierschutz Verein	76200	Bad Gastein 4, Heinzelstr. 6	T: 076 23 1
Lampenschirm GmbH	55780	St. Gallen 32, Am Stoppeln 5	T: 097 14 8
Fa. Kohl & Partner	76500	Bad Luisenau 2, Hertzstr. 30	T: 935 36 9
Fa. S. Lottenow	24700	Wienbad 4, Maienberger Str. 40	T: 789 894
Hans Dieter Böhm AG	34760	Biel 13, Herrmannzeile 147	T: 078 60 201
Prof. Maria Docht	22200	Bernstein 4, Waidmannsheil 13	T: 67 67 8
Selmer & Co GmbH	20001	Hamburg 1, Weserstrand 6	T: 083 34 45 1
Fa. Franzenhuber OHG	22000	Weiler 1, Calvinstr. 35	T: 038 56 23 89
Hannes K. Beckerow	56700	Bad Lippenau, Mandelzeile 5	T: 34 67 270
Christian H. Welle	88800	Brahmstedt, Manichowskistr. 27 b	T: 89675
Dr. Petra Pannowitz	75000	Heidelberg 22, An der Lahn 3 a	T: 067 674
Fa. Rudi C. Walle	35610	Harschburg 1, Brausestr. 34 c	T: 068 142
Fa. Dieter Schnee	12460	Keilendorf 5, Berliner Str. 145	T: 619 7
Ärzte Vereinigung	34900	Busenhausen 4, Fordstr. 29 a	T: 56 23 912
Wirtschaftsdienste	78000	Werl 2, Robert-Glück-Str. 2	T: 023 1578
Eusebia Mügel	34560	Senkendorf 3, Reuterallee 17	T: 089 7867
Ede Labbadia	35620	Deppendorf 89, Lausstr. 67	T: 0456 78 678
Gunhilde Schlecht	69000	Kellendorf 1, Löwenring 6	T: 089 561 896

11. Adressen-Überprüfung

Abschrift

Franz Bekkenbauers	67430	Bayerndorf 1, Ballplatz 175 A		T: 1234567
Jeremias Gotthilf	56340	Schleusendorf 2, Käferring 4		T: 036 6746
Egon Groschenlügel	32450	Narrenheim 15, Budikerring 12		T: 98678
Schlosserei Skiele	23500	Berndow 7, Monumentenstr. 3		T: 035 2788
Wäscherei Weiß	77000	Miendorf 4, Döllersweg 25 d		T: 086 67 54
Anita G. Pranglie	89500	Karlshorst 3, Wegschneiderstr. 3		T: 8645
Sabine K. Horney	34200	Magdeburg 23, Heinzenhuber Weg 5		T: 9067
Bäckerei Schnelle	35620	Gießen 54, Hahnkampweg 286 f		T: 023 56 71
Gernot F. Browney	65000	Sydow, Am Marktplatz 33		T: 034 56 99 11
Sonja Müllers	90560	Müllershausen, Waldstr. 5		T: 90 1568 67
Petra Schnellenbach	76500	Meinheim 45, Friedsalstr. 5		T: 389 89 0
Fa. K. B. Vautenloh	34000	Sülze 2, Heißenstr. 163		T: 876 54 96 23
Fa. Max Kühlenbrot	12300	Bachelach, Heilsbrunnen 34		T: 457 23 13
Franz Mainzbergs	77670	Nymphenburg 4, Herrmanstr. 1 b		T: 12 32 14
Fa. Heinz Brinckmann	56300	Jelingsdorf 23, Hammstr. 34		T: 56 37 28
Manfred H. C. Börner	75610	Hexenfurth 2, Bahnhofsstr. 34		T: 081 891
Gustav Gründermann	10000	Berlin 41, Calvinstr. 29		T: 0301 25 67 7
Dr. Gernot H. Binder	10000	Berlin 44, Robert Lück Weg 54		T: 231 56
Prof. Dr. H. Siebel	10000	Berlin 894, Kellerweg 36		T: 123 334 34
Hannemann Neuß	54020	Neuß 2, Am Hamelbruch 23		T: 4334 562 34
Fa. S. Kulpert	89000	Bellen 3, Kruppstr. 144		T: 023 45 76 13
Prof. Hennigsstein	98980	Nenn 1, Innerer Weg 21 c		T: 675 65 76 59
Harald Landsert	88100	Bremenau 56, Weißstr. 59		T: 012 45 76 65
Dr. Heinz P. Knall	67000	Brenner 1, Knießstr. 651 h		T: 03 76 98 89
Kaiser u. Sohn	66650	Hahnendorf 4, Bachgasse 44		T: 112 563 76
Dr. Alt & Partner	81210	Keulenbach 2, An Feldrand 23		T: 98 98 1
Postspaar e.V.	27560	Oldenbourg 12, Feldsweg 114 d		T: 089 38 4
Tierschutz Verein	76200	Bad Gastein 4, Heinzelstr. 6		T: 076 23 1
Lampenschirm GmbH	55780	St. Gallen 32, Am Stoppeln 5		T: 097 14 8
Fa. Kohl & Partner	12300	Bad Luisenau 1, Hertzstr. 30		T: 935 36 9
Fa. S. Lottenow	24700	Wienbad 4, Maienberger Str. 40		T: 789 894
Hans Dieter Böhm AG	34760	Biel 13, Herrmannzeile 147		T: 989 60 201
Prof. Maria Doch	22200	Bernstein 4, Waidmannsheil 13		T: 67 67 8
Selmer & Co GmbH	20001	Hambur 13, Weserstrand 6		T: 083 34 45 1
Fa. Franzenhuber OHG	22000	Weiler 1, Calvinstr. 35		T: 038 56 23 89
Hannes K. Beckerow	56700	Bad Lippenau, Mandelzeile 5		T: 34 67 270
Christian H. Welle	66620	Brahmstedt, Manichowskistr. 27 b		T: 89675
Dr. Petra Pannowitz	75000	Heidelberg 22, An der Lahn 3		T: 067 674
Fa. Rudi C. Walle	35610	Harschburg 1, Brausestr. 34 c		T: 068 142
Fa. Dieter Schnee	12460	Keilendorf 5, Berliner Str. 145		T: 619 7
Ärzte Vereinigung	34900	Busenhausen 4, Fordstr. 29 a		T: 56 23 912
Wirtschaftsdienste	78000	Werl 2, Robert-Glück-Str. 2		T: 023 1578
Eusebia Hügel	34560	Senkendorf 3, Reuterallee 17		T: 089 7868
Ede Labbadia	35620	Deppendorf 89, Lausstr. 67		T: 0456 78 671
Gunhilde Schlecht	69000	Kellendorf 1, Löwenring 6		T: 089 561 896

Stop. Hier endet diese Aufgabe

Geduld ist eine Eigenschaft, die wir am dringendsten brauchen,
wenn sie uns auszugehen droht.

Anonym

12. Sortieren

Sie bekommen drei Listen. Auf der ersten Liste sind Institutionen durch Ziffern gekennzeichnet (z. B. das Verkehrsamt durch die Ziffer 2). Eine zweite Liste beinhaltet ein alphabetisches Namens-Codierschema, bei dem die Anfangsbuchstaben der Nachnamen bestimmten Ziffern zugeordnet sind.

Ihre Aufgabe besteht nun darin, mit Hilfe der Listen 1 und 2 (Institutionen, alphabetische Codierung) die Codierung der 3. Liste (Namens- und Institutionsliste) zu erstellen.

Ein Beispiel:

Peter Klug / Rundfunkanstalt;
Peter Klug = 16 (gemäß Liste 2),
Rundfunkanstalt = 27 (gemäß Liste 1),
Lösung = 1627;

dagegen hat Peter Pan, der sich zur Zeit in der Psychiatrie befindet, den Zahlencode 22 (für P) und 28 (für Psychiatrie),

Lösung also: 2228.

Bearbeitungszeit: 10 Minuten.

Bitte arbeiten Sie auf der nächsten Seite weiter

1. Liste: Institutionen

1 = Abendschule
2 = Verkehrsamt
3 = Pressezentrum
4 = Polizeirevier
5 = Realschule
6 = Turnhalle
7 = Schwimmstadion
8 = Sportplatz
9 = Kaufhaus
10 = Markthalle
11 = Marktplatz
12 = Krankenhaus
13 = Feuerwehr
14 = Eissportstadion
15 = Studentenheim
16 = Gesundheitsamt
17 = Gewerbeaußendienst
18 = Finanzamt
19 = Postamt
20 = Zoo
21 = Park
22 = Schloß
23 = Museum
24 = Galerie
25 = Denkmal
26 = Tierheim
27 = Rundfunkanstalt
28 = Psychiatrie
29 = Gefängnis
30 = Waisenhaus

2. Liste: Alphabetisches Namens-Codierschema

00 = Aa–Am
01 = An–Az
02 = Ba–Bo
03 = Bp–Bz
04 = C
05 = Da–Dn
06 = Do–Dz
07 = Ea–Ek
08 = El–Ep
09 = Eq–Ez
10 = Fa–Fm
11 = Fn–Fz
12 = G
13 = Ha–Ho
14 = Hp–Hz
15 = I–J
16 = Ka–Kl
17 = Km–Kz
18 = L
19 = M
20 = Na–Nm
21 = Nn–Nz
22 = O–P
23 = Q
24 = R–Sa
25 = Sb–Se
26 = Sf–St
27 = Su–Sz
28 = T
29 = U–W
30 = X–Z

Bitte arbeiten Sie auf der nächsten Seite weiter

3. Liste: Namen und Institutionen

1. Bärbel Bollermann / Finanzamt   Lösung: Codierung _____
2. Phillip Filipowitz / Turnhalle   _____
3. Emanuel Seeckt / Schloß   _____
4. Elvira Zugvogel / Verkehrsamt   _____
5. Richard von Weiz / Park   _____
6. H. Kool / Kaufhaus   _____
7. Helmut G. Posser / Postamt   _____
8. Barbara S. Bellabarba / Galerie   _____
9. Marianne Schlütersee / Eissportstadion   _____
10. Alwine Magerkoch / Studentenheim   _____
11. Peter Klug / Rundfunkanstalt   _____
12. Peter Pan / Psychiatrie   _____
13. Marion Gunther / Postamt   _____
14. Bärbel Schmidt / Waisenhaus   _____
15. Karl Dall / Zoo   _____
16. Eduard Zimmermann / Polizeirevier   _____
17. Heinz Schneider / Denkmal   _____
18. Marc Knopf / Eissportstadion   _____
19. Elli Mücke / Abendschule   _____
20. Frida Bums / Krankenhaus   _____
21. Klara Schumann / Studentenheim   _____
22. Hans Glück / Rundfunkanstalt   _____
23. Charlotte Weber / Tierheim   _____
24. Fritz Langhans / Gesundheitsamt   _____
25. Rainer Teufel / Feuerwehr   _____
26. Peter Kuzwick / Park   _____
27. H. O. Mühlenbaum / Studentenheim   _____
28. Dr. Nullenbach / Schloß   _____
29. Prof. Dagmar Rautenbug / Finanzamt   _____
30. Karl Heinz Bello / Galerie   _____
31. Andrea Schneider / Realschule   _____
32. Anton Adler / Verkehrsamt   _____
33. Friedrich Pleitgen / Pressezentrum   _____
34. Hannelore Rolle / Turnhalle   _____
35. Anita Bolle / Kaufhaus   _____
36. Walter Watzlav / Schwimmstadion   _____
37. Hanna Ernst / Markthalle   _____
38. Petra Frida / Abendschule   _____
39. Werner Hauß / Polizeirevier   _____
40. Kai U. Hassel / Gewerbeaußendienst   _____

Stop. Hier endet diese Aufgabe

13. Post, Porto und Tarife

Von Hamburg, dem Tor zur Welt, aus sind verschiedene Postsachen (Briefe, Telegramme, Pakete) zu verschicken. Ihre Aufgabe besteht darin, die Post- bzw. Frachtgebühr anhand von Tabellen zu ermitteln. Durch unterschiedliche Beförderungsarten (z. B. Eilzustellung) wird alles etwas schwieriger. Hinzu kommt noch, daß gerade in dem Augenblick, in dem Sie an die Arbeit gehen wollen, eine Tarifänderung ins Haus steht. Aber sehen Sie selbst:

Beförderungsgegenstände

Tarifwert	
Drucksache	1
Postkarte	2
Brief	3
Telegramm	4
Päckchen (bis 2000 g)	5
Paket (bis 5000 g)	6
(über 5 kg–10 kg)	7
(über 10 kg–15 kg)	8

Beförderungsart / Zuschläge

Einschreiben	5
Luftpost	3
Eilzustellung	5
Auslandszuschlag	4
Versicherungszuschlag bei Wertsachen	8

Bestimmungsorte

A	10 km von Hamburg aus
B	20 km
C	50 km
D	100 km
E	150 km
F	180 km
G	200 km
H	400 km
I	900 km
J	1000 km
K	1500 km
L	2500 km

Kilometer-Tarife

Entfernung	Tarifwert
0–10 km	1
10–50 km	2
50–100 km	3
100–500 km	4
500–1000 km	5
über 1000 km	6

Bitte arbeiten Sie auf der nächsten Seite weiter

13. Post, Porto und Tarife

Tarife

Tarifwerte	bis 31.12.	ab 1.1.
1	0,50 GE	0,70 GE (= Gebühreneinheit)
2	0,90	1,00
3	1,20	1,50
4	2,20	2,50
5	2,50	2,80
6	3,00	3,40
7	3,50	3,90
8	4,00	4,50
9	4,70	5,00
10	5,10	5,60
11	5,90	6,10
12	6,80	7,10
13	7,50	7,90
14	8,10	8,50
15	8,90	9,70
16	10,00	10,40
17	10,50	10,80
18	12,50	13,00
19	15,00	18,00
20	18,50	18,90
21	19,20	19,60
22	20,40	20,90
23	21,70	22,00
24	22,20	22,60
25	22,90	23,10

1. Beispiel:
Ein Brief soll am 31.12. von Hamburg aus nach D geschickt werden. Wie hoch ist die anfallende Gebühreneinheit?
Brief   Tarifwert   3
nach D 100 km   + 3
                          = 6 am 31.12. = 3,00 GE

2. Beispiel:
Ein Telegramm soll am 1.1. von Hamburg nach I geschickt werden.
Telegramm   Tarifwert   4
nach I 900 km   + 5
                          = 9 am 1.1. = 5,00 GE

Für 17 Aufgaben (Wie hoch ist jeweils die GE?) haben Sie 5 Min. Zeit.

Bitte arbeiten Sie auf der nächsten Seite weiter

1 Eine Postkarte ist am 29.12. auf dem Weg nach G.

2 Ein Telegramm wird am 13.1. nach J ins Ausland (Zuschlag!) geschickt.

3 Nach D soll ein Luftpost-Brief am 4.1. versandt werden.

4 Ein Brief soll per Luftpost nach E am 30.12. geschickt werden.

5 Ein 1100 g schweres Päckchen soll ins Ausland nach H geschickt werden (vor dem 1.1.).

6 Ein Paket muß per Eilzustellung am 30.12. in C sein. Es wiegt 4,9 kg.

7 Eine Postkarte wird am 2.1. ins Ausland nach J geschickt.

8 Ein Telegramm soll nach H ins Ausland am 31.12. geschickt werden.

9 Ein 5,5 kg schweres Einschreiben-Paket soll per Luftpost ins Ausland am 5.1. nach J versandt werden.

10 Eine Drucksache soll mit Auslandszuschlag am 2.1. nach E geschickt werden.

11 Ein Luftpost-Eilzustellungspäckchen von 800 g soll ins Ausland geschickt werden, am 3.1. nach H.

12 Am 1.1. soll eine Postkarte nach B per Eilzustellung den Empfänger erreichen.

13 Ein Eilzustellungs-Luftpostpaket (15 kg) soll am 30.12. ins Ausland nach G versandt werden.

14 6000 g wiegt ein Paket, das per Einschreiben ins Ausland nach I geht und noch vor dem 30.12. eintreffen soll.

15 Per Luftpost wird ein Päckchen nach F am 2.1. versandt.

16 Ein versichertes Wertpaket (10 kg) wird am 1.12. ins Ausland nach L verschickt.

17 Ein Wertbrief soll per Einschreiben am 30.1. nach K versandt werden.

Stop. Hier endet diese Aufgabe

14. Wegeplan

Diese Testaufgabe finden Sie in ähnlicher Form auch in unserem Fischer-Taschenbuch: Testtraining für Ausbildungsplatzsucher. Über 500 Briefe haben uns allein zu dieser Aufgabe erreicht, immer mit der Mitteilung: »Ich habe einen schnelleren Weg, als Sie ihn beschreiben, gefunden.« Versuchen Sie es selbst, und beachten Sie genau die Bedingungen (Stichwort »Telefon« und »Rückkehr«!).

Sie haben von der Zentrale Ihrer Firma aus Ihre 6 Filialen (A, B, C, D, E, F) über ein aktuelles Sonderangebot zu informieren. Leider ist Ihr Telefon- und Telexanschluß in der Firmenzentrale kaputt. Einige der Filialen sind telefonisch nicht erreichbar, andere haben ein Telefon (alle mit T gekennzeichneten Filialbetriebe). Sie müssen mit einem Auto die Filialen ohne Telefon abfahren. Die Wegezeiten stehen fest (siehe Zeichnung), Telegramm geht nicht! Die Zeiten für das Überbringen der Nachricht – ob persönlich oder am Telefon – sind auf 3 Minuten festgelegt. In welcher Reihenfolge gehen Sie vor, und wieviel Zeit brauchen Sie, bis Sie wieder in Ihr Büro zurückgekehrt sind?

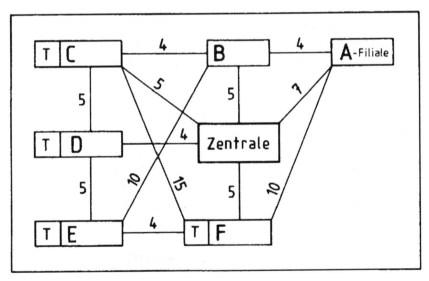

Bearbeitungszeit für diese Aufgabe: 8 Min.

Stop. Hier endet diese Aufgabe

15. Schätzaufgaben

Bei den folgenden Rechenaufgaben geht es mehr um die Auffassungsgeschwindigkeit bei der Abschätzung der wahrscheinlich richtigen Lösung als um wirkliche Rechenfähigkeit. Für 8 Aufgaben haben Sie 2 Min. Zeit.

A
411 x 511 + 25.302 =

a) 235.323
b) 255.401
c) 300.425
d) 195.798

B
50.384 x 69.938 =

a) 8.754.356.872
b) 5.543.742.762
c) 3.523.756.192
d) 1.238.475.432

C
$199^2 =$

a) 39.981
b) 40.001
c) 39.681
d) 39.601

D
49.371 1/7 x 7 =

a) 350.167 1/7
b) 345.598
c) 335.698 1/7
d) 345.597

E
48.190 2/10 x 10 =

a) 481.900
b) 481.902
c) 481.902 2/10
d) 481.901

F
3.574.158 : 1/2 =

a) 1.787.079
b) 7.148.316
c) 1.780.018
d) 6.985.079

G
11 1/2 % von 9.755

a) 998,745
b) 1.320,505
c) 100,925
d) 1.121,825

H
7,5 % von 1.115

a) 83,625
b) 79,123
c) 81,013
d) 90,785

Stop. Hier endet diese Aufgabe

16. Tabellen-Konzentrations-Test

9 Ausbilder (A, U, S, B, I, L, D, E und R) haben 6 Azubis (von a–f) mit den Noten 1-6 zu beurteilen. Die nachstehend aufgeführte Tabelle zeigt z. B., wie der Ausbilder A seine Zensuren für die Azubis a–e vergeben hat.

Beurteilungen	1	2	3	4	5	6
A	b	a	c	d	f	e
U	a	f	e	d	c	b
S	d	a	b	c	e	f
B	a	b	c	e	f	d
I	f	e	d	c	b	a
L	d	c	a	b	f	e
D	b	c	a	e	f	d
E	f	b	c	e	a	d
R	a	f	b	d	c	e

Folgende 5 Fragen sind innerhalb von 10 Min. zu beantworten:

1
Welcher Azubi hat den besten, welcher den schlechtesten Notendurchschnitt?

2
Welche Ausbilder stimmen mit der Beurteilung des Azubis c (Durchschnitt) am besten überein?

3
Welcher Ausbilder gibt in der Tendenz die besten Noten?

4
Bei welchem Ausbilder ist es sehr wahrscheinlich, eine schlechte Note zu bekommen?

5
Wie ist der Notendurchschnitt des Ausbilders A im Vergleich zum Ausbilder R?

Stop. Hier endet diese Aufgabe

Bearbeitungshilfen – worauf es ankommt

Worauf kommt es wirklich an, wenn Sie sich mit Testaufgaben wie in unserem Buch präsentiert auseinandersetzen müssen? Zunächst einmal auf die richtige Vorbereitung. Und da sind Sie mit der Lektüre dieses Buches ja mittendrin. Drei Aspekte sind zu berücksichtigen:

- die emotionale
- die intellektuelle und
- die organisatorische Vorbereitung.

Was heißt das? Machen Sie sich mit der Prüfungssituation »Test« bereits im Vorfeld gut vertraut. Größtmögliche Gelassenheit ist anzustreben. Das bedeutet einerseits die Bereitschaft, wirklich etwas dafür zu tun, damit es klappt. Andererseits darf man seine Enttäuschung nicht zu groß werden lassen, wenn es nicht auf Anhieb gelingt, den angestrebten Arbeitsplatz bzw. die Position zu bekommen.

Machen Sie vor allem Ihr Selbstwertgefühl nicht vom Testergebnis abhängig. Das Testresultat ist kein »Gottesurteil« und sagt absolut nichts über Ihren Wert als Mensch und über Ihre angebliche (Nicht-)Eignung für einen speziellen Beruf bzw. für eine bestimmte Hierarchieebene aus.

Bauen Sie Ihre Test-, Autoritäts- und Wissenschaftsgläubigkeit ab und versichern Sie sich der unterstützenden Solidarität wichtiger Personen Ihrer Umgebung. Zeigen Sie doch einfach mal Besserwissern und Meckerern ein paar Testaufgaben, mit der Aufforderung, diese doch selbst einmal zu lösen…

Ganz wichtig ist das Sammeln von Informationen über Tests und Bewerbungsverfahren bei den für Sie in Frage kommenden Arbeitgebern. Tests kann man – wie vieles im Leben – sehr gut üben (auch wenn man aus verständlichen Gründen von Testanwenderseite versucht, Ihnen gerade dieses auszureden…).

Falls es bei Ihnen um einen beruflichen Einstieg geht: Bewerben Sie sich doch einfach auch mal nur unter dem Aspekt, Test- (und Bewerbungs-) Erfahrung zu sammeln. Erste Testerfahrungen sollte man besser nicht bei Ihrem Traum-Arbeitsplatzanbieter sammeln!

Ohne gute Organisation ist alles mindestens doppelt so schwer, und wer zu spät kommt, den bestraft das Leben. Bittere Pillen, um beim Test »cool draufzubleiben«, sind keine Lösung, sondern ein unkalkulierbares Risiko. Bevor wir auf die wichtigsten Bearbeitungsregeln für Testaufgaben zu sprechen kommen, erscheint es uns unbedingt notwendig, noch einmal auf folgendes hinzuweisen:

Von wissenschaftlicher Seite wird der Ableitung und Vorhersagbarkeit von Testerfolg auf Berufserfolg entschieden widersprochen. Es ist also – wie gesagt – enorm wichtig, sein Selbstwertgefühl nicht vom Testergebnis abhängig zu machen, sondern den daraus abgeleiteten angeblichen Vorhersagen kräftigst zu mißtrauen.

Nun die wichtigsten Bearbeitungsregeln für Testaufgaben:

- Nutzen Sie die Zeit der Aufgabenerklärung zu Beginn der Tests: Verdeutlichen Sie sich das Aufgaben- und Lösungsschema, und versuchen Sie, sich an ähnliche, bereits gelöste Aufgaben aus Testtrainingsbüchern zu erinnern. Fragen Sie den Testleiter bei Unklarheiten, solange dazu Gelegenheit besteht.
- Arbeiten Sie so schnell wie möglich, mit einem sinnvollen Maß an Sorgfalt.
- Beißen Sie sich nicht an schwierigen Aufgaben fest, Sie verlieren sonst wertvolle Bearbeitungszeit für andere, vielleicht viel leichtere Aufgaben. In der Regel sind Testaufgaben mit steigendem Schwierigkeitsgrad angeordnet.
- Sind verschiedene Antwortmöglichkeiten vorgegeben, wenden Sie bei Zweifeln bezüglich der richtigen Lösung die folgenden Strategien an:
- Versuchen Sie, falsche Lösungen zu eliminieren, um so die richtige »einzukreisen« (Ausschlußstrategie). Es ist leichter, z. B. unter zwei verbleibenden Möglichkeiten auszuwählen, als unter mehreren.
- Raten Sie notfalls lieber die Lösung, anstatt gar nichts anzukreuzen.

Sollte es bei Ihrem nächsten Test nicht klappen, können Sie trotzdem zu den Gewinnern gehören, wenn Sie aus den Erfahrungen lernen und nicht aufgeben. Das mag zynisch klingen, ist aber die Realität. Denken Sie an Lotto-Spieler – die geben auch nicht gleich auf, wenn sie am Wochenende keine sechs Richtigen haben. Bei allem Verständnis für Mühe und Enttäuschungen: Das oberste Bewerbungsgebot heißt nun einmal heutzutage:

Durchhalten, nicht aufgeben und weiter bewerben, bis es endlich klappt! Einmal mehr muß darauf hingewiesen werden: Nicht der Hauptteil der Bewerber und der Getesteten »fällt durch«, sondern Tests und Testanwender sind die eigentlichen Versager.

Noch ein genereller Tip: Nur Tests mitmachen, wenn man sich absolut gesund fühlt und gut ausgeschlafen hat. Zusätzliche Belastungen neben dem Teststreß sind möglichst zu vermeiden oder sollten dann veranlassen, eher einen neuen Testtermin zu vereinbaren. Mit einer guten Begründung kann man dies in der Regel leicht erreichen.

Pünktliches Erscheinen am Testort versteht sich von selbst. Wer abgehetzt zum Testtermin kommt, verschlechtert seine Chancen. Wichtig ist eine Information über die Testdauer. Manche Tests können bis zu acht Stunden dauern. Deshalb ist es ratsam, neben Schreibzeug auch etwas Eß- und Trinkbares dabei zu haben (Traubenzucker, Schokolade etc.).

In Pausen, die es hoffentlich gibt, kann ein Gespräch mit dem Nachbarn, der sicherlich genauso aufgeregt ist wie man selbst, durchaus entspannend wirken. Nach dem Test- und Bewerbungsstreß sollte man nicht vergessen, sich zu belohnen. (Was das sein könnte, weiß hoffentlich jeder selbst.)

Da sich einige Aufgaben von selbst erklären, werden diese im Rahmen der Bearbeitungshilfen nicht berücksichtigt.

Zum Kapitel: Logisches Denken / Abstraktionsfähigkeit

1. Figurenreihen fortsetzen / 2. Sinnvoll ergänzen (S. 95)
Bei diesem in sog. Intelligenztests immer wieder auftauchenden Aufgabentyp haben sich die folgenden systematischen Bearbeitungsschritte als hilfreich herausgestellt:
Welcher Unterschied ergibt sich vom ersten zum zweiten Bild, vom zweiten zum dritten usw., ebenso umgekehrt (vom zweiten zum ersten, vom dritten zum zweiten usw.)? Aber auch umfassende Blickwinkel vom ersten zum letzten bzw. umgekehrt könnten zur Lösungsfindung beitragen. Unter sechs Aspekten kann man die Veränderungen, aber auch die Konstanz der grafischen Elemente überprüfen:

1. Veränderung in Lage und Anordnung einzelner oder mehrerer Elemente
2. Veränderung bei der Anzahl von Elementen
3. Veränderung bezüglich Lage und Anzahl
4. Veränderung in Größe und (Farb-)Gestaltung/Darstellung (z. B. Muster usw.)
5. Veränderung durch Wechsel in der Gestaltung/Darstellung
6. Berücksichtigung der Konstanz der Gestaltung/Darstellung

Ein konkretes Beispiel liefert uns die Aufgabe 18, S. 104:

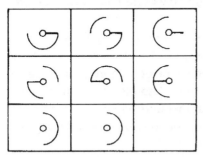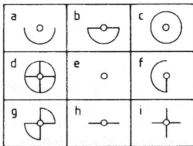

Lösung: e

Erklärung: Hier beherrschen drei Elemente die Szene: der Mittelpunkt, der daran befestigte »Zeiger« und die Kreisteile (am besten in Vierteln eines Zifferblatts vorstellbar, nach dem System 1. Viertel = 12 bis 3, 2. Viertel 3 bis 6 , 3. Viertel 6 bis 9, 4. Viertel 9 bis 12).

Der Mittelpunkt bleibt in allen Figuren erhalten. Leider enthalten auch alle Lösungsvorschläge a–i den Mittelpunkt, so daß die sinnvolle Testbearbeitungsstrategie, nicht in Frage kommende Lösungsvorschläge zu eliminieren (= Ausschlußstrategie), hier (noch) nicht weiterhilft.
Betrachten wir jetzt als zweites Element den »Zeiger«: Er bleibt in der ersten und in der zweiten Zeile jeweils in gleicher, unveränderter Position. In der dritten Zeile gibt es ihn nicht mehr. Wir schließen daraus, daß die Lösungsfigur entsprechend der dritten Zeile keinen Zeiger haben darf. Insofern hilft die Ausschlußstrategie jetzt weiter: Die Löungsvorschläge b, d, f, g, h und i fallen weg (als Lösungen bleiben nur noch a, c und e übrig).
Nun kommen wir zur Betrachtung des dritten Elements, der Kreisteile (Viertelkreise). Doppelt (d. h. sowohl in der ersten wie in der zweiten Figur) enthaltene Kreisteile fallen in der dritten Figur weg, einmal vorhandene bleiben.
Am Beispiel der ersten Zeile wird dies deutlich: Der Viertelkreis 3–6 ist in der zweiten Figur ebenfalls enthalten und in der dritten nicht mehr. Der Viertelkreis 6–9 in der ersten Figur ist in der zweiten Figur nicht vorhanden, aber in der dritten. Der Viertelkreis 9–12 wird in der ersten Figur nicht verwendet, aber in der zweiten und bleibt deshalb auch in der dritten.
Nach dem gleichen Prinzip ist auch die zweite Zeile aufgebaut.
In der dritten Zeile herrscht das »Gesetz«, daß der Kreis 12–6 (zwei zusammengesetzte Kreisviertel) in den ersten beiden Figuren vorhanden ist und deshalb in der dritten wegfallen muß. Also bleibt als Lösung unter Berücksichtigung der Elemente Mittelpunkt und Zeiger nur e übrig.
Die aufgeführten »Gesetzmäßigkeiten« gelten auch für die Aufgabenbearbeitung in vertikaler Richtung.

4. Zahlenreihen / 5. Zahlenmatrizen (S. 107/109)

Dieser Aufgabentyp, der sowohl das sog. logische Denken als auch gewisse Rechenfähigkeiten abprüft, findet sich in diesem Buch in zwei Kapiteln.
Mit folgenden Regeln lassen sich Zahlenreihen »knacken«:

1. Läßt sich das Aufbauprinzip/-system der Zahlenreihe »auf einen Blick« erkennen?

Beispiel: 3 6 9 12 15 18 ?
(Einmaleins der 3, also 21, auch für Nichtmathematiker leicht erkennbar)

2. Werden die Zahlen größer oder kleiner (a)
oder abwechselnd größer und kleiner (b)
bzw. kleiner und größer (c)?

Beispiel (a/1): 9 11 12 14 15 17 18 ?
(Hier wird jede Zahl größer als die hervorgehende, das Anwachsen aber ist unregelmäßig; System: +2 +1 +2 +1 usw.; Lösung: 20)

Beispiel (a/2): 30 25 20 15 10 ?
(Hier nehmen die Zahlen kontinuierlich ab; System: -5; Lösung: 5)

Beispiel (b): 15 25 20 30 25 35 30 40 ?
(Hier nehmen die Zahlen unregelmäßig abwechselnd zu und ab; System: +10 -5; Lösung: 35)

Beispiel (c): 15 10 20 15 25 ?
(System: -5 +10; Lösung: 20)

3. Bei einer Zahlenreihe, die nach einem kontinuierlich anwachsenden oder abnehmenden Prinzip aufgebaut ist, berechnet man die Differenzen zwischen den benachbarten Zahlen und versucht dadurch, eine Regelmäßigkeit dieser Differenzen herauszufinden.

Beispiel: 50 46 42 38 34 30 ?
(Die Differenz beträgt regelmäßig 4; Lösung: 26)

Beispiel: 10 11 13 16 20 25 ?
(Die Zahlenreihe steigt unregelmäßig an, aus den Differenzen erkennen wir das System +1 +2 +3 +4 +5 usw.; Lösung: +6; 31)

Sind die Differenzen zwischen den einzelnen Zahlen unregelmäßig und durch Addition oder Subtraktion nicht zu erklären, wachsen oder vermindern sie sich sehr schnell, hat man es mit einer Multiplikation bzw. Division zu tun.

Beispiel: 100 50 25 12,5 6,25 ?
(System: geteilt durch 2; Lösung: 3,125)

Im folgenden Beispiel funktioniert die Regel 3 nicht mehr:

1 4 16 64 ?

Die Differenzen (3, 12, 48) ermöglichen kein klares Bild über das System der Zahlenreihe. Der Aufbau ist komplizierter, und hierfür gilt:

4. Wenn bei Anwendung der dritten Regel keine Lösung gefunden werden kann, überprüft man, ob die jeweilige Zahl ein Vielfaches der vorherigen oder der nachfolgenden darstellt. Dabei dividiert man jede Zahl entweder
a) durch die vorherige Zahl, wenn die Reihe anwachsend ist, oder
b) durch die nachfolgende Zahl, wenn die Reihe abnehmend ist.
Stellt man dabei fest, daß der Quotient immer gleich ist, dann ist dieser im Falle a) mit der letzten Zahl zu multiplizieren; im Falle b) muß die letzte Zahl dadurch dividiert werden.

5. Folgen die Zahlenwerte einer Reihe keinem konstant zunehmenden oder abnehmenden Prinzip, sollte man versuchen, 1. die Zahlenreihe in zwei oder mehr getrennte Reihen zu teilen, die einem konstanten Aufbauprinzip folgen, und dann 2. die Regeln 1–4 bei jeder dieser Reihen extra anzuwenden.

Zum Kapitel: Logisches Denken / Abstraktionsfähigkeit

Beispiel: 3 17 14 5 11 8 7 5 ?

```
     ┌─-3─┬──-3──┬─-3─┬─-3─┬─-3─┐
     3   17   14   5   11   8   7   5   ?
     └────+2────┴────+2────┘
```

Nach dem Prinzip, getrennte Reihen zu erstellen, finden wir eine Beziehung zwischen den Zahlenreihengliedern 3, 5 und 7 und zwischen 17, 14, 11, 8 und 5 (der erste Schritt also: Zerlegung der Zahlenreihe in zwei getrennte Reihen). Der zweite Schritt ist dann ganz einfach: Die Abstände sind überschaubar, bei der einen Reihe +2, bei der anderen –3. Die richtige Lösung also: 2.

Ein weiteres Beispiel, in dem der Lösungsweg durch drei getrennte Reihen erarbeitet werden kann:

A   +2   –2   +2   –1
      6   8   16   15   13   26   27   29   58   ?
B   –1   +1
C   x 2   x 2   x 2

Die komplizierte Zahlenreihe 6 8 16 ... wurde in A, B und C zerlegt (A +2 –2, B –1 +1, C x 2), und damit ist das System überschaubar und »geknackt«.
System: + 2 x 2 – 1 / – 2 x 2 + 1 / + 2 x 2 – 1 / usw.
Lösung: 57.

Die am häufigsten eingesetzten Systeme für Zahlenreihen in den gängigen Testverfahren sind:

Einfache Systeme:
+1 +2 / +1 +2 / ...
+1 +1 / +2 +2 / +3 +3 / ...
+5 +5 / +6 +6 / +7 +7 / ...
+3 +5 +7 +9 +11 ... (immer +2)

Ganz einfache Systeme, in der Regel Addition kleinerer Zahlen, befinden sich meistens am Anfang eines Aufgabenblocks mit Zahlenreihen.

Mittelschwere Systeme:
- 2 : 2 / - 2 : 2 /...
+ 2 x 2 / + 2 x 2 /...
x 2 + 2 / x 2 + 2 /...
: 2 + 2 / : 2 + 2 /...
- 5 + 3 / - 5 + 3 /...
- 2 + 3 - 4 + 5 - 6 +7 ...(das System wächst jeweils um 1, abwechselnd +/-)
- 2 x 2 / - 3 x 3 / - 4 x 4 /...
- 1 + 3 / - 1 + 4 / - 1 + 5 / - 1 + 6 /...(die erste Zahl bleibt gleich, die zweite vergrößert sich um +1)
- 9 x 3 / - 8 x 3 / - 7 x 3 / - 6 x 3 /...
- 9 x 4 / - 8 x 4 / - 7 x 4 / - 6 x 4 /...
: 2 + 5 / : 3 + 5 / : 4 + 5 / : 5 + 5 / usw.

Schwere Systeme:
+ 1 + 2 - 3 / + 4 + 5 - 6 / + 7 + 8 - 9 /...(das System: + + -, die Zahlen vergrößern sich kontinuierlich um 1)
+ 2 - 3 x 4 / + 5 - 6 x 7 / + 8 - 9 x 10 /...
x 3 : 4 - 5 / x 6 : 7 - 8 / x 9 :10 - 11 /...
+ 4 + 3 : 2 / + 4 + 3 : 2 / + 4 + 3 : 2 /...
x 3 x 3 - 10 / x 3 x 3 - 10 /...
-3 : 2 x 3 / - 3 : 2 x 3 /...
: 3 - 7 x 5 / : 3 - 7 x 5 /...
x 3 + 1 : 2 / x 3 + 1 : 2 /...
+ 1 : 2 - 4 / + 1 : 2 - 4 /...
+ 7 -2 x 1 / + 6 - 3 x 1 / + 5 - 4 x 1 /...(hier verändern sich immer die ersten beiden Zahlen)
+ 2 x 2 - 1 / -2 x 2 + 1 / + 2 x 2 - 1 /...(hier verändern sich das erste und das letzte Rechenzeichen)
- 2 x 2 + 2 : 2 / -2 x 2 + 2 : 2 /...
: 4 + 4 x 4 + 4 / : 4 + 4 x 4 + 4 /...
x 5 - 5 : 5 + 5 / x 5 - 5 : 5 + 5 /...
x 7 - 7 : 7 + 7 / x 7 - 7 : 7 + 7 /...

Die hier präsentierten Systeme sind Hintergrund vieler Matrizen- und Zahlenreihenaufgaben, die Ihnen in der realen Testsituation präsentiert werden.

Zum Kapitel: Logisches Denken / Abstraktionsfähigkeit

Buchstabengruppen und Buchstabenreihen funktionieren übrigens ähnlich wie Zahlenreihen bzw. einfache Figurenreihen.

7. Dominos (S.113)

Sie sehen komplizierter aus, als sie wirklich sind. Im Hintergrund geht es um einfachste Rechenaufgaben (sozusagen mit den Fingern abzuzählen) und die Verwandtschaft zu Zahlenreihen ist aufgrund der Leichtigkeit bei den Domino-Rechnungen eigentlich kaum erwähnenswert.

Wichtig: Schauen Sie sich zunächst einmal die Abfolge der oberen Felder einer Dominoreihe an. Wie verhalten sich die Punkte (Zahlen) zueinander? Meistens wird addiert oder subtrahiert (1, 2, 3 oder 2, 4, 6 etc., aber auch 5, 4, 3 Punkte sind das simple System einer Reihe). In der nächsten Reihe Dominosteine im oberen Feld geht es ähnlich zu. Und in der dritten Reihe ist der letzte Domino-Baustein dann von Ihnen aus einer vorgegebenen Lösungsanzahl auszuwählen.

Haben Sie sich die oberen Felder einer ersten, zweiten und dritten Reihe angeschaut, die sich übrigens nicht notwendigerweise logisch aneinanderschließen müssen, machen Sie das mit den unteren Feldern genauso. Auch hier muß sich der dritte Dominostein einer Reihe nicht an den ersten der folgenden Reihe logisch anschließen (er könnte es aber).

Manchmal werden die Zahlensymbole aber auch einfach nur von links nach rechts vertauscht. Ist die Abfolge (in Worten) fünf – drei – zwei, wandert zunächst die Zwei nach vorne, und wir haben zwei – fünf – drei, und danach die Drei, und wir haben drei – zwei – und...?..., also ein leeres Feld, das jetzt die Fünf tragen müßte. Ein gutes Beispiel dafür ist die Aufgabe 4 auf S.114. Andererseits können die Zahlensymbole auch durch einfache Rechenoperationen entstehen. Ein Beispiel dafür ist die Aufgabe 15. Dort werden die Zahlen der ersten beiden oberen Felder addiert und ergeben dann die Zahl des dritten Feldes oben.

Mit ein bißchen Übung haben Sie rasch alle Möglichkeiten geknackt, und mit Hilfe der Ausschlußmethode (Welcher Lösungsvorschlag kommt garantiert nicht in Frage?; vgl. S. 305) schnell die Lösungsmöglichkeiten eingegrenzt.

8. Zahlensymbole (S. 118)

Bei Nicht-Mathematikern – und wer würde sich da ausschließen wollen – löst dieser Aufgabentypus schnell eine Panikattacke aus. Aber auch hier geht es wirklich nicht um höhere Mathematik oder extremes Abstraktionsvermögen, sondern ein bißchen Mut und Training werden Ihnen helfen, diese relativ simplen Aufgaben zu entschlüsseln.

Natürlich ist die Zeit für die Aufgabenbearbeitung so knapp bemessen, daß Sie nicht jeden einzelnen Lösungsvorschlag überprüfen können, aber wenn z. B. vier gleiche Symbole addiert als Summe ein einstelliges neues Symbol zum Ergebnis haben und die Lösungsvorschläge für die vier gleichen Symbole 2, 3, 4 , 8 und 9 sind, wird schnell klar, daß schon bei 3 (vier mal addiert) ein zweistelliges Ergebnis herauskommt, hier aber nur eine einstellige Lösung zugelassen ist. Also kann nur 2 das gesuchte Symbol verkörpern.

Außerdem sollte man sich solche Zahlen merken, die mit sich selbst multipliziert eine Zahl ergeben, bei der die Grundzahl wieder auftritt. Diese sind:

$5 \rightarrow 5 \times 5 = 25$
$6 \rightarrow 6 \times 6 = 36$

Auch folgende Zahlen sollte man nicht vergessen:

$11 \rightarrow 11 \times 11 = 121$
$22 \rightarrow 22 \times 22 = 484$

Mit genügend Ruhe und Zeit knacken Sie alle Aufgaben und gewinnen damit an Lösungskompetenz. Das Ihnen präsentierte Aufgabenmaterial entspricht absolut der Testrealität.

9. Wochentage (S. 123)

Wenn Sie sich mittels einer Vorlage die Schritte langsam verdeutlichen, kommen Sie mit diesem Aufgabentypus besser klar.

Beispiel: Zwei Tage vor vorgestern war Dienstag. Welcher Tag wird übermorgen sein?

Zum Kapitel: Logisches Denken / Abstraktionsfähigkeit 315

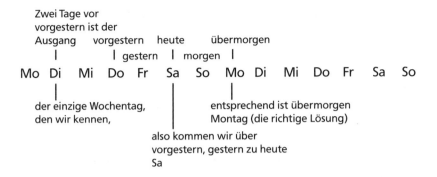

Mit Hilfe einer solchen Übersicht können Sie alle Aufgaben dieser Art bequem lösen.

Zu diesem Aufgabentypus noch eine gute und eine schlechte Nachricht. Die schlechte zuerst: Nachdem Sie sich mit den normalen Wochentagen auseinandergesetzt haben, müssen wir Sie mit der Tatsache bekannt machen, daß es 6 Varianten dieses Aufgabentyps gibt. Sie sind alle deutlich schwerer als das, was Sie eben gemacht haben. So gibt es z. B. eine Definition einer neuen Woche, die nicht mehr von Montag – Dienstag – Mittwoch usw., sondern von einer neuartigen, veränderten Reihenfolge von Wochentagen ausgeht. Da lautet die Woche: Freitag – Mittwoch – Montag – Samstag – Donnerstag – Dienstag – Sonntag. Klar, daß bei einer neuen Definition der Reihenfolge der Wochentage ganz andere Ergebnisse auf Fragen, wie sie oben dargestellt sind, herauskommen. Nun aber die gute Nachricht: Zum Glück kommen derartige Aufgaben relativ selten vor (z. B. werden sie gern in der EDV-Branche eingesetzt).

Achtung, Vorsicht: Nur für Logik-Masochisten – hier die sechs Varianten zu diesem Aufgabentyp:

1. Variante:
Die Tage werden numeriert und mit einer Ordnungszahl 1, 2, 3 ... versehen. In jeder Aufgabe wird ein Wochentag als Basistag bestimmt (immer verschieden).

Relativ leichtes Beispiel:
Der 3. Tag der Woche ist Mittwoch. Heute ist der 6. Tag der Woche. Welcher Tag ist morgen?

Lösung: Sonntag. (Wenn der 3. Tag der Mittwoch ist, so ist der 6. Tag ein Samstag. Morgen wäre also Sonntag. Basistag, also der 1. Tag, wäre Montag.)

Oder:
Der 7. Tag der Woche ist Freitag. Wenn übermorgen der 5. Tag ist, welcher Tag war der 2. Tag vor vorgestern?

Lösung: Donnerstag. (Wenn Freitag der 7. Tag ist, so ist der 5. Tag ein Mittwoch, dieser wäre übermorgen. Heute wäre also ein Montag. Vorgestern wäre ein Samstag, zwei Tage davor wäre Donnerstag. Alles logisch!)

Bei diesen Aufgaben muß man den 1. Tag der Woche, den Basistag, herausfinden. Man kann dann anhand der Ordnungszahlen abzählen und schließlich wieder den Wochentag zuordnen. Es ist also ein kleiner Umweg erforderlich. Diese Variante muß natürlich im Kopf erfolgen, denn Notizen sind nicht erlaubt.

Dazu einige Aufgaben:

A.
a) Heute ist der 5. Tag. Welcher Tag ist übermorgen, wenn Samstag der zweite Tag ist?
b) Samstag ist der 4. Tag. Wenn vorgestern der 7. Tag war, welcher Tag wird in vier Tagen sein?
c) Montag ist der 3. Tag. Wenn zwei Tage vor vorgestern der 5. Tag war, welcher Tag ist heute?

2. Variante (schwerer!):
Die Reihenfolge der Wochentage wird umgedreht, sie zählen rückwärts. Statt So–Mo–Di–Mi–Do–Fr–Sa gilt nun So–Sa–Fr–Do–Mi–Di–Mo!

Beispiel:
Die Wochentage zählen rückwärts. Wenn gestern Samstag war, welcher Tag wird morgen sein?

Lösung: Donnerstag. (Gestern war Samstag, also ist heute Freitag und morgen Donnerstag. Einfach rückwärts zählen!)

Zum Kapitel: Logisches Denken / Abstraktionsfähigkeit   317

So	Sa	Fr	Do	Mi	Di	Mo
	gestern	morgen				
		heute				

Oder:
Die Wochentage zählen rückwärts. In drei Tagen haben wir Donnerstag. Welcher Tag ist zwei Tage vor morgen?

Lösung: Montag. (In drei Tagen ist Donnerstag, heute wäre demnach Sonntag, morgen wäre Samstag, zwei Tage zurück Montag – rückwärts gezählt!)

Mo	So	Sa	Fr	Do	Mi	Di	Mo	So
2 Tage		morgen		in 3				
vor	heute		in 2	Tagen				
morgen			Tagen					

B.
a) Ein Tag vor vorgestern war Montag. Welcher Tag wird übermorgen sein?
b) Wenn 3 Tage vor morgen Samstag war, welcher Tag wird übermorgen sein?
c) In vier Tagen ist Sonntag. Welcher Tag ist drei Tage vor übermorgen?

3. Variante (Verschärfung):
Die rückwärts zählenden Wochentage werden numeriert, d. h., wenn Montag der 1. Tag ist, so ist Sonntag der 2. Tag und Dienstag der 7. Tag! Die Numerierung erfolgt in jeder Aufgabe neu.

Beispiel:
Die Wochentage zählen umgekehrt. Wenn übermorgen der 5. Tag ist, welcher Tag ist dann gestern, wenn der 6. Tag ein Sonntag ist?

Lösung: Donnerstag. (Der 6. Tag ist Sonntag; der 5. Tag, also übermorgen, wäre ein Montag; wenn übermorgen Montag ist, so ist heute Mittwoch; gestern Donnerstag!)

So	Sa	Fr	Do	Mi	Di	Mo	So	Sa
				heute			übermorgen	
			gestern		morgen		6. Tag	

C.
a) Der 5. Tag ist Freitag. Ein Tag vor vorgestern war der 3. Tag. Welcher Tag wird morgen sein?
b) Heute ist Dienstag. Wenn 3 Tage nach gestern der zweite Tag ist, welcher ist dann der 5. Tag?
c) Vorgestern war der 2. Tag der Woche. Welcher Tag wird in drei Tagen sein, wenn vor vier Tagen Donnerstag war?

Wer glaubt, damit wäre diese Aufgabenart ausgereizt, der irrt sich. Es gibt noch weitere Verschärfungen!

4. Variante (neue Schikane):
Die Reihenfolge der Wochentage wird verschoben.
Statt So–Mo–Di–Mi–Do–Fr–Sa heißt es nun:
erst die ungeraden, dann die geraden Tage: So–Di–Do–Sa–Mo–Mi–Fr.
Diese Reihenfolge ist zwingend für die weiteren Aufgaben!

Beispiel:
Wenn vorgestern ein Samstag war, welcher Tag wird übermorgen in drei Tagen sein?
Lösung: Samstag. (Vorgestern war Samstag; heute ist also ein Mittwoch, übermorgen ein Sonntag. Drei Tage dazu: Samstag.)

Hier noch ein anderes Beispiel:
Wenn heute Freitag ist, welcher Tag war fünf Tage vor übermorgen?
Lösung: Samstag. (Übermorgen ist Dienstag, 5 Tage zurück = Samstag.)

D.
a) In drei Tagen wird Freitag sein. Welcher Tag war zwei Tage vor vorgestern.
b) Wenn vier Tage vor übermorgen Mittwoch war, welcher Tag ist heute?
c) Welcher Tag wird zwei Tage nach übermorgen sein, wenn drei Tage vor gestern Montag war?

5. Variante (verschärfte Schikane):
Die Wochentage werden wieder numeriert, d. h. die neu definierte Reihenfolge So–Di–Do–Sa–Mo–Mi–Fr bleibt, und irgendein Tag wird jeweils wieder zum Basistag bestimmt.

Zum Kapitel: Logisches Denken / Abstraktionsfähigkeit   319

Beispiel:
Gestern war der 3.Tag, Sonntag ist der 6.Tag. Welcher Tag ist morgen?
Lösung: Freitag. (Wenn Sonntag der 6.Tag ist, so ist, wenn gestern der 3.Tag war, heute der 4.Tag und morgen der 5.Tag = Freitag.)

Oder:
Übermorgen ist der 6.Tag. Welcher Tag ist heute, wenn der 5.Tag drei Tage vor Freitag liegt?
Lösung: Donnerstag. (Wenn übermorgen der 6.Tag ist, so ist heute der 4.Tag. Basistag ist Freitag, 4.Tag Donnerstag.)

E.
a) Übermorgen ist der 4.Tag. Dienstag ist der 7.Tag. Welcher Tag war gestern?
b) Zwei Tage vor gestern war der 6.Tag. Donnerstag ist der 4.Tag. Welcher Tag ist zwei Tage vor morgen?
c) Heute ist der 3.Tag. Wenn Sonntag zwei Tage nach dem 5.Tag liegt, welcher Tag war dann vorgestern?

6. Variante (die Super-Schikane):
Beibehaltung der Reihenfolge ungerade–gerade; Beibehaltung der Numerierung, aber die Wochentage verlaufen in umgekehrter Richtung (rückwärts).
Es gilt also jetzt: Fr–Mi–Mo–Sa–Do–Di–So.
Der 1.Tag wird jeweils in der Aufgabe bestimmt. Ist also z.B. der 2.Tag ein Freitag, so ist der 1.Tag ein Sonntag und der 3.Tag ein Mittwoch.

Beispiel:
Die Reihenfolge der Wochentage zählt umgekehrt. Der 2.Tag ist Freitag. In vier Tagen wird der 7.Tag sein. Welcher Tag ist heute?
Lösung: Mittwoch. (2.Tag Freitag; in 4 Tagen ist der 7.Tag: Dienstag; 4 Tage zurück = Mittwoch.)

F.
a) In zwei Tagen ist der 6.Tag. Samstag ist der 4.Tag. Welcher Tag war vorgestern?
b) Vorgestern war der 4. Tag. Donnerstag liegt zwei Tage nach dem 5.Tag. Welcher Tag wird übermorgen sein?

c) Der 5. Tag ist Dienstag. Welcher Tag ist morgen, wenn vor zwei Tagen der 1. Tag war?

Lösungen (ausnahmsweise hier direkt im Anschluß):
A: a: Donnerstag / b: Montag / c: Sonntag
B: a: Mittwoch / b: Dienstag / c: Freitag
C: a: Mittwoch / b: Donnerstag / c: Donnerstag
D: a: Freitag / b: Freitag / c: Mittwoch
E: a: Donnerstag / b: Freitag / c: Dienstag
F: a: Mittwoch / b: Dienstag / c: Donnerstag

10. Sprach-Analogien / 11. Grafik-Analogien (S. 125/129)

Diese Form der Testaufgaben kommt in fast allen sog. wissenschaftlichen Tests vor. Man versteht darunter eine Art Gleichung, eine Form der Übereinstimmung zwischen zwei Objekten oder Begriffen, die in einer bestimmten, ähnlichen Beziehung zueinander stehen. Zu unterscheiden sind
- verbale Analogien
- nichtverbale wie
  numerische und
  geometrische Analogien
- doppelte Analogien

Die Standardanalogie hat die Form
A : B = C : D und wird gelesen:
A verhält sich zu B wie C zu D.

In den Testaufgaben fehlt einer dieser vier Begriffe und ist im Multiple-Choice-System aus einer vorgegebenen Lösungsmenge als allein richtige Antwort auszuwählen.

Bei den doppelten Analogien sind zwei Begriffe aus einer vorgegebenen Lösungsmenge zu ergänzen. Im genannten Beispiel wären das
...: B = C : ...

Zum Kapitel: Logisches Denken / Abstraktionsfähigkeit

Wenden wir uns zunächst den verbalen Analogien zu:

Zwischen zwei Begriffen auf der einen Seite der Gleichung entsteht eine Art Beziehung, die auf der anderen Seite in ähnlicher Weise wiederholt wird, z. B.:
hoch : tief = kurz : ...?...
a) weit   b) breit   c) schnell   d) lang   e) unendlich
Die richtige Lösung d paßt am besten in diese aufgestellte Wort- oder Begriffe-Gleichung.

Während dieses Beispiel so überschaubar ist, daß die Lösung keine weiteren Probleme bereitet, gibt es Testaufgaben, die einem schon mehr Kopfzerbrechen bereiten können, wie z. B.
Nase : brenzlig = Zunge : ...?...
a) belegt   b) sauer   c) schmecken   d) trocken   e) muffig
Die richtige Lösung b erklärt sich dadurch, daß wir mit der Nase etwas riechen können, wenn es angebrannt ist, und zum Schmecken mit der Zunge unter den vorgegebenen Lösungsmöglichkeiten »sauer« diesem Vorgang am besten entspricht (Stichwort: Reiz).

Würde die Aufgabe lauten
Nase : brenzlig = Auge : ...?...
a) Schatten   b) Tränen   c) weinen   d) bunt   e) schmutzig,
wäre hier die richtige Analogie d, weil es das linke Verhältnis am besten nachbildet.

Um mit diesem Aufgabentyp besser klarzukommen, gibt es eine Reihe von Aufbauprinzipien. Dabei ist die richtige Verbindungsformulierung der Zugang zur Lösung. Beispiel:
Trauer : Stimmung = Zorn ...?...
a) Ärger   b) Wut   c) Affekt   d) Verlust   d) Depression
Mit der richtigen Verbindungsformulierung „Trauer ist eine Art von Stimmung" erreichen wir auch die Lösung c (»Zorn ist eine Art von ...?...«) – Affekt, eine außergewöhnlich heftige seelische Erregung.
Verkompliziert wird das System dadurch, daß bisweilen die Verbindungsformulierung nicht nur auf einer Seite anzuwenden ist, wie bei Trauer : Stimmung oder Nase : brenzlig, sondern eine Beziehung zwischen dem ersten und dem dritten Wort/Begriff herzustellen ist.

Brot : Wein = Getreide : ...?...
   a) Weizen   b) Butter   c) Becher   d) Flasche   e) Trauben
»Brot wird aus Getreide hergestellt, Wein aus...?... – Trauben«, wäre hier die richtige Verbindungsformulierung.

Mit den folgenden Beziehungs- oder Verbindungsformulierungen für Wortanalogien können Sie diesen Aufgabentypus besser lösen:

Sprach-Analogien

Gleiche Bedeutung (»bedeutet das gleiche wie...«)
   praktizieren : ausüben = Befreiung : ...?...
   a) helfen   b) Übergabe   c) Verrat   d) Rettung   e) Täuschung
›Praktizieren‹ bedeutet das gleiche wie ›ausüben‹, das Substantiv ›Befreiung‹ hat die meiste Ähnlichkeit mit dem Substantiv ›Rettung‹.

Gegensätzliche Bedeutung (»bedeutet das Gegenteil von...«)
   nichts : alles = wenig : ...?...
   a) viel   b) mehr   c) Menge   d) nein   e) meistens
Lösung: a (Gegensatz).

Beschreibung (»ist eine Art von...«)
   Liebe : Leidenschaft = Melancholie : ...?...
   a) Tod   b) Stimmung   c) traurig   d) Charakter   e) Kummer
Lösung: b.

Abstufung (»ist eine schwächere / stärkere Ausprägung von...«)
   kühl : eiskalt = schlau : ...?...
   a) weise   b) interessiert   c) genial   d) klug   e) dumm
Lösung: c

Teilmenge (»ist ein Teil von, aus...«)
   Finger : Hand = Blatt : ...?...
   a) Blume   b) Auto   c) Ball   d) gefährlich   e) Baum
Lösung: e.

Zum Kapitel: Logisches Denken / Abstraktionsfähigkeit

Ursache/Folge (»ist eine Ursache von...« / »tritt gleichzeitig auf mit...«)
Fieber : Krankheit = Schweiß : ...?...
a) Glück   b) gefährlich   c) Anstrengung   d) Grippe   e) Seele
Lösung: c.

Wirkung/Funktion (»hat die Bedeutung / Funktion / Wirkung von, für...«)
Zahl : Wert = Wort: ...?...
a) Ausdruck   b) Form   c) Teil   d) schön   e) Bedeutung
Lösung: e.

Verhältnis (»steht in einem besonderen Verhältnis zu...«)
Mutter : Kind = Henne : ...?...
a) Hahn   b) Familie   c) Küken   d) Bulette   e) Ei
Lösung: c.

Anwendung/Werkzeug (»wird benutzt um/von...«)
Amboß : Schmied = Pinsel : ...?...
a) Farbe   b) Leiter   c) malen   d) Handwerker   e) Maler
Lösung: e.

Handlung (»ausführen / machen mit...«)
schießen : werfen = Pistole : ...?...
a) Ball   b) Gewehr   c) Knall   d) Schuß   e) Wumm
Lösung a. (Mit der Pistole schießen, mit dem Ball werfen.)

Herstellung (»wird gemacht / gewonnen aus...«)
Wolle : Perle = Schaf : ...?...
a) Käse   b) Milch   c) Ziege   d) Auster   e) Kette
Lösung: d.

Maßeinheit (»ist Maßeinheit für...« / »ist größere/kleinere Maßeinheit von, für...«)
Zeit : Uhr = Geschwindigkeit : ...?...
a) Hexerei   b) Schnelligkeit   c) Sekunde   d) Tacho   e) Geld
Lösung: d.

Kilo : Gramm = 1000 : …?…
a) Gewicht   b) eins   c) Waage   d) 100   e) abwiegen
Lösung: b.

Lokalisation (»finden wir / befindet sich in, an…«)
Schiff : Meer = Wolke : …?…
a) Sterne   b) Gewitter   c) Wind   d) Vögel   e) Himmel
Lösung: e.

Verknüpfung / Urheberschaft (»ist von…«)
Roman : Konsalik = Kapital : …?…
a) Engels   b) Kapitel   c) Brecht   d) Marx   e) Kapitalverbrechen
Lösung: d.

Nichtverbale Analogien

Hier geht es um Rechenoperationen. Zahlen stehen in einem bestimmten Verhältnis, das es zu analysieren gilt. Bisweilen werden auch Buchstaben eingesetzt, die in numerischer Relation zueinander stehen.

3 : 9 = 4 : …?…
a) 10   b) 12   c) 20   d) 21   e) 27
Lösung: b (3 x 3 = 9; 4 x 3 = 12)

12 : 3 = 16 : …?…
a) 2   b) 3   c) 4   d) 5   e) 6
Lösung: c.

C : Z = B : …?…
a) A   b) C   c) D   d) Y   e) X
Lösung: d (um eine Stelle im Alphabet zurück)

C : F = M : …?…
a) N   b) P   c) X   d) L   e) A
Lösung: b (P ist drei Buchstaben von M entfernt, wie F von C).

Geometrische Analogien

Statt in Worten oder Zahlen wird die Analogie aus Symbolen gebildet, also z. B.

○ : ◯ = □ : ◻

● : ◐ = ■ : ◧

× : + = ⊤ : ⊥

Erklärung: Die 2. Figur ist sozusagen eine stärkere Ausprägung der ersten.

Doppelte Analogien

...?... : Vater = Tochter : ...?...
a) Kind   A) Familie
b) Schwester   B) Mutter
c) Sohn   C) Kind
d) Junge   D) Oma
e) Mann   E) Enkel
Lösung: c/B.

Hier sollte man in zwei Schritten wie bei den Wortanalogien vorgehen und dann beide auf ihre Kompatibilität untereinander überprüfen. Auf der linken Seite fallen Kind und Schwester sofort raus. Vater : Mann würde passen, wenn auf der rechten Seite Tochter : Frau stehen könnte. Hier ist aber nur Tochter : Mutter verfügbar, und dazu paßt nur Sohn : Vater.

Bevor man sich diesem Aufgabentyp zuwendet, sollte man zunächst die Lösungsstrategien der einfachen Analogien trainieren.

11. Grafik-Analogien (S. 129)

Zu den grafischen Analogien bieten wir Ihnen ein kommentiertes Lösungsverzeichnis.

1 d: Außenfigur verschwindet, Innenfigur wird leer.
2 e: Schwarzer Halbkreis wird zum schwarzen Dreieck, weißer Halbkreis wird zum schwarzen Kreis.
3 b: Quadrat dreht sich um 90° und wird zum Kreis, wobei zwei weitere Linien hinzukommen.
4 a: Figur wird weiß und bekommt einen schwarzen Kreis. Figurgröße bleibt unverändert.
5 e: Mathematisch: 6/2 = 3/1. Folge »Kreis–Stern–Kreis–Stern« beachten.
6 b: 90°-Drehung nach links, Dreieck wird zum Kreis.
7 a: Außenfigur fällt weg. Kreis wird gespiegelt, wobei die schraffierten Flächen weiß, die weißen Flächen schraffiert werden.
8 c: Figur wird um 180° gedreht. Mittelstrich fällt weg.
9 e: Figur wird auf den Kopf gestellt und gespiegelt. Dann werden die Farben vertauscht.
10 c: Die Figuren haben eine linke und eine rechte Seite, die durch einen Strich getrennt sind. Die Farben der unteren Hälfte der linken und rechten Seite sind vertauscht.
11 a: 90°-Drehung nach links, schraffierte Fläche wird kariert.
12 b: Figur ist geviertelt. 45°-Drehung nach links. Die Seiten der weißen Viertel fallen weg, der Kreis rückt zum gegenüberliegenden Viertel.
13 d: Drehung um 90° nach rechts. Der Bogen wird durch ein Dreieck ersetzt, die Farben der kleinen Kreise sind vertauscht.
14 e: Das Dreieck ist in Relation zu einem Quadrat gesetzt. Beide Figuren decken teilweise eine andere, kleinere Figur (Dreieck/Quadrat), die die »entgegengesetzte« Farbe aufweist. Diese Figur befindet sich beim Quadrat auf der Seite, wo das Dreieck den kleinen weißen Kreis hat. An der rechten Seite des Quadrats (als untere Seite gilt immer die Seite, wo sich das halbverdeckte Quadrat befindet) befindet sich ein kleiner schwarzer Kreis.
15 b: Form wird rechteckig, kleiner Außenkreis rückt in die Mitte, dann Drehung um 180°.

Zum Kapitel: Logisches Denken / Abstraktionsfähigkeit

16c: Figur ist spiegelverkehrt, wobei aus rund eckig wird und umgekehrt. Darüber hinaus werden die karierten Flächen schwarz und die weißen kariert.
17d: Figur ist spiegelverkehrt. Zwei Seiten der kleinen Dreiecke fallen weg, eine Linie kommt hinzu und schließt die Figur.
18e: Die erste Figur wird um 180° gedreht. Das fehlende Viertelquadrat kommt hinzu plus einem halben Kreis, wobei beide das Muster / die Farbe des gegenüberliegenden Viertelquadrats übernehmen. So ergibt sich die jeweilige zweite Figur.
19e: Das Mittelkreuz wird durch einen Punkt ersetzt. Die Figur ist um 90° nach links gedreht, dabei werden die Farben des Kreises und des Dreiecks vertauscht. Ein zweiter, schwarzer Kreis tritt an der rechten Seite auf (die Figur »steht« auf der Spitze, alle andere Lagen sind Drehungen).
20b: Die eckige Figur entspricht der runden, die um 180° gedreht wurde.
21d: Das schwarze Quadrat rotiert um den Mittelpunkt des weißen Quadrats um 135° nach rechts.
22d: 180°-Drehung. Eine große Figur wird mit einer kleinen ins Verhältnis gesetzt, dabei gilt die Folge »Quadrat-Dreieck-Quadrat-Dreieck«.
23c: Drehung um 90° nach rechts. Schraffierte Fläche wird kariert, Kreis wechselt die Seite.
24a: 90°-Drehung nach rechts, die Farbe der Kreise wird vertauscht.

13. Unmöglichkeiten (S.138)

Zugegeben ein Aufgabentyp, der seinen Titel nicht zu unrecht trägt und viele Testkandidaten schier zur Verzweiflung treibt. Aber auch wenn der Name Programm zu sein scheint: Mit etwas Abstand und Ruhe, vor allem aber Übung ist das dahinterliegende System gar nicht so schwer zu knacken. Lediglich in der Streßsituation Prüfung kann eine erste Begegnung wirklich schockieren und damit lähmend auf die Gehirnzellen wirken.
Es fängt bei der Aufgabenerklärung an. Diese ist wirklich mit aller Sorgfalt und soviel Ruhe und Gelassenheit wie möglich zu lesen und zu verstehen. Worum geht es? Sechs Aussagen werden gemacht, die es zu untersuchen gilt. Ist die Aussage richtig, oder ist sie falsch, und gibt es vor allem viele falsche und eine einzige richtige oder umgekehrt viele richtige (präzise: fünf) und nur eine einzige falsche? Wenn Sie das wirklich begriffen haben, sind Sie schon ein ganzes Stück weiter.

Was die Aufgaben dann erschwert, ist bisweilen die Operation mit einer doppelten Verneinung. Hilfreich ist die Vorstellung, daß ein Richter einen Zeugen befragt. Beispiel:

Aussage: *Auf keinen Fall kann man in der Antarktis auf Räuber stoßen.*
Sie als Richter müssen diese Zeugenaussage beurteilen. Warum sollte man unter keinen Umständen in der Antarktis auf Räuber stoßen können? Der Zeuge lügt, die Aussage ist falsch.

Das gleiche gilt für die nächste Aussage des Zeugen:
Auf keinen Fall kann man in der Antarktis russische Forscher antreffen.
Auch diese »Zeugenaussage« ist als falsch zu beurteilen.

Nächste Aussage:
Auf keinen Fall kann man in der Antarktis englische Touristen sehen.
Auch diese »Zeugenaussage« ist falsch.

Auf keinen Fall kann man in der Antarktis auf Eisbären treffen.
Diese »Zeugenaussage« ist unter zoologischen Gesichtspunkten richtig, denn nur in der Arktis sind die weißen Genossen zu Hause.

Dagegen ist die Aussage, daß man in der Antarktis keine Eskimos besuchen kann und auch nicht Schlittschuh laufen kann, genauso falsch. Damit hat sich als einzige richtige Zeugenaussage die Eisbären-Aussage bewahrheitet, unter der Voraussetzung, daß Sie über ein gutes zoologisches Allgemeinwissen verfügen, was Ihnen übrigens auch bei der anderen Frage, bei der es um Jaguare in Afrika geht, hilft (die es da nämlich nicht gibt, also kann man sie da auch nicht jagen).
Von Vorteil ist ein gutes physikalisches und chemisches Allgemeinwissen, wegen der Schwerpunkte in diesen Testaufgaben, die nicht der Phantasie der Autoren entspringen, sondern aus der Testrealität stammen.

Aussage: *Unmöglich ist es, ein Lied zu singen ohne...*
  a) Notenkenntnis
  b) Unterstützung
  c) Anteilnahme
  d) Energie zu verbrauchen
  e) Begleitung
  f) Anleitung

Natürlich kann man ein Lied auch ohne Notenkenntnis singen. Natürlich auch ohne Unterstützung, ohne Anteilnahme, aber wohl kaum ohne Energie zu verbrauchen. Lösung d ist als einzig richtige Aussage zu werten, denn e und f stellen keine Unmöglichkeit dar. Es ist sehr wohl möglich, ein Lied ohne Begleitung und auch ohne Anleitung zu singen.

Ein bißchen Übung macht hier wie bei Domino- und Zahlensymbolaufgaben den Meister und läßt den Schrecken verblassen.

14. Schlußfolgerungen (S. 143)

Die im Text präsentierten Objekte (Währungen, Edelsteine, Personen, die essen gehen, etc.) sind in eine bestimmte Reihenfolge zu bringen. Dabei handelt es sich um eine Rangfolge nach den Kriterien von z. B. Größe, Wert, Leistung, die die Beziehungen der Objekte untereinander auf den ersten Blick deutlich werden läßt.

Nicht immer ist dabei eine eindeutige Beziehung zwischen einzelnen Objekten notwendig, gegeben bzw. möglich, um zur Lösung zu gelangen. Es gibt also auch den Fall, daß keine Aussage (z. B. wer der größte ist) aufgrund der gegebenen Informationen möglich ist.

Eine wesentliche Hilfe, die Objektverhältnisbestimmung vorzunehmen, liegt in der verkürzten Darstellung, wie schon in Beispiel 1 (Autos) angegeben. Eine andere Darstellungsweise führt ebenfalls zum Ziel.

Wir erhalten die Information: A ist langsamer als C und notieren:
   C B
   –   –
   A D

Nun bekommen wir die Information, daß D langsamer ist als B, gleichzeitig aber den Hinweis, daß D schneller ist als C.
   B
   –
   D
   –
   C
   –
   A

Jetzt können wir eine eindeutige Rangfolge feststellen.

15. Absurde Schlußfolgerungen (S. 147)

In der Tat, ein Teufelswerk. Wird man damit in einer Bewerbungssituation erstmalig und unvorbereitet konfrontiert, verliert man leicht den Boden unter den Füßen.

Hier noch einmal zwei Übungsbeispiele:

Behauptung: Alle Häuser sind Fische. Alle Fische sind Katzen.
1. Schlußfolgerung: Deshalb sind alle Häuser Katzen.
   a) stimmt
   b) stimmt nicht

2. Schlußfolgerung: Deshalb sind alle Katzen Häuser.
   a) stimmt
   b) stimmt nicht

Bevor wir zu erklären versuchen, wie man mit solchen Aufgaben fertig wird, lassen Sie uns bitte darauf hinweisen, daß wir für diesen Logik-Schwachsinn nicht verantwortlich sind, diesen Aufgabentyp wie übrigens auch alle anderen nicht selbst ausgeheckt haben.
Die erste Schlußfolgerung scheint einigermaßen nachvollziehbar (Lösung: 1a). Bei der zweiten Schlußfolgerung, die ja eigentlich wie die erste konstruiert wurde, gibt es folgende Abweichung: Plötzlich wird ein Umkehrschluß gezogen. Also: Weil alle Häuser Fische und alle Fische Katzen sind, sollen jetzt auch gleich alle Katzen Häuser sein. Das ist aber nicht so ohne weiteres logisch (falls man in diesem Zusammenhang überhaupt noch von Logik sprechen kann). Eine eindeutige Aussage, was Katzen alles sind bzw. sein könnten, liegt nämlich nicht vor (Katzen könnten z. B. auch Menschen sein...). Anders bei allen Häusern und bei allen Fischen! Da gibt es eine klare Definition: Häuser sind...Fische sind...Es könnte also durchaus Katzen geben, die z. B. XY sind und und und...

Zugegeben: ganz schön verwirrend. Noch ein Beispiel dazu (jetzt mal statt »sind« mit »haben«):

Alle Häuser haben Dächer. Alle Dächer haben Schornsteine.
Also: Alle Häuser haben Schornsteine.
Stimmt und ist wie das erste Beispiel konstruiert (fast schon nachvollziehbar!).

Aber daß nun alle Schornsteine Häuser haben (wie im zweiten Beispiel rückgeschlossen), stimmt eben nicht.

19. Flußdiagramme (S. 163)

Die vorn präsentierten Übungsaufgaben sollten Ihnen Gelegenheit geben, sich mit einem bestimmten Aufgabentyp aus gängigen Eignungstests (Fluß- oder Ablaufdiagramm) besser vertraut zu machen.
Es ist nur allzu verständlich, wenn Sie einen starken Widerstand gegen diese Art verwirrender, ungewohnter Aufgabenstellung spüren. Gleichwohl sind Sie in einer Auswahlsituation häufig mit diesem Aufgabentypus konfrontiert und müssen bemüht sein, die Aufgabenstellung optimal zu lösen. Haben Sie erst einmal Ihre Abneigung gegen derlei Aufgaben überwunden, werden Sie feststellen, daß sie im Grunde viel leichter zu lösen sind, als es auf den ersten Blick erscheint.
Geben Sie nicht so schnell auf, sondern beschäftigen Sie sich zuerst mit den Aufgaben 1–3 und steigern Sie sich langsam, denn es wird zunehmend komplexer, aber nicht grundsätzlich schwieriger. Das größte Problem steckt in der Überwindung der psychischen Abneigung gegen derartige Aufgaben.
Auch wenn wir zu diesem Aufgabentypus kein Patentrezept haben: Übung macht den Meister.

21. Interpretation von Schaubildern (S. 191)

Das inhaltlich zu Aufgabe 19 Gesagte trifft auch in vollem Umfang auf die Interpretation von Schaubildern bzw. Statistiken zu. Der »mentale Block« ist in der Regel der größte Störfaktor. Ganz selten werden Ihnen hochkomplexe Tabellen bzw. Statistiken zugemutet, die mit Fragen verknüpft sind, bei denen Sie sich wirklich den Kopf zerbrechen müssen.

22. Sprachsysteme (S. 200)

Der Fremdsprachenunterricht in der Schule war Ihnen schon immer ein Greuel? Wie Sie sehen, ist das noch steigerungsfähig.
Wir erklären Ihnen hier die Lösungen der dritten Gruppe, der zugegeben recht schwierigen Wüwü-Sprache:

Aufgabe 7:
Zuerst stellt man fest, daß die einzige Gemeinsamkeit bei den Sätzen »Ich koche Eier« und »Ich fische gerne« die Vorsilbe »duo« ist: Also steht »duo« für »ich«.
Dann versucht man das Verb »kochen« zu ermitteln, indem man »ich koche...« mit »sie kochen...« vergleicht.
Da zwei Möglichkeiten denkbar wären (»mi« oder »ri«), vergleicht man die beiden in Frage kommenden Silben mit den anderen Sätzen, in denen das Wort »Koch« vorkommt. Hier wird klar, daß die Silbe, die den Zusammenhang eines Wortes mit dem Kochen zum Ausdruck bringt, »mi« sein muß. So heißt »duomi«: Ich koche. »Pyhyari« sind dann die Eier, und man stellt fest, das Objekt kommt bei dieser Fremdsprache vor dem Subjekt.
Dann wissen wir auch gleich, daß »wühllyri« die Kartoffeln sind, und da »mi« für das Kochen steht, heißt »riri« »sie«.
Jetzt versuchen wir zu verstehen, wie Fische auf Wüwü heißen. Dazu schauen wir uns den Satz »ich fische gerne« an. Da wir jetzt wissen, daß duo = ich ist und das Verb nach »duo« kommen muß, ist es ganz klar, daß »gütti« das Fischen an sich zum Ausdruck bringt. Außerdem brät der Koch den Fisch, und wie wir jetzt wissen, steht das Objekt am Anfang: Also ist der Fisch = gütto; wir wissen allerdings noch nicht, wie der Plural gebildet wird.
Dazu schauen wir uns noch mal die beiden ersten Sätze an: Hier ist mal die Rede von Kartoffeln, da von Eiern. Beide Wörter sind Plural und haben die gemeinsame Endung »ri«. So kann man davon ausgehen, daß Fische = güttri sind, zumal auch die Blumen (ghnori) die Endung »ri« aufweisen.
Nun gilt es herauszufinden, wie sich der Ausdruck »der Koch brät« zusammensetzt, denn von Braten war bisher keine Rede, und auch nicht von Berufsbezeichnungen wie Koch, Fischer usw. Wo findet man noch etwas, das mit Braten zu tun hat?
Natürlich im letzten Satz, dem mit der Bratpfanne. Denn hier erkennt man, daß das Braten durch »lepzi« ausgedrückt wird, da dieses Wort auch ein Teil des Wortes ist, das »der Koch brät« beschreibt. Wenn lepzi = braten ist, dann liegt es auf der Hand, daß midiölle = Koch ist. In dem Wort steckt auch mi = kochen, d. h., »diölle« drückt die Berufsbezeichnung aus.
Da wir schon wissen, daß fischen = gütti ist, können wir das Wort für Fischer endlich identifizieren: gütti (fischen) + diölle (als Berufsbezeichnung). Also ist der Fischer = güttidiölle.
Wenn der Fischer fischt, muß man das Verb noch anhängen: güttidiölle-

gütti. Da er Fische fischt und das Objekt zuerst kommt, heißt dann »Der Fischer fischt Fische« »güttri güttidiöllegütti«.
Damit ist auch gleich die Aufgabe 8 gelöst: Das Objekt muß an erster Stelle stehen (hier: wühllyri), (a) ist also falsch; ich brate = duolepzi, gerne = diqö kommt an letzter Stelle, wie bei dem Satz: Ich fische gerne.
Bei der Aufgabe 9 ist die Sache etwas komplizierter. »Pyhyarituogütto« ist ein zusammengesetztes Wort, man erkennt pyhyari (Eier) und gütto (Fisch).
Die beiden Worte »Fisch« und »Eier« sind mit »tuo« verbunden. Das könnte bedeuten: entweder Fischeier (= Eier *vom* Fisch) oder Fisch *mit* Eiern bzw. Fisch *und* Eier, oder aber auch »der Eierfisch«. Wir wissen ja nicht, welchen Regeln die Fremdsprache folgt.
Was wir aber machen können, ist, das Wort »pyhyarituogütto« mit den anderen zusammengesetzten Wörtern zu vergleichen, um Hinweise über die Art der Zusammensetzung zu bekommen.
Und tatsächlich stellen wir gleich fest, daß sich solche Wörter aus einem Vorwort (dieses drückt das Objekt aus, worum es geht), einem Bindewort »tuo« und einem Nachwort bestehen. Das Nachwort scheint auf eine bestimmte Eigenschaft des Gegenstandes, also des Vorworts hinzuweisen. Bei »zuotuomi«, der Kochtopf, erkennen wir, daß »mi« für das Kochen steht. Dabei ist »tuo« das Verbindungswort, da es auch bei Bratpfanne und Blumentopf in der gleichen Funktion vorkommt. »Zuo« bedeutet dann offenbar Topf: Wortwörtlich übersetzt ist dann »zuotuomi« der Topf (zum) Kochen. Das Bindewort drückt also eine Beziehung zwischen Topf und Kochen aus; genauso verhält es sich mit dem Blumentopf (zuotuoghnori), wobei »ghnori« die Blumen sind: Topf (für) Blumen. Weiter mit den letzten Satz : »kkao« muß also für Pfanne stehen, »lepzi« steht ja für Braten. »Kkaotuolepzi« heißt dann Pfanne (zum) Braten.
Zurück bei unserem »pyhyarituogütto« stellen wir fest: Fisch mit Eiern scheidet als Möglichkeit aus, da uns die anderen Beispiele gezeigt haben, daß »tuo« auf eine Eigenschaft (das Nachwort) des Objekts (Vorwort) hinweist und nicht auf das Zusammentreffen von verschiedenen Gegenständen. »Pyhyarituogütto« bedeutet dann hier Eier (vom) Fisch, auf gut Deutsch: Fischeier. Damit sind die Lösungen (b) und (e) falsch.
Nun, was ist denn eigentlich mit den Fischeiern los? Werden sie gekocht, gebraten, gegessen oder was auch immer...? Na ja, gekocht werden sie natürlich nicht, denn das Verb wird dem Subjekt nachgestellt und heißt hier: lepzi, also braten (Lösung a ist falsch).

Nun bleibt nur noch offen, wer die Fischeier brät. Dieses ist aber jetzt ganz leicht, denn wir wissen bereits, daß riri = sie bedeutet. Das führt zu der Schlußfolgerung: ririlepzi = sie braten. Das Ganze geht, wie man sieht, auch ohne sich Gedanken über die komplizierte Wortkonstruktion von »Eiermann« machen zu müssen.
Selbstverständlich sind auch unterschiedliche Lösungswege denkbar, die Lösung bleibt natürlich immer gleich.

Aufgabe 10: Es ist fast ein Scherz, so eine Frage zu stellen, aber die Lösung gibt es tatsächlich: prödeyotuoghnorituopyhyari pyhyaridiöllemi. Schön, nicht wahr?
Die Regeln, nach denen sich der Satz bildet, sind bereits in der Erläuterung der anderen Aufgaben enthalten.
In diesem Sinne grüßen wir Sie mit einem fröhlichen sella enier ehcasnevren!

Zum Kapitel: Merkfähigkeit/Kurzzeitgedächtnis

3. Auswendiglernen (S. 213)
Wenn Sie mit einer Aufgabe konfrontiert werden, bei der es um das Auswendiglernen von bestimmten Begriffen geht – in der Regel sind es fünf – zu ganz bestimmten Bereichen, übrigens auch wieder fünf (z.B. Arbeitswelt, Geografie, Namen, Pflanzen, Nahrungsmittel o.ä.), dann ist es natürlich wichtig zu wissen, daß die Abfrageform alphabetisch vonstatten geht, also: In welcher Gruppe war der von Ihnen memorierte Begriff mit dem Anfangsbuchstaben A (und dann B, C usw.)?
Statt jedesmal bei jeder Frage in seinem Gedächtnis neu »zu kramen«, könnten Sie die Begriffe, an die Sie sich sofort spontan erinnern, den Lösungen zuordnen, entsprechend den Anfangsbuchstaben des Alphabetes. Bei der hier vorgestellten Aufgabe erinnern Sie sich beispielsweise an den Nachtwächter vor einer Scheune sitzend, mit einer Wurst in der Hand, und Sie haben sofort die Frage nach N, S und W gelöst. Hinzu kommt, daß sich so ein Bild viel leichter memorieren läßt als die Berufsgruppe Eismann – Imker – Nachtwächter – Pfarrer – Uhrmacher.
Eine andere Mnemotechnik hilft Ihnen auch, für die Gruppe der Berufe vielleicht nur mit Hilfe der Anfangsbuchstaben ein Kunstwort zu prägen (z. B. Eismann – Imker – Nachtwächter – Pfarrer – Uhrmacher = EINPU). Das bedeutet, Sie lernen pro Begriffsbereich nur noch ein Kunstwort und

können dann die Buchstaben entsprechend schnell wie oben beschrieben zuordnen, nämlich indem Sie springen. Es gibt viele verschiedene Mnemotechniken, und wenn Sie sich mit diesem Aufgabentypus ein bißchen beschäftigen, werden Sie schon die richtige für sich herausfinden.

Zum Kapitel: Wort- und Sprachverständnis / Rechtschreibung

1. Wortauswahl / 2. Gleiche Wortbedeutungen (S. 219/222)
Hier werden Ihnen bei den schwierigeren Aufgaben Fremdworte zugemutet (z.B. *Traktat*) oder auch selten verwendete deutsche Wörter (wie z. B. *Gesinde* oder *irden*), deren richtige Zuordnung jedem von uns schwerfällt, ohne in einem Lexikon nachzuschlagen.
(Am Ende des Buches finden Sie einen lexikalischen Anhang mit der Erklärung von in Tests häufig verwendeten schwierigen deutschen Wörtern, Fremdwörtern, Namen und Abkürzungen – s.S. 475)

Die Rechtschreibreform wird auf diesem Testgebiet zu kolossaler Verunsicherung führen, und es bleibt zu hoffen, daß Tester sich für einen Übergangszeitraum hier Zurückhaltung auferlegen. Trotzdem ist anzuraten, sich als Testkandidat mit der Problematik vertraut zu machen.

Zum Kapitel: Rechenfähigkeit / Mathematisches Denken

Die hier abgeforderten Rechenoperationen, insbesondere die Textaufgaben, geben einen guten Einblick, mit welchen mathematischen Herausforderungen Sie rechnen können/müssen. Hier lohnt es sich wirklich, den mathematischen Problemen bei Textaufgaben besondere Aufmerksamkeit zu widmen. Der Bezug zur Testrealität ist frappierend.

Zum Kapitel: Räumliches Vorstellungsvermögen

3. Würfel (S. 267)
Dieser zu Recht gefürchtete, weil sehr schwierige Aufgabentypus kommt Gott sei Dank nicht mehr ganz so häufig vor, nachdem sich sogar Doktoranden mit dem Thema beschäftigt haben, ob durch die Würfelaufgaben wirklich so etwas wie räumliches Vorstellungsvermögen abgeprüft werden kann. Quintessenz: Natürlich nicht, und wir können hier aus Platz-

gründen lediglich darauf verweisen, daß wir in unserem an anderer Stelle schon einmal erwähnten Fischer-Taschenbuch »*Testtraining für Ausbildungsplatzsucher*« auf über zehn Seiten Übungs- und Erklärungsmaterial dem Leser zur Verfügung gestellt haben.

Zum Kapitel: Leistungs-Konzentrations-Tests

5. Zahlensuche (S. 277)
Jeder entwickelt sicherlich sein eigenes System, mit diesen Aufgaben klarzukommen. Wir empfehlen, zunächst nur die untere Zeile unter dem Aspekt zu checken, ob sie größer ist als 240. Dann erst sollte der Blick nach oben gehen.

6. Zahlen-/Buchstaben-Tabelle (S. 280)
Wenn möglich, sollten Sie versuchen, den folgenden Bearbeitungstip für diese Aufgabe zu realisieren: Es ist leichter, die Aufgabe Zeile für Zeile aus dem Buchstaben-/Zahlen-Koordinatensystem zu bearbeiten, anstatt nach den Anweisungen aus dem Aufgabenblock dann oben von Zeile zu Zeile und Spalte zu Spalte hin- und herzuspringen.

Unsere Empfehlung: Sie bearbeiten zuerst alle Aufgaben, die sich mit der ersten Zeile (1) lösen lassen (verwenden Sie, wenn möglich, ein Lineal oder Blatt Papier zum Abdecken der restlichen Zeilen). Also: 1K, 1V, 1H, C1, 1Q, 1Y, L1. Dann wird – entsprechend der Anordnung im Aufgabenblock – die zweite Zeile im oberen Koordinatensystem bearbeitet (2M, 2N, 2T, O2), dann die 12., die 8., die 6., die 18. usw.

Es ist genausogut möglich, dieses System auf die Vertikalachse zu übertragen und zuerst alle A's, dann J's, dann K's usw. zu überprüfen. In unserem Fall wäre dieses System übersichtlicher, da es jeweils nur 20 Variablen sind (bei den Buchstaben sind es ja 24). Außerdem sind die Zahlen fortlaufend (1, 2, 3...) angeordnet, was die Suche nach einer bestimmten Zahl erleichtert, während die Suche nach einem Buchstaben durch deren zufällige Anordnung erschwert ist.

Auf diese Weise sind die 60 Aufgaben in der vorgegebenen Bearbeitungszeit durchaus zu schaffen.

7. Buchstaben/Zahlen (S. 281)

Auch hier ist rationelle Aufgabenbearbeitung zu empfehlen. Dabei kann man je nach Gedächtniskapazität einen oder mehrere Buchstaben und Zahlenwerte durch alle Reihen suchen und eintragen, also z. B. T und Z oder T und A oder T und H usw. Das Entscheidende ist dabei, Arbeitsgänge zur Zeitersparnis zu kombinieren, da Sie in der Bewerbungsrealität mit etwa 50 dieser Zeilen konfrontiert werden.

Noch ein Hinweis: Falls Sie in Sorge sind, ob ein anderes Abarbeiten dieser Aufgaben als in der sturen, vorgegebenen Reihenfolge in Ihrer Bewerbungssituation günstig ist, verdeutlichen Sie sich folgendes: Sie zeigen durch Ihr außergewöhnliches Vorgehen – selbst wenn Sie die Aufgabe nicht bis zum Ende schaffen – Arbeits- und Organisationstalent und den Mut, neue Wege zu gehen. Das könnte Sie von anderen positiv unterscheiden, schlimmstenfalls kann die Aufgabe nicht gewertet werden, und das wäre ja vielleicht gar nicht so schlimm.

8. Buchstaben einkreisen (S. 282)

Tip: Schreiben Sie sich das Alphabet über die Aufgabe oder auf Ihren Lösungszettel. Hinweis für Leute, die erst den Testleiter fragen wollen, ob sie das dürfen: Wer viel fragt, kriegt viel Antwort.

9. Zahlen verbinden (S. 283)

Bei dieser Aufgabe wird von Bewerbern ein erstaunlicher Übungseffekt berichtet: Je öfter an einem derartigen Test teilgenommen wurde, desto besser die Ergebnisse. Folgerung: Basteln Sie sich selbst weitere Testübungsaufgaben nach diesem Strickmuster.

Persönlichkeitstests

Mit was für einem Menschen habe ich es zu tun? fragt sich der Arbeitgeber. Ergründet werden sollen die Charaktereigenschaften, die Wesenszüge, die Persönlichkeit des Bewerbers. Forschungsgegenstand ist also nicht die Eignung oder Intelligenz, nicht primär die Fähigkeit, eine bestimmte Tätigkeit auszuüben, sondern bei dieser Testart stehen die Persönlichkeitsmerkmale des Bewerbers im Vordergrund. Klar, daß die Ergebnisse bei der Personalentscheidung eine zentrale Rolle spielen.

Das in den Mittelpunkt gerückte Hauptkriterium gipfelt in der Frage: Paßt dieser Bewerber zu uns, fügt er sich möglichst reibungslos in das vorhandene Arbeitsteam ein? Ist er ein einsatzbereiter, leicht zu »handhabender«, gut »funktionierender« potentieller Mitarbeiter? Getestet wird das Ganze natürlich auch im Vorstellungsgespräch.

Durch den Einsatz von Persönlichkeitstests versucht man, einen maximalen Einblick in die Psyche des Bewerbers zu bekommen, in seine allgemeinen Verhaltensweisen, insbesondere aber in seine möglichen Reaktionsweisen in bestimmten Situationen (z. B. Konflikten).

Was aber ist nun eigentlich Persönlichkeit und/oder Charakter? Die Psychologie ist sich hier ebenso wie beim Intelligenzbegriff herzlich uneinig. Es existieren etliche, z. T. widersprüchliche Persönlichkeitsmodelle und -theorien, die sich diesem Spezialgebiet widmen.

Ohne Zweifel hat ein Arbeitgeber Anspruch auf eine korrekte Arbeitsleistung durch den Arbeitnehmer, den er dafür entlohnt. Dem daraus abgeleiteten Ausforschungsinteresse des Arbeitgebers bei der Bewerberauswahl müssen jedoch Grenzen gesetzt werden. Denn Arbeits- und Berufsleben sind nicht vergleichbar mit einer Ehe- bzw. Lebenspartnerbeziehung. Unserer Meinung nach stellt der absolute Anspruch des Arbeitgebers, genau wissen zu wollen, um welche Bewerber- bzw. Mitarbeiterpersönlichkeit es sich handelt, eine rechtswidrige Ausnutzung eines Abhängigkeitsverhältnisses und eine Verletzung von grundlegenden Persönlichkeitsrechten dar.

Einstiegstest

Einstiegstest

Schauen Sie sich bitte die folgenden sieben Bilder an. Eine kleine Situation wird geschildert, ein Bild illustriert dabei, worum es geht. Eine Person (A) sagt etwas, und die andere (B) antwortet darauf. Drei Antwortmöglichkeiten sind vorgegeben. Entscheiden Sie ganz spontan, welche Antwort die angesprochene Person gibt.

1. Es ist drei Uhr nachts, und das Telefon hat Person B aus dem Schlaf geklingelt.

Was antwortet Person B? Bitte ankreuzen.

a) Das macht nichts. Ich habe noch nicht so fest geschlafen.
b) Es ist wirklich ärgerlich, auf diese Art und Weise geweckt zu werden, aber das kann schon mal passieren.
c) Sie sind ein Vollidiot!

2. Ein Mann hat einen Bekannten zum Flughafen gefahren. Dabei hat er sich verfahren, so daß die Person B ihr Flugzeug verpaßt hat.

Was antwortet Person B?

a) Daß Sie sich verfahren, habe ich irgendwie vorher geahnt.
b) Das macht gar nichts. Der nächste Flieger geht ja in vier Stunden.
c) Einerseits Pech. Andererseits: Wer weiß, wofür es gut ist.

3. Person B ist bei Person A zu Besuch und hat versehentlich eine gute Vase nebst Blumenstrauß umgestoßen.

Was antwortet Person B?

a) Ich könnte in den Boden versinken. Kann ich das überhaupt jemals wieder gutmachen?
b) Scherben bringen Glück! Nur keine Aufregung!
c) Es tut mir wirklich leid. Es war nicht meine Absicht. Selbstverständlich komme ich für den Schaden auf.

4. Vor einer Autoreparaturwerkstatt: eine Reklamation.

Was antwortet Person B?

a) Ich höre kein Geräusch. Da können wir jetzt auch nichts mehr für Sie tun. Sie haben sich schließlich für dieses Modell entschieden.
b) Ich verstehe Sie gut, auch ich bin geräuschempfindlich. Soll ich mit dem Chef gleich mal über einen Preisnachlaß sprechen?
c) Daß ist bedauerlich, aber wir werden uns noch einmal darum kümmern.

Einstiegstest

5. Nach einer halben Stunde Anstehen vor der Kinokasse ist die Vorstellung ausverkauft, als Person B dran ist.

Was antwortet Person B?

a) Pech, aber dann kaufe ich jetzt eben eine Karte für die nächste Vorstellung.
b) So eine Unverschämtheit, hätten Sie das nicht eher sagen können? Dann hätte ich mich ja nicht so lange anstellen müssen!
c) So was kann auch nur mir passieren. Wieder ein Abend im Eimer.

6. Im Restaurant beklagt sich der Gast über das Essen.

Was antwortet der Ober?

a) Das kann nicht sein, über diese Suppe hat sich noch niemand beschwert, Sie sind der erste.
b) Tut mir leid, ich spreche sofort mit dem Koch und Sie bekommen eine neue Suppe.
c) Ich bedauere, daß Ihnen unsere Suppe nicht schmeckt. Darf ich Ihnen etwas anderes anbieten?

Einstiegstest

7. In einem Radio-Fernseh-Fachgeschäft.

Was antwortet der Verkäufer?

a) Das ist mir wirklich furchtbar unangenehm, jetzt bekommen Sie ein nagelneues Gerät.
b) Tut mir leid, wir versuchen noch einmal unser Bestes.
c) Das ist doch unmöglich. Den haben Sie bestimmt selbst kaputtgemacht.

Auswertung, Aufbau, Interpretation

Bitte addieren Sie zunächst Ihre Punktzahlen. Bei Aufgabe 1 bekommen Sie für die Ankreuzung a 0 Punkte, für b 2 Punkte und für c 4 Punkte. Dazu die folgende Tabelle:

Aufgabe	Antwort a	b	c
1	0	2	4
2	4	0	2
3	0	4	2
4	4	0	2
5	2	4	0
6	4	0	2
7	0	2	4

Maximal können Sie 28 Punkte erreicht haben, minimal 0. Ihr Ergebnis muß in jedem Fall eine gerade Zahl sein, ansonsten haben Sie einen Additions- bzw. Übertragungsfehler gemacht (und sind durch den Rechentest gefallen...).

Bitte tragen Sie Ihren Punktwert auf der folgenden Skala ein:

```
   depressiv          angemessen           aggressiv
0   2   4   6   8   10  12  14  16  18  20  22  24  26  28
———————————|———————————|———————————|————————————————
```

Was sagt Ihnen und uns der erreichte Punktwert? Zunächst einmal: Hier waren sieben Situationen skizziert, die durch Enttäuschungen, Ärger, Schwierigkeiten, Probleme und Unannehmlichkeiten gekennzeichnet waren. Das sind Situationen und Erlebnisse, die wir alle in unserem Alltag zur Genüge kennen. Interessant ist, wie wir damit umgehen: Der eine macht seinem Ärger deutlich Luft und schimpft, der andere schluckt seinen Ärger runter und schweigt. Der eine brüllt, der andere weint. Der eine glaubt, sich dafür entschuldigen zu müssen, »daß er geboren wurde«, der andere verlangt wutschnaubend nach seinem Recht. Zwischen diesen beiden extremen Verhaltensweisen gibt es auch den sog. »goldenen Mittelweg«.

Was, glauben Sie, trifft auf Sie zu? Eine Extremposition – etwa so: Mit der Faust auf den Tisch oder mit dem Ärger und dem Geschwür im Magen. Zu welcher »Sorte Mensch« gehören Sie – zu den Extremen (Faust oder Geschwür), oder liegen Sie »in der Mitte?«

So war der Test aufgebaut

Bei jeder Situation ging es nicht um Person B (egal ob Kellner, Aufgeweckter, Monteur etc.), sondern eigentlich um Sie. In einer durch Schwierigkeiten, Unannehmlichkeiten und Frustrationen gekennzeichneten Situation mußten Sie sich zwischen drei Antwortmöglichkeiten und damit Reaktionsweisen entscheiden.

1. Da gab es jeweils die Möglichkeit, seinem Ärger Luft zu machen und zu schimpfen (z. B. den nächtlichen Anrufer einen Vollidiot nennen: 1c; so auch bei 2a, 3b, 4a, 5b, 6a, 7c; diese Ankreuzungen bekamen jeweils 4 Punkte).
2. Alternativ – oder besser als anderes Extrem – wurde die Möglichkeit angeboten, den Ärger »runterzuschlucken« und in sich »reinzufressen«, z.T. auch überhaupt das Vorhandensein von Ärger, Wut und Enttäuschung zu leugnen (dem nächtlichen Anrufer zu erklären, man habe noch nicht so fest geschlafen: 1a; so auch bei 2b, 3a, 4b, 5c, 6b, 7a – jeweils mit 0 Punkten bewertet).

So ergeben sich die Eckpfeiler, die die extremen Positionen kennzeichnen, wenn es um frustrierende Situationen geht: wütende (aggressive) Reaktion auf der einen Seite und Ärger bzw. Wut »runterschluckende« (depressive) Reaktion auf der anderen.

3. Der sog. »goldene Mittelweg« wurde ebenfalls angeboten (dem nächtlichen Anrufer wird gesagt, daß es sich um eine ärgerliche Störung handelt, die aber schon mal passieren kann: 1b; so auch 2c, 3c, 4c, 5a, 6c, 7b).

Hier wurde versucht, eine halbwegs angemessene, weder zu aggressive noch zu sehr den Ärger »runterschluckende« Antwort auf die Frustration zu finden. Deutlich wurde der Versuch unternommen, irgendwie konstruktiv mit der schwierigen Situation klarzukommen, ohne die Enttäuschung und die entstandenen Schwierigkeiten verleugnend zu beschönigen.

Nun zur Interpretation Ihres Punktwerts

0–8 Punkte
Sie neigen in ausgeprägter Weise dazu, Ihren Ärger »runterzuschlucken«, bzw. ihn nicht wahrhaben zu wollen. Kennen Sie das: Magen- oder Kopfschmerzen, das ohnmächtige Gefühl, mit tränenerstickter Stimme kein Wort rauszukriegen? Das ist alles furchtbar ungesund. Bei 6 Punkten deutet sich eine Tendenz zur Hoffnung an, sich bald angemessener mit ärgerlichen Situationen auseinanderzusetzen. Weiter in dieser Richtung!

10–18 Punkte
Hier liegen Sie im »goldenen Mittelbereich«. Sie scheinen in der Lage zu sein, angemessen auf Frustrationen, die das Leben bereithält, reagieren zu können. Ganz besonders gilt das für die Punktwerte 12, 14 und 16. Sollten Sie den Punktwert 10 haben, laufen Sie ein wenig Gefahr, sich dem Tal der »Runterschlucker« zu sehr zu nähern. Achtung: Dies gilt auch für den Punktwert 18. Allerdings mit entgegengesetztem Vorzeichen: Achten Sie darauf, nicht »zu viel Gas« zu geben, Ihr Temperament nicht mit Ihnen durchgehen zu lassen. Ansonsten sind 14 und 16 die Positionen, mit denen man im Leben wahrscheinlich am besten fährt.

20–28 Punkte
Sie scheinen das Motto »Wer sich nicht wehrt, lebt verkehrt« zu Ihrer generellen Richtschnur gemacht zu haben. Vorsicht! Sie laufen Gefahr, zu grob und ungerecht mit Ihrer Umwelt umzugehen. Vielleicht bekommen Sie später einmal Bluthochdruck…

Spaß beiseite

Dieser kleine Einstiegstest – bitte nehmen Sie Ihr Ergebnis nicht so tierisch ernst – sollte nur dazu dienen, an einem konkreten Beispiel Aufbau und Interpretation eines Persönlichkeitstests zu illustrieren.

Wozu ein solcher Test dienen kann: Angenommen, Sie sind im Außendienst einer Versicherung tätig, müssen »Klinken putzen gehen«, viele Gespräche führen, bevor es endlich klappt und Sie jemandem eine Reisegepäck-Versicherung aufgeschwatzt haben, könnte es also sein, daß der Arbeitgeber Sie bei der Bewerbung mit einem ähnlichen Test konfrontiert. Er will möglichst vorher herausfinden, wie Sie mit den zu erwartenden Schwierigkeiten – viele Leute wollen gar keine Versicherung abschließen – wie Sie also mit diesen Enttäuschungen umgehen. Lassen Sie sich davon »fertigmachen«, oder können Sie auch noch nach dem 15. vergeblichen Gespräch weiterarbeiten. Das bedeutet: weder mit Tränen in den Augen noch mit einer geballten Faust in der Tasche.

Ohne daß Sie das sofort durchschauen: In gewisser Weise geht es bei diesem Test um Ihre Anpassungsfähigkeit. Können Sie in heiklen, Frust auslösenden Situationen angemessen reagieren, d. h. nicht gleich losplatzen, explodieren und auf die Barrikaden gehen oder andererseits sich nicht sofort ganz und gar zurücknehmen, verkriechen und dafür entschuldigen, daß Sie geboren worden sind?
Den eben von Ihnen absolvierten Test gibt es wirklich. Natürlich war das nur ein ganz kurzer Auszug. Der sog. »Picture Frustration Test« des amerikanischen Psychologen Rosenzweig soll – wie geschildert – Aufschluß darüber geben, wie die getestete Person auf Frustrationen reagiert. Ob Sie es glauben wollen oder nicht: Dieser Test wird tatsächlich in der einen oder anderen Form von Arbeitgebern eingesetzt. Man kann darüber spekulieren, wer mit Hilfe dieses Persönlichkeitstests »ausgesiebt« werden soll – die zu Aufmüpfigen oder die zu stillen Sensibelchen.

66 Persönlichkeitsentscheidungen

Nachfolgend finden Sie 66 Aussagen, die sich auf Ihre Interessen, Neigungen und Einstellungen beziehen. Bei vielen Aussagen kann man unterschiedlicher Meinung sein: Der eine denkt, Geld mache nicht glücklich, der andere ist gegenteiliger Ansicht. Manche Menschen sind im persönlichen Umgang zurückhaltender, andere nicht. Manch einer fühlt sich stark und selbstbewußt, ein anderer ist voller Selbstzweifel. Eine »richtige« Antwort auf die jetzt folgenden Aussagen gibt es nicht. Jeder Mensch hat schließlich das Recht auf seine eigene Meinung, basierend auf seinen Erfahrungen.

Wir möchten nun Ihre Meinung zu einer Reihe von Aussagen erfahren. Zu jeder Aussage gibt es drei Antwortmöglichkeiten. Dazu ein Beispiel:

Ich treibe gerne Sport.
- a) stimmt
- b) teils-teils
- c) stimmt nicht

Kreuzen Sie bitte diejenige Antwort an, die Ihrer Meinung am ehesten entspricht. Wichtig: Grübeln Sie nicht lange darüber nach, wie eine Aussage zu verstehen ist und was sie bedeuten könnte. Geben Sie Ihre Antwort ganz spontan; mehr als 15–20 Minuten Zeit sollten Sie für diesen Test nicht benötigen.

Nicht alle Aussagen enthalten alle Einzelheiten, die man eigentlich wissen müßte, um eine gute Entscheidungsgrundlage zu haben. Machen Sie sich also nicht zu viele Gedanken, z. B. wenn Sie außer Fußball andere Sportarten nicht mögen und auch nicht ausüben. Wenn Sie nun einmal gerne Fußball spielen und das gelegentlich tun, kreuzen Sie ruhig a an (stimmt). Manchmal können Sie sich vielleicht nicht ganz eindeutig entscheiden, und so liegt Ihre persönliche Einstellung zu dieser Aussage (Sport gerne zu treiben) irgendwo »dazwischen«. Dann kreuzen Sie b (teils-teils) an. Das sollten Sie aber bitte nur dann tun, wenn es Ihnen wirklich unmöglich erscheint, sich zwischen den anderen beiden Antwortmöglichkeiten zu entscheiden.

Bitte bearbeiten Sie jede Aussage. Manche mögen Ihnen etwas sehr persönlich erscheinen, aber es geht hier nicht um einzelne Antworten, sondern nur um das Gesamtbild.

66 Persönlichkeitsentscheidungen

1. Gleiches Gehalt vorausgesetzt, wäre ich lieber...
   a) Chemiker im Labor
   b) unsicher
   c) Manager im Hotel

2. Ich halte viel von dem Satz »Erst die Arbeit, dann das Vergnügen«.
   a) stimmt
   b) teils-teils
   c) stimmt nicht

3. Ich arbeite lieber...
   a) mit Zahlen und Statistiken
   b) unsicher
   c) mit Menschen zusammen

4. Karriere ist nicht alles im Leben.
   a) stimmt
   b) teils-teils
   c) stimmt nicht

5. Ich vermeide es, mich mit Leuten rumzustreiten.
   a) ja
   b) manchmal
   c) nein

6. Wenn Leute mit der Moral argumentieren, regt mich das auf.
   a) stimmt
   b) teils-teils
   c) stimmt nicht

7. In unserer Wirtschaftsordnung sollte im Prinzip alles so bleiben, wie es ist.
   a) stimmt
   b) teils-teils
   c) stimmt nicht

8. Lieber ein ganz sicherer Arbeitsplatz mit festem, aber kleinerem Gehalt als das Gegenteil.
   a) stimmt
   b) teils-teils
   c) stimmt nicht

9. Wenn andere die Köpfe zusammenstecken und tuscheln, denke ich, daß sie schlecht über mich reden könnten.
   a) stimmt
   b) teils-teils
   c) stimmt nicht

10. Ich denke, daß ich Herausforderungen mutig begegne.
    a) ja, meistens
    b) manchmal
    c) sehr selten

11. Mit einer schweren Erkältung im Bett liegend,...
    a) versuche ich, die Zeit als eine Art Urlaub zu genießen
    b) teils-teils
    c) mache ich mir Gedanken über die liegenbleibende Arbeit

12. Ich fühle mich öfter einsam.
    a) stimmt
    b) teils-teils
    c) stimmt nicht

13. Nachts habe ich bisweilen schlechte Träume.
    a) stimmt
    b) teils-teils
    c) stimmt nicht

14. Ich lese lieber ein gutes Buch, als mich mit anderen angeregt zu unterhalten.
    a) stimmt
    b) teils-teils
    c) stimmt nicht

15. Wenn andere erfolgreich sind, kann ich sie schon ein bißchen beneiden.
    a) stimmt
    b) teils-teils
    c) stimmt nicht

16. Wenn jemand es verdient, kann ich sehr spöttisch sein.
    a) im allgemeinen
    b) manchmal
    c) nie

17. Wenn jemand besonders freundlich zu mir ist, frage ich mich schnell, warum – und was möglicherweise dahintersteckt.
    a) stimmt
    b) teils-teils
    c) stimmt nicht

18. Auch kleinere Experimente können ein schwer kalkulierbares Risiko beinhalten.
    a) stimmt meistens
    b) teils-teils
    c) stimmt selten

19. Ich glaube nicht, daß mir jemand wirklich Schwierigkeiten wünscht.
    a) stimmt
    b) teils-teils
    c) stimmt nicht

20. Jemandem, der mein Vertrauen enttäuscht,...
    a) bin ich sehr böse
    b) teils-teils
    c) kann ich recht schnell wieder verzeihen

21. Ich habe Qualitäten, die mich vielen anderen überlegen machen.
    a) stimmt
    b) unsicher
    c) stimmt nicht

22. Es ist mir unangenehm, andere in Verlegenheit zu bringen.
    a) stimmt
    b) teils-teils
    c) stimmt nicht

23. Ich möchte im Leben vorankommen.
    a) stimmt
    b) teils-teils
    c) stimmt nicht

24. Wenn ich mit mehreren Menschen im Fahrstuhl fahre, beschleicht mich ein unangenehmes Gefühl.
    a) stimmt
    b) teils-teils
    c) stimmt nicht

25. Wenn ich zu Bett gehe, kann ich gut einschlafen.
    a) stimmt
    b) teils-teils
    c) stimmt nicht

26. Es passiert mir häufiger, daß ich die Arbeit anderer kritisiere.
    a) stimmt
    b) teils-teils
    c) stimmt nicht

27. Die Welt braucht zur Orientierung mehr…
    a) Beständigkeit und Verläßlichkeit
    b) unsicher
    c) Ideale und Utopien

28. Nur aus Angst vor Strafe verhalten sich die meisten Menschen korrekt.
    a) stimmt
    b) teils-teils
    c) stimmt nicht

29. Als Kind war ich selten anderer Meinung als meine Eltern.
    a) stimmt
    b) teils-teils
    c) stimmt nicht

30. Im Straßenverkehr lasse ich mich nicht unterkriegen.
    a) stimmt
    b) teils-teils
    c) stimmt nicht

31. Jemanden, der schlecht über mich redet,…
    a) lasse ich links liegen
    b) unsicher
    c) versuche ich zu ertappen und zur Rede zu stellen

32. Oft fällt es mir schwer, angefangene Arbeiten auch zu vollenden.
    a) stimmt
    b) teils-teils
    c) stimmt nicht

33. Es macht mir Spaß, mit anderen Leuten zu reden.
    a) stimmt
    b) teils-teils
    c) stimmt nicht

34. Bei gleichem Gehalt wäre ich lieber…
    a) Lehrer
    b) unsicher
    c) Förster

35. Bei mir läuft manches schief
    a) oft
    b) manchmal
    c) selten

36. Tagträumereien kenne ich bei mir nicht.
    a) stimmt
    b) teils-teils
    c) stimmt nicht

37. Ziele, die ich mir gesetzt habe, erreiche ich fast immer.
    a) stimmt
    b) teils-teils
    c) stimmt nicht

38. Bei gleicher Arbeitszeit und Gehalt wäre ich lieber in einem guten Restaurant…
    a) Kellner
    b) unsicher
    c) Koch

39. In einer Fabrik wäre ich gerne verantwortlich für…
    a) den Maschinenpark
    b) unsicher
    c) die Personalabteilung

40. Das ganze Jahr über freue ich mich auf den Urlaub.
    a) stimmt
    b) teil-teils
    c) stimmt nicht

41. Lieber schreibe ich in einer schwierigen Situation einen Brief, als ein Telefonat zu führen.
    a) stimmt
    b) teils-teils
    c) stimmt nicht

42. Am liebsten gehe ich in allen Dingen meine eigenen Wege.
    a) stimmt
    b) teils-teils
    c) stimmt nicht

43. Wer viel lächelt, meint es oft nicht gut.
    a) stimmt
    b) teils-teils
    c) stimmt nicht

44. Ein unaufgeräumter Schreibtisch stellt für mich und meinen Ordnungssinn eine Herausforderung dar.
    a) stimmt
    b) teils-teils
    c) stimmt nicht

45. Einen besonderen, ausgefallenen Wunsch zu äußern fällt mir schwer.
    a) stimmt
    b) teils-teils
    c) stimmt nicht

46. Das Sprichwort »Lieber der Spatz in der Hand als die Taube auf dem Dach« ist für meine Einstellung zum Leben...
a) zutreffend
b) unsicher
c) unzutreffend

47. Wenn Leute freundlich zu mir sind, habe ich den Verdacht, daß sie hinter meinem Rücken schlecht über mich reden.
a) stimmt
b) teils-teils
c) stimmt nicht

48. Wenn mir im Restaurant das Essen nicht schmeckt, fällt es mir schwer, beim Kellner zu reklamieren.
a) stimmt
b) teils-teils
c) stimmt nicht

49. Das Sprichwort »Was der Bauer nicht kennt, das ißt er nicht«, gilt für mich.
a) stimmt
b) teils-teils
c) stimmt nicht

50. Ich bin lieber dafür, daß man bei Problemlösungen
a) auf bewährte Methoden zurückgreift
b) teils-teils
c) neue Wege und Vorschläge ausprobiert

51. Bei einer wichtigen Arbeit lasse ich mich nicht gerne unterbrechen.
a) stimmt
b) teils-teils
c) stimmt nicht

52. Wenn ich eine große Geldsumme für wohltätige Zwecke zur Verfügung hätte, würde ich...
a) lieber den vollen Betrag der Kirche geben
b) jedem die Hälfte
c) den vollen Betrag für die Wissenschaft spenden

53. Wenn das Wetter sich verändert, spüre ich Auswirkungen auf meine Arbeitsleistung und Stimmung.
a) zutreffend
b) gelegentlich
c) unzutreffend

54. Ich bin lieber für mich allein als mit anderen zusammen.
a) stimmt
b) teils-teils
c) stimmt nicht

55. Ich bin selten krank.
a) stimmt
b) teils-teils
c) stimmt nicht

56. Oft denke ich über Möglichkeiten nach, wie man die Gesellschaft verändern müßte, damit alles besser funktioniert.
a) stimmt
b) teils-teils
c) stimmt nicht

57. Wenn ich im Kaufhaus nicht so bedient werde, wie ich es für angemessen halte, lasse ich – wenn nötig – den Abteilungsleiter rufen.
a) stimmt
b) teils-teils
c) stimmt nicht

58. Hätte ich mein Leben noch einmal vor mir, würde ich…
a) es ganz anders planen
b) weiß nicht
c) es mir ziemlich genauso wünschen

59. Ich bin für eine gewissenhafte Planung und Organisation bei der Arbeit.
a) stimmt
b) teils-teils
c) stimmt nicht

60. Ich neige zu Stimmungsschwankungen.
a) stimmt
b) gelegentlich
c) stimmt nicht

61. Mir geht im Leben manches daneben.
a) selten
b) manchmal
c) oft

62. Oftmals leide ich unter einem Gefühl des Alleinseins.
a) stimmt
b) teils-teils
c) stimmt nicht

63. Der berufliche Aufstieg ist nicht das Wichtigste im Leben.
a) stimmt
b) teils-teils
c) stimmt nicht

64. Ich streite nicht gern mit anderen Menschen.
a) stimmt
b) teils-teils
c) stimmt nicht

65. Öfter kann ich an den Leistungen anderer kein gutes Haar lassen.
a) stimmt
b) teils-teils
c) stimmt nicht

66. Am System der sozialen Marktwirtschaft gibt es viel zu reformieren.
a) stimmt
b) teils-teils
c) stimmt nicht

Geschafft. In einer realen Testsituation haben solche Persönlichkeitstests etwa zwischen 100 und 250 Fragen bzw. Aussagen (oder in der Psycho-Fachsprache: Items).
Sie sind sicher schon auf Ihr »persönliches« Ergebnis gespannt (Auflösung s. S. 493).

Allgemeine Anforderungen in Persönlichkeitstests

Im wesentlichen geht es bei dieser Art von Tests um vier Persönlichkeitsmerkmale, aufgrund derer man glaubt, entscheiden zu können, ob Sie für eine bestimmte Position der richtige Bewerber sind:

- Emotionale Stabilität
- Kontaktfähigkeit
- Leistungsbereitschaft
- Geschlechtsspezifität

Was unter diesen vier Begriffen zu verstehen ist, verdeutlicht die folgende Übersicht:

Emotionale Stabilität

Man unterliegt nicht grundlos Stimmungsschwankungen,
wird nicht von diffusen Ängsten und Sorgen gequält,
kennt keine Schuldgefühle,
neigt nicht zu Perfektionismus,
ist nicht launenhaft,
nur sehr selten krank,
hat keine Schwierigkeit, sich auf seine Arbeit zu konzentrieren,
kennt keine Tagträumereien,
man ist mit seinem Leben zufrieden und würde sich ein neues Leben genauso wünschen und vorstellen,
leidet nicht unter Platzangst,
plant seine Arbeit und geht ihr zügig nach,
fühlt sich selten schlecht oder elend,
ist gewöhnlich nicht nervös, sondern ausgeglichen,
nach dem Aufwachen frühmorgens frisch und munter,

leidet nicht unter Schlafstörungen und kann auch gut einschlafen,
ist nicht wetterfühlig,
man läßt sich durch Unordnung nicht stören,
leidet nicht unter Kopfschmerzen, Migräne oder Schwindelanfällen,
sorgt sich nur wenig um die eigene Gesundheit,
hat als Kind auch schon mal etwas gegen den Willen der Eltern getan,
fühlt sich den Anforderungen des Lebens gut gewachsen,
zeigt Toleranz,
hat Selbstvertrauen und kennt keine Minderwertigkeitsgefühle,
handelt nicht impulsiv,
neigt nicht zu Grübeleien,
ist eher offen,
kennt keine ständig wiederkehrenden unnützen Gedanken,
man fühlt sich nicht unverstanden, verkannt oder im Stich gelassen,
leidet nicht unter Appetitlosigkeit
usw. usw.

Kontaktfähigkeit

Man ist von der Grundstimmung her Optimist,
fühlt sich zusammen mit vielen Menschen wohl,
man trifft sich gern mit Freunden,
schließt schnell Freundschaften,
verfügt über einen großen Bekannten- und Freundeskreis,
ist aktiv, gesprächig, temperamentvoll, kurzum lebhaft,
geht gerne und oft aus,
glaubt, erfolgreich zu sein,
fühlt sich auch in großen Gruppen unbefangen,
ist in der Lage, in Gesellschaften aus sich herauszugehen,
man sucht die Geselligkeit anderer Leute,
ergreift gewöhnlich bei neuen Bekanntschaften die Initiative,
übernimmt in Gruppen gerne eine Führungsposition,
bevorzugt gesellige Freizeitbeschäftigungen,
man läßt sich leichter auf Risiken ein,
bevorzugt Berufe, die einen Kontakt zu anderen Menschen schaffen bzw. herstellen,
telefoniert lieber als Briefe zu schreiben,

geht eher auf eine Party, als ein Buch zu lesen,
man schätzt sich schlagfertig ein und hat immer eine passende Antwort parat,
erzählt auch gerne mal einen Witz,
behält selbst in kritischen Situationen bei Problemen und Ärger die gute Laune,
man hält es für wichtig, allgemein beliebt zu sein,
empfindet keine Hemmungen beim Sprechen vor größeren Gruppen
usw. usw.

Leistungsbereitschaft

»Erst die Arbeit, dann das Vergnügen« ist der Lebensgrundsatz,
man schiebt Arbeiten nicht auf,
läßt begonnene Arbeiten nicht liegen,
man läßt sich bei der Arbeit nur schwer unterbrechen,
arbeitet planvoll, überlegt und organisiert, vorher überlegt man sich genau, was zu tun ist,
man kann sich auf seine Arbeit leicht konzentrieren,
bereitet sich z. B. auf Prüfungen intensiv vor,
man scheut einen Wettkampf nicht,
vergleicht die eigene Leistung und Fähigkeit mit der von anderen,
zeigt Ehrgeiz und verfolgt seine Ziele mit Entschlossenheit,
läßt sich nicht von der Arbeit abhalten,
zeigt sich bemüht, begonnene Arbeiten abzuschließen,
man beneidet den Erfolg anderer,
besitzt genug Kraft, um mit eigenen Problemen fertig zu werden,
man möchte gerne eine wichtige oder berühmte Persönlichkeit sein,
selbst in den Ferien denkt man an die Arbeit,
ständig zeigt man sich bemüht, voranzukommen,
und genießt seine Freizeit erst dann, wenn die Arbeit getan ist,
usw. usw.

Geschlechtsspezifität

Dieser Merkmalsbereich ist von seiten der Tester in Personal- und Persönlichkeitsfragebögen eindeutig nach gängigen männlichen Rollenklischees ausgerichtet – auch Bewerberinnen werden an diesem dubiosen Maßstab gemessen.

Man ist optimistisch eingestellt,
kennt keine Angst,
man ist nicht schreckhaft,
auch nicht zu sentimental,
man mag handfeste körperliche Tätigkeiten,
denkt nicht viel über die Liebe nach,
ist an Sport interessiert,
hat kein Interesse an Chorgesang,
als Kind hat man gern mit Spielzeugwaffen gespielt,
ab und zu tut man aus Spaß etwas Gefährliches,
beim Anblick von Blut wird einem nicht übel,
man liest lieber wissenschaftliche als belletristische Literatur,
kalte Füße oder Hände kennt man nicht,
Tanzveranstaltungen sind weniger interessant,
das Empfinden gegenüber Schlangen und Insekten ist nicht durch Ekel oder Abneigung gekennzeichnet,
technische Berufe werden musischen vorgezogen,
eine schöne Umwelt ist weniger interessant,
Romantik ist eher ein Fremdwort,
und bisweilen erzählt man auch mal einen unanständigen Witz
usw. usw.

Die vier großen Themenbereiche emotionale Stabilität, Kontaktfähigkeit, Leistungsbereitschaft und Geschlechtsspezifität sind Bereiche, aus denen viele Persönlichkeitstestfragen stammen. Sie zielen darauf ab, Ihren Charakter zu erforschen. Mit ein wenig Übung gelingt es Ihnen, alle nur erdenklichen Fragen in diese vier Bereiche einzuordnen.

Wir wollen Ihnen jetzt einen tieferen Einblick in die gängigen Persönlichkeitstestverfahren geben. Dazu gehören z.B. der 16 PF, der FPI, der MMPI, der Satzergänzungstest sowie biographische Fragebögen als verkleideter Persönlichkeitstest.

16 PF – Persönlichkeitsmerkmale im Test
Ihr möglicher neuer Arbeitgeber will Sie kennenlernen. Dies gilt sicherlich auch in umgekehrter Richtung. Sie wollen aus der Bewerbungssituation

Informationen über Ihren potentiellen »Brötchengeber« mitnehmen. Nur die Methoden, die Mittel, die hier beiden, dem Arbeitgeber wie dem Bewerber, zur Verfügung stehen, sind recht ungleich. Sogenannte Persönlichkeitstestverfahren erfreuen sich immer größerer Beliebtheit und werden als Selektions- (Auswahl-) Instrument bewußt und gezielt gegen die Bewerber eingesetzt.

Verdeutlichen Sie sich bitte einmal, daß bereits durch die Art, wie Sie die Tür öffnen, um in das Sekretariat, ins Vorzimmer zu kommen, das Testverfahren eröffnet wird. Wie Sie Platz nehmen, ob Sie rauchen, ob Sie Kaffee trinken, wie Sie sprechen, wie Sie sitzen, fließt in das sog. Persönlichkeitstestverfahren ein. Es soll Firmen geben, die ganz gezielt eine Anzahl von Bewerbern in einem Warteraum bis zu einer Stunde und länger warten lassen, um diese über Videokameras oder auch durch als Bewerber getarnte Mitarbeiter zu beobachten.

Sog. Persönlichkeitstestverfahren als Auswahlinstrument fangen also bereits in einem ganz frühen Stadium und scheinbar harm- und bedeutunglos an. Daß sie dies nicht sind und daß es wichtig ist, sich mit ihnen bewußt auseinanderzusetzen, beweisen wir Ihnen jetzt. Zu wissen, worauf es ankommt, und klar zu entscheiden, was man will, ist Anliegen dieses wichtigen Kapitels. Arbeitgeber, Personalchefs etc. werden ganz besonders vorbereitet und geschult, um diese Formen der Bewerberauswahl gezielt anwenden zu können. Dies bedeutet keinesfalls, daß es sich dabei um sinnvolle, effektive und vor allem legale Auswahlverfahren bzw. -methoden handelt.

Während die Interpretation Ihres Händedrucks, die Einschätzung Ihres Auftretens, der Versuch der Analyse Ihrer Körperhaltung etc. viel mit Intuition, subjektiven Sympathie- oder Antipathieempfindungen zu tun haben und vor allem eher aus der Trickkiste von Taschenpsychologen entspringen, sind die jetzt hier vorgestellten klassischen Persönlichkeitstests,

- der 16 PF,
- der FPI,

wissenschaftlich entwickelte Testverfahren. Diese lassen sehr wohl eine gewichtige Aussage über den Getesteten, in der Regel Probanden oder Patienten zu, wenn man sie im klinischen Bereich, also z.B. im Krankenhaus anwendet. Werden sie von Personalchefs im Berufsleben eingesetzt, um bei der Bewerberauswahl die Qual der Wahl aus Arbeitgebersicht zu erleichtern, so ist dies juristisch unzulässig.

Wo aber kein Kläger ist, ist bekanntlich auch kein Beklagter, und so wird diese inhumane, gefährliche Testwaffe immer häufiger verwendet. Hier gilt es als Bewerber, das psychische Verletzungsrisiko zu erkennen und sich das Rüstzeug zum Entschärfen dieser Tests anzueignen. Ein erfolgreiches Vorgehen ist es, sich mit den hier vorgestellten Verfahren vertraut zu machen. Wer weiß, auf welchen Persönlichkeitskonzepten diese Tests basieren, was also der Hintergrund der Fragen ist, und wie diese einzuschätzen sind, der ist diesen Verfahren bei weitem nicht mehr so ohnmächtig und hilflos ausgeliefert.

Bis ins letzte Detail ausgeklügelte Ankreuzempfehlungen kann es bei diesen Verfahren nicht geben. Die Persönlichkeitsmerkmale, die ein Arbeitgeber an eine Stewardess stellt, sind naturgemäß andere als die beispielsweise an einen Manager auf der mittleren Verantwortungsebene. Die hier nun vorgestellten Persönlichkeitstestverfahren können also an sich, richtig angewandt und eingesetzt, in einer besonderen, durch Vertrauen geprägten Beziehung zwischen Therapeut und Patient sinnvoll und hilfreich sein. Sie gehören jedoch ausschließlich in den klinischen Bereich und haben dort die Aufgabe, dem Therapeuten die Hilfe, die der Klient bzw. Patient von ihm erwartet, noch gezielter und schneller zu ermöglichen. So eingesetzt, helfen sie dem Getesteten, der sich ihnen im Gegensatz zur Bewerbungssituation nicht zwangsweise, sondern völlig freiwillig unterzieht.

Im Berufsleben werden diese Tests mit der Intention eingesetzt, allein dem Arbeitgeber oder Personalchef bei der Auswahl zu helfen. Die besondere Zwangssituation, in der sich ein Bewerber um einen Arbeitsplatz befindet, läßt eine Testverweigerung nicht zu. Diese hätte in der Regel zur Konsequenz, keine Chance mehr zu haben, den Arbeitsplatz zu bekommen. Wichtig zu wissen deshalb: Zu den Rechten des Bewerbers gehört, daß er auf unzulässige Fragen eine unzutreffende Antwort geben darf. Das Bundesarbeitsgericht hat in Anerkennung der Notwehrsituation dem Bewerber ein Recht auf Lüge zuerkannt. Wenn der Bewerber zur Wahrung seiner Chancen unzulässige Fragen falsch – d. h. entgegen der Tatsachenlage im Sinne des vom Interviewer erkennbar erstrebten Ergebnisses – beantwortet, kann der Arbeitgeber bei der Entdeckung daraus rechtlich keine Konsequenzen ziehen (vgl. Peter Bellgardt, *Rechtsprobleme des Bewerbergesprächs*, Heidelberg 1984, S. 39).

Der 16 PF-Test reduziert den Menschen auf 16 konträre Persönlichkeitsmerkmale:

Sachinteresse – Kontaktinteresse
Konkretes Denkvermögen – Abstraktes Denkvermögen
Emotionale Labilität – Emotionale Stabilität
Soziale Anpassung – Dominanzstreben
Besonnenheit – Begeisterungsvermögen
Flexibilität – Pflichtbewußtsein
Zurückhaltung – Selbstsicherheit
Robustheit – Sensibilität
Vertrauen – Mißtrauen
Pragmatismus – Phantasie
Offenheit – Cleverness
Selbstvertrauen – Besorgtheit
Sicherheitsdenken – Veränderungsbereitschaft
Teamfähigkeit – Einzelgängertum
Spontaneität – Selbstkontrolle
Ausgeglichenheit – Angespanntheit

Weiterhin werden noch fünf Zusatzfaktoren ermittelt:

starke Normorientierung – geringe Normorientierung
große Streßtoleranz – geringe Streßtoleranz
große Autonomie – geringe Autonomie
große Entscheidungsfreudigkeit – geringe Entscheidungsfreudigkeit
starker Kontaktwunsch – geringer Kontaktwunsch

Nun etwas ausführlicher:

Faktoren	in den Dimensionen	überprüft durch Aussagen wie
1. Sachbezogenheit gegenüber Kontaktorientierung	also von eher kühl und reserviert bis aufgeschlossen und warmherzig	Ich wäre lieber: a) Förster b) weiß nicht c) Lehrer
2. Konkretes, eher langsames Denken gegenüber abstraktem und logischem Denkvermögen	von weniger intelligent bis deutlich intelligent	Wenn der Himmel »unten« ist und der Winter »heiß«, dann ist auch ein Verbrecher a) ein Heiliger b) eine Wolke c) ein Gangster
3. Emotionale Störanfälligkeit gegenüber emotionaler Stabilität	von sich leicht beunruhigen lassen bis stabil und gelassen bleiben	Wenn ich zu Bett gehe, schlafe ich a) nur schwer ein b) teils-teils c) sehr schnell ein
4. Soziale Anpassung und Unterwürfigkeit gegenüber Selbstbehauptung und Dominanz	von sich anpassen und sich unterordnen bis selbstbewußt und unnachgiebig auftreten	Wenn ich in einem Kaufhaus von einer Verkäuferin nicht so bedient werde, wie ich es mir wünsche, gehe ich ohne Zögern zum Abteilungsleiter. a) stimmt b) teils-teils c) stimmt nicht

5. Ausdrucksarmut und Besonnenheit gegenüber Begeisterungsfähigkeit

von ernsthaft und nachdenklich bis schnell, wach, enthusiastisch, sorglos

Ich kenne bei mir ein starkes Verlangen nach aufregenden und spannenden Erlebnissen
a) stimmt
b) teils-teils
c) stimmt nicht

6. Flexibilität oder auch Über-Ich (Gewissens-) Schwäche gegenüber Pflichtbewußtsein, ein starkes, kontrollierendes Gewissen

von ungezwungen, unordentlich bis ordnungsliebend, gewissenhaft

Wenn ich mit einer schweren Erkältung im Bett liege, erlebe ich dies
a) als eine Art von Urlaub
b) teils-teils
c) macht mich das besorgt, weil ich nicht arbeiten kann

7. Zurückhaltung und soziale Scheu gegenüber Initiative und Selbstsicherheit

von gehemmt, zurückhaltend und vorsichtig bis aktiv, ungehemmt, sorglos

Bei gesellschaftlichen Anlässen mich unter die Leute zu mischen, fällt mir
a) leicht
b) teils-teils
c) schwer

8. Grobschlächtigkeit und Robustheit gegenüber Feinfühligkeit, Sensibilität

von realistisch, rücksichtslos bis intuitiv, sensibel

Die Schönheit eines Gedichts bewundere ich mehr als die präzise Verarbeitung eines Gewehrs
a) stimmt
b) unsicher
c) stimmt nicht

9. Vertrauens-
   bereitschaft
   und Vertrauens-
   seligkeit
   gegenüber
   Argwohn und
   skeptische
   Haltung

   von vertrauensvoll,
   tolerant,
   vergebend
   bis
   skeptisch, kritische
   Haltung
   bewahrend,
   offen mißtrauisch

   Angst vor Strafe hält
   die meisten Menschen
   davon ab, sich kriminell
   zu betätigen.
   a) stimmt
   b) teils-teils
   c) stimmt nicht

10. Nüchternheit,
    Pragmatismus
    gegenüber
    Unbekümmertheit
    und
    Unkonventionalität

    von konventionell
    und bedacht, das
    Richtige zu tun, über
    Zweckmäßigkeit
    bis
    zur Bereitschaft,
    vom Üblichen
    unbekümmert, was
    andere davon halten

    Meine Devise:
    a) anfangen und pro-
        bieren, es wird schon
        schiefgehen
    b) teils-teils
    c) erst einmal nach-
        denken, sich bloß nicht
        lächerlich machen

11. Unbefangenheit
    und Offenheit
    gegenüber
    Überlegtheit
    und Scharfsinn

    von natürlich,
    unkompliziert und
    direkt
    bis
    überlegt,
    diplomatisch,
    kultiviert,
    berechnend,
    ausgekocht

    Die nationale Ver-
    teidigungsmacht zu
    stärken halte ich für
    klüger, als sich nur
    auf die internationale
    Verständigungs-
    bereitschaft zu verlassen
    a) stimmt
    b) teils-teils
    c) stimmt nicht

12. Zuversicht und
    Selbstvertrauen
    gegenüber
    Besorgtheit

    von unbekümmert
    und wenig zu
    beeindrucken
    bis
    sorgenvoll und
    leicht
    zu entmutigen

    Weil ich mir Gedanken
    über einen
    unglücklichen Vorfall
    mache, schlafe ich
    schwerer ein.
    a) selten
    b) gelegentlich
    c) oft

13. Konservative Haltung und Sicherheitsinteresse gegenüber Veränderungsbereitschaft bis hin zum Radikalismus

von Beständigkeit und Risikovermeidung bis hin zur Bereitschaft, zu widersprechen, zu verändern, Risiken einzugehen

Über die Möglichkeiten, wie man unsere Welt verändern müßte, damit sie besser funktioniert, denke ich gerne nach.
a) stimmt
b) teils-teils
c) stimmt nicht

14. Gruppenabhängigkeit gegenüber Eigenständigkeit

von konform und bereit, sich anderen anzuschließen, bis hin zum Einzelgängertum, eigenbrötlerisches Verhalten

Mein Bürozimmer möchte ich mit niemandem teilen.
a) stimmt
b) unsicher
c) stimmt nicht

15. Mangel an Willenskontrolle, Spontaneität gegenüber Selbstkontrolle

von spontan, unbeherrscht bis diszipliniert, zielstrebig, zwanghaft

Viele Menschen denken, daß meine Ansichten über Politik und Gesellschaft
a) etwas außergewöhnlich
b) teils-teils
c) sehr vernünftig sind

16. Innere Ruhe und Ausgeglichenheit gegenüber Gespanntheit

von locker, entspannt bis ehrgeizig, nervös, gefrustet

Bei einem Test oder einer Prüfung bin ich vorher
a) angespannt
b) teils-teils
c) ganz gelassen

Im einzelnen verstehen die 16-PF-Testautoren unter Sachinteresse gegenüber Kontaktinteresse,
- wenn man sich bei gleicher Arbeitszeit und gleichem Lohn eher für den Beruf des Zimmermanns oder Kochs als für den des Kellners entscheiden würde
- wenn man lieber Chemiker in der Forschung wäre als Geschäftsführer in einem Hotel
- wenn man lieber Mitglied in einem Fotoklub wäre, als in einer Diskussionsgruppe.

Kontaktinteresse signalisiert, wer mit Leuten redet, damit diese sich wohlfühlen, und lieber Versicherungsagent ist als Landwirt.
Abstraktes gegenüber *konkretem Denkvermögen* beweist, wer begreift, daß sich Hund zu Knochen wie Kuh zu Gras verhält, heiß zu warm wie Berg zu Hügel und Flamme zu Hitze wie Rose zu Duft.
Konkret und eher dümmlich ist, wer nicht darauf kommt, daß folgende Relation gilt: Besser verhält sich zu am schlechtesten wie langsamer zu am schnellsten.

Emotionale Stabilität zeichnet sich gegenüber *Labilität* dadurch aus, daß man...
- selbstgesteckte Ziele im Privatleben erreicht
- bei beruflichen und privaten Entscheidungen nie auf mangelndes Verständnis von seiten der Familie stößt
- sich immer den Anforderungen des Lebens gewachsen fühlt
- nie Sachen macht, die schiefgehen.

Als *emotional labil* gilt, wer sich ein Leben wünscht, das geschützter ist und mit weniger Schwierigkeiten aufwartet, oder wer gar sein Leben, wenn er es noch einmal zu leben hätte, anders planen würde.

Eher *Dominanzstreben* und *Selbstbehauptung* gegenüber *sozialer Anpassung bis Unterwürfigkeit* zeigt, wer...
- in einer fremden Stadt geht, wohin es ihm beliebt
- glaubt, daß es ihm besser als anderen gelingt, Herausforderungen mutig zu begegnen
- spöttische Bemerkungen macht, wenn andere Leute sie verdient haben.

Sozial angepaßt ist jemand, der sich in einer Stadt verläuft und dann seinem Begleiter ohne zu murren folgt, obwohl er davon überzeugt ist, daß dieser den Weg auch nicht sicher weiß.

Wer öfter als einmal die Woche ausgeht, zeigt *Begeisterungsfähigkeit*, wer dagegen keinen Spaß dabei empfindet, Gäste einzuladen und sie zu unterhalten, zeigt *Besonnenheit*, die aber eher negativ interpretiert wird. Begeisterungsfähigkeit beinhaltet, einen Urlaub zu wählen, in dem viel unternommen wird statt sich richtig zu entspannen.

Wer *Pflichtbewußtsein* demonstrieren will, fühlt sich von unordentlichen Menschen abgestoßen und ärgert sich über sie. Ein unordentliches Zimmer stört ihn, und er besteht darauf, daß die Moralgesetze befolgt werden. Wer zu Hause ist, über Zeit verfügt und nichts Bestimmtes macht, außer sich zu entspannen, zeigt *Flexibilität*. Wer keine starke Abneigung gegen Unordnung empfindet, ebenso.

Selbstsicher wirkt, wer nicht verlegen reagiert, wenn er plötzlich zum Mittelpunkt der Aufmerksamkeit wird, und keine Mühe hat, mit Fremden ins Gespräch zu kommen. *Zurückhaltung* und *Schüchternheit* zeichnen denjenigen aus, der mit Fremden in öffentlichen Verkehrsmitteln nicht leicht ins Gespräch kommt oder sich Schwierigkeiten vorstellen könnte, wenn er vor fremdem Publikum eine Rede zu halten hätte.

Robustheit gegenüber *Sensibilität* ist dadurch charakterisiert, daß man im Fernsehen lieber eine nützliche und informative Sendung über neue Erfindungen anschaut als einen bekannten Konzertkünstler. Auch einen Oberst halten die Testerfinder für robust im Gegensatz zu einem Bischof, der für Sensibilität steht. Wer lieber elektrische Geräte repariert als Kinderbücher schreibt, ist also im Sinne des Tests robust, vielleicht sogar grobschlächtig, andernfalls intuitiv bis sensibel.

Wer nicht gut mit eingebildeten Leuten auskommt, vor allem, wenn sie prahlen, zeigt *Mißtrauen*. Wer die Aufrichtigkeit von Menschen bezweifelt, die freundlicher sind, als man erwarten könnte, ebenso. Wenn jemand das in ihn gesetzte Vertrauen enttäuscht, hat man keinen Grund, böse auf ihn zu sein – es sei denn, man möchte als mißtrauisch eingestuft werden. *Vertrauen* zeigt, wer glaubt, daß niemand es wirklich gern sehen würde, wenn man in Schwierigkeiten gerät. Wer sich nichts daraus macht, wenn man heimlich schlecht über ihn redet, demonstriert ebenfalls sehr viel Vertrauensseligkeit.

Phantasie hat, wer gerne bei einer Zeitung Kritiken über Dramen, Konzerte oder Opern schreiben würde oder sich vorstellen könnte, als Bewährungshelfer mit Haftentlassenen zu arbeiten. Wer aber glaubt, daß es für einen Mann wichtiger sei, ein gutes Familieneinkommen zu sichern, als sich Gedanken über den Sinn des Lebens zu machen, beweist *Nüchternheit* bzw. *Pragmatismus*. Wer Freunde mag, die tüchtig sind und praktische Interessen haben, statt sich ernsthafte Gedanken über ihre Lebenseinstellung zu machen, bekommt wieder einen Punkt auf der Pragmatismus-Skala. Zeitungsberichte über alltägliche Gefahren und Unfälle fesseln die Aufmerksamkeit eines Pragmatikers.

Offenheit signalisiert, wer lieber mit höflichen Menschen verkehrt als mit ungeschliffenen Personen. *Clever* ist, wer das Leben eines Tierarztes, der Tiere behandelt und operiert, nicht toll findet. Wer Scherze über den Tod nicht O.K. findet, zählt auch zu den Cleveren, meinen die 16 PFler. Wer sich nicht bemüht, über Witze leise zu lachen, gehört zu den Offenen und Unbefangenen, die natürlich, unkompliziert und direkt sind. Wer nicht glaubt, mehr Glück als andere Menschen zu haben, ist clever und zeigt Überlegtheit, besonders dann, wenn er immer Dinge tun kann, die ihm Spaß machen.

Durch *Selbstvertrauen* zeichnet sich aus, wer sich nicht entmutigt fühlt, auch wenn er von anderen kritisiert wird. Ebenso der, der nicht übergewissenhaft ist und sich keine Gedanken über zurückliegende Handlungen oder Fehler macht. *Besorgtheit* dagegen wird bei dem entdeckt, der sich fürchtet, etwas falsch gemacht zu haben, wenn er zu seinem Chef oder Lehrer gerufen wird. Wer meint, daß seine Freunde ihn nicht so sehr brauchen wie er sie, macht auf die Tester ebenfalls einen besorgten Eindruck.

Sicherheitsdenken äußert sich in Statements wie
- die Welt braucht mehr beständige und verläßliche Bürger
- besser einen Arbeitsplatz mit festem und sicheren Gehalt
- lieber sich auf bewährte Methoden verlassen
- besser Hausmannskost als ausländische Speisen.

Veränderungsbereitschaft dokumentiert, wer...
- auch als Jugendlicher bei seiner Meinung blieb, selbst wenn die anders war als die der Eltern
- gerne über Möglichkeiten nachdenkt, wie sich die Welt verändern müßte
- oft Menschen und deren Ansichten widerspricht.

Einzelgängertum zeichnet sich dadurch aus, daß man...
- lieber etwas alleine aufbaut als mit anderen zusammen
- lieber Pläne alleine schmiedet
- lieber und leichter lernt durch das Lesen eines Sachbuches
- Bücher unterhaltsamer findet als Menschen.

Teamfähigkeit wird belegt durch
- Freude an gemeinschaftlichen Unternehmungen
- die Wahl, einen freien Abend gemeinsam mit Freunden bei einem Hobby zu verbringen
- die Entscheidung, eigene Probleme mit anderen zu besprechen.

Selbstkontrolle manifestiert sich darin, daß man alles plant und die Dinge nicht dem Zufall überläßt – beim Ausgehen, Essen und Arbeiten überlegt und systematisch vorgeht. (Verdammt noch mal: Wie ißt man bitteschön »überlegt und systematisch«???) Wer beim Ausgehen, Essen, Arbeiten gern von einer Sache zur anderen wechselt, neigt zu *Spontaneität*. (Von den Kartoffeln zum Fleisch und zum Gemüse, ein Häppchen hier, ein Häppchen da...) Selbstkontrolliert ist, wer es sich zum Prinzip macht, sich nicht ablenken zu lassen oder Einzelheiten nicht zu vergessen. Das gegenteilige Verhalten spricht angeblich dann für Spontaneität.

Angespannt wirkt, wer sich über verhältnismäßig kleine Rückschläge manchmal mehr als notwendig aufregt oder sich oft zu schnell über andere ärgert. Wer vor einem Test oder einer Prüfung gelassen bleiben kann, zeigt *Ausgeglichenheit*. Auch wer seine Gefühlsäußerung immer genau zu beherrschen weiß und wer sich für weniger reizbar hält als die meisten Menschen, dokumentiert Ausgeglichenheit.

FPI – Freiburger Persönlichkeits-Inventar
Nach den Erläuterungen der Testautoren ist dieser Test lediglich für klinische Zwecke – also Beratungs- oder Therapiesituationen – entwickelt

worden. Diese Tatsache kann Personalerforscher jedoch nicht davon abhalten, das Testverfahren trotzdem Bewerbern zuzumuten.
Im Ein- und Anleitungsteil wird der »Ankreuzer« mit den Hinweisen eingestimmt: »Auf den folgenden Seiten finden Sie eine Reihe von Aussagen über bestimmte Interessen, Einstellungen und Verhaltensweisen. Jede einzelne können Sie entweder mit ›stimmt‹ oder ›stimmt nicht‹ beantworten. Bedenken Sie: Es gibt keine richtigen oder falschen Antworten, weil jeder Mensch das Recht zu eigenen Anschauungen hat. Antworten Sie in dem Sinne, wie es für Sie zutrifft. Dabei überlegen Sie bitte nicht, welche Antwort den besten Eindruck machen könnte.«
Gleich zu Beginn erwartet Sie die clevere Suggestivfrage: Ich habe die Anleitung zu diesem Test gelesen und bin jetzt bereit, jeden Satz ganz offen zu beantworten (stimmt/stimmt nicht).
Was soll geprüft werden? Es geht um zwölf Persönlichkeitsmerkmale, die in der langen Testversion mit etwa 210 Fragen und in einer kürzeren mit gut der Hälfte abgetestet werden:
- Nervosität
- Aggressivität
- Depressivität
- Erregbarkeit
- Geselligkeit
- Gelassenheit
- Dominanzstreben
- Gehemmtheit
- Offenheit

Zusätzlich überprüfte Eigenschaften sind:
- Extraversion
- emotionale Labilität
- Maskulinität

Zum Persönlichkeitsmerkmal *Nervosität* versucht der Test mit mehr als 50 Fragen, den Bewerber nach typischen psychosomatischen Beschwerdemustern auszuhorchen, z. B.:
- Ich leide unter einem empfindlichen Magen.
- Manchmal verspüre ich Stiche im Brustbereich.
- Ich kenne Schwierigkeiten mit dem Ein- bzw. Durchschlafen.
- Bisweilen beginnt mein Herz unregelmäßig zu schlagen.

FPI – Freiburger Persönlichkeits-Inventar 373

- Manchmal habe ich Ohrensausen oder Augenflimmern.
- Häufig sind meine Hände ausgesprochen zittrig.

Wer Fragen nach körperlichem Unwohlsein und Krankheitssymptomen nicht konsequent mit »stimmt nicht« ankreuzt, wird in der Testauswertung schnell als »nervöser Charakter mit psychosomatischer Symptombildung« abgestempelt.

Aggressivität: Mit fast 80 Fragen soll das Aggressionspotential erfaßt werden. Ein wenig Aggressivität ist sicherlich erforderlich, um nicht als »Schlappi« dazustehen, ein Zuviel davon läßt einen jedoch schnell als unüberlegt, impulsiv und unreif erscheinen:
- Es ist schon vorgekommen, daß mich Leute so ärgerten, daß es zu einer Schlägerei kam.
- Als Kind habe ich bisweilen andere ganz gerne gequält.
- Ich habe Freude daran, Blumen zu köpfen.

Depressivität:
- Ich fühle mich selten unglücklich und bedrückt.
- Dem Leben und seinen Schwierigkeiten fühle ich mich gut gewachsen.
- Was andere Leute über mich denken könnten, beunruhigt mich.
- Häufig grübele ich, z. B. über mein bisheriges Leben.

Mißgestimmt, grüblerisch, unsicher und unzufrieden ist nicht die gewünschte Charaktermischung für eine erfolgreiche Bewerbung.

Erregbarkeit: Keine Dimension, die es zu sehr auszubauen gilt, wenn man nicht als Choleriker abqualifiziert werden will. Sich als unterkühlt und temperamentlos darzustellen, birgt die Gefahr, als zu stumpf und wenig engagiert eingestuft zu werden:
- Ich fühle mich manchmal wie ein Pulverfaß – kurz vor der Explosion.
- Insgesamt bin ich nicht leicht aufzuregen und eher ruhig.

Geselligkeit ist immer gut, wenn es um publikums- und eher verkaufsorientierte Berufe geht. Der Kontakt zum Mitmenschen steht bei vielen Firmen hoch im Kurs. Das Gegenteil davon bringt den Bewerber in die Gefahr, als weltfremder Einsiedler eingestuft zu werden:
- Im Freundschaftenschließen bin ich eher langsam.
- Auch in Gesellschaft fühle ich mich oft alleine.

- Die Mitreisenden interessieren mich weniger als die Landschaft, wenn ich verreise.

Gelassenheit:
- Ich finde es unerträglich, wenn andere sich über mich lustig machen.
- Planung ist mir wichtiger als Handeln.

Die Bejahung dieser und ähnlicher Feststellungen läßt Sie als zögerlichen, irritier- und wenig belastbaren Menschen erscheinen. Gut gelaunt und aktiv zu sein, mit Selbstvertrauen ausgestattet und durch nichts aus der Ruhe zu bringen – damit sind Sie ein attraktiver Bewerber mit hohem Punktwert in puncto Gelassenheit:
- Durch eine Vielzahl von kleineren Störungen lasse ich mich nicht aus der Ruhe bringen.

Dominanzstreben:
- Wenn ein Hund nicht gehorcht, verdient er Schläge.
- Lieber mal jemandem eins auf die Nase geben, als feige sein.

Wieviel Dominanz erforderlich ist, hängt auch vom Führungsstil (kooperativ-autoritär) des jeweiligen Unternehmens ab. Wer sich nicht wehrt, lebt verkehrt, und wer bei der Durchführung von Strafaktionen gemeinsam mit Freunden kneift, gilt als Duckmäuser, so wie in der Feststellung:
- Ehe ich mich streite, gebe ich lieber nach.

Gehemmtheit:
- Es ist mir unangenehm, wenn mir andere bei der Arbeit zugucken.
- Insgesamt gesehen bin ich wohl eher ein ängstlicher Mensch.
- In bestimmten Situationen fange ich auch mal zu stottern an.

Wer sich als zu gehemmt darstellt, wird als Führungskraft keine Chance bekommen. Gehemmtheit geht häufig einher mit geringem Dominanzstreben und geringer Kontaktfähigkeit.
- Bei schlechter Essensqualität beschwere ich mich im Restaurant beim Kellner oder Geschäftsführer –

wer dies bejahen kann, gilt nicht als gehemmt.

Offenheit (Lügenfalle): Wer immer die Wahrheit sagt und wessen Benehmen zu Hause genausogut ist wie in Gesellschaft, der wird schnell als Lügner überführt. Mit etwa 20 Fragen versucht man, sich der Ehrlichkeit des Ankreuzers zu vergewissern:

FPI – Freiburger Persönlichkeits-Inventar

- Manchmal schiebe ich etwas auf, was ich besser sofort tun sollte.
- Manchmal bin ich schadenfroh.
- Bisweilen gebe ich ein bißchen an.
- Gelegentlich erzähle ich auch mal eine Lüge.
- Als Kind habe ich manchmal genascht.

Wer hier nicht »stimmt« ankreuzt, verrät sich bei diesen Dann-und-wann-manchmal-bisweilen-Geständnissen als Lügner. Es gibt kleine Sünden, über die man sich nicht als erhaben bezeichnen sollte.

Die oben aufgeführten zusätzlichen Persönlichkeitsdimensionen (Extraversion = gute Kontaktfähigkeit usw.; emotionale Labilität = depressives Verhalten, psychosomatische Symptome; Maskulinität = leidenschaftlicher Jäger sein, sich prügeln können und keine weichen Knie oder Schreckhaftigkeit kennen) setzen sich aus den ausführlich beschriebenen Hauptfragegebieten zusammen.

Hier noch eine kleine Auswahl von weiteren Testfeststellungen:
- Abends gehe ich gerne aus.
- Freundschaften schließe ich nur sehr langsam.
- Wenn man mich schlägt, schlage ich nur sehr selten zurück.
- Über einen unanständigen Witz kann ich bisweilen auch lachen.
- Über die Dinge, von denen ich manchmal träume, erzähle ich anderen besser nichts.
- Innere Leere und Teilnahmslosigkeit sind Gefühle, die ich bisweilen bei mir schon erlebt habe.
- In einen Raum zu gehen, in dem bereits andere Leute zusammensitzen und sich unterhalten, fällt mir schwer.
- Oft habe ich einen trockenen Mund.
- Nicht immer sage ich die Wahrheit.
- Wenn mich eine Fliege stört, kann ich erst zufrieden sein, wenn ich sie gefangen habe.
- Fremden nie zu vertrauen, lautet mein Motto.
- Des öfteren habe ich Blähungen.
- Bisweilen bin ich unpünktlich.
- Schreit mich jemand an, schreie ich zurück.
- Manchmal habe ich Phantasien, was meinen Widersachern alles zustoßen könnte.
- Für einen guten Zweck würde es mir leicht fallen, andere Menschen um eine Spende zu bitten.

- Manchmal muß ich mich für die Gedanken, die ich habe, schämen.
- Oft spreche ich Drohungen aus, die ich eigentlich gar nicht so ernst meine.

MMPI – Meine Seele verläßt manchmal meinen Körper
Sollte Ihnen als Bewerber der MMPI vorgelegt werden, ein Persönlichkeitstest, der sich besonders durch seinen Umfang von über 560 Fragen, aber auch durch seine Statements, die zu bejahen oder zu verneinen sind, auszeichnet, befinden Sie sich in den Händen skrupelloser Testanwender und sollten daraus Ihre Konsequenzen ziehen.
Fragen wie »Manchmal verläßt meine Seele meinen Körper« und »Wegen meines sexuellen Verhaltens hatte ich niemals Unannehmlichkeiten« oder »Ich habe mir immer gewünscht, ein Mädchen zu sein« (falls Sie eines sind: »Es hat mir nie leid getan, daß ich ein Mädchen bin«), »Ich habe Angst, den Verstand zu verlieren« gehören zu dem Gruselinventar, mit dem man sich der Persönlichkeit eines Bewerbers nähern möchte. Auch hier empfehlen wir Ihnen eine Strafanzeige gegen die Anwender.

Sollten Sie sich dennoch dazu entschließen, Ihre Persönlichkeit auf
Hypochondrie (Wehleidigkeit),
Depression (Interessenlosigkeit, mangelndes Selbstvertrauen),
Hysterie (u. a. mangelnde Belastbarkeit mit der Neigung, bei psychischen Problemen mit körperlichen Symptomen zu reagieren),
Paranoia (Verfolgungswahn), Psychasthenie (Konzentrationsschwäche, Entscheidungsschwierigkeiten, Zwangshandlungen),
Schizoidie (Kontaktarmut, bizarre Denkweise),
Psychopathie (soziale Unangepaßtheit),
Hypomanie (Hektik, Unzuverlässigkeit, Sprunghaftigkeit),
soziale Introversion (Unsicherheit, Kontaktscheue),
Maskulinität bzw. Femininität (Abweichung vom Geschlechtsverhalten)
untersuchen zu lassen, dann überlegen Sie sich gut, wie Sie antworten. Natürlich kann man keinem empfehlen, sich für einen »verdammten Menschen« oder für einen »Sendboten Gottes« zu halten, beides Fragen aus dem MMPI, die bei dieser Ankreuzung Ihren entsprechenden Geisteszustand dokumentieren.
Ein kleiner Auszug: Es fängt mit ganz harmlosen Fragen an wie
- Ich lese gerne technische Zeitschriften. (stimmt / stimmt nicht)

MMPI – Meine Seele verläßt manchmal meinen Körper

- Ich habe einen guten Appetit.
- Morgens wache ich meist früh schon ausgeruht auf.

und geht dann mit obskuren Fragen weiter wie:
- Manchmal bin ich von bösen Geistern besessen.
- Alles trifft so ein, wie die Propheten es in der Bibel vorausgesagt haben.
- Ich glaube, man spioniert mir nach.
- Ich glaube, jemand versucht mich zu vergiften.
- Ich glaube, daß meine Sünden nicht vergeben werden können...

Dieser Fragebogen ist eine Provokation, und wer Ihnen dieses zumutet, gehört öffentlich angeprangert. Es ist noch nicht lange her, da gab es einen Skandal in Niedersachsen, weil angehende Justizvollzugsbeamte und Hunderte von Häftlingen mit diesem Test untersucht wurden. Der niedersächsische Justizminister hat den Testeinsatz untersagt.

Sind auch eine ganze Reihe von Fragen leicht durchschaubar bzw. dermaßen abstrus, daß sich eine weitergehende Besprechung erübrigt, so gibt es einige, die speziell im Hinblick auf die Bewerberauswahl interpretiert werden können:
- Ich wäre ein guter Menschenführer, wenn man mir Gelegenheit dazu gäbe.
- Ich vertrete eine feste politische Meinung.
- Bei Wahlen stimme ich manchmal für Leute, die ich eigentlich zu wenig kenne.
- Ich wäre gern Mitglied in mehreren Vereinen.

Wer hier zustimmt, entwirft angeblich ein Bild über seine Persönlichkeit, das positiv in Richtung Führungsqualität und Dominanzstreben interpretiert wird.

Das Gegenteil erzielt man, wenn man...
- in der Schule Schwierigkeiten hatte, vor den Klassenkameraden zu sprechen.
- glaubt, nicht das richtige Leben geführt zu haben.
- in der Gesellschaft oft Mühe hat, den richtigen Gesprächsstoff zu finden.
- Konzentrationsschwierigkeiten hat.
- meint, zuwenig Selbstvertrauen zu haben.
- hinterher oft bereut, was man getan hat.

- sich unverstanden fühlt.
- als Kind am meisten *eine* Frau bewunderte (Mama...).
- niemandem einen Vorwurf machen möchte, der alles im Leben mitnehmen will.

Durchsetzungsfähigkeit und Selbstsicherheit gehören ebenso zu den gesuchten und gewünschten Führungsqualitäten. Wer sich...
- wünscht, nicht so schüchtern zu sein,
- beklagt, zu wenig Selbstvertrauen zu haben,
- eingesteht, oft dagegen anzukämpfen, die Schüchternheit nicht zu zeigen,

bringt sich in die Gefahr, in den Augen der Testdeuter als unsicher, labil und gefügig zu gelten.

Kooperationsbereitschaft und eine positive Einstellung zur sozialen Umwelt deutet man an, indem man Aussagen wie diesen nicht zustimmt:
- Ich nehme mich in acht, wenn Leute freundlicher sind, als ich es erwarte.
- Wenn mir jemand etwas Gutes tut, frage ich mich, welche Hintergründe jemand haben könnte.
- Die meisten Leute schließen Freundschaften, damit ihnen diese Freunde nützlich sein können.
- Die meisten Leute sind nur ehrlich, weil sie Angst vor dem Erwischtwerden haben.

Seien Sie auf der Hut bei allen Fragen, die Schuldgefühle ansprechen, Unsicherheiten des eigenen Verhaltens, Schüchternheit oder Selbstkritik. Hier droht ein Punktverlust, verbunden mit übelster Interpretation Ihres Charakters, wenn Sie arglos antworten, was Ihnen in den Sinn kommt. Die Lügenfallen dieses Tests sind besonders raffiniert. In mehreren Analyse-Verfahren beschäftigt man sich mit der Ehrlichkeit des Beantworters. Beim MMPI sorgen dafür die sog. K- und L-Skalen (Korrektur- und Lügenskala). Mit fast 50 Fragen versucht man, dem »oberschlauen« Beantworter ein Bein zu stellen.

Aufgepaßt bei Formulierungen wie: manchmal, dann und wann, ab und zu, gelegentlich. Wer hier alles abstreitet, macht sich verdächtig. Bei sozial unerwünschtem, aber jedoch häufig anzutreffendem Verhalten oder bei sozial erwünschtem, aber sehr seltenem Verhalten überführt man den lügenden Beantworter. Um ehrlich zu erscheinen, muß man eingestehen,
- manchmal wütend zu sein.

- ab und zu schlechte Laune zu haben.
- gelegentlich zu fluchen.
- nicht jeden Tag alle Leitartikel der Zeitung zu lesen.
- gelegentlich Arbeiten auf morgen zu verschieben, die heute getan werden müßten.

Zum Abschluß dieses Horrorkapitels der Testerei noch einige abenteuerliche Fragen:
- Es ist etwas mit meinen Geschlechtsorganen nicht in Ordnung.
- Manche Tiere machen mich nervös.
- Blut in meinem Urin habe ich nie festgestellt.
- Schiller war meiner Meinung nach bedeutender als Goethe.
- Ich habe Lust, in Afrika Löwen zu jagen.

Auch wenn Ihnen diese Fragen aus dem Test nicht gestellt werden, sondern die etwas moderateren, wie
- Vorträge über ernste Themen höre ich gern,
- Ich nehme nie Medikamente ohne ärztliche Verordnung,
- Polizisten sind meiner Meinung nach gewöhnlich ehrliche Menschen,

so wird die negative Grundstimmung dieses Tests in der Regel gegen Sie verwandt. Diesem Test sollten Sie sich unbedingt verweigern.

Motiv: Motivation

Von vielen Teilnehmern bei Einstellungstestverfahren der Bayerischen Vereinsbank bekamen wir Berichte über einen merkwürdigen Persönlichkeitstest: Mehrere Dias mit Darstellungen von unterschiedlichen graphischen Figuren werden den Bewerbern mit der Entscheidungsaufgabe präsentiert: Welches Bild gefällt Ihnen besser?

In einer zweiten Diaserie werden – dargestellt durch ein Strichmännchen – Vorher/Nachher-Situationen gezeigt: So sieht man z. B. ein Männchen, das auf dem einen Bild einen Zaun streicht; auf dem anderen ist zu sehen, wie es den fertig gestrichenen Zaun in stolzer Pose von einem anderen Strichmännchen bewundern läßt.

Oder: Bild A zeigt ein Strichmännchen, am Schreibtisch mit vielen Papieren arbeitend, und Bild B ein zufriedenes Strichmännchen, das sich nach getaner Arbeit ausruht. Auch hier wird die gleiche Entscheidungsfrage gestellt (Welches Bild gefällt Ihnen besser?).

Zugegebenermaßen sind uns die genauen Auswertungskriterien dieser Vereinsbank bei dem hier beschriebenen Test unbekannt. Wir können uns aber vorstellen, daß eine Chance, ungeschoren davonzukommen, darin besteht, sich vorsichtig und bedeckt zu verhalten und weder das eine noch das andere Extrem (also vorher = Bild A = z. B. bei der Arbeit / bzw. nachher = Bild B = Situation der fertiggestellten Arbeit, Erholungs-, Bewunderungssituation) zu häufig anzukreuzen.

Nach unseren Informationen handelt es sich nicht um einen klassischen und wissenschaftlich diskutierten Test. Mit einiger Phantasie kann man sich aber vorstellen, daß es hier um Motivation und Leistungsbereitschaft geht und daß Bewerber, die zu oft im Sinne einer sozial erwünschten Haltung entscheiden (= zu viel arbeitsorientierte Bildchen ankreuzen), sich genauso verdächtig machen wie Bewerber, die ständig Bildchen ankreuzen, auf denen Bewunderungs- und Entspannungssituationen präsentiert werden.

Satzergänzungs-Tests
Eine besondere Art von Persönlichkeitstests, die häufig unter dem Deckmäntelchen der Kreativitätsüberprüfung präsentiert werden, ist der sog. Satzergänzungstest.
Man gibt Ihnen Satzanfänge und bittet Sie, den unvollständigen Satz nach Ihren Vorstellungen zu beenden, z. B.:
    Ich möchte gerne...
    Ich fürchte...
    Andere Leute sind...
    Ich mag es nicht, wenn...
    Ich wollte schon immer...

Egal, wie diese Sätze anfangen, ob mit einem Wort »Ich...«, »Wir...«, »Es...« oder halbformuliert wie eben aufgeführt bzw. stärker ausformuliert wie:
    Vorgesetzte sind immer...
    An meinen Kollegen mißfällt mir in der Regel, daß...,
es geht darum, Ihnen Gedanken, Statements, Meinungen etc. zu entlocken, die dann entsprechend interpretiert werden sollen. Daß dieses Verfahren unseriös ist und Sie sich eigentlich weigern sollten, so etwas mitzumachen, ist eine Empfehlung – wenn auch in der Zwangssituation Bewerbung oftmals nicht realisierbar.

Auch wenn es scheinbar um andere Personennamen geht, wie z. B.
Karl ist immer...
Hans fürchtete sich besonders...
Marion mag es, wenn man... –
immer wieder handelt es sich dabei um Sie, d. h., die Vervollständigung des Satzes soll Rückschlüsse auf Ihre Persönlichkeitsstruktur ermöglichen.

Biographische Fragebögen
Unter dem harmlosen Motto »Wir haben hier noch einige Fragen an Sie. Bitte füllen Sie doch gleich mal unseren Personalfragebogen aus...« wird dem ahnungslosen Bewerber häufig suggeriert, er sei seinem Ziel, eingestellt zu werden, einen enormen Schritt näher. Neben den persönlichen Daten (Name, Adresse, Alter, Bildungsabschlüsse, Schuhgröße usw.) werden überwiegend Fragen aus folgenden Bereichen gestellt:
- Ursprungsfamilie (Größe, Ausbildung und Beruf der Eltern)
- eigene Familie (Größe, Alter der Kinder, Ausbildung und Beruf des Partners)
- Kindheit/Jugend (elterlicher Erziehungsstil, prägende Erfahrungen)
- schulischer Werdegang (geliebte/ungeliebte Fächer, Leistungen, Anpassung an Lehrer/Mitschüler)
- Ausbildung (Berufswahl, Ausbildungsschwerpunkte, Gründe für evtl. Fehlleistungen)
- Arbeits-/Berufserfahrung (Gründe für Arbeitsplatzwahl, besondere Kenntnisse/Fähigkeiten, Häufigkeit von Arbeitsplatzwechseln, Gründe und zeitlicher Verlauf)
- Freizeitgestaltung/Interessen (Hobbys, soziales Engagement, außerberufliche Aktivitäten)
- Selbsteinschätzung (besondere Stärken und Schwächen, Gründe für Fehl- und Rückschläge, Entwicklungs- und Verbesserungschancen)
- Lebensziele (berufliche und persönliche Ziele, auch für die Kinder, optimistische/pessimistische Zukunftseinschätzung)

Aber auch Fragen, die Sie angeblich ganz frei beantworten können – z. B. in Form eines Kurzaufsatzes –, können es in sich haben. Dazu folgende Beispiele:
- Welche Menschen bewundern Sie am meisten (bitte Namen nennen)?
- Nennen Sie einige von Ihnen bevorzugte Bücher!

- Welches sind die größten Mißstände Ihrer Meinung nach:
  a) in der Welt
  b) in Ihrem Land
  c) in der Stadt, in der Sie wohnen
  d) in dem Unternehmen, in dem Sie derzeit arbeiten?
- Welchen Beruf würden Sie wählen, wenn Sie ohne Rücksicht auf Gehalt und Vorbildung frei wählen könnten?
- Welches Berufsziel haben Sie sich gestellt, und was wollen Sie in zehn Jahren erreicht haben?

Recht beliebt sind auch umfangreiche Personalfragebögen, die oftmals vorab von Personalberatungsgesellschaften, aber auch von den Firmen selbst verschickt werden, die mit Großanzeigen auf ihre Stellenangebote aufmerksam machen.
Dabei handelt es sich um Sammlungen von Hunderten von Fragen oder zu bewertenden Statements, die ähnlich wie z. B. die Persönlichkeitstests 16 PF oder MMPI darauf abzielen, an Informationen über den Bewerber heranzukommen. Häufig wird es dem so Ausgefragten gar nicht bewußt, daß es sich hier um einen Persönlichkeitstest handelt und er mit dem Ausfüllen ein ganz spezifisches Persönlichkeitsbild von sich preisgibt.

Ein Beispiel für einen Personalfragebogen, der einem Bewerber um eine Ausbildung als Betriebswirt vorab zugesandt wurde – 150 Fragen auf 17 Seiten, hier ein Auszug:

Bei meiner Bewerbung ist mir wichtig (jeweils Ja/Nein ankreuzen):
- Sicherheit ist mir wichtiger als Arbeitsinhalte. (Ja/Nein)
- Karriere ist mir wichtiger als Fachinteresse.
- Verdienst ist mir wichtiger, als selbst Ideen umsetzen zu können.
- Der Arbeitsinhalt ist mir wichtiger als der Verdienst.
- Meine Karriere ist mir wichtiger als ein gutes Arbeitsklima.
- Mein Verdienst ist mir wichtiger als die Freude an der Arbeit.
- Fachinteresse ist mir wichtiger als das Image der Firma.
- Eigene Ideen umsetzen zu können, ist mir wichtiger als Karriere.
- Das Image des Arbeitgebers ist mir wichtiger als meine fachliche Weiterentwicklung.

Biographische Fragebögen

Weiter geht es mit Fragen zu Freizeitaktivitäten
(jeweils anzugeben: sehr wichtig/eher wichtig/eher unwichtig/unwichtig):
- Bücher lesen
- Fernsehen gucken
- alleine sein
- mit Freunden zusammensein
- Sport treiben
- anderen helfen
- mit anderen Wettkämpfe machen
- Spazieren gehen
- Zeitschriften lesen
- gemeinsame Probleme mit Freunden diskutieren
- Probleme diskutieren, die die Freunde haben
- mit Freunden über Probleme diskutieren, die man selbst hat

Dann wird es immer persönlicher. Unter dem Stichwort »Selbstbeschreibung« heißt es:
- Welche Art des Denkens haben Sie?
  a) ausschließlich eher rational und logisch
  b) meistens eher logisch
  c) teils gefühlsbetont – teils logisch
  d) meistens eher gefühlsbetont
  e) ausschließlich eher gefühlsbetont

- Wenn Sie sich völlig neuen Situationen gegenübersehen, welchen Grad von Unsicherheit verspüren Sie?
  a) sehr starke Unsicherheit
  b) etwas Unsicherheit
  c) teils – teils
  d) eher Sicherheit als Unsicherheit
  e) sehr große Sicherheit

- Wenn ich mir mal was vornehme, dann
  a) gelingt es mir meistens so gut wie anderen Menschen auch.
  b) führe ich die Dinge selten so gut zu Ende, wie ich es mir vorgestellt hatte.
  c) bemerke ich häufig, daß ich mir einfach zu viel vorgenommen habe, und gebe schließlich auf.
  d) gelingt mir das meist besser als anderen Menschen.

Weiter geht es mit einer Liste von 25 Aussagen zur Person des Bewerbers, die jeweils zu bewerten sind (stimmt / stimmt mit Einschränkungen / stimmt eher nicht / stimmt nicht). Hier einige Beispiele:
- Ich bin anpassungsfähig.
- Ich bin geduldig.
- Ich würde lieber etwas Neues erfinden, als etwas Bestehendes zu verbessern.
- Auch wenn Schwierigkeiten auftreten, fällt mir immer wieder etwas ein.
- Im Umgang mit Autoritäten bin ich vorsichtig.
- Ohne entsprechende Befugnisse handle ich nicht.
- Ich bevorzuge es, daß sich Veränderungen langsam vollziehen.
- In der Regel arbeite ich ruhig und gleichmäßig.
- Ich bin beständig.
- Ich bin gründlich.
- Ich passe mich bereitwillig an.
- Oft riskiere ich, eingefahrene Wege zu verlassen.
- Für Dinge, die unter meiner Kontrolle sind, setze ich mir selbst strenge Regeln.
- Mein Verhalten ist kalkulierbar.

Diese Vorab-Persönlichkeitstests in der Verkleidung eines scheinbar harmlosen Fragebogens verstoßen nicht nur gegen die guten Sitten, sondern stellen juristisch gesehen einen unzulässigen Eingriff in die per Grundgesetz geschützte Privatsphäre dar. Bei einem potentiellen Arbeitgeber, der sich Ihnen als Bewerber gleich zu Anfang so präsentiert, ist Vorsicht angezeigt.

Hier noch ein Kurzbeispiel für einen Persönlichkeitstest, wie er z. B. in einem Assessment Center gern eingesetzt wird. Der Kandidat berichtet: Am Ende des zweiten AC-Tages bekamen wir es mit einem klassischen Persönlichkeitstest in Papier-und-Bleistift-Form zu tun. Mit etwa 190 Fragen versuchte man, unser Seelenleben zu durchleuchten. Ich sollte ankreuzen, welche Behauptung/Aussage jeweils für mich zutraf, z. B.:

Wenn man mein Vertrauen enttäuscht, dann
  a) bin ich bereit, sofort zu verzeihen
  b) teils-teils
  c) werde ich sehr böse

Von Freunden im Stich gelassen zu werden, ist mir
   a) ziemlich häufig
   b) manchmal
   c) kaum jemals passiert

Ich fände es interessanter, in einer Fabrik verantwortlich zu sein für
   a) die Auswahl und Einstellung neuer Mitarbeiter
   b) weiß nicht
   c) für Maschinen oder die Buchhaltung

In einem kleinen, engen Raum, zum Beispiel in einem überfüllten Aufzug, habe ich schnell das Gefühl, eingesperrt zu sein.
   a) gelegentlich
   b) selten
   c) nie

Ich würde mein Leben, wenn ich es noch einmal zu leben hätte,
   a) mir genauso wünschen
   b) weiß nicht
   c) ganz anders planen

Wenn ich die Wahl hätte, wäre ich lieber
   a) ein Wissenschaftler in der Forschung
   b) teils-teils
   c) ein Manager mit vielen Besprechungen

Ich rede mit den Leuten nur,
   a) wenn ich etwas zu sagen habe
   b) teils-teils
   c) damit die sich wohl fühlen können

Wenn man mir freundlicher begegnet, als ich eigentlich erwartet habe, zweifle ich an der Echtheit dieser Freundlichkeit.
   a) stimmt
   b) teils-teils
   c) stimmt nicht

Wenn Leute eine moralisch überlegene Haltung demonstrieren, regt mich das auf.
a) nein
b) teils-teils
c) ja

Bewältigungsstrategien
Was kann man als Bewerber, z. B. im Rahmen eines Assessment-Centers, gegen diese Art der Persönlichkeits(test)-«Notzuchtversuche« tun? Man kann sich schützen, lautet die einfache Antwort. Nur wie?
Zunächst einmal kommt es darauf an, sog. Persönlichkeitstestverfahren als solche zu erkennen. Zweitens ist es wichtig zu wissen, wer und vor allem wie man ist, also die eigene Persönlichkeit, die eigenen Charaktermerkmale möglichst gut zu kennen. Drittens ist es unbedingt notwendig, in Erfahrung zu bringen, was die andere Seite (z.B. die AC-Beobachter, der Arbeitgeber) für Persönlichkeitsmerkmale erwartet bzw. wünscht. Und viertens muß es einem gelingen – leichter gesagt, als getan –, das Übermitteln dieser Merkmale glaubhaft zu gestalten.
Persönlichkeitstestverfahren zu durchschauen, überhaupt erst einmal zu wissen, was auf einen zu- und worauf es ankommt, ist das Gebot der Bewerbungsstunde. Diese Kunst ist erlernbar.
Dazu jetzt die Auflösung zu dem im AC-Bericht geschilderten Beispiel (numerieren Sie die Aussagen von 1–9 auf den Seiten 384 ff.).
Haben Sie gemerkt, worum es geht? Drei »Persönlichkeitsmerkmale« (Faktoren) sind es, die hinter diesen Fragen stehen:

1.
A   Sachbezogenheit (kühl und reserviert) gegenüber
B   Kontaktorientierung (aufgeschlossen und warmherzig)
    Frage 3: Antwort a ist kontaktbezogen, c ist sachbezogen
    Frage 6: Antwort a ist sachbezogen, c kontaktbezogen
    Frage 7: Antwort a ist sachbezogen, c kontaktbezogen

Haben Sie sich zweimal oder mehr für einen der beiden Faktoren entschieden, ist Ihr Persönlichkeitsbild »festgenagelt«. Sie sind dann also z. B. ein eher kühler, bei dreimal A ein eiskalter Sachmensch… Bei dreimaliger Kontaktorientierung sind Sie übrigens nicht bloß warmherzig, sondern bereits geschwätzig.

2.
A Vertrauensbereitschaft (vertrauensvoll) gegenüber
B Skeptische Haltung (mißtrauisch)
Frage 1: Antwort a ist vertrauensvoll, c mißtrauisch
Frage 8: Antwort a ist mißtrauisch, c vertrauensvoll
Frage 9: Antwort a ist vertrauensvoll, c mißtrauisch

Hier wären die Extrempole (dreimalige Ankreuzung) vertrauensvoll-naiv und »blöd wie ein Schaf« zu sein bzw. ekelhaft, unangenehm, verschlossen und mißtrauisch.

3.
A Emotionale Störbarkeit (neurotisch) gegenüber
B emotionale Stabilität (gelassen)
Frage 2: Antwort a ist neurotisch, c stabil
Frage 4: Antwort a ist neurotisch, c stabil
Frage 5: Antwort a ist stabil, c neurotisch

Hier geht es um die Polaritäten neurotisch-gestört oder wurschtig-cool. Sollten Sie bei diesen 9 Fragen mehr als zweimal die Antwortmöglichkeit b angekreuzt haben (teils-teils, weiß nicht, manchmal etc.), laufen Sie Gefahr, als Lügner und Vernebler dazustehen, der den Test nicht offen beantworten will.

Bitte verstehen Sie diesen kleinen Demonstrationstest als eine Art didaktisches Beispiel, ohne an das Ergebnis auch nur im entferntesten zu glauben. In der Testrealität jedenfalls wird im Prinzip bei der Auswertung so wie hier vorgegangen: Man legt Ihnen die Ankreuzungen entsprechend aus und interpretiert. Dabei kann selten was Positives rauskommen. Auf jeden Fall sollten Sie wissen, daß es keinesfalls immer eindeutig einen »guten« und anstrebenswerten gegenüber einem »schlechten« und zu vermeidenden Persönlichkeitsfaktor gibt.

Es ist schwer, generelle Empfehlungen für das Bearbeiten von Persönlichkeitstests auszusprechen, aber achten Sie darauf, die Fragen nicht zu extrem in eine Richtung anzukreuzen. Es geht um die »richtige Mischung« aus folgenden drei Komponenten:
1. Wie stellt sich der Arbeitgeber den idealen Bewerber für diese Position/Aufgabe vor?
2. Wie glauben Sie wirklich zu sein?
3. Ausweichen auf die »teils-teils«-Position.

Wie verhalten Sie sich bei Satzergänzungstests? Wenn Sie nicht ablehnen können, halten Sie zumindest Ihre Antworten knapp und sozial erwünscht. Bleiben Sie sachlich, vermitteln Sie den Eindruck, daß Sie sich um aufrichtige Antworten bemüht haben, und bewegen Sie sich im sozial unverfänglichen und konfliktfreien Klischee. Hier ein Beispiel:
    Ich fürchte... nicht den richtigen Erfolg zu haben.
    Früher war ich... ein bißchen schüchterner als meine Freunde.
    Es ärgert mich besonders, wenn... man mir nicht glaubt.

Diesem Beispiel seien andere Ergänzungsmöglichkeiten gegenübergestellt:
    Ich fürchte... mich nicht.
    Früher war ich... ein erfolgreicher Torwart unserer Schulmannschaft.
    Es ärgert mich besonders, wenn ... andere Menschen abergläubisch sind.

Die Gegenüberstellung macht deutlich, daß die Art und Weise der Vervollständigung der Sätze im zweiten Block z. B. für eine Management-Position unverfänglicher ist.
Wie unterläuft man diese Satzergänzungstests? Verdeutlichen Sie sich positive Verhaltensklischees, die man von Ihnen erwarten kann. Machen Sie sich noch einmal klar: Es geht nicht um Wahrheit oder Ihre reale persönliche Meinung.

Hier zwei Beispiele, wie man negativ formulierte Satzanfänge handhaben sollte:
    Ich fürchte...
    Antwort: ... in der Regel nichts.

    Ich bin besorgt, wenn...
    Antwort: ... jemand in meiner Familie ernsthaft erkrankt ist.

Banal wirkende Sätze sind keine Gefahr, sondern eher ein Indiz dafür, daß Sie kein Neurotiker sind. Diese – so die Meinung der Test-Autoren – erkennt man eher an den ernstzunehmenden, sorgfältig ausgefeilten komplexen Sätzen. Also lieber:
    Ich kann nicht...
    Antwort: ... klagen.

Wenn ich einen Fehler mache, dann...
Antwort: ... bemühe ich mich, ihn zu korrigieren.

Als man mir sagte, das könne ich nicht, ...
Antwort: ... bat ich, es doch einmal versuchen zu dürfen.

Wenn alles mißlingt, dann...
Antwort: ... suche ich nach der Ursache und beseitige sie.

Das sind gute Beispiele für die banale, aber positive Ergänzung von negativen Satzanfängen, mit dem Resultat einer günstigen Interpretation Ihrer Persönlichkeit.

Körpersprache und Verkleidung

Ist Ihnen bewußt, daß Ihr Äußeres, also Ihr gesamtes Auftreten in Form von Körpersprache, aber auch (Ver-)Kleidung eine Herausforderung für den selbsternannten Persönlichkeits-Personal-Chef-Psychologen darstellt?

Nun ein kleines Beispiel, um Ihnen zu zeigen, daß auch Sie in Ihrem Alltags-Privatleben als »Persönlichkeitspsychologe« tätig werden: Stellen Sie sich vor, Sie gehen auf einer belebten Straße spazieren, und Ihnen kommt ein Mann entgegen, der ganz deutlich in seiner äußeren Kleidung und Gesamtaussehen heruntergekommen ist. Er bittet Sie um drei 10-CENT-Stücke, weil er angeblich kein Geld zum Telefonieren hat. Was werden Sie denken? Sehr wahrscheinlich nehmen Sie ihm diese Geschichte und Bitte nicht so einfach ab, sondern vermuten, hier will jemand Geld schnorren (10 Passanten = 3 EUR), um sich aller Wahrscheinlichkeit nach Alkohol zu kaufen. Sie sind ein Mensch mit Prinzipien (»Für Alkohol gebe ich kein Geld«) und lehnen ab.

Stellen Sie sich die gleiche Situation mit einem halbwegs zivil gekleideten, ordentlich aussehenden Passanten vor, der Sie freundlich anschaut, direkt anspricht und kurz erklärt, daß er sein Geld verloren hat und unbedingt drei Cent zum Telefonieren bräuchte. So angesprochen, wird man Sie viel eher dazu bewegen, diesen kleinen Betrag »herauszurücken«. Dieses kleine Beispiel dient lediglich dazu, Ihnen zu vermitteln, daß auch Sie im Alltagsleben wie ein Persönlichkeitspsychologe reagieren.

Übrigens: Beim Griff nach der Brieftasche sind Sie diese auch schon los und sehen gerade noch die Hacken des gutgekleideten Passanten... So leicht kann man sich irren. Sehen Sie, so ist das mit der Persönlichkeitspsychologie und ihren Theorien...

Wenden wir uns also zunächst den (Ver-)Kleidungs-Persönlichkeitstests zu. Das alte Sprichwort »Kleider machen Leute« ist Ihnen sicherlich geläufig, und wer sich zum Beispiel um einen Arbeitsplatz in einer Bank bewirbt, tritt besser nicht in Sportschuhen und Jeans auf. Dagegen sind gerade diese Bekleidungsutensilien bei einer Bewerbung in einem Sportgeschäft dazu angetan, Pluspunkte zu sammeln, während der seriöse, dunkelblaue, dezent gemusterte Anzug hier einen sehr zweifelhaften Eindruck hinterlassen könnte.

Mit anderen Worten: Wer Schlosser werden möchte, muß zwar nicht im Blaumann antreten, sollte aber um Gottes willen nicht seinen Konfirmationsanzug herausholen, und wer bei einer Notar- und Rechtsanwaltskanzlei im Büro zu arbeiten vorhat, sollte sich vorsichtshalber beim ersten Vorstellungsgespräch auch nicht unbedingt in Sport- und Joggingoutfit vorstellen.

Gibt es Patentrezepte? Das sicherlich nicht. Aber eine generelle Empfehlung: Schauen Sie sich doch einfach mal typische Berufsvertreter in dem von Ihnen angestrebten Beruf an und orientieren Sie sich an deren Kleidung.

Bei einer Versicherung gibt es sehr wohl locker und sportlich-dezent Gekleidete, aber ebenso sehr konservativ-seriöse Verkleidungsformen. Auch bei anderen Verwaltungsberufen ist sicherlich – wie so häufig im Leben – ein ausgewogener Mittelweg nicht von Nachteil.

Verdeutlichen Sie sich, daß Sie mit Ihrem Erscheinungsbild auch schon eine Art Arbeitsprobe und Visitenkarte abgeben. Vermeiden Sie es, besser gekleidet zu sein als Ihr Gegenüber, verzichten Sie auf Extravaganz, grelle, poppige, übertriebene Maskerade (Schminke) – mit vielleicht einer Ausnahme: Sie bewerben sich bei einer Werbeagentur oder in der »Kunstszene«.

Einem Gerücht zufolge hat man bei der Deutschen Bank als Bewerber mit weißen Socken null Chancen, selbst wenn man sein Prädikatsexamen aus dem grauen Nadelstreifenanzug (feinstes Tuch) ziehen kann. Irgendwie aber auch ein bißchen verständlich, was die Ästhetik anbetrifft – oder?

Körpersprache-Persönlichkeitstests
Nun können Sie sich auch in einem sehr seriös anmutenden grauen maßgeschneiderten Anzug oder Kostüm alle Chancen auf den zur Auswahl stehenden Job vermasseln, wenn Sie auftreten wie ein Hampelmann oder wie ein Betrunkener (im Notfall geht auch beides zusammen). Mit ande-

ren Worten: Nicht nur das Aussehen, sondern auch die Art und Weise, wie Sie Ihren Körper bewegen, prägt das Bild, das man sich von Ihrer Persönlichkeit macht.

Wie viele Sprachen beherrschen Sie? Ihre Muttersprache, Fremdsprachen – sehr schön. Und... Viele Personalchefs und Taschenpsychologen glauben, die Körpersprache zu beherrschen bzw. zu verstehen. Der Körper lügt angeblich nicht (übrigens: Lügen haben kurze Beine). Erhobener Zeigefinger, hochgezogene Augenbrauen, gerümpfte Nase und eine in Falten gelegte Stirn sprechen eine deutliche Sprache. Wer die Hände im Schoß faltet oder hinter dem Kopf verschränkt, signalisiert seiner Umwelt bewußt oder unbewußt etwas. Nur was, das ist die Frage.

Personalfritzen hantieren gerne mit Listen, aus denen sie schnell ablesen können, was eine bestimmte Haltung, Geste, Mimik usw. für eine Bedeutung hat – auf ähnlichem Niveau wie die diversen Traumdeutungsbücher, die einem aufs Stichwort angeblich genau verraten, was der Traum der vergangenen Nacht bedeutet.

Im wesentlichen geht es um
- Blickverhalten
- Mimik
- Gesten
- Körperhaltung
- Sprechweise
- Geruch

Bitte nehmen Sie die folgende Liste nicht zu ernst, aber Sie sollten wissen, wie Ihr Verhalten möglicherweise interpretiert werden könnte.

Körpersignal	Bedeutung
Blickverhalten	
Augen betont weit offen	Aufmerksamkeit, Aufnahmebereitschaft, Sympathie, Weltoffenheit signalisierend, Flirtverhalten
verengte Augenöffnung	Konzentration, Entschlossenheit, Eigensinn, Kleinlichkeit, überkritische Haltung
zugekniffene Augen	Abwehr, Unlust

gerader Blick	Offenheit, Gewissensreinheit, Vertrauen
schräger Blick	abschätzende Zurückhaltung
häufiger Blickkontakt	Sympathie
häufiges Wegsehen	mangelnde Sympathie oder Verlegenheit
auffällig häufiger Lidschlag	Unsicherheit, Befangenheit, u. U. nervöse Störung

Mimik

offenes Lächeln	offene Heiterkeit, uneingeschränkte Freude
gequältes Lächeln	Ironie, Schadenfreude, Blasiertheit, Angst
meist geöffneter Mund	Mangel an Selbstkontrolle
zusammengepreßter Mund	Zurückhaltung, Reserviertheit, Verkniffenheit, Kontaktarmut
Mundwinkel nach unten	Bitterreaktion, Pessimist, depressiver Zustand
Mundwinkel nach oben	Aktivität bis Abwehr
Heben der Augenbrauen	Ungläubigkeit oder Arroganz

Gesten

übertrieben kräftiger Händedruck (»Knochenbrecher«)	Rücksichtslosigkeit, Angeberei
kräftiger Händedruck ohne Übertreibung	Aufrichtigkeit, Sicherheit
schlaffer Händedruck (»tote Hasenpfote«)	Unsicherheit, Kontaktarmut, leichte Beeinflußbarkeit
Hand wegziehend	Verschlossenheit
verschränkte Arme	
– bei Männern	Ablehnung, Verschlossenheit
– bei Frauen	Selbstschutz, Angst
Hand vor den Mund halten	
– während des Sprechens	Unsicherheit
– nach dem Sprechen	will das Gesagte zurücknehmen

Sprecher hält Armlehnen mit beiden Händen fest	Aggressivität, aber gewisse Unsicherheit, Neigung zur Weitschweifigkeit
Kopf auf Hände stützen	Nachdenklichkeit, Erschöpfung, Langeweile
Spitzdach mit den Händen formen	Arroganz, Abwehr gegen Einwände
Hände reiben	Selbstgefälligkeit, Selbstzufriedenheit
spielende Hände	Zeichen von Erregung, Nervosität, Befangenheit, Angst, Verwirrung
mit dem Finger auf den Gesprächspartner zeigen	Angriff, Wut
Hand zur Faust verkrampfen	Wut, verhaltener Zorn
Anfassen der Nase	Nachdenklichkeit, kritische Haltung, Verlegenheit
über den Hinterkopf streichen, Zupfen an den Ohren	Verlegenheit, Unbehagen, Ärger
Streichen des Kinns	Nachdenklichkeit, Zufriedenheit
Finger zum Mund nehmen	Verlegenheit, Unsicherheit
mit den Fingern trommeln	Nervosität, Ungeduld
häufiges Spielen mit dem Ring	Eheprobleme, Frustration vom häuslichen Leben
häufiges Abnehmen der Brille	Ablehnung, Angriff, Nervosität

Körperhaltung

Achselzucken, die Handflächen nach außen gewendet	passive Hilflosigkeit
übereinandergeschlagene Beine – zum Gesprächspartner hin	Aufbau eines Sympathiefeldes
– vom Gesprächspartner weg	Ablehnung, Unwillen
übergeschlagene Beine, Knie in die Hand gestützt	kritische Haltung, Skepsis
dicht aneinandergestellte Füße beim Sitzen	schuldhafte Ängstlichkeit, Einzelgänger, überkorrekte Grundeinstellung
breit auseinanderklaffende Beine beim Sitzen	sorglose Unbekümmertheit, Rücksichtslosigkeit

friedlich ruhende Sitzhaltung	Selbstsicherheit, aber auch robuste Unbekümmertheit, seelische Erschöpfung
alarmbereite Sitzweise (auf dem Sprung sein)	Mangel an Selbstvertrauen und Sicherheit, auch Mißtrauen, innere Unruhe, Angst
Füße um die Stuhlbeine legen	Unsicherheit, Suche nach Halt
Füße nach hinten nehmen	Ablehnung
mit den Füßen wippen	Arroganz, Ungeduld, Sicherheit, Aggressivität
steife, militärische Körperhaltung, geziert aufrecht	Unterdrückung von Angst
breitbeinig dastehen, Daumen in die Achselhöhlen	Selbstsicherheit
den Oberkörper weit nach vorn lehnen	Interesse, Sympathie, Wunsch zu unterbrechen
den Oberkörper weit zurücklehnen	Desinteresse, Ablehnung

Sprechweise

lautstarke Stimme	Vitalität, Selbstbewußtsein, Kontaktfreude, aber auch Unbeherrschtheit, Geltungsdrang
leise, flüsternde Stimme	Schwäche, mangelndes Selbstbewußtsein, aber auch Sachlichkeit, Bescheidenheit
schnelles Sprechtempo	Impulsivität, Temperament, aber auch Ungezügeltheit, Nervosität
langsames Sprechtempo	antriebsschwach, aber auch Sachlichkeit, Besonnenheit, Ausgeglichenheit
wechselndes Sprechtempo	innere Unausgeglichenheit
ausgeprägte Pausengestaltung	Disziplin, Selbstbewußtsein
starke Akzentuierung	Lebhaftigkeit, Gefühlsstärke
schwache Akzentuierung	Uninteressiertheit, mangelnde geistige Flexibilität

Geruch

parfümiert	werbende Haltung
überstark parfümiert	Unsicherheit, Vernebelung
Schweißgeruch	Angst, Unordentlichkeit

Baumtest
Mit zu den übelsten Persönlichkeitstestverfahren, die Ihnen in Ihrem Bewerbungs- und Arbeitsleben zugemutet werden könnten, gehören die sog. Baum- und Farbtests. Was ist darunter zu verstehen?
Sollten Sie jemals mit der Aufgabe konfrontiert werden, einen Baum bzw. Obstbaum zu zeichnen, befinden Sie sich in einem Persönlichkeitstestverfahren übelster und antiquiertester Sorte. Ziehen Sie Ihre Konsequenzen daraus. Wer diese Verfahren ernsthaft einsetzt, dokumentiert eine Rückständigkeit, die Sie in Sorge um Ihr monatliches Salär versetzen sollte.
Die Testinstruktion lautet, einen Baum zu malen. Malen Sie ihn, aber ohne Obst, und wenn, dann nur mit bereits herabgefallenem. Aber Achtung – diese Anmerkung ist ernst zu nehmen: Bäume mit herabgefallenem Obst wurden laut Testhandbuch vereinzelt von Menschen gemalt, die bald nach der Testdurchführung starben. Vielleicht verzichten Sie also besser auf das Fallobst.
Der Stamm sollte möglichst gerade gezeichnet sein, weder nach links (Hinweis auf Mutterbindung) noch nach rechts (Mißtrauen), die Krone hochstrebend, der Stamm eher kurz, rechts ein wenig breiter ausladend, was angeblich auf Selbstbewußtsein schließen läßt.
Wollen Sie den Eindruck verstärkter Disziplin und technischer Begabung bei diesem Test hervorrufen, empfiehlt sich möglicherweise ein Spalierbaum.
Natürlich werden auch die Zweige interpretiert: Sind sie kräftig und von gleichbleibender Stärke, so deutet das angeblich auf Ehrgeiz und Ausdauer hin, wollen Sie einen kreativen Eindruck machen, sind Röhrenäste, am Ende offen (also ohne Spitze), zu empfehlen. Bitte nirgendwo Beulen oder Einschnürungen, denn dies könnte auf Affektstauung oder Verkrampfung hinweisen. Kerben, Stümpfe oder Kröpfe sind nur bei Amputationen oder chronischen Leiden des Zeichners gerechtfertigt.
Eine feine Verästelung ist ein sicheres Anzeichen von Feinnervigkeit. Sollten Sie ihren Tester total verblüffen wollen, ist die Andeutung eines Frontalastes zu empfehlen, der aus der Mitte des Stammes hervorsprießt und

die dritte Dimension andeutet. Dieses Merkmal verrät eine ganz außerordentliche Begabung und Originalität, hohen Mut, besonderes Selbstvertrauen und wird – so beklagt das Testhandbuch – nur höchst selten beobachtet.

Vorsicht mit Schattierungen (Depressionsgefahr), und auch Vögel oder Vogelhäuser lassen eher auf spaßigen Übermut deuten, der vielleicht nicht angemessen ist. Zeichnen Sie eine wellige Bodenlinie, ein paar Grashalme, aber keine ganze Landschaft, ein wenig Wurzeln, aber sparsam, denn reiches Wurzelwerk könnte Haltlosigkeit, ja sogar Alkoholismus oder gar Geisteskrankheit verraten.

Farbtest
Nicht besser, aber dafür um so beliebter sind die sog. Farbtests nach Professor Lüscher. Daß Rot für Liebe steht und Gelb für Neid, haben Sie ja vielleicht schon einmal gehört. Ärgern Sie sich nicht grün und blau, wenn Ihnen z. B. dieser bizarre Lüscher-Farbtest vorgelegt wird. Aufgrund einer Ihnen dargebotenen Farbskala werden abenteuerliche Aussagen über Sie und Ihre Persönlichkeit gemacht.

Der Test läuft so ab: Ihnen werden verschiedenfarbige Karten gegeben (rot, gelb, blau, grün, braun, violett, grau und schwarz). Dann werden Sie aufgefordert, diese Farbkarten in eine Rangfolge zu bringen (diese Farbe mag ich am liebsten, die gefällt mir am zweit-, dritt-, …… -besten und die zuletzt genannte eben überhaupt nicht).

Obwohl sogar von der sogenannten Test-Wissenschaft verachtet, wird dieses Verfahren sehr häufig von Laien eingesetzt, weil es in seiner Handhabung und Auswertung ausgesprochen einfach ist. Auch der aufgeforderte Testkandidat vermutet nicht gleich Böses, wenn er mal seine Lieblingsfarben preisgibt.

Der gute »Farb-Professor« Lüscher (sein Titel sollte nicht als Qualifikationsnachweis verstanden werden – »auch ein Professor macht den Test nicht besser«) versteht die menschliche Persönlichkeit durch vier Hauptmerkmale gekennzeichnet:

1. Angriff
2. Verteidigung
3. Flucht
4. Unterwerfung

Und so weist er dann der Farbe rot eine autonom-aktive Rolle (Angriff) zu, grün eine autonom-passive (Verteidigung), gelb eine heteronom-aktive (Flucht) und blau eine heteronom-passive (Unterwerfung).
Angriff und Eroberung werden also durch die Farbe rot repräsentiert, dagegen Selbstbehauptung durch die Farbe grün. Diese nach Lüschers Farbkonzept als »autonom« gekennzeichneten Farben, betonen Selbstbestimmung und Initiative und sollten, wenn es sich nicht vermeiden läßt und Sie diesen Test machen müssen, zu Ihren Lieblingsfarben gehören.
Hüten Sie sich, die Farben Violett, Braun, Schwarz und Grau zu weit nach vorn, das heißt auf den ersten vier Rangpositionen zu plazieren, denn sonst wird Ihnen möglicherweise ein übler Charakter bescheinigt.
Noch schnell zu den übrigen Farben: Gelb steht für Zukunft, Veränderung, aber auch für die Aufgeschlossenheit etwas Neuem gegenüber. Blau betrifft mehr das Gemüt. Zu warnen ist vor Grau, es sei denn, Sie wollen als völlig empfindungslos dastehen, oder Braun, womit Sie sich als Faulpelz mit starkem Erholungs- und Behaglichkeitsbedürfnis präsentieren. Mit Schwarz bringen Sie einen trotzigen Protest zum Ausdruck, und mit Violett vermitteln Sie Homosexualität oder Schwangerschaft.
Sollte Ihnen ein Arbeitgeber diesen Farbtest zumuten, empfehlen wir Ihnen für den Fall einer Absage, eine Anzeige wegen Körperverletzung zu erstatten – unter dem Hinweis, daß Ihnen erst jetzt klargeworden sei, welcher Erniedrigung Sie sich haben unterziehen müssen. Vor Gericht sind die Chancen nicht schlecht, in einem Schadenersatzprozeß Recht (Geld) zugesprochen zu bekommen.

Stichwort Horoskop
Sollte man Sie nach Ihrem Sternzeichen fragen (was eigentlich nicht nötig ist, denn in der Regel befindet sich ja bei Ihren Bewerbungsunterlagen auch das Geburtsdatum), müssen Sie damit rechnen, daß auch damit versucht wird, sich ein Bild über Ihre Persönlichkeit zu machen. Weitere Fragen nach Aszendentz und Geburtsstunde sind Hinweise auf eine astrologisch orientierte Personalauswahl.
Firmen bzw. Arbeitgeber, die nur nach dem Prinzip »Management by Astrology« arbeiten, genießen in der Wirtschaft noch einen umstrittenen Ruf.
Wenn jedoch 20 Millionen Bundesbürger nahezu täglich ihr Horoskop in der »Bild« bzw. in anderen Zeitungen (z. B. auch im »stern«) lesen und Privat-Fernsehsender wie RTL oder SAT 1 diesem Zuschauerbedürfnis aus-

giebig Platz in ihren Sendungen einräumen, ist es nicht verwunderlich, daß auch Arbeitgeber mehr oder weniger seriös versuchen, astrologisches Wissen einzusetzen. Sie sollten also zumindest wissen, wenn Sie Fisch, Jungfrau, Steinbock oder Stier sind, was denn so Ihre gängigen positiven, aber natürlich auch negativen Eigenschaften sind.

Handschriftentests/Graphologie
Hier geht es um Ihre Handschrift. Oftmals wird schon im Vorfeld der Bewerbung ein handgeschriebener Lebenslauf oder explizit eine Handschriftenprobe verlangt.
Schlechte Schrift – schlechter Charakter, so die Denke. Manche Personalmenschen spielen sich auch noch gerne als kompetente Graphologen auf. Sie lassen die Bewerber-Schriftzüge auf sich wirken und versuchen, das Formniveau zu erfassen. Dabei geht es um die Verteilung des Geschriebenen auf dem Blatt, den Rhythmus der Schriftzüge, das Auf und Ab, den Pulsschlag der Schreibbewegungen, Schriftzüge und Zwischenräume. Man unterscheidet zwischem hohem, mittlerem und niedrigem Formniveau und glaubt an den Grundsatz: Je höher das Formniveau, desto harmonischer der Charakter des Schreibers.
Andere glauben, aus dem Grad der Leserlichkeit das Verhältnis des Schreibers zu seiner sozialen Umwelt herausinterpretieren zu können (jetzt wissen wir, warum Ärzte oft eine so furchtbare Handschrift haben). Da gibt es auf der einen Seite Weltoffenheit und -gewandtheit, Sinn für die Realität des Lebens, Anpassungsbereitschaft und Fähigkeit zur Teamarbeit, auf der anderen Seite besteht die Gefahr des Schematismus, der Schablonenhaftigkeit, der konventionellen Oberflächlichkeit, des Formalismus und der Pedanterie. So hat eben das Schöne und Klare wieder zwei Seiten und obliegt der subjektiven Interpretation (dehnbar wie Kaugummi).
Ordentliche Schrift ist gleich ordentlicher Charakter und damit Eignung für ordnende Berufe, so folgert man. Und wo etwas anderes und mehr erwartet wird, darf's dann auch etwas origineller bzw. egozentrischer sein (= schwerer lesbar) – so das kleine Einmaleins der Bewerberauslese-Graphologie. Alles ist eben relativ, und dies gilt für die Interpretation der Handschrift um so mehr.
Und noch ein Hinweis der Schriftgelehrten zum Verhältnis von Unterschrift zur Normalschrift: Die Unterschrift, eine Art Schutzmarke unseres Selbst, entwickelt sich mit der übrigen Textschrift und nimmt nach Errei-

chen der Reife (welche?) ihre Sonderform an. Sie ist gleichsam ein Werbeplakat der eigenen Persönlichkeit und läuft Gefahr, zum Spielball aller Geltungs-, Eitelkeits- und Selbstdarstellungsbedürfnisse zu werden. Klar, daß die Graphologen hieraus Rückschlüsse auf das Selbstwertgefühl ziehen.

Ist also die Unterschrift größer als der Normaltext (Normaltext = Normalschrift als Ausdruck des Normalcharakters), so ist das Selbstwertgefühl stärker, als normalerweise zugegeben wird. Im umgekehrten Falle (kleinere Unterschrift) gibt sich der Schreiber bescheidener, als er möglicherweise ist. Je deutlicher man seinen Namen ausschreibt, desto klarer – glauben die Interpreten – seien Wesen und Ausdruck des Schreibers. So einfach ist das also.

Und weil zehn Graphologen von ein und derselben Handschrift zehn verschiedene Gutachten über dieselbe Person liefern, kann man schon mit Recht an den Schriftdiagnosen und der Aussagekraft der Graphologie verzweifeln.

Nachfolgend eine Übersicht über die Standardinterpretation der Grundformen der Handschrift:

Winkel (eckig): willens- und verstandesausgerichtet
Girlande (kurvig): gefühlsbetont, verbindlich
Arkade (bogenartig): zurückhaltend bis verschlossen, förmlich
Fadenduktus (unbestimmte Schreibform): anpassungs- und wandlungsfähig

Seine Handschrift zu verstellen, ginge nun wirklich zu weit. Aber vielleicht erkundigen Sie sich mal, ob der handschrifttestende Betrieb andere Entscheidungsfindungen vielleicht mittels dubioser Verfahren wie dem Baum-Test herbeiführt.

Assessment-Center-Tests

Ein weiteres, immer häufiger eingesetztes Personalauslese-Testverfahren – wir erwähnten es schon – verdient, detaillierter beleuchtet zu werden: die sogenannten Assessment-Center-Veranstaltungen (AC). Hier zunächst ein Bewerberbericht.

Bericht: Deutsche Bank
»Unsere Trefferquote ist sehr hoch«, versicherte der Psychologe beim abendlichen Glas Bier. »Wer hier besteht, hat auch später Erfolg in dieser Bank.« Und er muß es ja wissen, denn schließlich wird das »Gruppenauswahlverfahren für akademische Nachwuchskräfte«, wie es etwas holprig in meinem Einladungsschreiben heißt, schon zum 100. Mal hier durchgeführt. Mittlerweile allerdings um die Hälfte auf 1 1/2 Tage verkürzt. Denn nicht nur Reisespesen und zweitägige Hotelunterbringung der zwölf Bewerber, sondern vor allem die Anwesenheit von sechs Beobachtern des Unternehmens sowie eines dreiköpfigen Psychologenteams reißen tiefe Löcher in das Budget einer Personalabteilung, schätzungsweise 9.000 bis 12.000 EUR, aber diese deutsche Bank kann es sich leisten.
Durch Assessment-Center, Auswahlseminare oder Sommerakademien läßt sich ja auch trefflich demonstrieren, wie teuer einem der Unternehmensnachwuchs ist; und ganz nebenbei kann der von Zweifeln geplagte Personalchef seine Entscheidung auf die psychologische Zunft delegieren. Die erstellt dann während einer Reihe gruppendynamischer und anderer Spielchen ein Psychogramm des Bewerbers. Nach zumeist zwei Tagen – die Billigversion kann auch schon mal an einem Nachmittag durchgezogen werden – liegt die Persönlichkeit des Kandidaten dann sauber nach Belastbarkeit, Teamorientierung und Flexibilität gegliedert und bepunktet zum Abruf bereit auf dem Vorstandsschreibtisch.
Am Morgen des ersten Seminartages finde ich mich pünktlich um 8.30 Uhr mit den anderen Teilnehmern zur Lagebesprechung ein. Mit freundlichen Worten werden wir begrüßt. Man solle alles nicht zu ernst nehmen und sich vor allen Dingen natürlich geben. Betont natürlich geben sich zumindest unsere Beobachter, die sich der Reihe nach vorstellen. In Gedanken lege auch ich mir ein paar Worte zurecht, denn vielleicht läßt sich durch eine witzig-spritzige Rede ein erster Pluspunkt verbuchen. Weit gefehlt – als die Reihe an die Kandidaten kommt, unterbricht der Leiter und

schlägt vor, daß nun jeder seinen Nachbarn vorstellt. In den enttäuschten Gesichtern lese ich, daß nicht nur mir der Wind aus den Segeln genommen wurde.
Schon bald haben wir diese Aufwärmübung abgeschlossen und kommen zum eigentlichen Hauptteil. Jeder erhält einen Laufzettel für die unterschiedlichen Aufgaben. Zunächst verschlägt es mich und fünf andere Kandidaten in den Nachbarraum, wo wir weitere Instruktionen ausgehändigt bekommen. Ein Fallbeispiel: Es sollen zunächst einzeln, dann in der Gruppe Vorschläge erarbeitet werden, gemäß derer einer innovationsfeindlichen Belegschaft ein neues Computersystem schmackhaft gemacht werden kann. Ein abgedroschenes Thema, und dementsprechend einfallslos und gleichförmig sind die vorgetragenen Lösungen. Das wissen wohl auch die Beobachter, denn ihnen kommt es eher auf die Präsentation als auf den Inhalt an. So fällt es denn auch nicht schwer, sich hier »schön kooperativ« zu zeigen und schnell auf einen gemeinsamen Nenner zu kommen.
Interessanter wird es schon beim nächsten Spiel. Meine neu zusammengestellte Vierergruppe bekommt eine Aufgabe aus dem Personalbereich. Jedem von uns wird der fiktive Lebenslauf des 39jährigen Hochbauingenieurs Friedemann Fuchs vorgelegt. Dieser soll nun in einem Industrieunternehmen zum Einsatz kommen. Die Bereiche Grundlagenforschung, Personal, Fertigung und Verwaltung stehen zur Auswahl. Für die schriftliche Begründung seiner Entscheidung zieht sich jeder von uns in sein Zimmer zurück.
Eigentlich erfüllt das Ingenieur-Füchslein keines der Anforderungsprofile dieser Abteilungen, aber da er sowohl als wenig origineller Forscher als auch als unkonziliant im Umgang mit Kollegen beschrieben wird, beschließe ich, daß eigentlich nur Fertigung oder Verwaltung in Frage kommen. In der Gruppe einigen wir uns dann auf letzteres und geben dem zukünftigen Vorgesetzten von Fuchs den Rat, diesem bei betriebswirtschaftlichen Kalkulationen etwas auf die Finger zu sehen. Mit Recht, denn nun stürzen eine Fülle neuer Aktennotizen und Informationen über uns herein: »Ede« Fuchs ist zwar barsch im Umgang mit Kollegen, aber erfolgreich; allerdings hat er riskant kalkuliert und trägt sich mit Kündigungsabsichten. Zudem gibt es Probleme im Produktionsablauf, die gelöst werden müssen, und schließlich kann ein Auftrag nicht termingerecht erfüllt werden, so daß nachverhandelt werden muß. Was nun und was tun mit Friedemann Fuchs?

»Wer viel Rauch macht, hat etwas zu verbergen«, denke ich mir und schlage vor, weitere Informationen aus der Personalakte Fuchs anzufordern. Und tatsächlich, der Nebel lichtet sich mit einer Notiz, die Fuchs als guten Verhandlungspartner beschreibt. Ein Aufatmen geht durch die Gruppe. Alles weitere ist ein Kinderspiel: Der Fuchs wird mit einem Koffer voll Instruktionen zur Verhandlung geschickt, wo er sich endlich bewähren kann und sich hoffentlich auch seine Kündigungsabsichten verflüchtigen.
»So etwas macht doch richtig Spaß«, kommt es im Ton tiefster Überzeugung vom Beobachtertisch. Überrascht ob dieser ersten unerwarteten Reaktion blicke ich auf und stimme verwirrt zu. »Wenn man das Kaninchen im Zylinder findet!« denke ich und freue mich auf das Mittagessen.
»Nach dem Essen sollst du ruhn oder 1000 Schritte tun«, auf keinen Fall empfiehlt es sich jedoch, sich mit wissenschaftlichen Abhandlungen zu befassen, wenn der Magen besser durchblutet ist als das Gehirn. Normalerweise gehört das Dekodieren von Professorentexten ja zum Studentenalltag; aber nachdem ich mich durch die 20seitige Abhandlung über »Strukturveränderungen in der Medienlandschaft als Folge innovativer Kommunikationstechniken« gekämpft habe, ist meine Vorbereitungszeit fast abgelaufen. Und nun soll ich dem interessierten Psychologenpublikum einen 10minütigen Vortrag über Satellitenfernsehen, Pay-TV und BTX halten. Dabei nenne ich nicht mal einen Fernseher mein eigen.
»Self fulfilling prophecy« heißt es wohl im Fachjargon, was mir nun widerfährt. Die Notizen der Zuhörer gelten denn auch kaum meinen dürftigen Aussagen zum Thema. »Verkrampft, spricht stockend, Ausführungen sind unstrukturiert«, lautet das vernichtende Urteil, wie ich später erfahre. Aber ich will ja nicht in die Politik. Vielleicht reicht mein rhetorisches Talent noch zum Verhandeln?
Dieses kann ich jedenfalls in der letzten Tagesübung überprüfen lassen. 40 Minuten habe ich Zeit, mich in meinem Zimmer auf meine Rolle als Einkäufer von Wärmepumpen vorzubereiten. Die mitgegebenen Instruktionen definieren genau, bei welchem Abschluß ich mich als guter Mitarbeiter des Unternehmens rühmen kann.
Da kommt mir der Gedanke, diese Übung etwas realistischer zu gestalten: Über Haustelefon (wir sind ja im Hotel) rufe ich meinen Verhandlungspartner an und mache den Vorschlag einer Preisabsprache. Dieser willigt prompt ein, und schon bald stoßen wir beim Vergleich unserer Anweisungen auf einige Fallstricke. Schließlich einigen wir uns auf Konditionen, die jeden von uns in günstigem Licht erscheinen lassen.

Die anschließende »Verhandlung« ist nun nur noch reine Formsache. Das eigentliche Problem ist eher schauspielerischer Natur. Während ich den gradlinigen, kurzen Einakter bevorzuge, scheint mein Gegenüber eher mit dem Pathos des Dramas vertraut zu sein. Ich bin etwas verwirrt und ahne eine Katastrophe heraufziehen. Schließlich erzwinge ich die Katharsis, und siehe da: Mein Verhandlungspartner schwenkt ein, und mit Handschlag wird der vorgesehene Preis besiegelt. Das Publikum spendet zwar nicht den verdienten Beifall, aber dennoch ziehe ich mich halbwegs zufrieden auf mein Zimmer zurück.
Ist Intelligenz meßbar? Der Streit darüber dauert an, seitdem es IQ-Tests gibt. Zumindest ist sie erlernbar. Ich jedenfalls habe meine Hausarbeit gemacht und mir die einschlägige Literatur zu diesem Thema vorher angesehen. Und während ich vor einer Woche noch zum Intelligenzmittelstand gehörte, kreuze ich am Morgen des zweiten Seminartages unter den Augen des Prüfers mit geübter Sicherheit Zahlen- und Symbolreihen an, ergänze Wortpaare und eliminiere den sogenannten »odd-man-out«. Wenn die Zeit auszugehen droht, löse ich den Rest der Aufgaben nach der Lotto-Methode. Immerhin besteht eine Chance von 1:3, so meinen Intelligenzquotienten zu erhöhen. Beim Kopfrechnen versage ich dann aber kläglich. Im Laufe der Jahre zum denkenden Anhängsel meines Taschenrechners degeneriert, kann ich von 20 Aufgaben nur ganze fünf lösen. Als Abschluß des 90-Minuten-Intelligenz-TÜVs ist doch noch einmal Phantasie gefragt. Jeder Prüfling muß eine Anzahl schattenhafter Bilder deuten. Als im Laufe der Übung die Konturen immer schemenhafter werden, kommen mir Zweifel. Signalisiert die Pistole, die ich zu erkennen glaube, etwa Aggressivität? Zur Sicherheit votiere ich für den ausgestreckten Finger an einer geballten Faust (Kompromißbereitschaft?). Beim nächsten Bild kann ich mich nicht zwischen einem fettleibigen Dackel und einem Schwein entscheiden. Als Lösung gebe ich dann aber den Fuchs an. Dessen sprichwörtliche Schlauheit kann gerade im Geschäftsleben nie schaden. Beim letzten Bild, hinter welchem sich ein Flammenmeer, ein Gebüsch, eine Berglandschaft im Schnee oder ein Wohnzimmerteppich verbergen könnte, passe ich lieber. Womöglich werde ich noch als Traumtänzer abgestempelt.
Nach den Tests diskutiere ich dann mit meinen Mitstreitern, ob Väter a) nie, b) immer, c) gewöhnlich oder d) selten erfahrener sind als ihre Söhne oder ob sich Sportler zu Erfolg verhält wie Manager zu a) Geld, b) Macht, c) Gewinn oder d) Ansehen.

Die letzte Hürde, zwei abschließende Gespräche mit Vertretern der Bank, werden allgemein als Routine angesehen. Tatsächlich entpuppen sich Kassandrarufe vom bevorstehenden Streß-Interview, bei dem der Bewerber durch anfängliche Freundlichkeiten zunächst aus der Reserve gelockt wird, um dann aber gnadenlos in die Enge getrieben zu werden, vorerst als haltlos.

Ein Gespräch läuft gar im Stil einer Vermögensanlageberatung mit dem netten Herrn aus der Werbung ab. Mit scherzhaften Bemerkungen werden Wunschgehalt, Wunscheinsatzort und Wunscharbeitsbeginn zu Protokoll genommen. Der Gedanke, daß das Gespräch überhaupt nicht mit einem Wunschkandidaten geführt wird, kommt dabei gar nicht erst auf. Und so treten die meisten Bewerber die Heimreise auch gutgelaunt und voller Zukunftspläne an.

Wunschdenken, wie es sich für 3/4 der Leute bald herausstellt. Telefonisch kann einige Tage später das Ergebnis abgerufen werden. »Leider nein«, heißt es auch für mich am anderen Ende. Der bedauernde Unterton klingt so überzeugend, daß sich beinahe Mitleid mit demjenigen, der diese Nachricht an die hoffnungsvollen Anrufer übermitteln muß, einschleicht. Die Begründung wird auf gleichem Wege mitgeteilt:

Der Gesamteindruck sei ja durchaus positiv. In Sachen Kontaktfreudigkeit, Kooperationsfähigkeit sowie Initiative und Selbständigkeit hätte ich durchweg hohe Werte erzielt. Auch sei ich ausdauernd und belastbar. Aber... Und jetzt bestätigen sich die Vorahnungen bezüglich meines Rednertalents: Den Ausschlag schließlich hätte der Eindruck im Abschlußinterview gegeben, daß ich für das Bankgewerbe nicht gerade stark motiviert sei. Zum Schluß wünscht mir mein Gesprächspartner noch »Alles Gute fürs nächste Mal...«

Noch ein Assessment-Center? Wahrscheinlich ist es unvermeidbar, denn mittlerweile vertrauen neben den meisten Banken auch viele Industrieunternehmen und selbst Vater Staat auf dieses Nachwuchsselektionsverfahren mit wissenschaftlichem Anstrich. Pseudowissenschaftlich deshalb, weil man, um von einer »hohen Trefferquote« sprechen zu können, ja eigentlich auch eine Kontrollgruppe von »Versagern« einstellen und deren Karriereweg beobachten müßte. Die bekommen jedoch beim nächsten oder übernächsten Mal in einem anderen Unternehmen den begehrten Arbeitsvertrag. »Denn«, so tröstet mich ein Routinier im Bewerbertourismus später, »mit ein bißchen Übung ist da eine ganze Menge zu machen.« Bei seiner Persönlichkeit hatte sich innerhalb kurzer Zeit eine wunderbare

Wandlung vollzogen. Nach nur drei Tagen haben ihn die Experten der Konkurrenz als neuen Hoffnungsträger für ihr Unternehmen ausgemacht. Für mich ein schwacher Trost. Und so frage ich vor dem nächsten Interview erst telefonisch an, ob in diesem Unternehmen auch Gruppenauswahlverfahren zur Anwendung kommen würden. »Jeden Arbeitstag«, kommt es lakonisch zurück.

Worum es beim AC geht

Assessment-Center (AC) sind bei der testgesteuerten Auslese von Hochschulabsolventen stark in Mode gekommen. Unter dem Namen AC firmiert eine Art »neue Wunderwaffe«, ein Testverfahren, das auf die Deutsche Wehrmachtspsychologie zurückgeht und in den 30er Jahren zur Auslese des Offiziernachwuchses eingesetzt wurde.

Ein Assessment-Center, so könnte man sagen, ist eine Kombination verschiedener Verhaltens- und Arbeitsproben und kann sich über etwa einen halben bis zu mehreren Tagen erstrecken. Ausgeheckt in einer unsäglichen Zeit, reifte und entwickelte es sich in den USA und wird dort sehr häufig bei der Personalauswahl eingesetzt. Daß dies für den deutschen Eignungsdiagnostik-Markt nicht ohne Auswirkungen bleiben konnte, war abzusehen. Nun müssen sich also auch hierzulande Bewerber und Karrieristen immer häufiger »assessmentcentern« lassen.

Die Durchführungszeit eines Assessment-Centers beträgt in der Regel ein bis zwei ganze Tage (selten drei), an denen sechs bis zwölf Teilnehmer zwischen acht und zwölf Übungen bestreiten. Dabei werden die Teilnehmer von drei bis sechs Personen beobachtet. Da Zeit Geld ist, versuchen immer mehr Unternehmen, eine Art Mini-AC innerhalb von wenigen Stunden mit Bewerbern durchzuziehen.

Die einzelnen Aufgabentypen könnte man wie folgt umschreiben:
- Jeder für sich allein
- Jeder gegen jeden
- Einer gegen den anderen
- Einer vor allen anderen

Jeder für sich allein
Zu diesem Aufgabentyp gehören sogenannte Postkorb-Übungen, bei denen Sie unter Zeitdruck den Posteingang durchsehen und Entscheidungen treffen müssen, was wirklich wichtig ist und sofort erledigt werden

muß, was warten kann und was gut zu delegieren ist. Testziel ist die Überprüfung des allgemeinen Organisationsvermögens.

Jeder gegen jeden
In einer Art führerlosen Gruppendiskussion hat jeder seinen eigenen Standpunkt und seine berechtigten Forderungen zu vertreten. Dabei soll ein gemeinsames, von allen getragenes Ergebnis erarbeitet werden. Hier kommt es auf Kompromiß- und Kooperationsbereitschaft, aber auch auf Durchsetzungsvermögen an. (Beispiel: Eine Diskussion, wer von den Außendienstmitarbeitern den neuen BMW bekommt, s. S. 421 ff.)

Einer gegen den anderen
Ein Rollenspiel wird durchgeführt, z. B. mit der schon beim Deutsche-Bank-Assessment-Center geschilderten Aufgabe »Wärmepumpen-Handel«. In der Regel müssen Käufer und Verkäufer einen Kompromiß finden und dabei Diplomatie, Eloquenz und Entscheidungskraft unter Beweis stellen.

Einer vor allen anderen
Dabei geht es um einen Kurzvortrag und eine Art Präsentationsübung. Sie dürfen sich auf ein Thema vorbereiten und haben das verehrte Publikum, Ihre Beurteiler und Mitbewerber, gut zu unterhalten (Beispiel: Deutsche-Bank-Assessment-Center, Stichwort »Satellitenfernsehen«, s. S. 402). Natürlich kommt es auf Rhetorik, Überzeugungskraft und Darstellungskunst an.

Bericht: Kein Wolf im Schafspelz
Nun ein weiteres AC-Beispiel aus der Personalauslesepraxis. Ein Hochschulabsolvent berichtet:

Zu sechst waren wir in einer Höhle eingeschlossen. Das Wasser stieg unaufhaltsam, nur einer von uns konnte gerettet werden. Man gab uns 30 Minuten, um zu entscheiden, wer der Glückliche sein sollte. Als die Gruppe sich schließlich auf den Jüngsten geeinigt hatte, zog ich meine Pistole und erzwang mir den Weg in den Rettungskorb. Der Personalpsychologe beendete mit einer knappen Handbewegung das aus dem Stand von uns abverlangte Rollenspiel.

Bericht: Kein Wolf im Schafspelz

Mißtrauisch blickten mich meine Mitspieler im Konferenzraum der Colonia-Versicherung an: Ob der im wirklichen Leben auch so brutal ist? Wir waren Bewerber um eine Ausbildung im Außendienst der Deutschen Ärzteversicherung, die zur Colonia-Gruppe gehört. Schon beim ersten Auswahlgespräch hatte man uns aufgefordert, an einem neuartigen Eignungstest teilzunehmen: dem »Assessment-Center«. Das Wort war mir bisher noch nie untergekommen.

Begonnen hatte dieser Testtag mit dem »Gebrauchtwagen-Test«: Jeder mußte anonym aufschreiben, wem aus der Gruppe er am ehesten einen Gebrauchtwagen abkaufen würde. Damit sollte getestet werden, wer besonders vertrauenswürdig wirkt. Aus Taktik stimmte ich für jemanden, den ich eher unsympathisch fand.

Später saß ich einem Mitbewerber gegenüber. Ich sollte herausfinden, ob er schon einmal seine Frau betrogen hatte. Mein Mitbewerber durfte nicht merken, worum es in dem Gespräch ging. Ich plauderte mit ihm über Partys und Alkohol. Nach einer Viertelstunde hob ich den Arm: Ich war mir ganz sicher – er hatte seine Frau noch nie betrogen. Er war übrigens überzeugt, daß ich in unserem Gespräch feststellen wollte, ob er ab und zu mal einen über den Durst trinkt.

Mittags gingen wir zum Essen in ein gutes Restaurant. Da saßen wir nun um den Tisch: sechs Bewerber um die 30, ein Personalpsychologe, vier Versicherungsmanager. Drei Gerichte standen zur Auswahl: ein rustikales Steak, eine Geflügelkeule und ein kompliziertes Fischgericht. Ich grübelte: War dies Essen nun vielleicht auch Bestandteil des Tests?

In der Testauswertung am späten Nachmittag zeigten sich die Versicherungsmanager sehr angetan von meinem Verhalten bei Tisch: Als einziger hatte ich Fisch gewählt, keine Gräte war mir im Halse stecken geblieben. Die Prüfer waren beeindruckt von meiner Durchsetzungsfähigkeit und meinem »Biß«. Doch beide Eigenschaften machten sie mir auch zum Vorwurf: Ich hätte es darauf angelegt, mich um jeden Preis durchzusetzen – sie aber suchten jemand, der auch anpassungsfähig mit Geschäftspartnern umgehen konnte.

Trotzdem bekam ich ein Angebot – unter einer Bedingung: Die Manager wollten mich gerne mal zu Hause besuchen, um mich in meinem »persönlichen Umfeld« zu erleben. Offensichtlich mochten sie sich auf die Ergebnisse ihres Assessment-Centers doch nicht ganz verlassen.

Abends griff ich zum Telefon und zog meine Bewerbung zurück. Ich wollte nicht ihr Wolf im Schafspelz sein.

Ablauf und Aufgabentypen

»Das wichtigste Kapital eines Unternehmens sind seine Mitarbeiter.« Oftmals leider nur ein Lippenbekenntnis, wenn man sich den Arbeitsalltag genauer ansieht, der bereits mit der Bewerbung beginnt. Logisch: Jedes Unternehmen will für sich nur die besten Mitarbeiter haben. Um diesen Wunsch Wirklichkeit werden zu lassen, haben sich patente, geschäftstüchtige Köpfe die Vermarktung des AC-Personalausleseverfahrens auf ihre Fahnen geschrieben. Und das mit entsprechendem kommerziellen Erfolg.

Was steckt dahinter? Unter der Annahme, daß ein Arbeitsplatz ganz bestimmte Eignungs- und Persönlichkeitsmerkmale von seinem Inhaber verlangt, versucht der AC-Konstrukteur, eben diese herauszufiltern und in von ihm erdachten angeblich realitätsgerechten Übungen zu überprüfen. Bei der Bewerberauswahl für einen Posten als Marktschreier mag das noch recht einfach sein – hier kommt es vor allem auf die Kraft der Stimme an. Bei einer gehobenen Führungsaufgabe mit ihren komplexen Arbeitsabläufen ist es ungleich schwerer, die diversen Erfolgsmerkmale zu bestimmen. Und auch der Marktschreier braucht neben einer lauten Stimme noch andere Eigenschaften, wie z. B. ein ansprechendes Äußeres, Überzeugungskraft usw.

Glaubt der AC-Konstrukteur, die entscheidenden Erfolgsmerkmale eines Arbeitsplatzes herausgefunden zu haben und diese in einer der Arbeitsrealität nachgestellten Situation (z. B. Rollenspiel) gut beobachtbar und damit überprüfbar machen zu können, hat er vor der Einladung der AC-Kandidaten noch einen weiteren wichtigen Schritt vor sich:

Er muß geeignete Beobachter suchen, die er in der Art und Weise, wie Kandidaten zu beobachten und zu beurteilen sind, trainiert. Wenn diese AC-Beobachter (auch »Assessoren« genannt, meistens Führungskräfte des Unternehmens) wissen, wie und worauf sie bei den Kandidaten zu achten haben, kann das AC beginnen. Kandidaten jedenfalls, die »mitspielen« und bereit sind, »gute Miene zu bösem Spiel zu machen«, gibt es aufgrund der Arbeitsmarktlage genug. Bisweilen treten auch sog. Moderatoren auf, deren Aufgabe – Fernsehconférenciers vergleichbar – darin besteht, die einführenden und überleitenden Worte zu den einzelnen AC-Aufgaben zu finden und den organisatorischen Ablauf zu gewährleisten. Beim AC steckt – wie bei jedem Testverfahren – der Teufel im Detail. Daß es überhaupt nicht möglich ist, berufliche Erfolgskriterien eindeutig festzuschreiben, und, noch schwieriger, diese in Form von Kandidaten-Spielen vorführ- und überprüfbar zu machen, geschweige denn Verhaltensvorhersagen für die zukünftige Berufsentwicklung daraus abzuleiten, sollte eigentlich jedem schnell einleuchten.

Daß darüber hinaus diejenigen, die die schwierige Aufgabe haben, das gewünschte Verhalten zu erkennen und richtig einzuschätzen, nämlich die AC-Beobachter, sich in einer Art »Bock-zum-Gärtner-Rolle« wiederfinden, ist ein zusätzlicher Störfaktor, der selbst den mutigsten AC-Konstrukteuren großes Kopfzerbrechen bereitet.

Alles in allem: Das AC ist ein zum größten Teil auf Illusionen basierendes Personalausleseverfahren, das mit dem Arbeitgeberwunsch blendende Geschäfte macht, in die Köpfe und Herzen von Bewerbern und Mitarbeitern sowie in deren Zukunft zu schauen. Kurzum: Das Verfahren kann nicht halten, was es verspricht, aber für die Getesteten bedeutet es einen enormen Streß.

Kaum ein großer Name in der Deutschen Wirtschaft, der nicht mit der Durchführung von ACs herumlaboriert:
Nach Übersichten verschiedener Fachzeitschriften führen u. a. folgende Unternehmen Assessment-Center durch: AEG, Allianz-Lebensversicherung, Bayer, Bayerische Hypobank, Beiersdorf, BP, Colonia-Versicherung, Daimler-Benz, Deutsche Bank, Dresdner Bank, Dunlop, Ford, Gerling, Hamburg-Mannheimer Versicherung, Hoechst, Karstadt, Kaufhof, Krupp, Lufthansa, Nordstern Versicherung, Opel, Siemens, Unilever, Veba, Vereinigte Versicherungsgruppe, VW.
Gleichwohl gibt es auch einige Unternehmen, die nach einer Reihe von negativen Erfahrungen wieder vom Assessment-Center abgerückt sind.
Die wichtigsten im AC gebräuchlichen Einzelverfahren sind:

- individuell auszuführende Arbeitsproben und Aufgabensimulationen (darunter sind zu verstehen: Organisations-, Planungs-, Entscheidungs-, Kontroll- und Analyseaufgaben)
- Gruppendiskussion (mit und ohne Rollenvorgabe)
- Gruppenaufgaben mit Wettbewerbs- und/oder Kooperationscharakteristik
- Vorträge und Präsentationen
- Rollenspiele (meist zu zweit, z. B. Verkaufs-, Mitarbeiter-, Problem-Konflikt-Gespräch)

- Einzel-, Gruppen- und Panelinterviews
- Unternehmensplanspiele
- Intelligenz- und Leistungstests
- Persönlichkeits- und Interessentests
- Biographische Fragebögen

Ein anderer AC-Systematisierungsversuch spricht von einem »planvollen Konglomerat unterschiedlicher Übungen« und beschreibt vier Grundtypen:

Objektive Tests
Sog. »paper-and-pencil-tests«, die der Erkundung der geistigen und willensbezogenen Potentiale dienen (z. B. allgemeine »Intelligenz«, Motivationsfähigkeit, Innovationsneigung, Frustrationstoleranz und andere Persönlichkeitsmerkmale).

Situative Tests
Einzel- und Gruppentests zur Abschätzung individuellen Verhaltens in unterschiedlichen Situationen.

Soziometrische Rangreihentests
Hier geht es um die Sympathieverteilung innerhalb einer Gruppe und das Maß der Anerkennung, das jedem einzelnen Gruppenmitglied von den anderen zuteil wird (eine Rangreihe soll aufgestellt und begründet werden).

Projektive Tests
Diese werden – als spezielle Form von Persönlichkeitstests – seltener eingesetzt. Beispiel: der Satzergänzungstest (Bitte ergänzen Sie die Sätze: Meine Mutter… / Erfolg bedeutet für mich…).

Hier eine Übersicht zum Ablauf eines typischen Bank-ACs für einen Traineeplatz:

1. Tag

8.00 – 9.30   *Einführung*
Allen Teilnehmern wird das AC, dessen Transparenz und Objektivität erläutert. Der genaue Zeitplan und der Ablauf werden bekanntgegeben.

Die AC-Beobachter und -Moderatoren stellen sich vor. Im Anschluß daran Vorstellung der Teilnehmer, jeder stellt aber nicht sich selbst, sondern seinen Nachbarn vor.

9.30 – 10.30   *Gruppendiskussion*
6 Bewerber, 4 Beurteiler. Jeder erhält eine kurze Aufgabenbeschreibung. In dieser führerlosen Gruppendiskussion werden ein betriebswirtschaftlich-gesellschaftspolitisches Thema diskutiert und ein Maßnahmenkatalog von den Teilnehmern erarbeitet.

10.30 – 11.00   *Kaffeetrinken / Small talk*

11.00 – 13.00   *Kombinierte Einzel- und Gruppenübung*
Jeder Teilnehmer bekommt schriftliche Unterlagen zu einer Fallstudie, die er 30 Minuten alleine bearbeitet, um ein Kurzgutachten zu erstellen (Thema: ein personalpolitischer Fall). Anschließend gibt es für alle Gruppenteilnehmer weitere Unterlagen zu diesem Fall, und auf Grundlage der individuellen Ergebnisse muß jetzt die Gruppe das Problem weiter bearbeiten.

13.00 – 14.30   *Gemeinsames Mittagessen aller AC-Teilnehmer*

14.30 – 15.30   *Rollenspiel Verhandlung*
2 Bewerber und jeweils 2 Beobachter. Jeder Bewerber bekommt 2 Seiten Rollenanweisung und 20 Minuten Vorbereitungszeit. Rollen: Einkäufer und Verkäufer. Anschließend findet ein simuliertes Verkaufs- und Verhandlungsgespräch statt, bei dem ein Verkaufs-/Einkaufsergebnis zu erzielen ist.

15.30 – 16.15   *Kaffeepause / Small talk*

16.15 – 17.00   *Vorbereitung / Präsentation*
Jeder Bewerber bekommt einen 20seitigen betriebswirtschaftlichen Text, der zusammengefaßt und im Anschluß vorgetragen werden muß.

17.00 – 18.00   *Präsentation*
1 Bewerber, 2 Beobachter. Der bearbeitete Text muß innerhalb von 10 Minuten vorgetragen werden. Die Beobachter bleiben passive Zuhörer.

18.00 – 19.00   *Zwischenbilanz*

Alle AC-Teilnehmer tauschen sich aus, sprechen über positive und negative Aspekte und Eindrücke des ersten Tages.

20.00 – 21.00   *Gemeinsames Abendessen*

21.00 – 21.45   *Informationen über Trainee-Programm und Aufstiegsmöglichkeiten.*

2. Tag

9.00 – 9.45   *Interview 1*
Bewerber / Beobachter (Vieraugengespräch)
Themen: Lebenslauf, Motive der Berufswahl, Karriere- und Zukunftspläne, Sprachkenntnisse, Sonstiges

9.45 – 10.00   *Kaffeepause / Small talk*

10.00 – 10.45   *Interview 2*
Bewerber / anderer Beobachter (Vieraugengespräch)
(gleiche Themen wie im ersten Gespräch)

10.45 – 13.00   *Testbatterie*
(Intelligenz-, Leistungs-/Konzentrations- und Persönlichkeitstest)

13.15 – 14.00   *Gemeinsames Mittagessen*

14.00 – 14.30   *Gruppenabschlußgespräch*
Ende der Veranstaltung für die Teilnehmer

15.00 – 21.00   *Auswahlkonferenz*
AC-Beobachter und -Moderatoren treffen sich zur Ergebnisdiskussion und -findung. Jeder einzelne AC-Kandidat wird ausführlich besprochen.

Wie unterschiedlich ACs ablaufen können – z. B. als Einzel-AC oder als Gruppen-AC –, zeigen die beiden folgenden Berichte:

Bericht: It's a Sony-AC

Ich bin 24 Jahre alt und habe die Fachhochschule für Wirtschaft mit einem sehr guten Abschlußdiplom verlassen. Dem vorausgegangen war eine zweieinhalbjährige Lehre als Industriekaufmann und ein bereits mit 17 exzellent bestandenes Abitur.

Bei Sony bewarb ich mich um einen der begehrten Trainee-Plätze und erhielt auch prompt eine Einladung zu einem dreistündigen Nachwuchs-Führungskräfte-Einzel-AC.

Am Ort des Geschehens saß mir ein Auswahlgremium von vier Herren und zwei Damen gegenüber. Die eine Dame war Betriebspsychologin, die andere eine leitende Mitarbeiterin der Personalabteilung. Die Herren entstammten der oberen Führungsebene, alle Mitte 30 bis Anfang 40.

Die Anfangsatmosphäre wurde betont herzlich gestaltet. Jeder stellte sich vor, kleine Scherze wurden gemacht. Alles war darauf angelegt, daß man sich als Kandidat wohl fühlt. Das hatte durchaus Methode und Effekt.

Mein AC bestand aus drei Rollenspielen und einer Präsentationsübung. Die Vorbereitungszeit zu den einzelnen Rollenspielen betrug im Schnitt jeweils 10–15 Minuten, die ich in einem separaten Raum zu verbringen hatte, versorgt mit allen notwendigen Schreibmaterialien, aber auch mit Kaffee, Limonade und Plätzchen.

Die Anweisung für das erste Rollenspiel sah auf zwei eng beschriebenen Manuskriptseiten vor, daß ich seit sechs Wochen neuer Gruppenleiter für ein vierköpfiges Team war. Es gab keine Information, welche Aufgaben diese Arbeitsgruppe zu bewältigen hatte. Auf entsprechenden Papieren fand ich folgende, teilweise komplizierte und bewußt etwas verwirrende Situation beschrieben, mit der ich mich nun als neuer Gruppenleiter auseinandersetzen mußte:

Mein Arbeitsteam hatte eine neue Aufgabe zu übernehmen, war aber gehandicapt durch einen leistungsschwachen Mitarbeiter, der nicht ausreichend logisch-analytisch denken konnte, überhaupt insgesamt sehr langsam arbeitete und deshalb nicht wirklich in das Team integriert war. Mit anderen Worten: ein richtiger Außenseiter. Aus diesem Grund kursierten in dieser fiktiven Firma Gerüchte, mein Team könne die neue Aufgabe überhaupt nicht bewältigen.

Die Rollenanweisung sah weiter vor, daß meine Bemühungen, zusätzliche Mitarbeiter zu bekommen, erfolglos waren. Hier waren mir auch bereits Erwägungen suggeriert in Richtung Kündigung des leistungsschwachen Mitarbeiters.

Ich stand also vor dem Problem, mit diesem Team die neuen Aufgaben zu lösen, hatte aber – eine Verwirrungsstory am Rande – in der Kantine einen alten Bekannten getroffen, der mir anbot, gerne in mein Team zu kommen, mich aber bezüglich meiner Entscheidung erheblich unter Zeitdruck setzte: Er habe noch ein anderes lukratives Angebot.
Der problematische Mitarbeiter – nennen wir ihn Herr Klein – bat mich laut Rollenanweisung um ein Gespräch. Ich sollte nun vor den Augen der oben vorgestellten AC-Beobachter meine Kompetenz für ein schwieriges Mitarbeitergespräch unter Beweis stellen. Soweit die Anweisung für das Rollenspiel, das etwa 20 Minuten dauern sollte.
Als Gesprächspartner schlüpfte einer der AC-Beobachter in die unglückliche Rolle von Herrn Klein. Dieser spielte den Herrn Klein als sehr unterwürfigen, übergepaßten, fast schon »schleimigen« Typ. Er drückte ganz deutlich auf die »soziale Tränendrüse«, erzählte von seinem Haus, das er gerade gebaut hätte, und von seinen hohen Schulden. Um die Kosten für seinen Lebensunterhalt zu reduzieren – so tischte mir der begabte AC-Laienschauspieler auf –, habe er bereits ein Nachbargrundstück für den persönlichen Gemüseanbau gepachtet.
Herr Klein berichtete, daß er sehr ordentlich und gewissenhaft arbeiten würde, wenn auch zugegebenermaßen etwas langsam, klagte aber auch über die Kollegen, die ihm immer die unangenehmsten Arbeiten aufbürdeten. Die anderen würden ja nur »husch-husch« arbeiten, er verkörpere jedoch das Gewissen des Teams und habe nun gehört – so seine Gesprächseröffnung –, daß ich, der neue Gruppenleiter, ihn rausschmeißen wolle. Wie ich mir das eigentlich vorstelle, er sei doch wirklich arm dran und auch schon so lange bei der Firma, lauteten seine anklagend-rechtfertigenden Worte.
Ich hatte mich bereits in der Vorbereitungsphase dazu durchgerungen, Herrn Klein nicht zu entlassen. Schließlich war ich erst sechs Wochen in diesem Team. Auf meine Frage, wie lange er bereits in der Firma beschäftigt sei, stellte sich heraus, daß er mit sieben Jahren Betriebszugehörigkeit zu den dienstältesten Mitarbeitern gehörte, was mich in meiner Ausgangsüberlegung, ihm nicht zu kündigen, bestärkte.
Durch viele offene Fragen, die ich Herrn Klein stellte, kamen wir gut ins Gespräch (»Wie stellen Sie sich die zukünftige Aufgabenlösung vor?« usw.). Ich bin dann mit ihm darin übereingekommen, daß er seine Arbeitszeit auch auf die späten Abendstunden werde ausdehnen müssen, wenn er sein Pensum in der normalen Arbeitszeit nicht schafft. Er erhielt

meine Zusage, ihn zunächst nicht zu entlassen, und das Versprechen, nach erfolgreichem Abschluß des Projekts über seine beruflichen Möglichkeiten gegebenenfalls auch in einer anderen Abteilung der Firma ins Gespräch zu kommen.
Eine weitere Anregung meinerseits für Herrn Klein war das Thema berufliche Fortbildung, zu der er nach seinen Worten von meinem Vorgänger nie zugelassen worden war. Mein Standpunkt dazu: Das sei nicht nur allein Aufgabe des Arbeitgebers. Fortbildung müsse auch auf Eigeninitiative eines jeden Mitarbeiters hin erfolgen.
Damit war das erste Rollenspiel beendet, und das zweite begann, aufbauend auf der Geschichte, die ich eben gerade mit Herrn Klein durchgestanden hatte.
In dem neuen Rollenspiel bat mich mein Vorgesetzter zum Gespräch. Er habe von meiner Unterredung mit Herrn Klein gehört und erwarte nun Rapport. Dieses Gespräch war um einiges stressiger als das mit Herrn Klein. Nach ganz knapper Vorbereitungszeit betrat ich den Prüfungsraum und sah mich mit einem jungen, dynamischen Vorgesetzten konfrontiert, der mich überschwenglich begrüßte, kaum zu Worte kommen ließ und mich dafür lobte, daß ich jetzt endlich »klar Schiff« gemacht hätte, meine Mannschaft auf Vordermann gebracht und den langweiligen Herrn Klein gefeuert habe.
Ich mußte zunächst mal dieses bewußt inszenierte Mißverständnis aufklären und war nun in der Position, mich rechtfertigen zu müssen, warum ich denn nicht hart durchgegriffen hätte. Jetzt kam es darauf an, gut zu argumentieren, wobei mein Gegenüber mir öfter ins Wort fiel und lautstark seine Enttäuschung wegen meiner angeblich »schlappen Haltung« zum Ausdruck brachte: »Wie können Sie sich bloß von dem Klein so vollquatschen lassen«, war sein herber Vorwurf und: »Das ist ja eine schöne Führungsschwäche, die Sie da an den Tag legen. Wir dachten, Sie sind durchsetzungsfähig, und jetzt dieser laue Sozialklimbim.«
Gar nicht so einfach, mit diesem Gegenwind fertig zu werden, aber darum ging es ja wohl in diesem AC-Rollenspiel. Ich behielt jedenfalls trotz dieser Vorwürfe die Contenance und legte meine Argumentation noch einmal dar. Im übrigen verwies ich darauf, daß niemand mir vor meinem Rollenantritt als neuer Vorgesetzter gesagt hätte, daß man mich als »Rausschmeißer« engagiert habe.
Auch diese Aufgabe schien ich damit zufriedenstellend gelöst zu haben. Aber es sollte im dritten Rollenspiel noch schwieriger werden:

Als Produktmanager für einen neuen Designer-Fernseher der oberen Preisklasse sollte ich einen Vetriebsfachmann von dieser Produktidee überzeugen. Mein Gegenüber, wieder einer der AC-Beobachter und »Hilfsschauspieler«, übernahm den Part des völlig uneinsichtigen, »störrischen Esels«, der sich allen meinen Argumenten beharrlich widersetzte. Dessen Rollenvorschrift sah offenbar vor, absolut emotional, unsachlich und unlogisch zu reagieren, mir dabei ständig ins Wort zu fallen und mich zur Verzweiflung zu bringen mit Sätzen wie »Sie haben ja keine Ahnung, was draußen los ist... Was wissen Sie schon... Völlig unmöglich...« Erschwerend kam für mich hinzu, daß mein Gegenüber mir geradezu körperlich »auf die Pelle rückte«.

Sich dieses Stresses zu erwehren, war wirklich nicht einfach. Ich hatte Schweißperlen auf der Stirn und war kurz davor zu verzweifeln.

Endlich wurde ich erlöst und hatte 30 Minuten Zeit, eine neue AC-Aufgabe vorzubereiten, dieses Mal eine Präsentation. Ausgangspunkt war ein nicht gerade einfacher Text mit Untersuchungsergebnissen aus dem Gebiet Personalentwicklung und Motivationsförderung. Meine Aufgabe bestand darin, das Führungsgremium von Sony -- zufälligerweise diese sechs AC-Beobachter – davon zu überzeugen, daß Vorgesetzte zu wenig Zeit in die Förderung und Motivationspflege ihrer Mitarbeiter investieren. Ich sollte diesbezüglich ein Personalentwicklungskonzept vortragen und das erlauchte Gremium überzeugen.

Die eigentliche Präsentation war nicht so schwierig. Das Problem lag eher in der im Anschluß geführten heftigen Diskussion, wo mir wieder einmal – wie konnte es anders sein – Widerstand pur entgegengespielt wurde. Abermals mußte ich mit bockigen, uneinsichtigen, verschlossenen, rigiden und starrköpfigen »Hilfsschauspielern« klarkommen, die allesamt Anwärter für die nächste Oscar-Verleihung in Hollywood wären. Sparte: beste Nebenrolle. Dabei sparte man nicht mit verletzenden Verbalattacken. Ich mußte mir bieten lassen, für ein bißchen »plemplem« erklärt zu werden.

Nach diesem Schlachtfest – alle hatten sich auf mich eingeschossen – mußte ich wie ein ungezogenes Schulkind den Raum verlassen, und das AC-Gremium beriet sich. Eine gute dreiviertel Stunde später wurde ich vor die Auswähler zitiert. Die Runde lockerte sich auf, und jeder kam auf mich zu, mit Erklärungen und entschuldigenden Worten, wie leid es allen täte, mich auf so herbe Weise ständig provoziert zu haben. In Wirklichkeit sei jeder ganz anders und natürlich überhaupt nicht so, wie in den AC-Rol-

lenspielen dargestellt. Dem pflichtete ich mit den Worten bei, auch ich sei ganz anders – und hatte die Lacher auf meiner Seite.
Dann fand das Abschlußgespräch statt, mit viel Lob, aber auch einiger Kritik. Ich hätte ruhig auf die herben Angriffe etwas emotionaler reagieren dürfen.
Im Anschluß daran wurde ich von einem Teil der Beobachter zum Kantinenmittagessen eingeladen. Hier herrschte schnell ein vertraulicher Ton, und man erzählte von Mitbewerbern und was von denen so geboten worden wäre. Indirekt hatte ich das Gefühl der Aufforderung, jetzt ruhig mal Dampf ablassen zu können und mal so richtig frei von der Leber weg meinen Ärger auszusprechen. Das tat ich aber nicht, denn auch dieses Kantinenessen erlebte ich als einen Teil des ACs.

Bericht: Go West-LB
Eine weitere Veranschaulichung der Zusammenstellung von Aufgabentypen in einem realen AC liefert der folgende Bericht über ein entsprechendes Auswahlverfahren bei der Westdeutschen Landesbank. Hier wurden Hochschulabsolventen für ein Trainee anderthalb Tage »assessmentgecentert«. Zu den Eckdaten: Acht Bewerber gegenüber fünf Beobachtern. Der erste Tag beginnt um 14 Uhr. Das angeblich offizielle Prüfungsende ist um 18.30 Uhr. Das gemeinsame Abendessen (»nichts ißt zufällig«) ist jedoch auch Bestandteil des Auswahlverfahrens.

Zum Ablauf:
1. Selbstvor- und darstellung (Lebenslauf auf Plakat mit Erläuterungen).
2. Diskussion folgender Situation: Ein Wirtschaftsingenieur wird von der Fertigungs- in die Verkaufsabteilung versetzt und ist dort plötzlich Vorgesetzter von 20 Mitarbeitern. Er hat bisher gute Führungsqualitäten gezeigt, verfügt aber formal über keine Ausbildung und ist daher unsicher, ob er der Aufgabe gewachsen ist.
Aufgabe: 15 vorgegebene Empfehlungen, was der Mitarbeiter am besten machen sollte, um sich der neuen Aufgabe besser gewachsen zu fühlen, sind von jedem Bewerber in eine Rangfolge nach Wichtigkeit und Nützlichkeit zu bringen (z. B. Yoga, Vortrag über Führung von Mitarbeitern, Seminare besuchen, Bücher lesen etc.). Danach müssen sich alle Bewerber gemeinsam in einer Diskussion darauf einigen, welche Rangfolge der Empfehlungen am sinnvollsten ist. Wichtig dabei ist nicht nur das überzeugte Vertreten der eigenen Meinung, sondern auch das Kooperieren

mit den anderen Gruppenteilnehmern sowie die Fähigkeit, sich unter Zeitdruck zu einigen.

3. Organisationsaufgabe: Anhand gewisser vorgegebener Termine soll ein Zeitplan erstellt werden:
- Ein eiliger Brief ist zur Post zu bringen.
- Wichtige Kunden sind zu besuchen.
- Bis 16 Uhr sind wichtige Papiere von der Bank abzuholen.
- Um 17.10 Uhr ist ein Treffen mit Freunden verabredet, die Dauer ist nicht festgelegt.
- Zwischen 16 Uhr und 16.30 Uhr muß einer neuen Sekretärin das Büro gezeigt werden.
- Das Motorrad ist kaputt und könnte zur Reparatur gebracht werden, Dauer: 1 1/2 Stunden; durch das Motorrad lassen sich alle Wegezeiten um 2/3 reduzieren, also statt 30 Min. nur 10 Min. – hinzu kommt ein Kaufhauseinkauf (10 Min.).
- Ein Friseurbesuch (hier ist die Zeit für den Haarschnitt selbst zu bestimmen).
- Am Bahnhof muß eine Fahrkarte gekauft werden.

Ausgangspunkt (um 14 Uhr) und Zielort ist das Büro, das spätestens um 18 Uhr wieder erreicht sein muß. Alle Stationen sind zu besuchen. Dauer von Treffen, Friseurbesuch und Fahrkartenkauf am Bahnhof sind selbst zu bestimmen, müssen aber realistisch sein. Sonstige Aufenthaltszeiten sind vorgegeben.

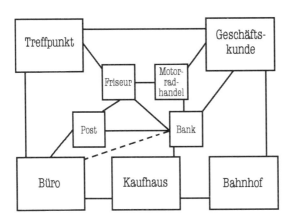

Die Arbeit an dieser Aufgabe wird durch eine Präsentation (10 Min. Vorbereitung und 5 Min. Redezeit) unterbrochen: Ein Patent zum Rohstoffrecycling ist angemeldet, und man soll nun in diesem Zusammenhang eine Marketingstrategie vorstellen, mit der diese »Wundermaschine« verkauft wird.

4. 40minütige Gruppendiskussion eines Fallbeispiels: Es soll für den Vorstand eines deutschen Fotoapparateherstellers eine Entscheidungsvorlage erstellt werden, die sich mit der Frage beschäftigt, ob man eine japanische Firma, die im Massengeschäft für Superkameras tätig ist, übernehmen sollte. Die eigene Firma ist im Profibereich mit hoher Qualität am Markt. Anhand verschiedener Stellungnahmen ist die Situation im Hinblick auf folgende Kriterien zu prüfen:
- Ist die Finanzierung gesichert?
- Einfluß auf das Image der bisherigen Firma
- Einfluß auf die Artikel des japanischen Massenanbieters bei Übernahme
- Marktchancen
- Umsatz
- Gewinn
- Kostensenkungspotential
- Wettbewerbsvorteile
- Erfahrung in den neuen Branchenbereichen

Wichtig bei der Lösung der Aufgabe erscheint mir, neben der gut vertretenen eigenen Position, vor allem die Konsensfähigkeit der Gruppe (Teamwork).
Damit ist das Ende dieses ersten AC-Testtages erreicht (18.30 Uhr), und ein gemeinsames Abendessen (um 20 Uhr) schließt sich an.
Der zweite Tag beginnt um 8.30 Uhr, um 13 Uhr gibt es Mittagessen, und ab 14 Uhr wird Feedback »ausgeschenkt«.
Der erste AC-Abschnitt besteht aus einer Postkorb-Aufgabe (30 Min.), die von der Anfertigung eines Aufsatzes (45 Min.) unterbrochen wird.
Zur Postkorbaufgabe: Man kehrt abends von einem Kongreß nach Hause zurück und findet die Nachricht vor, daß am nächsten Morgen um 9 Uhr eine unaufschiebbare Geschäftsreise für mehrere Tage ansteht. Die Wohnung ist leer, das Au-pair-Mädchen ist für einige Tage verreist, Ehefrau

und Tochter machen Urlaub und sind telefonisch zunächst nicht zu erreichen. Der Sohn kommt später abends heim. Auf dem Anrufbeantworter sind vier Telefonanrufe aufgezeichnet, und im Postkorb liegt ein Stapel von Briefen und Mitteilungen. Verlangt sind nun Entscheidungen, welche Informationen und Aufgaben Vorrang haben und welche Dinge man delegieren kann bzw. selbst erledigen muß.
Beispiel: Im Postkorb befindet sich eine Karte, auf der die Telefonnummer von Ehefrau und Tochter notiert ist, d.h., man kann sie anrufen und ihnen bestimmte Aufgaben übertragen. Genauso kann man die Sekretärin benachrichtigen und den später heimkehrenden Sohn bitten, z. B. die Tante anzurufen, damit diese am vorgesehenen Tag nicht einen Kuchen backt, weil das Gas wegen Reparaturarbeiten am Gaszähler abgestellt wird. Aus dem gleichen Grund muß der Sohn zu Hause bleiben. Nicht vergessen, ihm Geld hinzulegen, weil er Theaterkarten besorgen soll. Die Tochter informiert man über den Anruf eines Bekannten, der eigenen Frau trägt man auf, bei Gericht anzurufen, um einen Termin zu verschieben. Sie könnte eventuell auch die Mieterversammlung besuchen, da man selbst eine falsche Heizkostenabrechnung erhalten hat, usw. usw. usw.

Zwischendurch ist in 45 Min. ein Aufsatz zu schreiben, der folgende Themen behandelt:
- persönliche und fachliche Stärken
- berufliche Ziele in den nächsten fünf bis sieben Jahren
- Welche persönlichen und fachlichen Schwächen müssen in dieser Zeit überwunden werden?

Im zweiten Testabschnitt geht es um eine Disziplinarentscheidung aufgrund von Fehlzeiten eines Mitarbeiters und dazwischen um eine Selbsteinschätzung sowie um ein Verhandlungsrollenspiel.
Jeder Bewerber bekommt einen Disziplinarfall aus der Personalabteilung vorgelegt, den er zu beurteilen hat. In einzelnen Situationen sind alternative Entscheidungen zu treffen, die dann wiederum den weiteren Verlauf der Entwicklung beeinflussen. Dazu werden Mappen ausgeteilt, auf deren Seiten jeweils Situationsbeschreibungen stehen, und die je nach Entscheidung durch den Bewerber Verweise auf unterschiedliche weitere Seiten enthalten.
Man selbst soll sich in die Rolle eines Landesbausparkassen- (LBS)-Zweigstellenleiters versetzen. Seit sechs Monaten hat man einen neuen Mit-

arbeiter, der bereits insgesamt drei Jahre für die LBS gearbeitet hat. Seit zwei Monaten fehlt dieser Mitarbeiter (nennen wir ihn Fritz Fleißig) regelmäßig jeden Montag.

Nun werden einem verschiedene Entscheidungsmöglichkeiten zur Auswahl gegeben. Am Anfang z.B.:
a) ein Gespräch unter vier Augen
b) ein Gespräch mit dem ehemaligen Vorgesetzten
c) ein Gespräch mit den Arbeitskollegen von Fritz Fleißig
d) eine schriftliche Abmahnung

Hier der Lösungsvorschlag unseres Informanten: Zunächst früheres Verhalten beim ehemaligen Chef erkunden. Dann im persönlichen Gespräch so lange nachfragen, bis Fritz Fleißig seine Probleme erzählt, etwas später ggf. eine Abmahnung erteilen. Wenn er frech wird, u.U. auch mit der Entlassung drohen (es stellt sich später heraus, daß Fritz Fleißig Alkoholiker ist). Während dieser Fallarbeit muß man eine Selbsteinschätzung zum besten geben. Dazu erhält man eine Liste von Eigenschaften und soll sich selbst auf einer Skala von 1–5 bei einzelnen Kriterien einstufen. Dabei geht es um Eigeninitiative, Kommunikations-, Delegations-, Kontakt- und Kooperationsfähigkeit, logisches Denken, Überzeugungs- und Durchsetzungskraft, Risikobereitschaft, Fachwissen, Selbständigkeit, Führungsqualitäten, Belastbarkeit, Entscheidungsfreude, Auffassungsgabe, Toleranz, Interesse am Detail und Organisationstalent.

Parallel dazu ist noch ein Verhandlungs-Rollenspiel zu absolvieren: Ein Bewerber ist Verkäufer, ein anderer Käufer. Situation: Der Verkäufer soll einen High-Tech-Kopierer mit exzellentem Service verkaufen. Der Kopierer ist aber vom Gewicht her sehr schwer. Der Verkäufer kann vom Listenpreis (8.000 EUR) maximal 500 EUR nachlassen. Der Käufer soll auf jeden Fall einen Abschluß tätigen, er will eigentlich nur 7.000 EUR ausgeben, maximal kann er aber bis 7.700 EUR gehen. Wichtig ist hier der Vertragsabschluß sowie gegebenenfalls eine originelle Argumentation bei plötzlich auftretenden Einwänden (wie z.B. hohes Gewicht des Kopierers: hier das Anbringen von Rollen anbieten).

Dritte große Aufgabe an diesem Vormittag: eine Gruppendiskussion. Alle Bewerber sind reisende Außendienstmitarbeiter eines Versicherungsunternehmens. Sie haben alle unterschiedliche Fahrzeuge (im Hinblick auf Modell, Fahrzeug und Kilometerleistung; einer fährt sogar einen Motorroller). Das Unternehmen stellt nun einen neuen BMW zur Verfügung. Aufgabe jedes einzelnen Bewerbers (in der Rollenspielaufgabe des Außendienstmitarbeiters) ist es, seine Ansprüche auf den neuen Wagen zu begründen.

Es bieten sich in der Diskussion folgende Argumente und Kriterien an: Alter der Fahrzeuge, Kilometerstand, Umsatzhöhe, Dienstalter und Firmenzugehörigkeit. Außerdem gibt es ein »unter der Hand« abgegebenes Vorgesetzten-Versprechen.

Wichtig ist auch hier der Konsens in der Gruppe. Nach Meinung unseres Informanten erschien es am geschicktesten, einen Ringtausch vorzuschlagen. Das schlechteste Fahrzeug (Motorroller) wird ausrangiert, und jeder bekommt ein besseres als vorher.

Als besonders stressig empfand unser Informant die Doppelbelastung in diesem AC durch das Verknüpfen von zwei Testaufgaben zur gleichen Zeit.

Zusammenfassung

Generell geht es bei ACs um die Überprüfung folgender Merkmale bzw. Anforderungen:
- Führungsfähigkeiten
- Initiative
- Kreativität
- Planung
- Kontrolle
- Flexibilität
- Entscheidungsfähigkeit
- Verhalten in Steßsituationen
- mündliche und schriftliche Kommunikationsfähigkeit
- Abhängigkeit von anderen Personen
- interpersonelles Verhaltensrepertoire

Ferner geht es bei ACs um

A. *Soziale Prozesse* wie
   Kooperationsfähigkeit
   z. B. Meinungen, Ideen, Vorschläge anderer aufgreifen und weiterführen
   sich nicht auf Kosten anderer durchsetzen
   anderen in Schwierigkeiten helfen
   Erfolgserlebnisse mit anderen teilen

keine Druck- oder Machtmittel einsetzen
Kontaktfähigkeit
z.B. von sich aus auf andere zugehen, ansprechen, beginnen
Ziele, Absichten, Methoden offen für andere darlegen
Beratung, Unterstützung, Mithilfe anbieten
anderen Vertrauen entgegenbringen

Sensibilität
Integrationsvermögen
Selbstkontrolle
Informationsverhalten

B. *Systematisches Denken und Handeln* wie
abstraktes und analytisches Denken
kombinatorisches Denken
Entscheidungsfähigkeit
Planungs- und Kontrollfähigkeiten
eine persönliche arbeitsorganisatorische Fähigkeit

C. *Aktivität* wie
Arbeitsmotivation und Arbeitsantrieb
Führungsmotivation und Führungsantrieb
Durchsetzungsvermögen
Selbständigkeit/Unabhängigkeit
Selbstvertrauen

D. *Ausdrucksvermögen* wie
schriftliche und mündliche Kommunikationsfähigkeit
Flexibilität
überzeugendes Engagement

Diese ausführliche Aufstellung ist nicht nur für ACs hilfreich, sondern auch für Gruppendiskussionen und generell für Vorstellungsgespräche.

Kritik

Assessment-Center-Testverfahren sind keineswegs das Nonplusultra. Diese bei historischer Betrachtung schon nicht mehr ganz neue »Wunderwaffe« ist bei näherer Betrachtung nichts anderes als alter Wein in

neuen Schläuchen. Verschiedene Einzeltestverfahren (z. B. bezüglich Planungs-, Organisations-, Delegations-, Kommunikations- und Durchsetzungsvermögen) sind jetzt unter dem neumodischen Kürzel AC zusammengefaßt. Der Personalchef, der »in« sein möchte, macht keine Einzeltests, sondern gleich ein AC.
Die generellen Kritikpunkte gegen die testgesteuerte Personalauslese treffen in vollem Umfang gleichermaßen auf ACs zu:
Auch hier haben wir es mit höchst fragwürden theoretischen Grundlagen zu tun (z. B.: Was ist »Berufseignung« oder »Persönlichkeit«?). Diese schwache Basis dient aber für Aus- und Vorhersagen von großer Tragweite: Testerfolg gleich zukünftiger Berufserfolg; Testmißerfolg gleich null Berufseinstiegschance.
Bekanntermaßen tun wir uns schon bei der Vorhersage des Wetters schwer; aber eine komplexe Berufsprognose soll mittels AC angeblich zuverlässig möglich sein. Kommen Ihnen da nicht Zweifel?
Auch ACs basieren auf der infantilen Allmachtsphantasie von Personalauslesern, in die Zukunft ihrer Bewerber schauen zu können. Auffällig aber ist: Je wichtiger der Bewerber oder Kandidat für eine berufliche Position, desto unwahrscheinlicher, daß er sich der Zumutung eines ACs stellen muß. Gestestet werden in der Regel die Kleinen, die Berufsanfänger, diejenigen also, die sich am schlechtesten dagegen wehren können. Wer Macht hat und wer Macht erdulden muß, ist festgelegt. Der Mächtige läßt testen.
Oftmals fehlt in den ACs der Bezug zum Arbeitsalltag und zu den hier erforderlichen Qualifikationen. Es geht vielmehr um die Frage, ob der Bewerber versteht, schauspielerische Qualitäten angstfrei vorzutragen, am liebsten im Rollenspiel. So kann man z. B., wie berichtet, Hochschulabsolventen bei einem Versicherungskonzern zumuten, in einem wechselseitigen Verhörgespräch Intimes (zum Thema Seitensprung) herauszufinden. Keiner weiß vom anderen, was dessen genauer Ausforschungsauftrag ist. Den darf man zu guter Letzt auch noch erraten. Aber alles nicht so schlimm, es ist ja nur ein Spiel, ein Rollen-Spiel...
Personalchefs, die auf eine AC-gesteuerte Bewerberauslese setzen, sind auf dem Holzweg. Solchen Unternehmen sollten Sie auf diesem Personalwege vielleicht besser nicht folgen...
Weitere AC-Berichte finden Sie in dem Kapitel »Erlebnisse aus 2001 Bewerbungen« (ab S. 427).

Emotionale Intelligenz und soziale Kompetenz

Cogito ergo sum – ich denke, also bin ich. Dieser berühmte Ausspruch des französischen Philosophen Descartes bestimmt nun schon über eine sehr lange Zeitspanne das abendländische Denken im Sinne einer einseitigen Verstandes- und Vernunftorientierung. Davon beeinflußt ist natürlich auch die akademische Psychologie, die sich – zumindest in einer ihrer Unterdisziplinen, der Diagnostik und Testpsychologie – primär auf die Erfassung intellektueller Fähigkeiten konzentriert.

Was unter »Intelligenz« ganz genau zu verstehen ist, war zwar seit jeher nicht unumstritten, aber in den sog. Intelligenztests werden bis zum heutigen Tag logisches Denken, Gedächtnisleistungen, Wortschatz, räumliches Vorstellungsvermögen und anderes mehr geprüft. Das Ergebnis – der sog. Intelligenz-Quotient (IQ) – macht die einen stolz, die anderen peinlich berührt bis traurig. Für den Erfolg im Leben, vor allem in beruflicher Hinsicht, ist jedoch mehr notwendig als ein hoher Intelligenz-Quotient, z. B. »Vitamin B« (Beziehungen), was jedes Kind weiß.

Wer klug mit seinen Gefühlen umgehen kann, bringt es im Leben einfach weiter, so die neue alte Formel des amerikanischen Psychologen und Bestsellerautors Daniel Goleman, der mit seinem Buch *Emotionale Intelligenz* nun endlich auch die letzten autoritäts- und wissenschaftsgläubigen IQ-Anbeter verunsichert. Und schon wieder sind wir bei den Gefühlen (Verunsicherung), und um Großmutters Spruch zu zitieren: Die dicksten Bauern haben die dümmsten Kartoffeln. Oder war es umgekehrt? Gefühle eben, oder: alles doch Charaktersache.

Selbsterkenntnis und Selbstbeherrschung, Rücksicht auf andere, Zielstrebigkeit und Durchsetzungsvermögen – die emotionale Intelligenz schließt alles ein und nichts aus. Sie ist eine übergeordnete Fähigkeit, so Goleman, die sich fördernd oder behindernd auf alle anderen auswirkt. Verstand, Gefühl, Sinn und Sinnlichkeit müssen ins richtige Gleichgewicht gebracht werden, und das, so läßt Goleman den Leser amerikanisiert-hoffnungsfroh wissen, ist Gott sei Dank erlernbar. Sein Buch bietet dann auch reichlich Anleitung zur emotionalen Selbsthilfe und hat Ratschläge für alle Lebenslagen. Zum Beispiel bei schlechter Laune: »Man nehme, wenn man sich niedergeschlagen fühlt, ein heißes Bad, greife zu seiner

Lieblingsspeise, höre Musik oder mache Sex!« Schön, wenn das alles so einfach wäre.
Von der Sache her (um ein letztes Mal neudeutsch kopflastig intellektuell zu argumentieren) kann man durchaus Goleman recht geben. Vom Kopf zum Bauch (der alte Sitz der Seele) und umgekehrt, ohne Gefühle geht es nicht.
Neuere Forschungsergebnisse jedenfalls zeigen, daß der »Lebenserfolg« nur etwa zu einem Fünftel von den traditionellen Faktoren der analytischen, rationalen Intelligenz abhängt. Oder, wie es Goleman formulieren würde: Wer lernt, mit Wut, Angst und Begierden umzugehen, ist emotional intelligent und häufig auch erfolgreicher als andere.
Ein besonders wichtiger Aspekt im Zusammenhang mit der emotionalen Intelligenz – und auch nicht ganz neu – ist das Zauberwort von der Sozialen Kompetenz. Nach einer gängigen Definition versteht man darunter das Ausmaß, in dem ein Mensch in der Interaktion mit anderen im privaten, beruflichen und gesamtgesellschaftlichen Kontext selbständig, umsichtig und konstruktiv zu handeln vermag. Es geht um die Fähigkeit, zwischenmenschliche Kommunikation und Interaktion optimal zu gestalten. Schlüsselqualifikationen sind dabei Einfühlungsvermögen, Kommunikations- und Teamfähigkeit sowie Konfliktlösungskompetenz.
All dies wird durch die sog. Intelligenz-, Konzentrations-, Leistungs- und Berufseignungstests nicht erfaßt. Eher schon werden diese Merkmale in den Persönlichkeitstests, besonders aber in den Assessment-Centern auf die Probe gestellt (s. S. 400 ff.).

Erlebnisse aus 2001 Bewerbungen

Mit Erlebnissen und Reports von anderen Bewerbern informieren wir Sie aus erster Hand, was bei einem testgesteuerten Personalauswahlverfahren konkret auf Sie zukommen kann. Damit setzen wir eine Tradition fort, die wir Ende der 80er mit unserem Buch *Erlebnisse aus 1001 Bewerbung* begonnen haben. Das ist nunmehr der fünfte Report – und weiterhin ist von Absurditäten und Abgründen bei der testgesteuerten Personalauslese und im Umgang mit Bewerbern zu berichten.

Tiger im Tank

Diplom-Kauffrau / ESSO-Management
»Nachwuchskräfte mit Aufstiegspotential« für verschiedene Einsatzgebiete bei ESSO gesucht, so lautete die Stellenanzeige, berichtete uns eine Hochschulabsolventin. Sie war eine von 50, die aus 3000 Bewerbungen erwählt wurde, an einem zweitägigen Auswahlverfahren teilzunehmen. Hier ihr Erfahrungsbericht:

Gesucht wurden fünf bis zehn Nachwuchskräfte, und uns, den sieben Teilnehmern der letzten Runde, wurde erbaulicherweise mitgeteilt, daß nicht zwangsläufig aus jeder Gruppe einer oder gar mehrere ausgewählt würden.
Die Unterbringung, immerhin für zwei Nächte, und die Abwicklung der Kostenerstattung klappte ausgezeichnet. Der erste Tag begann in gemäßigtem Tempo: ausführliche Unternehmenspräsentation durch drei Herren aus der Personal- und PR-Abteilung. Neben vielen allgemeinen Informationen, die man eigentlich auf Bewerberseite auch als Ergebnis der Vorbereitung hätte voraussetzen können (Umsatz, Tätigkeitsfelder etc.), wurde detailliert auf die Leistungen des Unternehmens eingegangen, bis hin zum genauen Jahresverdienst für die glücklichen Ausgewählten. Nun gut, das erspart einem das unangenehme Feilschen während des persönlichen Gesprächs. In ihrer Stellenanzeige (leider nicht eindeutig kommuniziert) suchte die ESSO Generalisten. Daß ich mein Fachwissen (Kostenrechnung) hätte einbringen können, wollten die Herren mir nicht garantieren.
Das nun folgende persönliche Gespräch mit jedem einzelnen Kandidaten

wurde von zwei Herren geführt, der eine war aus der Personalabteilung, der andere ein Fachvertreter aus dem Marketingbereich. Daß dieser sogenannte Fachvertreter nicht meiner Spezialisierung entsprach, war ohne Bedeutung, wie man mir versicherte, denn die fachliche Qualifikation spiele überhaupt keine Rolle. Neben den üblichen Themen, wie Stärken, Schwächen, Begründung des Studienwunsches, aber auch Vorbilder, ging es um sehr persönliche Fragen, wie Beziehungen zu Familie und Partner. Provozierende Fragen aus verschiedenen Themenbereichen wurden eindeutig benutzt, um eine Art Streßinterview zu simulieren. Beispiel: »Warum wollen Sie eigentlich Ihre Karriere bei einem Umweltverschmutzer anfangen?«

Nach dem Essen, bei dem wir uns offen mit den anderen Kandidaten über unsere Eindrücke austauschten, fand noch ein Papier-und-Bleistifttest statt. Im ersten Teil (ca. eine Stunde) wurden intellektuelle Fähigkeiten durch Mathematik-, Logik- und Textanalyse-Aufgaben getestet. Aber auch die Allgemeinbildung stand zur Überprüfung an. Alles war natürlich unter einem enormen Zeitdruck zu bearbeiten, und so wurde es richtig schön stressig.

Im zweiten Teil (ca. 20 Minuten) ging es um unsere Persönlichkeit. Eine Abwandlung des 16-PF-Tests kam zum Einsatz. Beispiel: »Gehen Sie lieber zu Sport- oder Tanzveranstaltungen?« Das sollte wohl auf unsere Geschlechtsspezifität zielen.

Nach kurzer Pause wurden zunächst drei meiner Mitbewerber herausgebeten. Für sie war hier Schluß – eine sehr feinfühlige Art des K.O.-Prinzips. Uns Hinterbliebenen teilte man freudig-erregt mit, am nächsten Tag weiter an einigen anderen Tests teilnehmen zu dürfen. Ein freier Nachmittag und damit Zeit, die Kopfschmerzen zu kurieren und noch einmal in das AC-Buch über das härteste Personal-Auswahlverfahren zu schauen...

Zu Beginn des folgenden Testtages wurden wir (um 9 Uhr) in ein größeres Konferenzzimmer geführt. An einem großen U-förmigen Tisch saßen bereits ca. zehn Unternehmensvertreter aus Personalabteilung, Fachbereichen und Vorstand. Man plazierte uns in die Mitte des Raumes. Ein externer Psychologe vom sog. »Team für Wissenschaftliche (!) Personalauswahl«, der Assessment-Center-Moderator, stellte uns die Beobachter vor, unsere Beurteiler, die eben erwähnten am großen Tisch thronenden Herren. Dann waren wir dran, uns kurz vorzustellen.

Der nicht sehr freundliche Ton und die hektische Art und Weise, in der die nun folgenden Einzeltests durchgezogen wurden, trugen nicht zur Ent-

spannung bei. Die führerlose Gruppendiskussion mit frei wählbarem Thema (wir entschieden uns für eins mit wenigstens noch entfernt vorhandenem Bezug zum Unternehmen) verlief sehr harmonisch. Wir gaben uns alle schön kooperativ, engagiert und sachorientiert. Unmittelbar anschließend forderte man uns auf, zu einem mit dem Thema verbundenen Teilproblem (einzeln) einen Kurzvortrag zu halten (Vorbereitungszeit: eine Minute!).
Bei der dann folgenden zweiten führerlosen Gruppendiskussion – mit diesem Begriff verrät das AC unbewußt wohl seine Abstammung aus der Wehrmachtspsychologie – mußten wir uns in eine Unternehmensberatungsgesellschaft hineinversetzen, die einen Investor zu beraten hatte. Vorgegeben waren mehrere Investitionsobjekte an verschiedenen potentiellen Standorten, die sich durch unterschiedliche Kriterien auszeichneten. In unserer Diskussion ergab sich nun endlich ein größeres Meinungs- und Konfliktpotential, da die Fragestellung wirklich komplexer war (»interagierende Faktoren und Wirkungszusammenhänge«). Hinzu kamen noch individuelle Wertvorstellungen, aber letztendlich führte der beherzte Vorschlag eines Teilnehmers, eine Matrix zur Veranschaulichung aufzustellen, gänzlich ins Chaos. Meinen Einwand, uns zunächst über die Ziele und Werte zu verständigen, habe ich leider nicht engagiert genug vorgetragen (was mir im nachhinein auch von den Beobachtern angekreidet wurde).
Nach der wohlverdienten Mittagspause – der Salat nur mit Öl – wurde ein klassischer Postkorb aufgetischt, zum Glück lediglich eine Kurzversion (20 Minuten), mit der ich aufgrund der Vorbereitungslektüre gut zurecht kam.
»Wie stellen Sie sich Ihre berufliche Zukunft bei der ESSO AG vor? Gehen Sie dabei auf Ihre Stärken und Schwächen ein« – lautete das Thema unseres 50-Minuten-Aufsatzes, bei dem schriftliches Ausdrucksvermögen, Zukunftsplanung und klare Zielsetzung gefragt war. Zwischendurch bat man uns einzeln zur Postkorbauswertung.
Nach ca. 1 1/2stündiger Wartezeit wurde einem Mitstreiter und mir in einem persönlichen Gespräch begründet, warum man uns leider kein Angebot machen könnte. Aufgrund meiner mangelnden Durchsetzungsfähigkeit und meinem eher introvertierten Wesen empfahl man mir, mich auf eine Spezialistenlaufbahn zu konzentrieren. Die restlichen, glücklich überlebenden Kandidaten konnten im weiteren Verlauf des ACs im Rollenspiel ihr Führungspotential unter Beweis stellen.

Im nachhinein fallen mir natürlich viele Gründe ein, warum ich sowieso nicht in diesem Unternehmen hätte anfangen wollen. Die verwendeten Testverfahren, der Altersdurchschnitt der Mitarbeiter und die Tatsache, daß es anscheinend keine Frauen in verantwortlicher Position gibt, läßt auf eine bestimmte Unternehmenskultur schließen; z.b. katapultierte sich eine Teilnehmerin mit ihrer ehrlichen Antwort auf die Frage nach ihrem Kinderwunsch einfach so aus dem Rennen.
Nach meinem ersten AC war ich nun um einige Erfahrungen reicher. Positiv anmerken möchte ich aber doch noch das offene und produktive Feedback.
Bei meinem nächsten AC in einer namhaften, international operierenden Unternehmensberatung hat es übrigens geklappt. Da ESSO bei denen Kunde ist, habe ich auch noch die Chance, den Herren gelegentlich noch einmal zu begegnen. Ich freue mich schon darauf...

Spießrutenlaufen auf dem Tafelsberg

Diplom-Betriebswirt (BA)

Mit meinem sehr guten Abizeugnis und 20 Einladungen auf nur 40 Bewerbungen war ich optimistisch, selbstbewußt, euphorisch und ganz sicher, bald eine Zusage für eine Ausbildung zum Diplom-Betriebswirt zu erhalten (eine Kombination von betrieblicher Ausbildung in einer Firma vor Ort, verbunden mit einer Art Fachhochschulstudium).
Heute weiß ich, daß die Suche nach einem Ausbildungsplatz alles andere als leicht oder schnell zu bewältigen ist, und daß die sechs Monate der Suche zur unangenehmsten Zeit in meinem Leben zählten.
Alle Bewerber hatten ebenso super Noten wie ich, und zeitweilig gab es 500 Bewerber auf nur fünf zu besetzende Ausbildungsplätze. Was eigentlich für den Bewerbungszirkus entscheidend ist? Glück, Zufall, die persönliche Tagesform, das Gesprächsthema, die Konkurrenten, ja sogar die Sitzordnung bei den Gesprächen – ohne eine gute Vorbereitung hätte ich diese Art von modernem Spießrutenlaufen niemals durchgestanden. Ich kann nur wirklich jedem raten: Bereite dich vor!
Hier einige Testaufgaben, mit denen ich konfrontiert wurde:
Bei der Dea gab es z. B. Bürotestaufgaben (Dienstplan erstellen, Aktenordner beschriften, kürzeste Wege herausfinden).
Bei der Vereins-Westbank galt es, sich für das »arbeitende oder für das bereits fertige Männchen« zu entscheiden (Persönlichkeitstest: Handlungs-

Spießrutenlaufen auf dem Tafelsberg

oder Zielorientierung?). Mit absurden Schlußfolgerungen, Sprichwörtern, Zuordnungen, Allgemeinwissen (»Wo liegt der Tafelsberg?«), umfangreichen Mathe- und Englischtests und Sinnvoll-Ergänzen-Aufgaben ging es weiter.
Wer da unvorbereitet reingeht, der ist entweder ein Supermann oder völlig naiv. Der besondere ›Kick‹ war, daß man uns nicht sagte, wieviel Zeit wir für jede Aufgabe haben würden. Es ist gut, vorher zu wissen, daß man gar nicht alle Aufgaben in der zur Verfügung gestellten Zeit bewältigen kann!
Psychotests sind offensichtlich ungeheuer wichtig, kein Wunder! Haben alle Bewerber gleich gute Noten, müssen wohl andere Kriterien her, um »die Spreu vom Weizen« zu trennen. Mir hat man übrigens sogar einen Persönlichkeitstest vorab zugeschickt, mit der Bitte, die zehn Seiten ausgefüllt zurückzuschicken. Devise: höflich, hilfsbereit, rücksichtsvoll und nett sein – aber bloß nicht alles gefallen lassen.

Beim OTTO-Versand gibt es sogar nur noch ein (Psycho-)Gespräch und überhaupt keine anderen Tests (»find ich gut« – wirklich jetzt ehrlich gemeint!). Im Laufe meines Marathons habe ich Gruppengespräche (Hauptsache beteiligen!) und Streßinterviews erlebt (Bloß sich nicht das Wort im Munde rumdrehen lassen, cool bleiben!). Alles in allem keine angenehme Sache!
Bei Gruppendiskussionen wurden Fragen zu aktuellen Tagesschauthemen (Jugendkriminalität, Umweltschutz, die ›Quotenfrau‹) gestellt, und manche Firmen haben sich von uns kostenlose Ideen für ihre eigene Präsentation in der Öffentlichkeit geholt (Beispiel: Tankstellengestaltung). Bei BP durften wir uns die Themen sogar selber ausdenken.
Zusammenfassend ist zu sagen, daß niemand bitte die seelische, körperliche sowie die finanzielle Belastung unterschätzen soll. Jede Absage raubt ein Stückchen Selbstwert und trägt dazu bei, daß man immer niedergeschlagener und kleinlauter wird. Ich kann nur diesen Tip geben: Macht euch immer wieder auf, seid überzeugt davon, daß Ihr was könnt. Resignation ist keine Alternative, und irgendwann klappt es bestimmt – wenn man sich wirklich vorbereitet.
Ich werde jetzt Diplom-Betriebswirt und studiere innerhalb der vierjährigen Ausbildung blockweise an einer Fachhochschule.

Linda de Mol und der Supergau

Internationaler Unternehmensberater
Als Hochschulabsolventin gelang es mir, dank einer planvollen Bewerbungsstrategie und meinen ansehnlichen Unterlagen zu einer zweitägigen »Informations- und Auswahlveranstaltung« bei der (nennen wir sie mal) WP-Unternehmensberatung eingeladen zu werden. Auf Kosten der Gesellschaft wurden wir, die wir von weiter her angereist waren, bereits am Vortage in einem 250-EUR-Pro-Nacht-Hotel einquartiert. Das macht zwar Eindruck, aber das Herz nicht eben leichter. Die bange Frage lautete so schon am Abend vorher: Kann ich deren Ansprüchen überhaupt gerecht werden?
Pünktlich um 10.00 Uhr am nächsten Morgen begann eine Art »Linda-de-Mol-Show« zur Auswahl von Braut und Bräutigam. Der Showmaster (Typ Sonnyboy: Kennzeichen braungebrannt, sportlich, attraktiv, dunkler Anzug) war ein externer Personalberater. Er sorgte bei seiner Vorstellung (in englischer Sprache) zwar im Gegensatz zu der eher steifen Atmosphäre der Unternehmensberatungsgesellschaft für eine doch recht freundliche, lockere Stimmung. Was dann aber gleich in der ersten Runde (Postkorbübung und Leistungstest) verlangt wurde, gestattete keinen Zweifel. Gesucht wurde ›the best and brightest‹.
Zuerst stellte man das logische Denkvermögen auf die Probe, indem einfache Buchstabenfolgen ergänzt werden sollten. Zwar hatte ich das mit Zahlenreihen geübt, aber hier lag die Sache verzwickter. Wir sollten über mehrere Buchstabensequenzen im Alphabet rückwärts springen und durften dafür natürlich keine Notizen machen. Der Buchstabensalat war nicht nur für mich absolut unverdaulich!
Danach mußten nach bestimmten Handlungsanweisungen innerhalb eines Ablaufs Lücken geschlossen werden. Diese Übung zielte wohl darauf ab, die Fähigkeiten in betriebswirtschaftlichen Abläufen und der EDV zu testen. Ich fand sie nicht sehr anspruchsvoll (vgl. S. 331 ff.).
Die nächste Aufgabe hatte mit sehr komplexem Zahlenmaterial zu tun. Wir sollten in extrem kurzer Zeit Tabellen analysieren, Werte abschätzen und vergleichen sowie komplexe Abläufe interpretieren. Der Gag war der Taschenrechner, den wir gestellt bekamen. Hübsch häßlich: Die Zeit hätte alleine fürs Eintippen niemals gereicht! Ehrlich gesagt, wir haben alle wie wild geraten, Kopfrechnen war bei den Zahlen nämlich auch unmöglich. Nachträglich erklärte man uns nebenbei, daß das Benutzen des Taschen-

rechners negativ beurteilt worden wäre ... Übrigens: Niemand ahnte auch nur im entferntesten, daß sogar unsere Körperhaltung, Gestik und Mimik während dieser geistig anstrengenden Arbeit mitbewertet wurden – Big Brother läßt grüßen!
Die Snackpause fiel dann leider aus, die englische Eingangsvorstellung unseres Showmasters hatte wohl zu lange gedauert. Es ging mit einem Gliederungs- und Strukturtest weiter. Unsinnig aufgebaute Konzeptvorschläge für ein Mitarbeiterfortbildungsprogramm sollten durch andere (genauso unsinnige) Strukturierungsvorschläge ersetzt werden. Wir wählten also brav von allen Übeln das kleinste aus und fragten uns, ob das als ernstzunehmender Hinweis auf die Art unserer späteren Arbeit in einer Unternehmensberatung zu werten sei.
Ergänzt wurde diese Plackerei von einem Supergau in Sachen Chaos (einer weiteren voluminösen Postkorb-Übung). Kein Mensch auf Erden kann helfen, kein Telefon, kein Computer funktioniert, aber dennoch müssen rund 30, mehrmals verschachtelte DIN-A4-große Notizen in 60 Minuten irgendwie bearbeitet und unter die Leute gebracht werden. Wir spielten dabei den stellvertretenden Geschäftsführer, der erst seit einer Woche im Job ist, kurz vor seiner eigenen Reise steht, aber den todkranken Boß zu vertreten hat und leider noch anderen Streß bewältigen muß, da ihm Ehefrau und Freundin auf die Pelle rücken, was natürlich in der neuen Firma keiner wissen darf...
Welch eine Erholung beim anschließenden Rechtschreibtest! Aber man soll den Vormittag nicht vor seinem Ende loben. Auch ohne nennenswerten Blutzuckerspiegel durften wir zu vorgerückter Stunde halb verhungert eine Verschärfung des d2-Konzentrationstests hinlegen. (Die Hesse/Schrader-Empfehlung, bei derartigen Tests immer ein Mars, Nuts oder ein Bounty dabei zu haben, ist doch nicht so falsch.)
Damit war der erste Tag noch nicht ganz zu Ende. Nach dem Essen, das zugegeben exzellent war (und bei dem wir uns endlich mal unbeobachtet unterhalten konnten), gab es die ersten Testergebnisse. Die Hälfte der Teilnehmer durfte abreisen. Ich auch. Auf einer Neuner-Skala hatte ich nicht bei allen Tests die 5 erreicht. Im Einzelfeedback wurde detailliert erläutert, woran es gehapert hatte. Bei mir war das Problem der Umgang mit dem komplexen Zahlenmaterial, also das Abschätzen und Raten.
Eigenartigerweise war mir diese Schwäche zuvor verborgen geblieben. Meine Lehrer in der Schule, meine Professoren an der Uni, meine Freunde zu Hause, sogar die Berufsberater hatten mir das Gegenteil bescheinigt

(Mathe-Leistungskurs »sehr gut«). Vielleicht neige ich doch eher zu fundierten Ergebnissen als zu Schätzungen?
Damit hatte also die 5 ihr Wort gesprochen, und es gab keinen weiteren Bedarf. Schade, ich dachte doch tatsächlich, die *meinen*, was in ihren Hochglanzprospekten steht. Da sollen ja angeblich Teamfähigkeit, Gesamteindruck, Persönlichkeit und Gruppenverhalten wichtig sein. Nun, all das sollte ich einen Monat später erneut unter Begutachtung stellen dürfen!
Mit Erfolg übrigens. Ja, ich wurde noch mal eingeladen. Bei einer anderen Unternehmensberatung veranstaltete exakt dieselbe Personalberatungsfirma nahezu exakt dasselbe AC. Ich schnitt fast überall mit 7 oder 8 ab. Da es angeblich keinen Lerneffekt bei solchen Übungen gibt, muß ich wohl innerhalb eines Monats zu einer Managementintelligenzbestie mutiert sein.

»Up or Out« und tschüs

Internationaler Unternehmensberater

Ich habe das Hochschulstudium abgeschlossen und möchte Unternehmensberater werden. Natürlich fühlte ich mich ungeheuer geehrt, daß ich bei einer der »big six« Firmen zum Assessment-Center (AC) eingeladen wurde.
Hier der Ablauf des AC bei der A-Consulting (Experten wissen, von wem die Rede ist). Das AC dauerte nur einen Tag. Am Anfang waren es, zumindest an diesem Tag, 25 Bewerber. Zunächst standen die üblichen Leistungs- und Postkorb-Übungen an, die ich wohl nur überlebt habe, weil ich sie dank vorheriger Einübung in anderen ACs und dank der Testknackerbücher gut bewältigen konnte. Man bescheinigte mir den IQ, der für die »best people« eben erforderlich sei.
Im Laufe des Vormittags verschwanden einige Bewerber ganz sang- und klanglos. Man hatte sie ›entfernt‹, ohne daß einer von uns hätte »tschüs« sagen können. Ich gebe zu, das irritierte mich, denn das war nicht gerade der Stil, den man von einer der renommiertesten Consultingfirmen Deutschlands erwartet – oder?
Nun egal, ich zählte zur engeren Auswahl und freute mich auf die Firmenpräsentation am Nachmittag, denn ich hoffte, die Firma nun endlich näher kennenzulernen. Was aber folgte, glich eher einer Gehirnwäsche als einer Präsentation. Ein äußerst arroganter Manager knallte Folien auf

einen Overhead-Projektor, sprach von zwei »Ohrclips«, die jeder Mitarbeiter habe (einen für das »home-office«, einen für die zugehörige Kompetenzgruppe), gab bekannt, daß beides aber nicht relevant sei, weil man sich unablässig bei Kunden aufhalte und auf Fachwissen nicht viel Wert gelegt werde (warum hatte ich eigentlich studiert?). Obgleich ich beschloß, niemals mit Ohrclips durch die Gegend zu laufen und Kollegen auch mal »ungebrieft« in die Augen zu sehen, machte ich weiter mit, nicht zuletzt noch immer stolz wie Oskar, bei dem ganzen Verfahren dabeisein zu dürfen, und geködert durch das stattliche Anfangsgehalt, das die A-Consulter nun mal zahlen.

Es folgten Gruppendiskussionen: betriebswirtschaftliche Fallstudie, Unternehmensgründung, Rettungsaktion von einem sinkenden Schiff. Wir schauspielerten, was das Zeug hielt, »echt« war da keiner mehr, es ging um den guten Eindruck.

Schließlich waren es noch acht Bewerber. Wir saßen wie die Spatzen auf der Stange und warteten auf unser Abschlußgespräch mit einem der ganz großen A-Consultings. Man wußte, es würde danach gleich zur Sache gehen, also zum Anstellungsangebot.

Nun holte mich eben einer dieser Großen ab, rannte in ein ganz kleines Verhörzimmer und machte mich fürchterlich an, wie ich mir einbilden könne, daß er, einer der »best people«, mich als einen der Seinen aufnehmen werde.

Aus meiner erwartungsfrohen Miene wich alle Farbe, ich riß mich zusammen, aber jeder freundlich positive Satz von mir wurde mit Unterstellungen über meine Unfähigkeiten niedergemacht. Nun, nach 45 Minuten waren wir beide unisono der Meinung, daß die A-Consulting nicht das Richtige für mich sei. Der große Manager führte mich grußlos zum Empfang ab – »up or out«, das Motto der Firma – und tschüs. Blamabel. Und wenn *ich* einmal am Hebel sitze und über das Hinzuziehen von Beratungsfirmen mitzuentscheiden habe, kommen die mir nicht ins Haus.

»Haustiere werden in Deutschland besser behandelt als Kinder«

Gehobener nichttechnischer Verwaltungsdienst / Bezirksregierung

Auf meine Bewerbung bei der Bezirksregierung hat man mir eine Informationsschrift der DGP (Deutsche Gesellschaft für Personalwesen) zugeschickt. Glücklicherweise habe ich mich nicht nur auf die Übungsaufgaben verlassen, die in dem Heftchen standen! Ich kann nur sagen, wer sich in Sicherheit wiegt und glaubt, ein Testverfahren oder ein Vorstellungsgespräch ohne gründliche Vorbereitung positiv für sich entscheiden zu können, der irrt. Das gilt im übrigen auch für Tests bei Gemeinde-, Kreis- oder Stadtverwaltungen, die angeblich leichter ausfallen sollen, wie mir Mitbewerber sagten.

Hier ein Überblick über die Tortur: Vortest 3,5 Stunden (Diktat, Aufsatz, Rechenübungen). Am ersten richtigen Testtag (8.30 bis 16.00 Uhr, eine Frühstücks- und eine Mittagspause) ein Lückendiktat (Groß- und Kleinschreibung, Fremdwörter), Konzentrationsaufgaben (Postaufgabe, Zahlen herausschreiben wie beim Zwei-d/bq-Test, zwei Texte vergleichen und Fehler finden), Allgemeinwissen (je 20 Fragen zu Staat, Politik, Geschichte, Erdkunde, berühmten Persönlichkeiten, Wirtschaft, Literatur) und die anderen Aufgaben aus dem Heft der DGP.
Zeitangaben gab es nicht, so konnten wir uns wenigstens nie darüber beklagen, wir hätten eventuell zu wenig Druck...
Zweiter (mündlicher) Testtag, Pausen wie gehabt, aber diesmal verbringt man die ganze Zeit fast nur mit warten. Das sorgt für zusätzlichen Druck. Wir haben im Laufe des Tages nur einmal geschrieben, und zwar unseren Lebenslauf (30 Minuten Zeit). Ansonsten habe ich mich eine Stunde in einer Gruppendiskussion als Diskussionsleiter oder beim Vortragen der Zusammenfassung von drei Themen abquälen müssen: Zitat vom Herrn Bundeskanzler »Haustiere werden in Deutschland besser behandelt als Kinder«, die Rechtschreibreform und, selbst gewählt, die Benzinpreiserhöhung auf 2½ EUR/l.
Dann habe ich ein 20minütiges Einzelgespräch mit einer Psychologin durchgehalten (Lebenslauf wiedergeben, aktuelles Tagesgeschehen, Fragen nach der eben geführten Gruppendiskussion, Verantwortung, Führungsposition und Teamfähigkeit, Wissensfragen zur Behörde, den späteren Aufgaben und der Ausbildung) und 45 Minuten ein Einzelgespräch mit einem Verwaltungsangestellten geführt. Warum, weiß ich nicht. Es gab nur einen Unterschied zum Gespräch mit der Psychologin: Ich mußte anhand von kleinen Fällen Entscheidungen begründen.
Alles in allem recht ungemütlich, denn wir wurden über unsere Einstellungen und Charaktereigenschaften wie Zitronen ausgequetscht. Über die einstellende Behörde dagegen erfuhr man kein Wort.

Durch die Mangel gedreht, auf Festigkeit und Widersprüche überprüft, durch unbeantwortbare Fragen gebeutelt und verunsichert. Und was nun? Ich weiß es noch nicht. Gerhard Schröder jedenfalls kriegt meine Stimme nicht. Der Hauptsitz der DGP ist Hannover. Vielleicht sollte Schröder sich von denen mal selbst testen lassen.

Ex und hopp

Polizei/gehobener Dienst in NRW

Froh, bald das Abi mitsamt dem Reifeattestat hinter mir zu haben, wild auf die weite Welt von Entscheidungsbefugnissen und voller Tatendrang, bewarb ich mich um einen Ausbildungsplatz im gehobenen Dienst als Polizeivollzugsbeamtin. Wer hätte ahnen können, was da auf mich zukommen würde? Na vielen Dank auch – wer schafft so was bloß ohne Vorbereitung?

Der Test dauerte insgesamt drei Tage.

Der erste Tag begann um 7.30 Uhr mit dem Vortest. Dazu gehörten ein 35minütiger Intelligenztest mit 80 Fragen (Mathe, Dreisatz und Prozentrechnen, logisches Denken, inklusive Figuren und Zahlenreihen ergänzen, Sprachverständnis und Wortanalogien).
Weiter ging es mit einem Film. Aber nichts da mit gemütlich glotzen, nein. Aufpassen wie ein Luchs, auch wenn es nur vier Minuten sind, denn hinterher muß man 40 Minuten lang über das kurze bißchen Film eine Wiedergabe und eine Stellungnahme schreiben. Schließlich kam noch ein Diktat dran.
Nach dem Mittagessen flogen von 70 Frauen die ersten 30 raus. Vortest nicht bestanden. Wir Auserwählten durften zum ersten Teil des Haupttests am Nachmittag.
Es begann mit zwei Persönlichkeitstests. Anschließend fünf (!!!) Tests zur Überprüfung des logischen Denkvermögens. Ich frage mich nur, wenn alle im Polizeidienst solche Logikexperten sind, warum es dann noch frei herumlaufende Ganoven gibt? Also Dominostein- und Figurenreihen, Syllogismen, Zahlensymbole und Flußdiagramme, und schließlich ratterten unsere Rädchen noch bei einem Gedächtnistest. Wir mußten 42 Worte aus sechs Geschichten in sechs Minuten auswendig lernen und in 6 Minuten in der richtigen Reihenfolge wieder aufschreiben.

Um 15.30 Uhr Teil eins over und aus. Hatten wir ein Viertel der Gesamtpunktzahl erreicht? Das blieb ein Geheimnis des Computers, der über Nacht unser Schicksal errechnete. Derweil schliefen wir (oder auch nicht) in der angrenzenden Polizeikaserne.
Zweiter Tag. Gongschlag 7.30 Uhr füllten wir Formulare für die Zeit von der Wiege bis heute aus. Danach beim Doktor Zähne zählen, Lungenkapazität vorführen, in die Augen schauen, Blut und Urin einreichen und beweisen, daß das Herz gut pumpt. Erst dann durften die Geprüften und für O.K. Befundenen sich in der Hauptuntersuchung prüfen lassen, ob ihre Wirbelsäule gerade ist, die Zähne und die Lunge keinen Fleck haben und ob Gelenke und Füße geeignet sind.
Die diesmal um 50% dezimierte Truppe, die völlig geschlaucht am Sporttest teilnehmen konnte, hielt sich wacker, aber dennoch müssen etliche von uns den Test in drei Monaten wiederholen. Vorgaben für Frauen waren: Medizinballwurf: 5,30 m, Pendellauf 18 m: 18,3 Sekunden, Dreisprung aus dem Stand: 5,50 m und 2.000-m-Lauf in 12,3 Minuten.
Jetzt waren wir noch 9, und uns wurde der Termin für den dritten Testtag zum AC eröffnet, das etwa zwei Wochen später stattfinden sollte.
Schon aus Routine war ich auf den Start um 7.30 Uhr eingerichtet und erwartete den letzten Tag in freudiger Erregung. Jetzt kam's. Ich hätte doch besser Schauspielerin werden sollen. Es standen drei Rollenspiele und ein Vortrag auf dem Programm. Aus einer Lostrommel zog man sein Glück (oder Unglück) zu politischen, religiösen oder gesellschaftlichen Themen, mußte das Rollenspiel dann sofort ohne Vorbereitung mit einem Polizeirollenspielpartner beginnen und 5 Minuten durchhalten.
Den Vortrag durfte man 10 Minuten vorbereiten und konnte ihn mit notierten Stichworten vortragen (5 Minuten). Wichtigste Beurteilungskriterien in allen Situationen waren: Inhalt, Argumente, Einfallsreichtum, Durchsetzungsvermögen, Mimik und Gestik und Kommunikationsfähigkeit (wie auch immer ein Computer so was auswerten mag...).
Na, was durfte nicht fehlen: das Streßinterview und die Konfrontation mit den Ergebnissen. Wer da keine Nerven wie Drahtseile hatte, mit Provokation nicht umgehen und sich nicht angemessen ausdrücken konnte, der hatte schlechte Karten.
Ich will gerechterweise sagen: Bewußt in die Pfanne hauen wollte einen da niemand, aber hart war die Testerei allemal. Mir hat der Computer einen Platz ganz oben auf der Warteliste fürs nächste Jahr zugewiesen. Er befand, daß meine Punkte nicht ausreichend seien.

Figur und Figuren

Polizei/gehobener Dienst in BaWü

Bei der Polizei zu arbeiten ist mein absoluter Traum. Um alles richtig zu machen, rief ich also vor meiner Bewerbung dort an, weil ich nach Tips zur Vorbereitung fragen wollte. So erfuhr ich von Ihren Büchern. Hier die Zusammenfassung meiner Erlebnisse (eingeladen waren 11 Frauen, erschienen sind 6).
Tip: Unbedingt eine Nacht vorher anreisen, man muß um 7.00 Uhr an der Pforte stehen, um den Testgang anzutreten. Um 7.30 Uhr wurden wir dann auch tatsächlich abgeholt, und um 8.00 Uhr ging es los.

Teil I:
77 Aufgaben in 35 Minuten: Zahlen- und Figurenreihen ergänzen, vier vorgegebene Wörter nach gleich-gleich oder gleich-gegensätzlich zuordnen und Textaufgaben. Die Mindestanforderung zum Bestehen waren 55 Richtige. Dann zehn Minuten Pause.
Nun folgten sechs Steckbriefe, die es in drei Minuten anzusehen galt, um anschließend Fragebögen auszufüllen. Danach zwei Tatorte in zwei Minuten ansehen, entsprechende Fragen beantworten und schließlich zunächst zwei Minuten so viele Flüssigkeiten, danach so viele Pflanzen wie möglich aufschreiben. Dabei kann da Vanillesauce und Primel stehen, das ist völlig egal, Hauptsache viele.
Ende um 9.30 Uhr und gleichzeitig auch Ende für drei von uns. 50% Durchfallquote, sodann zum...

Teil II:
Verbringung ins Arztgebäude. In meinem Leben habe ich bisher noch nicht so viele (kasernenmäßige) Ärzte in so kurzer Zeit kennengelernt.
1. Arzt: Messung von Gewicht (Über- oder Unter-), Größe, Hals-, Brust- und Taillenumfang (nur bei Frauen?), Begutachtung der Zähne (Plomben!).
2. Arzt: Messung des Lungenvolumens
3. und 4. Arzt: EKG
4. wieder der 1. Arzt: Seh- und Hörtest, Urinuntersuchung.
5. und 6. Arzt: Gelenk- und Körperhaltungsprüfung, Allergietests
6. Arzt hat dann entschieden: tauglich oder nicht.

Erneuter Verlust: Eine meiner Mitbewerberinnen war angeblich zu dünn, sie verließ den Ort des Geschehens weinend.
»Never ending story« für die Tauglichen: Wir müssen zu Hause zum Gynäkologen und zum Lungenröntgen, damit klar ist, daß wir auch wirklich top sind. Endlich zum Mittagessen – aber bitte möglichst zurückhalten, denn mit vollem Bauch hat man im

Teil III:
Sportleistungstest genannt, weniger Energie. Ansonsten kann man sich hier mächtig gut profilieren, sofern man sich zuvor im Sportinfoheft der Polizei informiert hat. Schließlich Start zum

Teil IV:
Gang ins Verwaltungsgebäude, wo uns mitgeteilt wurde, was wir beim theoretischen Test vermasselt hatten und wie es weitergeht. Jetzt steht das Vorstellungsgespräch noch aus. Soll hart sein, habe ich gehört. Aber man kann sich ja vorbereiten. Na denn.

Eine starke Truppe

Offiziersanwärter / Bundeswehr Köln

Mächtig stolz, daß ich zugelassen war, machte ich mich mit der Bahn (übrigens bezahlt!) auf den Weg nach Köln in die Mudrakaserne. Am Tag unserer Ankunft wurden wir zunächst in unsere Zimmer eingewiesen. Ein schöner Vorgeschmack auf die Kasernierung. Für den restlichen Ablauf war jeder selbst verantwortlich, d.h., man wurde weder abgeholt noch über die Örtlichkeiten informiert.
Die Eckdaten der (maximal) dreitägigen Auswahlprüfung erläuterte man uns danach in der Einführungsveranstaltung. Man klärte uns über die Erwartungen an zukünftige Offiziere auf, erläuterte die Rücktrittserlaubnis und das Verlassen der Kaserne und stellte uns den Testablauf, die wichtigsten Personen sowie die neutralen Beobachter – was immer »neutral« heißen soll – vor.
Danach sollten wir einen »biographischen Fragebogen« ausfüllen. Ich entschied, daß es sich um meinen Lebenslauf handeln soll, und beschrieb ihn in Stichworten. Zweiter Zettel, Studienabsichten – ebenfalls in Stichworten. Bei beiden Bögen gibt es zwei Grundregeln: Man muß peinlichst auf eine gute, saubere Handschrift achten und wissen, daß im Zweifel alles ge-

gen einen verwendet werden kann. Soll heißen: Alles, was man schreibt, wird später im Bewerbungsgespräch und beim Studienberater nochmals angesprochen. Also aufpassen, keine flachen Märchen verfassen. Das war's, der erste Tag ging zu Ende.
An Schlafen war eigentlich nicht zu denken, denn erstens war ich viel zu aufgeregt, und zweitens hatte ich Angst zu verschlafen. Wir mußten ja bekanntlich für alles selber die Verantwortung übernehmen, also auch für das pünktliche Erscheinen am nächsten Morgen. Was das hieß? Daß man auf alle Fälle einen Wecker dabei haben sollte, der 100prozentig funktioniert, denn um 5.45 Uhr mußte jeder am nächsten Morgen auf der Matte bzw. am Frühstücksbüfett stehen und innerhalb von 30 Minuten »Essen fassen«. Gar nicht so komisch mit ca. 100 verstörten Kandidaten, die morgens in einer langen Schlange warten. Ich hatte noch alberne fünf Minuten für mein Ei – hartgekocht, aber gratis.
Der zweite Tag begann folglich, milde gesagt, genervt. Erste Aufgabe, ein Aufsatz. Es standen zwei Themen zur Auswahl, »Loyalität und Treue« oder »Flexibilität und Anpassung«. Man sollte in Picobelloschrift (Maximalumfang 300 Worte) in 30 Minuten auf unliniertem Papier die Begriffe definieren, sie voneinander abgrenzen und ihre Gemeinsamkeiten festlegen. Der Tip für hoffnungslose Querschreiber: liniertes Papier mitnehmen, unterlegen und sich nicht erwischen lassen.
Dann ging es für jeden von uns unterschiedlich weiter, denn anders konnten die Massen an Bewerbern nicht »bedient« werden. Man schickte mich zum Onkel Doc, der sich meine Augen ansah.
Achtung, Blindgänger, die meinen, sie müßten ihre Kurzsichtigkeit wegoperieren lassen, damit sie bloß zu den Fliegern kommen: Schickt nicht hintereinander ein ›schlechtes‹ und ein ›gutes‹ Attest ein, denn eine Heilung innerhalb von drei Monaten ist mysteriös, der Betrug fällt auf, und aus ist das Spiel. Eine Operation bringt übrigens schon deswegen nichts, weil nach dem Sehtest ein Blendtest folgt und ein operiertes Auge diesen Test in der Regel nicht besteht.
Der Doc, übrigens ein Zivilist, maß Körpergröße, Gewicht sowie den Blutdruck vor und nach 20 Kniebeugen und nahm abschließend eine Urinprobe (oder auch noch eine Blutprobe aus der Fingerkuppe, falls jemand am Abend ein Ei gegessen hatte – Cholesteringehalt!).

Erster Akt zu Ende und ab zum Mittagessen.

Als nächstes stand ein Logik-Wissens-Test auf dem Programm, der am Computer ausgeführt wurde und bei dem es um Wortanalogien und Wortverbindungen ging, zu denen sich übrigens das Studium von Fremdwörtern empfiehlt.

Wer sich bis hierher noch gut gefühlt hatte, wurde jetzt heftig wachgerüttelt: Bewerbungsgespräch mit zwei ranghohen Offizieren. Das ist ein Erlebnis, das man nicht so schnell vergißt. Ich rate zu parieren, mit allem Respekt, und ruhig, überlegt und freundlich zu bleiben, egal, was passiert. 50% meiner Mitstreiter konnten nach dem 20minütigen Gespräch, bei dem nicht immer ein Psychologe dabei war, ihre sieben Sachen packen.

Wichtig ist, daß man sein politisches Interesse zeigt, denn die ersten Fragen beziehen sich auf Themen wie z. B. Südafrika, Bundeswehr 2000 oder Wehrbeauftragte. Es ist unbedingt zu empfehlen, das aktuelle politische Geschehen (vor allem das der letzten sechs Monate) gut »drauf zu haben«. Dann sollte jeder Kandidat klar und deutlich zeigen, daß er Offizier werden will, weil er seinen Teil zum Friedensprozeß beisteuern und das zu seinem Beruf machen wolle. Sage bitte keiner, er wolle fliegen oder so! Außerdem dürfte ja klar sein, daß man nur zum Spaß studieren möchte und nicht etwa, weil man damit mal sein Geld verdienen will!

Man muß tatsächlich verflixt aufpassen, was man so sagt, alles provoziert Rückfragen (Berufsethik – was, wieso, was verstehen Sie darunter...). Nun ja, wenn man das Aggressive liebt, ist das Gespräch vielleicht kein Problem, ich habe jedenfalls schon bei dieser Rumhackerei heftig schlucken müssen. Der Abschied verlief denn auch ebenso grußlos und ohne Händeschütteln wie die Begrüßung. Die Herren Offiziere erhoben sich nicht einmal andeutungsweise.

Ende zweiter Akt, ab in die Koje.

Dritter Tag, Start mit den üblichen Schachzügen am Büfett, allerdings bei schon deutlich reduzierter Belegschaft etwas entspannter. Erster Test: Matheaufgaben, 30 Minuten:
Algebra (Schmierzettel, kein Taschenrechner), Geometrie und Analysis (Ableitungen und zwei Aufgaben zur Integralrechnung) im Multiple-Choice-Verfahren, Eingabe in den PC. Beispiel: $3x + 4 = y$ und $-3x - 4 = y$, sind die Geraden parallel, schneiden sie sich und bilden einen spitzen Winkel von 60 Grad, oder stehen sie senkrecht zur x-Achse?

Sogleich weiter mit einem Konzentrationstest. Dieser bestand aus 20 chinesischen Zeichen, denen je eine Zahl zuzuordnen war (von 0–9, wobei jeder Zahl zwei Zeichen zuzuordnen waren). Dann folgten senkrecht auf dem Bildschirm diese Zeichen in einer Zeile, ähnlich wie auf einer Tabelle, wo im Prinzip die Aufgabe darin bestand, beim untersten Zeichen die zugehörige Zahl zu finden und diese mit dem zweiten Zeichen und der dazugehörigen Zahl zu addieren usw. Die Kolonne setzte sich nach oben fort. Man gab das Ergebnis mit der Tastatur ein. Der Computer gab einem jedoch nur eine begrenzte Zeit, dann folgte eine völlig neue Zeichenreihe und damit eine Zuordnung der Zahlen zu den Zeichen. Ganz schön chinesisch, aber Ende gut, Studieren gut – sonst Abgang, aber nicht zum Mittagessen, so wie es die »Überlebenden« tun konnten, sondern nach Hause. Das Mittagessen war nun zwar verdient, aber man sollte sich mit Pommes und Schnitzel nicht zu sehr den Bauch vollschlagen. Das kann dann im Sporttest ziemlich hinderlich werden, aber davon später.

Mein nächster Prüfungsteil bestand aus einem »Gruppensituationsversuch«, den ich und zwei andere arme kleine dumme Prüflinge (zweifellos kam ich mir langsam so vor!) zusammen zu bestehen hatten. In 30 Minuten mußten wir jeder einen Kurzvortrag von 10 Minuten Länge vorbereiten, der frei vorzutragen war. Man durfte seine Notizen sogar dabeihaben. Dazu standen Themen wie »Zivildienst – eine Alternative?« oder »Aufrechterhaltung einer zerbrochenen Ehe zugunsten der Kinder?« zur Wahl. Der Knalleffekt war der vollbesetzte Prüfungsraum: ein Psychologe, meine bisherigen Prüfer aus dem Einstellungsgespräch und drei weitere Offiziere (und natürlich meine beiden Prüfungskameraden). Beim Vortrag sollte man tunlichst vermeiden, eine eventuell witzig gemeinte Bemerkung anzubringen. Sagen die beiden Mitbewerber dann nichts oder nicht das Richtige dazu, dann fällt die ganze Truppe durch. Schließlich mußten wir drei dann miteinander diskutieren. Thema: »Bundeswehr – Berufsarmee oder Wehrpflichtarmee?«. Die Diskussion wurde mittendrin abgebrochen. Da hat man dann – vorsichtig ausgedrückt – ein absolut bescheuertes Gefühl.

Nun, lange konnte man sich damit nicht aufhalten, denn es galt ein Planspiel zu absolvieren. Eine Fahrt in die Türkei mit 20 Jugendlichen war (ohne viel Geld) zu planen. Auch hier wurde wieder mittendrin abgebrochen. Daß sie das bei allen Gruppen so machen, wußten wir ja nicht.

Der vorletzte Akt war das Zusammentreffen mit dem Studienberater. Das Gespräch findet alleine mit einem Offizier statt. Es empfiehlt sich, vorher

die Bewerberbroschüre genauestens durchzulesen, denn es werden passend zu den Studienwunschfächern die Studienpläne sowie Fachausdrücke aus den Fächern abgefragt. Beispiele: Mikroökonomie und empirische Sozialforschung bei den Staats- und Sozialwissenschaften. Darüber hinaus wird natürlich bereits vorhandenes Wissen geprüft. Sollte da jemand nicht fit sein, kann er entweder überhaupt nicht studieren oder wird für ein anders Fach vorgeschlagen. Daraufhin haben manche Kandidaten ihre Bewerbung sofort zurückgezogen. Das habe ich zwar nicht gemacht, aber vielleicht werde ich es eines Tages noch bereuen.
Schlußakt: der Sporttest. Ich kann nur sagen, sportlich, doch wirklich, im besten Sinne des Wortes, sportlich, dieser Test. Erst zweimal hintereinander mindestens 2 Meter STAND!-Weitsprung, dann zweimal 9 Meter Pendellauf, dann mindestens 18 Liegestütze in 40 Sekunden, aber die etwas professionelle Variante: auf den Boden legen, Hände auf dem Rücken gekreuzt, dann bei »Los« anfangen mit dem Liegestütz und, wenn man oben ist, eine Hand mit der anderen abschlagen, also in die Hände klatschen, dann wieder auf den Boden legen, die Hände auf dem Rücken kreuzen und wieder alles von vorne. Anschließend mindestens 18 Sit-Ups in 40 Sekunden, danach ein 12-Minuten-Lauf um das Volleyballfeld herum (über 2.000 Meter) und schließlich ab unter die Dusche. Mensch Meier, wenn da einer Jetpilot werden will, dann muß er schon zu den Allerallerbesten gehören!
Nach dem Duschakt werden die Ergebnisse verkündet. Das große Zähneklappern bleibt aus, man ist vom Sport völlig fertig. Jetzt kommt übrigens noch mal ein kolossaler Hammer:
Das Bestehen der Tests garantiert keineswegs die Einstellung. Das entscheidet sich in der Bestenauslese derer, die alle Tests bestanden haben. Tja, pro Jahr wollen eben 7.000 bis 8.000 Schüler Offizier werden. Aber was tun, wenn nur 1.500 genommen werden? Seine Chancen kann sich da gerne jeder selbst ausrechnen.
In der Einladung wurde übrigens um angemessene Kleidung, der Bedeutung des Anlasses gemäß, gebeten. Nur sechs (von 100) Bewerbern kamen mit Schlips und Jackett.

So schwer war's nicht

Anwendungsprogrammierer bei Siemens

Mit der richtigen Vorbereitung war es für mich gar nicht so schwer, egal ob bei einer Behörde oder bei Siemens (was ja quasi das gleiche ist...), den Job eines Anwendungsprogrammierers zu ergattern. Hier meine Erfahrungen:

Die Aufgaben:
Teil 1: Logik-Wissens-Test, 30 Minuten Zeit
Es sind 43 Aufgaben aus dem visuellen Aufgabenbereich, Addition, Subtraktion, Spiegelung.

Teil 2: Ermitteln des Wochentages, 30 Minuten Zeit
Es sind 25 Aufgaben, vorwärts, rückwärts und jeweils springend. 10–15 Minuten Pause.

Teil 3: Etwa 20 Textaufgaben, wobei die Aufgaben nicht wie gewohnt gelöst werden sollen, sondern anhand von vorgegebenen Lösungsschritten Ergebnisvorschläge auszuschließen sind.
Beispiel: 10 Drucker mit Verpackung wiegen 400 kg, eine Verpackung wiegt allein 5 kg. Wieviel wiegen 10 Drucker ohne Verpackung?
Lösungsschritte:
a) Die Verpackungen von 10 Druckern wiegen 10 x 5 kg
b) 10 Drucker wiegen ohne Verpackung weniger als 400 kg
   Ergebnisvorschläge:
   1. 700 kg
   2. 550 kg
   3. 350 kg
   4. 250 kg

Lösung:
Erster Lösungsschritt ist b, dadurch entfallen Ergebnisvorschläge 1 und 2.
Zweiter Lösungsschritt ist a, dadurch entfällt Lösungsvorschlag 4.
Lösungsschema (Reihenfolge der Schritte):

| b | 1 | 2 | a | 4 |

Die Anzahl der Lösungsschritte und die der Ergebnisvorschläge in den verschiedenen Aufgaben variiert dann zwischen 4 und 5.

Teil 4: Merktest
24 Vokabeln aus dem Computerbereich (Monitor, Drucker, speichern etc.), denen Phantasienamen zugeordnet sind (Tastatur = Furasi), 1 Minute Zeit. Dann in einer Liste dem Computerbegriff der ersten Spalte den ›richtigen‹ Phantasienamen aus den Spalten 2–5 zuordnen.
13stellige Telefonnummern lernen, 2 Minuten Zeit. Die Nummern werden in einer anderen Reihenfolge wiedergegeben, man muß die entsprechende Nummer eintragen.
Lesen eines Aufsatzes, der Fakten über den Neubau eines Rechenzentrums enthält, 2 Minuten Zeit. Erinnerung ähnlich wie die im Buch vorgestellten Lebensgeschichten-Aufgaben.

Teil 5: Konzentrationstest
Dem Alphabet werden Zahlenwerte zugeordnet, die in einer Tabelle stehen (A = 0, B = 1, C = −1 etc. bis T = −9). Neben der Tabelle stehen Aufgaben, die aus fünf Buchstaben bestehen (z. B. KSAFE), denen die jeweiligen Zahlen zugeordnet werden müssen, so daß sich eine Zahl ergibt, die wiederum als Buchstabe eingetragen wird. Insgesamt sind es fünf Tabellen mit ca. 15 solcher Aufgaben. Man bekommt keine Zeit vorgegeben.
Das war's dann schon. Teilgenommen haben an dem Test auch Leute, die von der Behörde geschickt wurden, weil sie da einen DV-Job haben wollten, und auch einige, die einfach ›was über ihre DV-Fähigkeiten wissen wollten‹. Ich fand, wenn das alles ist, was ein Anwendungsprogrammierer bieten muß, dann haben wir alle zumindest schon mal einen Job sicher in der Tasche, denn so schwer war's nicht.

»Nieten« öffentlich ausgemustert

Bankkaufmann / Commerzbank in Düsseldorf

Zwei Wochen nach meiner Bewerbung als Bankkaufmann wurde ich zur sog. Einstellungsrunde in die heiligen Hallen der Commerzbank eingeladen. Der Test würde drei bis fünf Stunden dauern, Fahrtkosten könnten »leider« nicht erstattet werden. Wahrscheinlich weil alles Geld für den Turmbau zu Frankfurt gebraucht wird. Das »leider« habe ich übrigens dahingehend verstanden, daß es der Bank wirklich leid getan hat, sich so knauserig zeigen zu müssen.
Wir standen also alle gebügelt und gestriegelt im Flur und warteten auf den Start – Sitzgelegenheiten waren nicht ausreichend vorhanden, auch

da muß gespart werden. Es war 9.30 Uhr, die Tür ging auf, eine Dame trat herein, die Show begann. Sie stellte sich uns als »Personaltrainerin« vor. Bis 9.45 Uhr Begrüßung der Bewerber und Erläuterung des Programms. Danach bis 10.00 Uhr Vorstellung der einzelnen Bewerber und erster Schweißausbruch. Man ahnt ja schließlich doch, daß sie einen bereits da schon prüfen: Wie macht er's, wie wirkt er, wie oft verspricht er sich und und und... Man sollte Namen, Alter, schulische Ausbildung, den Heimatort und – man höre und staune – die Hobbys vortragen.

Die nächsten 40 Minuten gingen dann mit dem ersten schriftlichen Test rum. Wie gut, daß ich vorbereitet war. Es war die »never ending story« vom heimkehrenden Jugendlichen (Hänschen klein?), die ich schon aus Ihrem Buch kannte. Um 10.40 Uhr schloß sich nahtlos der zweite schriftliche Test an. Auch hier Gott sei Dank keine Überraschungen, denn es handelte sich um den simplen IST-Test sowie um Dreisatzaufgaben, die gut im Kopf zu lösen waren. Man mußte die richtige Lösung ankreuzen und hatte 30 Minuten Zeit.

Jetzt hieß es in der 10minütigen Pause schnell Luft zu holen, denn ruckzuck begann um 11.20 Uhr eine Gesprächsrunde von 40 Minuten. Erst dachte man nichts Böses, aber nach der Aufwärmphase (»Wie kamen Sie mit den Tests zurecht?«) war schon klar, worum es geht: Gruppenverhalten! Die erste Frage der Trainerin lautete, welche Eigenschaften ein Bankkaufmann haben soll, und dann noch, welche man denn selber zu haben glaube. Die Diskussionsleiterin unterließ es übrigens nicht, an den passenden Stellen auf eventuell unpassende Kleidung oder Haltung hinzuweisen!

12.00 Uhr – endlich Happenpappen? Denkste, ein eisgekühltes Getränk, stilvoll aus der Flasche, das war's, den Rest mußten wir tatsächlich selber bezahlen. Eine Bank ist eben eine Bank, die gibt nicht so schnell mal eben Geld für 15 Mittagessen weg! Wie sagte schon meine Oma: Von reichen Leuten kann man sparen lernen...

Nach dem Essen wurden die bisherigen Ergebnisse aller Teilnehmer öffentlich mitgeteilt und 50% »Nieten« ausgemustert. Ich wäre am liebsten freiwillig mitgegangen. Was sich da zutrug, war weniger für meine Mitstreiter als für die Bank als hochnotpeinlich zu bezeichnen.

Am Nachmittag traten wir in zwei Gruppen an, von denen eine Gruppe um 13.00 Uhr, die andere um 15.00 Uhr eingeladen wurde. Zu dritt oder viert saßen wir jetzt zwei neuen Trainern gegenüber. Alle Bewerber wurden nacheinander einzeln befragt. Der Arme, der immer der letzte war, der konnte kaum mehr was sagen, was die anderen nicht schon vor ihm berichtet hatten!

Die Fragen:
- Wie kam es zu Ihrer Berufswahl?
- Was interessiert Sie an dem Berufsbild?
- Wie haben Sie sich über das Berufsbild informiert?
- Bei wie vielen Banken haben Sie sich beworben?
- Was machen Sie, wenn wir Ihnen absagen?
- Was machen Sie in der Freizeit?

Nach diesen Gesprächen wurden wir »vor die Tür geschickt« und einzeln zur »Urteilsverkündung« wieder hereingebeten. Ehrlich, so ganz glücklich bin ich nicht, daß ich zum Kreis der »Auserwählten« gehöre…

Bewerbung als Chance

Gehobene nichttechnische Beamtenlaufbahn / Kommunalverwaltung Thüringen

Nachdem ich mein Jurastudium abgebrochen hatte, ereilte mich eine fürchterliche Botschaft: Um in meinem Traumberuf (Beamtenlaufbahn) einen Ausbildungsplatz zu bekommen, müßte ich mich in den Wettbewerb mit 300 anderen Bewerbern begeben. Na, dann gute Nacht! Ich schrieb brav 30 Bewerbungen, erhielt freundliche Absagen und begrub meinen Wunsch schon fast, als endlich die erhoffte Einladung zum Test für einen Ausbildungsplatz in der Kommunalverwaltung eintraf. Wacker mischte ich mich unter die 100 anderen und kämpfte um einen der vier zu vergebenden Plätze.

Der erste Test dauerte zwei Stunden.
- Manche Fragen erinnere ich noch: Wie heißt der Ministerpräsident von Thüringen, wie unsere Staats- und Regierungsform, wo sind die Grundrechte festgeschrieben? Nenne fünf Grundrechte mit Paragraphen. An welchem Rad eines Fahrrades befestigst du den Dynamo, wenn beide Räder deutlich unterschiedlich groß sind und du maximales Licht erzeugen möchtest? Über wie viele Runden geht ein Boxkampf?

- Dann kamen ein Test, in dem man Zahlenreihen fortsetzen mußte, und ein Rechentest mit Textaufgaben.
- Schließlich galt es, einen Rechtschreibtest zu bestehen. Dazu gab es zwei engbedruckte Seiten, die man ganz schlecht entziffern konnte, auf denen man Verbesserungen eintragen sollte, die man in der Spalte am Rand zu notieren hatte, wo die Fehler gewesen waren.
- Zum Schluß sollten wir einen Brief an einen imaginären Bewerber bei der Verwaltung verfassen.

Puh, das war 'n Stück Arbeit. Diese Hürde ist wirklich nur mit Vorbereitung zu schaffen. Ist doch auch klar – die wollten 96 Leute von uns wieder loswerden!

Das Vorstellungsgespräch sah dann so aus:
- Warum haben Sie sich bei uns beworben?
- Wieso haben Sie Ihr Studium abgebrochen?
- Nennen Sie den Verwaltungsaufbau und die Untergruppen sowie die dortigen Tätigkeiten – Antwort: 5 bis 6 Dezernate, z.B. Bauwesen, Untergruppe: Bauverwaltungsamt, Tätigkeit: Bauaktenarchiv. Tip: Vorher Infobroschüre von der Pressestelle oder Bürgerberatung besorgen!
- Mit welchen Gesetzen werden Sie gegebenenfalls arbeiten? Antwort: Grundgesetz, Verwaltungsverfahrensgesetz, BGB; spezielle Gesetze in den jeweiligen Dezernaten, z.B. Namensrecht.
- Welche Unterrichtsstunden haben Sie? Antwort aus den Blättern für Berufskunde.
- Sie werden Teams von 5 bis 6 Leuten leiten, schildern Sie Ihre Arbeit aus dieser Sicht. Was bedeutet Teamarbeit für Sie?

Das waren zwar sehr anstrengende und happige 45 Minuten, aber nett waren die Interviewer dennoch allemal. Ich hab's geschafft, knapp. Ist aber egal. Meine Chance betrug 4 Prozent, also 1 zu 25. Toll, was?

Rosa Elefanten essen Bleistifte bei der Regierung

Gehobene Beamtenlaufbahn / Regierungspräsidium in Köln

Ich möchte hier einmal meine Erlebnisse vom Hürdenlauf zum Ausbildungsplatz für die gehobene Beamtenlaufbahn im nicht-technischen Dienst beim Regierungspräsidium Köln schildern. Es handelt sich übrigens um die Behörde des berühmten Dr. Franz-Josef Antwerpes. Wenn ich daran zurückdenke, dann suche ich noch immer nach rosa Elefanten.
8.30 Uhr Start, Dauer 8,5 Stunden einschließlich einstündiger Mittagspause, 35 Bewerber. Die Testbatterie begann mit der Überprüfung unseres Humors, glaube ich jedenfalls, anders ist der Auftritt des Typs von der DGP – Deutsche Gesellschaft für Personalwesen nicht zu verstehen, denn der machte ständig Witze, die nur er verstand; vielleicht war es auch einfach nur nett gemeint, funktioniert hat's nicht.
Danach folgten Tests zu Verhältnissen (... verhält sich zu ... wie ... zu ...), Schlußfolgerungen sinnvoller (Egon ist dümmer als Sabine) und absurder Art (rosa Elefanten gehen zur Schule, können singen und essen Bleistifte). Dann sollten Schätzungen bei Additions-, Subtraktions-, Multiplikations- und Divisionsaufgaben abgegeben werden, wobei Brüche, Dezimalbrüche und sechs- bis achtstellige Zahlen verwendet wurden. Danach interpretierten wir brav Säulen- und Kuchendiagramme, kümmerten uns um Textaufgaben (Achtung, ohne Prozentrechnung läuft gar nichts!) und ackerten uns durch Zahlenmatrizen von vier senkrechten Zahlenreihen durch. Ich kann nur sagen..., nein, ich sage lieber nichts. Abschließend kam ein Lückendiktat, das im übrigen auch auf Schönschrift und Menge der Verbesserungen beurteilt wurde, weil die Urteiler nicht so viel Arbeit beim Interpretieren haben wollten.
Endlich Pause, wir waren alle völlig fertig. Der Pförtner, ein echt netter Mensch, empfahl uns allerdings, das laue Kantinenessen gegen ein Plauderstündchen im Café von nebenan zu ersetzen. Das taten wir auch und gingen frohgemut in die zweite Runde.
Merk- und Konzentrationstests waren angesagt. Wir sollten zunächst die Geschichte einer jungen Frau, deren Telefonnummer, das Alter der Nachbarn, den Standort der Sraßenbahnhaltestelle und noch so allerlei Schnickschnack erinnern. Während der Geschichte wurden ein paar Skizzen gezeigt, die wir ebenfalls wiedererkennen mußten (übrigens befindet sich die Einsatzzentrale der Rettungsfahrzeuge im Haus Nr. 75). Danach

gab's den Konzentrations-Crashtest: Computerausdrucke, die oberen Zahlen zwischen 0,10 und 0,36, die unteren größer als 245! Dann rein in Textvergleiche (Original und Abschrift) und ab in die Postaufgabe (»Wieviel kostet ein Päckchen per Eilboten von Berlin nach Oldenburg nach der Gebührenerhöhung vom 1. April?«).
Schlußakt: einstündiger Allgemeinwissentest zur »Entspannung«. Unser Humorspezialist von der DGP konnte sich kaum mehr einkriegen, keines seiner Augen blieb trocken. Beim Üben hatte ich eine Trefferquote von 95% (Wer war Ignaz Semmelweiß – ein Arzt). Im Test dagegen (was hat er erreicht? – Kindbettfieber besiegt) habe ich gelernt, daß ich, gemessen am Bildungsideal der DGP, wohl ein Vollidiot bin. Trotz Grundstudiums in Germanistik müssen mich alle guten Gegenwartsliteraturgeister verlassen haben. Meine Laufbahn werde ich ohne bleistiftessende Elefanten einschlagen müssen – halb so schlimm.

In Kassel hat man es nicht schwer

Verwaltungsinspektorenanwärter im gehobenen Dienst / LVA
Der Pförtner bringt uns in den Testraum – ein sympathischer Mensch übrigens, dann warten wir ein bißchen. So hat jeder Zeit, sich nervös zu machen, falls er es noch nicht ist. Nach 10 Minuten stellt sich der Tester vor Wir beginnen mit einem Lückendiktat zum Thema »Wie arbeitet ein Radar?« und setzen die Kommas an die entsprechenden Stellen.
Schon folgt die erste Pause von 20 Minuten und ein netter Schwatz mit dem Pförtner (auch kein schlechter Beruf).
Weiter geht es mit einem Konzentrationstest von fünf Minuten (Karteikarten mit ca. 40 Namen von Behörden sortieren) und einem Mathetest. Es werden Dreisatzaufgaben in Textform, Bruchrechnungen, geometrische Aufgaben (Rechteck, Dreieck), Zinsrechnungen und Gleichungen geprüft. Nächste Pause, jedoch nur kurz, keine Zeit für erquickliches Plaudern. Abschluß 30 Minuten Allgemeinwissen (aktuelle Politik, deutsche Geschichte, geographische Lage der BRD) und eine Logikaufgabe (Text). Für mich war das alles recht einfach, aber ich hatte mich ja auch entsprechend vorbereitet. Ich freue mich, bekommen zu haben, was ich mir vorgestellt habe (auch wenn mir jetzt der Pförtnerposten versagt bleibt).

Nur für starke Nerven

Höherer Dienst / Bundeskriminalamt Wiesbaden
Ich habe das erste juristische Staatsexamen und nahm an dem insgesamt dreiteiligen Auswahlverfahren für Anwärter im höheren Dienst des BKA teil.
Die 50 bis 60 Bewerber wurden auf drei Termine und in Gruppen zu zehn Personen aufgeteilt. Alle hatten wiederum drei Testteile zu überstehen. Der erste sollte um 7.15 Uhr losgehen, aber meine Gruppe durfte zunächst einmal bis 9.30 warten! Aha, dachte ich, Test Nummer eins: »Wie gehst du mit Nervenkitzel um?« Ist doch eine sinnige Frage, wenn man zum BKA will, oder? Schließlich war es aber dann doch soweit, Teil eins begann.
Es galt, sich im Sportlichkeitstest sportiv zu zeigen, und wenn nicht, dann »Pech gehabt, ab nach Hause«. Das waren übrigens schon 50 % der Truppe! Wir mußten im Achterlauf um fünf Stangen in einer bestimmten Reihenfolge rennen. Kriterien waren Schnelligkeit und fehlerlose Ausführung. Dann waren ein 100-m-Lauf und ein 6-Minuten-Dauerlauf angesagt. Schließlich machten wir schwitzend die sog. Sitzklimmzüge. Dabei hebt man (sich) nicht vom Boden ab, sondern zieht sich zu einer Stange hoch; Handflächen nach oben. Auswertung wird einem nicht mitgeteilt, aber man merkt ja bald, ob man gehen darf.
Es war Sommer, wir waren fertig und pitschenaß geschwitzt, aber ohne Gnade folgte auf der Stelle ein schriftlicher Test, der dann allerdings irgendwann mal von einer Mittagspause unterbrochen wurde:

1. Sprachlicher Kreativitätstest. Wir sollten so viele Assoziationen wie möglich zu bestimmten Wörtern (z. B. Charakter) oder möglichst viele außergewöhnliche Verwendungsmöglichkeiten zu bestimmten Gegenständen (z. B. Schere) nennen. Zu utopischen Situationen sollten wir möglichst einfallsreich viele Folgen ausdenken (z. B.: Was wäre, wenn Menschen ab morgen nicht mehr reden könnten oder wir, statt zu essen, täglich eine Tablette nehmen würden?) oder zu ganz einfachen Gebrauchsgegenständen irgendwelche Spitznamen erfinden. Vielleicht war das sogar ein versteckter Persönlichkeitstest, denn wer z. B. mit »Charakter« nur »Schwein, Drecksau, Mistkerl« o. ä. assoziiert, gibt schon etwas von sich preis. War insgesamt nicht gut zu schaffen. Enormer Zeitdruck.

2. Konzentrationstest. Eine DIN-A3-Seite voll mit kleinen Subtraktionsaufgaben, die man auf ihre Richtigkeit zu überprüfen hatte. Richtige sollten abgehakt, falsche durchgestrichen werden, für jede Zeile gab es 30 Sekunden (!) Zeit:

Beispiel:

9	7	5	7	3	0	5	2	4	3	1	6	7
-7	-5	-4	-3	-2	-4	-1	-6	-3	-4	-1	-2	-3
2	5	1	4	1	6	4	3	1	1	0	4	5

3. Konzentrationstest/Erinnerungsaufgaben: acht Aufgaben, jeweils ein bis drei Minuten Zeit zum Auswendiglernen, wie z. B. 20 türkische Vokabeln und deren Übersetzung, zusammengesetzte Symbole, Telefonnummern und deren Anschlußteilnehmer, Stadtplanzeichnung ohne jede Beschriftung (nur als Linien und ein Text mit Zahlen und Informationen), Kinderzeichnungen, Firmenzeichen.
4. Manager-Führungstest. Umstände, die einem als Entscheidungsträger mal passieren könnten. Man sollte die Situationen anhand von fünf vorgegebenen Antwortmöglichkeiten auf einer Skala von 1 bis 10 einstufen. Fand man die Situation für sich selbst völlig untypisch, so kreuzte man die 1 an, fand man diese Situation für sich gut nachzuempfinden, wählte man die 10. Die Zeit konnte bei dieser Aufgabe überschritten werden, man sollte alle Situationen bearbeiten.
5. Textlogischer Test. 20 kurze Textauszüge verschiedener Richtungen, die schwer oder leicht verständlich waren, sollten anhand von fünf dazugehörigen Aussagen, die entweder falsch, richtig oder nicht nachvollziehbar waren, bewertet werden.
6. Datenlogischer Test. Auf einem Blatt Papier waren Statistiken und Tabellen zu lesen, ein Fragebogen enthielt 45 Fragen. Die Fragen waren nur über die Auswertung der Tabellen bzw. Statistiken zu beantworten, für alles 30 Minuten Zeit. Die zugehörigen Rechenvorgänge konnten auf einem Schmierzettel erledigt werden, Taschenrechner gab es nicht, auch Raten war nicht drin, weil die Multiple-Choice-Antworten zu geringe Unterschiede auswiesen, um wirklich sinnvolle Schätzungen abgeben zu können!

Sodann wurde man »entlassen«, hatte aber keinen Schimmer, wie der Test ausgefallen war. Das ist super, denn so lernt man erneut eine aufregende Seite von Nervenkitzel kennen! Ich kann nur sagen, da haben die vom BKA sich richtig hautnahe Tests einfallen lassen, was? Wir wurden informiert, wann Teil zwei der Prüfungen in Form einer Gruppendiskussion stattfinden wird, und damit basta.

Die Armen, die den ersten Teil nicht bestanden hatten, hätten sich eigentlich den ganzen Quatsch mit der z.T. weiten Anreise ersparen können. Denn wer's im ersten Teil »nicht gebracht« hatte, der konnte in der noch folgenden Gruppendiskussion die allerbeste Figur machen, es war eben vermasselt! Das sagten sie uns natürlich erst netterweise zum Schluß!

Der Anfang der Gruppendiskussion war wie gehabt: Warten, diesmal 30 Minuten. Wir bekamen dann drei Themen zur Auswahl und mußten in der Gruppe in drei Minuten festlegen, welches Thema diskutiert werden sollte. Wir entschieden uns aber, wie sich im nachhinein herausstellte, falsch. Warum? Ganz einfach, wir wählten ein Thema, das eigentlich ein Planspiel darstellte und eben keine richtige Entscheidung von der Gruppe verlangte, was aber für die Beurteilung einer Reihe von (Gruppen-)Eigenschaften der Bewerber für die Beobachter von erheblicher Bedeutung war. Pech.

Die zu wählenden Themen: Geiselentführung mit einer Boeing 747 in Pakistan zur Befreiung von Gefangenen. Die Politiker weigerten sich, auf die Forderungen der Entführer einzugehen, weil sie sagten, Staaten dürften sich nicht erpressen lassen. Dann die Frage, ob man die Nato noch brauche, nachdem sich der Warschauer Pakt aufgelöst hatte. Unser Nietenthema behandelte den Fall, daß fünf Personen ca. 300 km vom Mutterschiff entfernt mit ihrer Kapsel auf dem Mond abgestürzt waren. 15 Dinge funktionierten noch, aber welche sollten wir für den Rückweg zum Mutterschiff sinnvollerweise mitnehmen, wenn sich nicht alles transportieren läßt? Kommt das jemandem bekannt vor?

Im Nachgespräch ließ der Psychologe jeweils unter vier Augen die Katze aus dem Sack. Wir, und damit ich, hatten uns in der Diskussion disqualifiziert. Wir hatten uns falsch entschieden. Jetzt wurden die Ergebnisse aus Teil eins und zwei zusammengefaßt und die »Überlebenden« zum dritten Teil eingeladen.

Der dritte Teil sah wie folgt aus: Jeder einzelne Bewerber stand eine Stunde vor einer Kommission von fünf bis sieben Personen. Das war das

Schlimmste, was ich bisher in meinem Prüfungsleben erlebt habe, dagegen war mein mündliches Examen ein Klacks. Man mußte sich zunächst Allgemeinwissen abfragen lassen. Es ging um Geschichte, Politik und aktuelles Geschehen. Bei der Angabe von Fremdsprachen wurde die Unterhaltung teilweise in der Fremdsprache geführt. Abschließend sollte man aus dem Stehgreif einen Kurzvortrag halten, z. B. über die Weimarer Republik.

Als Resümee kann ich nur sagen: Es wundert mich, daß überhaupt jemand durch den Test kommt und warum dann dieser Laden so viele Nieten hat und marode ist. Dies ist übrigens auch der O-Ton des Psychologen, der uns betreute.

Ich habe für den schriftlichen Teil mit Ihren Büchern und einer CD-ROM drei bis vier Wochen ca. ein bis zwei Stunden täglich geübt. Den schriftlichen Teil, so wurde mir mitgeteilt, habe ich tatsächlich exzellent bestanden, und meine Ergebnisse lagen über allen anderen. Naja, das mit dem freien Reden war es halt nicht, aber nun weiß ich, wie das BKA von innen aussieht...

Nur ein schöner Rücken kann entzücken

Bundeskriminalamt Wiesbaden

Der BKA-Einstellungsberater gibt telefonisch ganz freundlich Tips. Demnach müssen Abizeugnis (aktuellen »NC« beachten oder Bewerbung verkneifen!) oder FH-Abschluß beiliegen, die Geburtsurkunde eingereicht werden (aber bitte mit Beglaubigung), ein handgeschriebener Lebenslauf verfaßt und der Führerschein sowie sämtliche anderen Qualifikationen kopiert und beigelegt werden. Dann erhält man einen Personalbogen, der zurückgeschickt werden muß.

Auf in die Testbatterie: Achtung, man kann sich einen Schlag holen, es geht in die heiße Phase! Nach dem K.O.-Prinzip kann man nach jeder der Teilphasen rausfliegen. Wiederholungschance nach einem Jahr – man muß aber wieder von vorne anfangen. Hat man's dann nicht gebracht, ist das BKA vom Karrierefahrplan zu streichen.

Erster Tag:
7.30 Uhr   Mit Personalausweis am Eingangstor.
7.50 Uhr   Wir werden abgeholt.
8.00 Uhr   Reisekostenformular ausfüllen.

8.10 Uhr Ankunft des Psychologen, der noch ein paar Helfer mitbringt, nettes Plaudern über das BKA und die folgenden Tests. Wir sitzen übrigens in dem schicken Pressekonferenzzimmer, das alle aus dem Fernsehen kennen...
8.30 Uhr Austeilen von Testheften, Aufschlagen nach Anweisung.

1. Intelligenztest: zunächst Beispielaufgaben, dann ca. 1,5 Stunden
- Wortbedeutungen; z. B. das Synonym zu gut: a) bestens, b) schön, c) richtig
- Abwickeln: Aus einer Faltvorlage soll die passende Figur herausgesucht werden.
- Buchstabenreihen ergänzen; z. B. abacad a) be, b) ae, c) ea.
- Lebensläufe lernen, 3 Minuten Zeit.
- Schätzaufgaben: 3.456.345 + 3.465.345 = a) 6.845.437, b) 6.921.690, c) 7.000.000.
- Worte bilden: z. B. möglichst viele Worte, die mit A anfangen und mit E aufhören.
- In ein neues Heft die Erinnerung der Lebensläufe schreiben.

9.40 Uhr 20 Minuten Pause, Unsicherheit, ob's gereicht hat.

Weiter:
2. Konzentrationstest mit Subtraktionsaufgaben
3. Persönlichkeitsfragebogen, der angeblich für das Auswahlverfahren keine Anwendung finden soll. Die Antworten sollen nur zur Hilfe für den mündlichen Teil des Auswahlgesprächs herhalten.
4. Rechtschreibtest: multiple choice

11.30 Uhr Ende Teil eins, Entlassung in die Kantine, Herumlaufen verboten.
13.00 Uhr Urteilsverkündung, öffentliche Ausmusterung, es sind von 25 noch 16 Teilnehmer übrig. Diese dürfen zum Teil zwei, dem Sporttest: Bei jeder der vier Übungen kann man fünf Punkte erreichen, man benötigt aber nur 12 Punkte, das sagt einem der Trainer jedoch nicht, man tappt also im Dunkeln während man spurtet.
- Geschicklichkeit: Man umrundet ein paar Pfosten. Der Trick dabei ist, die vier Innenpfosten immer mit der rechten Schulter zu nehmen

(aber ohne sie zu berühren, das gibt null Punkte) und an den vier Außenpfosten mit der linken Schulter vorbeizulaufen, sonst gibt es Salat. Wer sich verläuft, bekommt ebenfalls null Punkte!
- Sitzklimmzüge: schwierig, weil die Handflächen vom Körper wegzeigen müssen und man sich dennoch zur Stange hochstemmen muß.
- 6 Minuten Dauerlauf. Dreierlauf: Achtung, Schnelligkeit!

Ende des Sporttests, alle bestanden, puh! Austeilen einer Broschüre, die wir für den zweiten Testtag lesen sollten. Schlafen, sofern möglich.

Zweiter Tag:
Wir werden abgeholt und zu sechst vor ein Prüfungskomitee geführt. Da sitzen also ein Vorsitzender, zwei Beisitzer und ein Protokollant.
- Gruppendiskussion, 15–20 Minuten: »Sollen Drogen legalisiert werden?«, »Ist die Frau in unserer Gesellschaft benachteiligt?« Beurteilungskriterien sind u. a. Dominanz, Schüchternheit, Strukturiertheit der Äußerungen, wie werden persönliche Erfahrungen eingebracht, kann jemand von sich abstrahieren, kann jemand eine Position vertreten, die nicht der eigenen Meinung entspricht?
- Bekanntgabe der Einzelgesprächstermine.
- Einzelgespräche: Man gibt den tabellarischen Lebenslauf wieder, erklärt, warum man zur Polizei bzw. gerade zum BKA will, und glänzt mit Tagespolitik. Beispielfragen:
Was macht der Bundestag/Bundesrat?
Wer wählt den Bundespräsidenten?
Wer sitzt in der Bundesversammlung?
Fünf aktuelle internationale und nationale Schlagzeilen nennen.
Etwas aus der Schule, über Lehrer erzählen. (Achtung: Persönlichkeitstest!)
Fragen zum BKA (Broschüre vom Vortag).
Zuständigkeiten des BKA?
Wen schützt die Sicherungsgruppe, wo sitzt sie?
Wer schützt Mitglieder des Bundesrats? (Beachten: Konkurrenz von Länder- und Bundespolizei.)
Wie sollte ein Polizist sein?

Ergebnismitteilung nach kurzer Wartezeit, eventuelle Glückwünsche oder Verabschiedung. Der Rest der Truppe erhält einen Arzttermin bei einem

Arbeitsmedizinmann, denn man muß noch die polizeiliche Tauglichkeit unter Beweis stellen.

Ich eile also glücklich von dannen, die frohe Kunde meines Erfolges zu verbreiten und ... falle fürchterlich auf die Sch... Warum? Nicht, weil ich kein sauberes Führungszeugnis hätte, nein. Ich hatte die Gemeinheiten meines Körpers unterschätzt. Meine Wirbelsäule sei um ein winziges Grad krummer als bei anderen. Pech gehabt!

Gerechtigkeit

Polizei / Gehobener Dienst / Hessen
Mein Bewerbungsverfahren bei der hessischen Polizei – ein Berufswunsch, den ich über Jahre entwickelt hatte und dann nach dem Abitur in die Tat umsetzen wollte – war eine regelrechte Odyssee und hat meinen Glauben an die Gerechtigkeit dieser Institution nachhaltig erschüttert.
Ich hatte mich beworben und wurde – wie üblich – zum schriftlichen und mündlichen Test eingeladen. Wie diese Testverfahren ablaufen, ist bekannt. Am Tag vor dem Test ereignete sich in meiner Familie ein Todesfall. Und zu allem Übel – ein Unglück kommt selten allein – erhielt ein weiteres Familienmitglied am selben Tag eine ziemlich schlechte medizinische Diagnose nebst sofortiger Einweisung ins Krankenhaus zur OP. Nun kann man mir vorhalten, daß es sicherlich ziemlich blöd von mir war, am darauffolgenden Tag trotz dieser Hiobsbotschaften in das Testauswahlverfahren zu gehen. Ich tat es eigentlich ohne große Überlegung, eher automatisch-mechanisch, und bekam natürlich auch die Quittung dafür. Mit Pauken und Trompeten durchgefallen. Aber – so wurde mir angeboten – ein halbes Jahr später würde ich eine erneute Chance kriegen, den Test noch mal machen zu dürfen.
Nachdem ich mich entsprechend stabilisiert hatte, bereitete ich mich auf diese zweite Chance gut vor und studierte die einschlägige Übungsliteratur. Wohlwissend, wie wichtig dieser Wiederholungstest für mich und mein berufliches Vorhaben war, durchlief ich die Testmühle zum zweiten Mal, und siehe da – ich war so erfolgreich, daß man mir sofort mündlich bestätigte, daß ich glänzend abgeschnitten hatte und mit einer Einstellung rechnen könne.
Während ich mich schon auf die schriftliche Zusage freute, erhielt ich zu meinem absoluten Unverständnis einen Brief, der mir mitteilte, daß ich

zwar in dem Test sehr gut abgeschnitten hätte, aber in Relation zu dem ersten miserablen Testergebnis um so viel besser geworden sei, daß dies wohl kaum mit rechten Dingen zugegangen sein könne. Man wolle mich mit diesem guten Ergebnis nicht einstellen, bot mir aber eine dritte Chance an, einen sog. Einzeltest. Ich erklärte, was aus meiner Sicht zu dem ersten schlechten Ergebnis geführt habe und daß ich mich auf den zweiten Test sehr wohl vorbereitet und dabei auch relativ ungestreßt gefühlt hätte. All dies half jedoch nicht, denn, so die Argumentation des verantwortlichen Polizeipsychologen, in so kurzer Zeit zwei so unterschiedliche Ergebnisse – einfach unmöglich. Hinzu käme – wurde dann zusätzlich argumentiert –, daß ich in Streßsituationen wohl nicht ganz zuverlässig sei: wenn schon bei einem Test, wie dann später in noch viel schwierigeren Streßsituationen als Polizist?

Ich habe mich daraufhin von einem Anwalt beraten lassen, viele Briefe wurden geschrieben, sogar das Hessische Ministerium für Inneres war mit meinem Fall befaßt, aber der Polizeipsychologe blieb stur. Nichts zu machen. Dann aber wollte auch ich nicht mehr und entschloß mich zu einem Studium und absolvierte zunächst mal meinen Bundeswehrdienst. Da passierte folgendes: Mit zwei anderen Rekruten unternahm ich eine Dienstfahrt. Hinter einer Kurve auf einer Landstraße sahen wir einen Sportwagen, der sich überschlagen hatte und auf dem Dach lag. Wir waren offensichtlich die ersten am Unfallort – weit und breit niemand, der hätte helfen können. Wir hielten, und es gelang mir, den schwerverletzten Fahrer aus dem Unfallwagen zu bergen, sicher zu lagern – kurzum, erste Hilfe zu leisten, und natürlich verständigten wir die Notrufzentrale, die wegen der Schwere des Unfalls einen Rettungshubschrauber schickte.

Dem Unfallfahrer konnte das Leben gerettet werden, und aufgrund unseres besonnenen Verhaltens in diesem spektakulären Fall bekamen wir etwa ein halbes Jahr später im Rahmen einer offiziellen Veranstaltung vom hessischen Ministerpräsidenten persönlich eine Lebensrettungsmedaille überreicht. Begleitet wurde das durch entsprechende freundlichwürdigende Worte für unser Verhalten. Der hessische Innenminister, oberster Dienstherr der Polizeibehörde, bei der ich mich beworben hatte und abgelehnt worden war, war bei der Auszeichnungszeremonie auch zugegen.

Wie Sie sich erinnern, war ich wegen meiner angeblichen Unfähigkeit, in Streßsituationen angemessen reagieren zu können, abgelehnt worden...

Kanzelkandidat

Piloten-Testaufgaben
Hier nun einmal ein etwas umfangreicherer Einblick in den berühmt-berüchtigten Pilotentest mit Übungsbeispielen. Auch wenn Sie nicht Pilot werden wollen, kann man doch einiges trainieren:
Die Ausbildung zum Pilot oder – wie die Lufthansa es nennt – zum »Verkehrsflugzeugführer« gehört zu den Topzielen vieler junger Männer und einiger weniger junger Damen – ein Traumberuf. Aber vor den Erfolg haben die Götter den Schweiß gesetzt. Der Pilotentest darf sicherlich für sich in Anspruch nehmen, der schwierigste unter allen Einstellungstests in Deutschland zu sein.
Einer offenbar in Reaktion auf unsere Veröffentlichungen von der LH allen Bewerbern zugesandten Vorabinformation kann man entnehmen, daß neun Stunden harte Arbeit (zwischengeschaltete Pausen abgezogen) auf die Kanzelkandidaten zukommen, verbunden mit »hohen Anforderungen an Ihre Ausdauer, Konzentrationsfähigkeit und Ihre physische und psychische Belastbarkeit«.
Nach dem Hinweis, so schnell und so genau wie möglich zu arbeiten, erfährt man, daß es grundsätzlich von Vorteil sein soll, »wenn Sie an die Tests entspannt und mit innerer Gelassenheit herangehen«. Diese Einstellung wünscht sich die LH auch während der gesamten Testdurchführung vom Kandidaten, wenn es um Merkfähigkeit, räumliche Orientierung, Konzentrationsfähigkeit und schlußfolgerndes Denken geht.
Hier einige Testaufgabenbeispiele ohne Anspruch auf absolute Vollständigkeit und Originalreihenfolge. Trotzdem: Erdacht und erfunden ist bei diesen Aufgaben nichts. Sie sind in ähnlicher Form bei der Pilotenauswahl zum Einsatz gekommen.

Englischtest
Etwa 90 Fragen mit ausreichender Bearbeitungszeit, Teil A relativ schwierig, Teil B ungefähr auf dem Niveau der 9. Klasse. Nachfolgend einige Übungsbeispiele (Lösungen S. 505ff.):

Teil A
Choose that word which fits best to the first one:

1. succeed   a) suicide   b) surprise   c) follow
2. suit   a) dress   b) suite   c) sweet
3. gravy   a) graveyard   b) grease   c) sauce
4. grease   a) feet   b) thick   c) full
5. angry   a) angina   b) angle   c) furious
6. anxiety   a) fear   b) antidote   c) anticipation
7. defiant   a) defery   b) defunct   c) defy
8. impervious a) impenetrable b) impermanent   c) impertinent
9. ajar   a) closed   b) half open   c) open
10. aft   a) afore   b) rear   c) bevel

Teil B
Fill in the missing word or phrase:

1. I can help you, ... you wait for a moment.
   a) when   b) if   c) because   d) before

2. Betty tells the untruth, she ....
   a) lays   b) lies   c) leis   d) lais

3. When do I .... a letter from you.
   a) become   b) get   c) got   d) have

4. A: »Excuse me, I'm sorry.« B: »Never ....«
   a) ever   b) again   c) mind   d) you

5. A twin-engine DC-3 was .... over the town.
   a) going   b) winging   c) crossing   d) sailing

6. We have to .... a visit to aunt Mary.
   a) do   b) see   c) enjoy   d) pay

7. Try .... late.
   a) be not   b) not to be   c) to not be   d) be not to

8 I have .... my umbrella at home.
   a) been leaving   b) loosed   c) left   d) leaved

9 There is a nice little pub .... our house.
   a) opposite of   b) opposite   c) in front of   d) in front

10 I enjoy ....
   a) to play cards   b) card playing   c) playing cards   d) cardplay

Flug-Wissen
Fragen wie die folgenden überprüfen das fliegerische Verständnis: Gleitzahl moderner Segelflugzeuge, Zahl der Düsen einer Boeing 727, Definition ILS, Alpha Jet, Transall und warum ein Flugzeug überhaupt fliegt, woran man die Abdrift eines Flugzeugs erkennt, wie ein spezieller Motorsegler heißt und warum das Fahrwerk während des Flugs eingezogen wird. (Empfehlung: Vor dem Test unbedingt Fachbücher über die Fliegerei lesen!)

Hier einige Übungsbeispiele:

1. Warum werden die Klappen nach dem Start eingezogen?
2. Welches Instrument dient der Navigation beim Landen?
3. Nennen Sie ein großes (häufiger abgestürztes) Verkehrsflugzeug mit drei Düsen.
4. Aus welchem Material sind moderne Verkehrsflugzeuge gebaut?
5. Welche Firma hat sich besonders auf den Bau von Hubschraubern spezialisiert?
6. Wo befinden sich die Querruder?
7. Was ist ein MRCA?
8. Wie heißt der größte Flugzeugtransporter der Welt?
9. Woran erkennt der Segelflieger Thermik?
10. Was ist eine Zyklone?
11. Wodurch entsteht hauptsächlich Nebel?
12. Wie lautet die Gleitzahl moderner Segelflugzeuge (ohne Konstruktionsbeschränkungen)
13. Wie funktioniert das Prinzip der Schubumkehr?

a-b-q-Test
In etwa 100 Zeilen zu jeweils 80 bis 100 Buchstaben sind alle a, b und q mit einem waagerechten Strich zu kennzeichnen.

```
 1  o i u z t r e w d f g s d f r c x t y g v h n u z h n i o p q
 2  k h g d g s d f c x z b f r d e x s t z g d e w s y x p q r t
 3  o l k i j u h z g t f r d e s w a h u n j i m k z g b j u i o
 4  o p k j u b s c r b t f g e d s w q z h i j o p t r p q f g p
 5  p o p q z u b j k o p g z q j k z w s q j o p b g f o a l o m
 6  i o k h u z p q b r i p q d g h j n b j o s a s l o p u g f d
 7  p a o s a g j k n v z u n b g h i j t b t r c d p o p q p i k
 8  o p j u k n h o p t r f g n h g c d x k o d c f a h i o d e x
 9  u o p t q t z c x y o p y c x b d g f e s y j h i p r g o u k
10  r s t d u x b i s t x v e r ü c k t q k l a r o e e n d e l p
11  a u i o p b q u i o h g l i t r x c y s d f w h k l p o i z v
12  k n s d o p k h j u k b c b f q w z u o d c s p a u i f d s e
13  s d f g h j z t r e w a w d e f r g t h n v c x g y s d q s b
14  p l j n m h v g z b h g v u n j v g r o p l q g f e s d c x a
15  g h j s d a f d s e q g m b c d b h g p q k g f d s a s y c w
16  u i g h b g f c r p q s a d g h j k v c b j k l p o i u h g t
17  n m k o h u p z u h n j g v t f g t r f c j n h k m j o i p u
18  z t f c d f t p q p a g h j v n u z t f h j p o j n h n v c f
19  o p p q r l p o m u z h g v j n g t e w q f g v e a f r v g t
20  i u i k j o p u p r q d r f c t g v d e s w a w i o p l k j u
```

Flugzeug-Positions-Test
Ihre Aufgabe ist es, mit einem imaginären Flugzeug aus einer bestimmten Position heraus eine Reihe von Richtungsänderungen durchzuführen. Am Ende stellt sich die Frage, welche neue Position das Flugzeug innehat. Die Ausgangsposition des Flugzeugs wird dabei durch die Stellung der Flugzeugspitze festgelegt. Es gibt vier mögliche Ausgangspositionen: oben, rechts, unten, links. Diese Veränderungen der Richtung erfolgen durch die Drehung des (imaginären) Flugzeuges um 90, 180 oder 270 Grad. Dabei kann die Drehung entweder nach rechts oder nach links erfolgen.

Beispielaufgabe: Führen Sie ausgehend von der Basisposition ✦ (Flugzeugspitze zeigt nach links) die durch die Gradzahlen vorgegebenen Drehungen durch. Zunächst also 180 Grad, dann 90 Grad nach links und zuletzt eine 270-Grad-Drehung nach links. Ihre Endposition ist: ✈ (Flugzeugspitze zeigt nach rechts)

Diese Aufgabe wird Ihnen wie folgt präsentiert:

✈ 180 90 li 270 li ✈
Frage: Um wieviel Grad muß das Flugzeug jetzt noch gedreht werden, damit es die oben abgebildete Position (rechts) einnimmt.
Lösung: 0 Grad (das ist in diesem Fall klar!).

Nun zur nächsten Aufgabe:

✈ 90 re 180 90 re 270 li ✈
Frage: Um wieviel Grad (0, 90 re, 180, 90 li) muß das Flugzeug jetzt noch gedreht werden, damit es die rechts abgebildete Position erreicht?

Lösung: 90 li (Das Flugzeug hatte zuletzt die Position ✈, also fehlte lediglich noch eine Drehung von 90 li).

Noch einmal etwas ausführlicher: Zunächst ist es Ihre Aufgabe, ausgehend von der Position des linken Flugzeugs jeweils vier Richtungsänderungen nach Anweisung durchzuführen. Am Ende müssen Sie eine Aussage darüber machen, um wieviel Grad und in welche Richtung das gleiche Flugzeug noch zusätzlich gedreht werden müßte, um mit dem rechten Lösungsvorschlag-Flugzeug übereinzustimmen. Dafür gibt es die folgenden Antwortmöglichkeiten: 0, 90 re, 180, 90 li (jeweils in Grad).

Für die folgenden 10 Aufgaben haben Sie 2 Min. Zeit.

							A	B	C	D
							0	90 re	180	90 li
1	✈	90 li	180	270 re	180	90 li	✈			
2	✈	180	270 re	90 re	270 li	180	✈			
3	✈	180	90 li	90 re	180	90 re	✈			

4	✢	90 re	180	270 li	180	90 re	✢
5	✢	270 re	90 li	180	270 li	90 re	✢
6	✢	270 li	180	90 li	270 re	180	✢
7	✢	180	270 re	90 li	180	90 li	✢
8	✢	90 re	270 li	180	270 re	90 re	✢
9	✢	270 re	180	90 li	180	270 re	✢
10	✢	180	90 re	180	90 li	270 re	✢

Würfel kippen

Hier hat man sich etwas ganz Besonderes einfallen lassen. Von einem Tonband wird die Ausgangslage eines Kreuzes (wir wählen hier eine schraffierte Fläche) auf einem Würfel genannt. Danach wird der Würfel in alle möglichen Richtungen gekippt (immer um 90 Grad, in die Richtungen rechts, links, vorne, hinten, oben, unten), aber nicht gedreht. Dies ist gedanklich – ausschließlich in der Vorstellung – nachzuvollziehen, wobei der entscheidende Hinweis noch einmal wiederholt werden soll: Der Würfel wird nie gedreht, sondern immer gekippt!

Am Ende der Tonbandansage – bei dem Kommando »Stop« – muß man aufschreiben, in welcher Lage sich die mit dem Kreuz markierte Seite (hier: die schraffierte Fläche) des Würfels jetzt befindet.

Ausgangslagen:

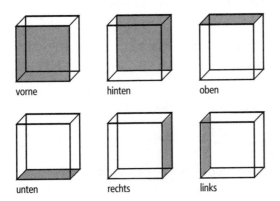

Am besten übt man die folgenden Beispielaufgaben mit einem Holz- oder Pappwürfel und veranschaulicht sich so, was in Worten kaum darstellbar ist.

1. Beispiel: Ausgangslage: unten

unten

Der Würfel soll wie folgt gekippt werden:
links – vor – links – hinten
Wo befindet sich jetzt die markierte Fläche?

Lösung: hinten

hinten

Versuchen Sie, folgende Aufgaben zu lösen:

1. Ausgangslage: vorne
   kippen: links – hinten – rechts – vor
   Wo befindet sich jetzt die markierte Fläche (Position)?
2. Ausgangslage: links
   kippen: rechts – vor – links – hinten – rechts
   Position?
3. Ausgangslage: rechts
   kippen: rechts – vor – vor – links – hinten
   Position?
4. Ausgangslage: unten
   kippen: hinten – rechts – hinten – links – vor – links
   Position?
5. Ausgangslage: oben
   kippen: links – vor – rechts – vor – links – hinten
   Position?

Kanzelkandidat

Positions-Logik-Test
Dieser Test funktioniert ähnlich wie Zahlenreihen-Aufgaben. Nach einem ganz bestimmten System werden Zeilen und Zeichen (statt Zahlen) aufgebaut. Die Aufgaben bestehen aus fünf Zeilen mit jeweils 24 Punkten.

   1. Zeile: ....
   2. Zeile: ....
   3. Zeile: ....
   4. Zeile: ....
   5. Zeile: ....

In der Beispielaufgabe sehen Sie anstelle einzelner Punkte in den ersten vier Zeilen je ein Sternchen (*). Die Position dieses Sternchens wird durch zwei Regeln bestimmt, und es ist Ihre Aufgabe, diese Regeln zu erkennen. In der Lösungszeile (= 5. Zeile) müssen Sie die richtige Position für das Sternchen bestimmen.

1. Beispiel:
   1. Zeile: ....*...
   2. Zeile: ....*.. .....
   3. Zeile: ....*...
   4. Zeile: ....*.. .....
   5. Zeile: .*... ....*.. .*...
         a   b   c

In diesem Beispiel gibt es nicht nur Punkte, sondern auch Leerzeichen. Sie haben die Funktion, innerhalb einer Zeile mehrere Punktgruppen zu schaffen. In diesem Beispiel stehen in jeder Zeile gleich große Fünferpunktgruppen.

Aufgabe: Welcher Stern in Zeile 5 (Stern a, b oder c) steht logisch richtig und erfüllt die beiden Regeln?

Lösung: c

Diese Lösung erklärt sich durch zwei Regeln:
Regel 1: In jeder Zeile sind 4 Punktgruppen, und der Stern steht abwechselnd in der 4., 3. und 4. Gruppe.

Regel 2: Die Position des Sterns wechselt von der zweiten zur dritten Position innerhalb einer Punktgruppe.

Nur Stern c erfüllt diese Bedingungen.

2. Beispiel:

```
. . . .    . . . . .    . . . * . .    . . . . .
. . .    . . . * . . . .    . . . .    . . . . .
. .    . . . * . . . . . . . . .    . . . .
. . . . . . . . .    . . .    . . . * . .    . . . . .
. . . * . .    . . . . . * . . * .    . . . * . .
    a               b      c              d
```

Nach welchem System sind diese Zeilen aufgebaut, und welche Regel bestimmt die Position des Sternchens? Ist in der letzten Zeile Sternchen a, b, c oder d richtig positioniert?
Lösung: b

Regel 1: Das Sternchen befindet sich immer in der dritten Punktgruppe.
Regel 2: Die Position innerhalb einer Punktgruppe für das Sternchen ist
       Platz 4.

Für die folgenden 5 Aufgaben haben Sie 10 Min. Zeit:

```
1.  . . . .    . . .    . * . . .    . . . . .
    . . .    . * . . .    . . . . .    . . .    . . .
    . . .    . . .    . .    . . . * . .    . . .
    . .    . . .    . . . .    . . . .    . . . * .
    . * . .    . * . . .    . * . .    . . . * . . .
       a        b         c           d

2.  . . . . . . . * . . .    . . .    . . . . . .
    .    . . . . .    . * . . .    . . .    . . .
    . . . . . .    . . . . . . . . . *    . . . .    . . .
    . . . . .    . . . .    . . . . . . . *    . . . .
    . . . . * . . . . * . . . * . . . . . . *
         a       b       c               d
```

Kanzelkandidat

3.
```
. . . * .   . . . .   . . . .   . . . .
. . . . * . .   .   . . .   . . . .   . . . .
. . . . . . . . .  . . . . . .   . . * . .
. . . . . . * . .  . . . . .  . . . . .
. . . * . . * . . . . * . . * . .
   a    b       c    d
```

4.
```
. . . . . * . .   . . . . .   . . . .
. . . . . . .   . . . * . .   . . . . .
. . . . . . . . * . .   . . . . .
. . . . . . . . . . . . * . . .
. . * . . * . . * . . . * . . .
   a   b    c       d
```

5.
```
. . . . . . . . . . * . . . . .
. . . . . * . .   . . . . .   . . . .
. . . . . . . . . . . . * . .
. . . . * . . . . .   . . . . . .
. . . . * . . * . . . * . . * . . .
   a    b    c    d
```

Merkfähigkeitstest

Bei diesem Test werden Dias präsentiert, die vier Objekte (Gegenstände/Sachen) jeweils mit einer Ziffer daneben darstellen. Man hat einige Sekunden Zeit, sich die Objekt-Zahlen-Kombinationen einzuprägen. Beim nächsten Dia sind sowohl neue Objekte wie auch Zahlen einzuprägen, aber auch das Gelernte ist zu reproduzieren, indem ein auf einem früheren Dia bereits gezeigtes Objekt wiederholt wird, allerdings ohne Ziffer (dafür mit einem Buchstaben). Die eigentlich zugehörige (vorher eingeprägte) Ziffer muß jetzt auf einem Lösungsbogen notiert werden.

Eine Übungsmöglichkeit für diesen Test in einem Buch zu realisieren, ist schwierig. Sollten Sie die hier angebotene Papiersimulation dennoch versuchen wollen, benötigen Sie dazu als Hilfsmittel mehrere weiße Blätter Schreibpapier.

Decken Sie mit Hilfe der Blätter die Bilderblöcke so ab, daß jeweils nur ein Block zu sehen ist. Sie haben für jeden Bilderblock 30 Sekunden Zeit, um sich die Objekt-Zahlen-Kombinationen einzuprägen. Ihre Aufgabe besteht darin, Buchstaben neben Objekten durch die richtige Zahl zu ersetzen. Diese schreiben Sie am besten auf ein extra Blatt.

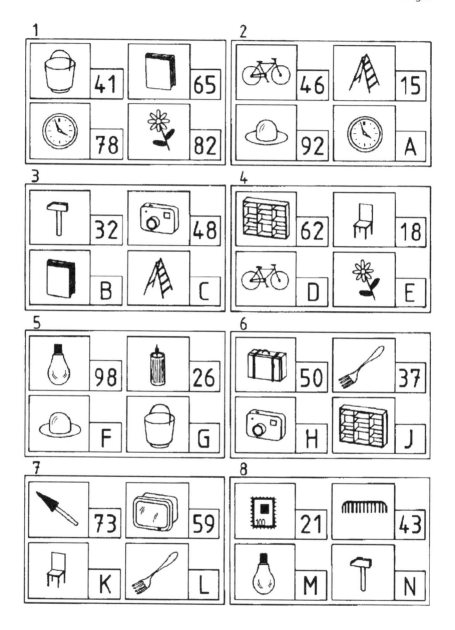

Kanzelkandidat

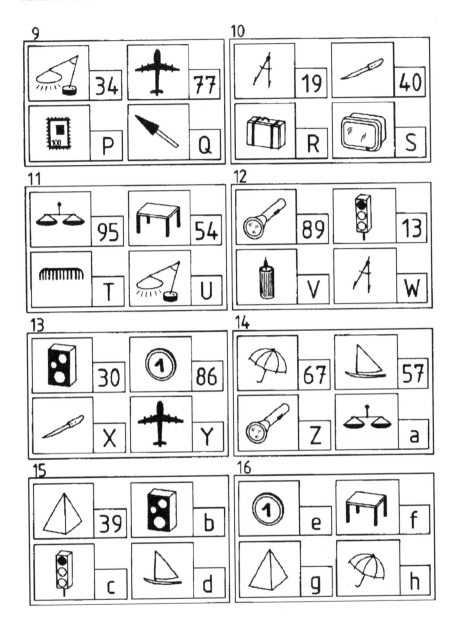

Rechts- und Linksabbiegungen

Hier geht es darum, Rechts- und Linkskurven auszuzählen, natürlich unter einem enormen Zeitdruck.

Das Übungsbeispiel (linkes Bild) zeigt die Linkskurven, die hier zu zählen sind, und ist deshalb mit einem L gekennzeichnet. Beim rechten Bild sollen die Rechtskurven (R) gezählt werden. In der Anleitung wird gesagt, daß man sich in die Pilotenkanzel eines Flugzeuges zu versetzen und die Strecke inklusive aller Kurven abzufahren habe.

Für die folgenden 12 Aufgaben haben Sie 2 Min. Zeit.

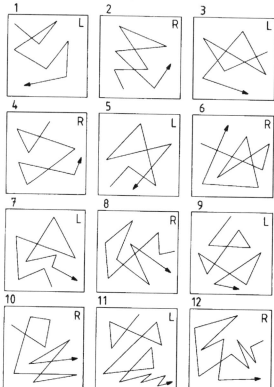

Kanzelkandidat

Figuren ergänzen
Hierbei sind Figuren bzw. graphische Abbildungen, die in verschiedene Richtungen gedreht oder gekippt wurden, mit dem Bleistift – entsprechend der Vorlage – zu vervollständigen.
Zwei Beispiele:

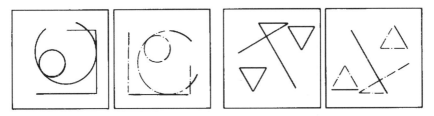

Für die folgenden 10 Aufgaben haben Sie 5 Min. Zeit.

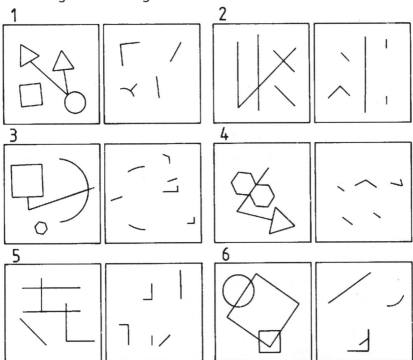

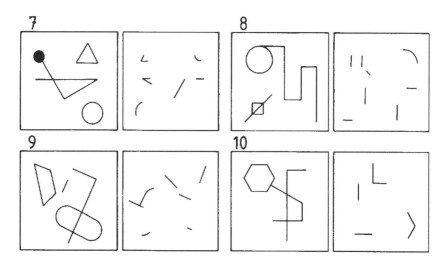

Der LH-Pilotentest enthält noch eine Reihe weiterer Aufgabentypen, die wir bereits in unseren Büchern vorgestellt haben. Aber: Nicht alle Aufgabentypen kommen immer zum Einsatz. Ebenso müssen neue Aufgabentypen einkalkuliert werden.
Auch in diesem Buch finden Sie einige weitere Piloten-Aufgabentypen, z. B.:
- Technisches Verständnis (vgl. S. 250 ff.)
  Der LH-Test enthält etwa 80 Fragen (zu Relaisschaltungen, Schaltkreisen, Widerstände sind zu berechnen, schiefe Ebenen, Hebelkräfte, Interferenzen, Dopplereffekt, Polarisation usw.)
- Mathematischer Test (vgl. S. 237 ff.)
  Etwa 80 Textaufgaben, die aber nach Bewerberberichten gut zu schaffen sind.
- Schätzaufgaben (vgl. S. 238 ff.)
  Per Diaprojektion werden Rechen-Schätzaufgaben präsentiert. Die Betrachtungszeit pro Aufgabe ist unterschiedlich lang angesetzt, man hat den Eindruck, sie richtet sich schon etwas nach dem Schwierigkeitsgrad. Etwa 5 Sekunden vor dem Aufgabenwechsel warnt ein Piepton.
- Persönlichkeitstest
  Ausführliche Übungsbeispiele und Erläuterungen zu Persönlichkeitstests siehe S. 338 ff.
Fasten seat belts. No smoking. Die Sauerstoffmaske befindet sich über Ihrem Sitz und fällt selbsttätig nach unten.

Kleines Lexikon: Testtraining

> Vielleicht sollten die Tests und Untersuchungen einmal bei denen durchgeführt werden, die sie veranlassen.
>
> *Ein Getesteter*
>
> Wenn wir vor der Aufgabe stehen, über einen Mitmenschen ein psychologisches oder charakterologisches Gutachten auszuarbeiten, übernehmen wir eine riesige Verantwortung. Denn angenommen, wir beurteilen diesen Menschen falsch, dann tun wir ihm ebenso unrecht, als wenn wir ein Attentat auf ihn ausführten.
>
> *Hans Zulliger*
> *(Schweizer Psychologe und Pädagoge)*

Bevor wir jetzt zum letzten Teil unseres Buches *Testtraining 2000plus* kommen: ein Kompliment an Ihr Durchhaltevermögen, sich mit der Materie so intensiv beschäftigt zu haben.

Bei aller notwendigen Anpassungsleistung, die jede Prüfungssituation immer mit sich bringt, bedenken Sie jedoch bitte folgendes:

Wir sind nicht auf der Welt, um so zu sein, wie andere uns haben wollen.

Versuchen Sie, auch wenn Sie die Testsituation nicht so bewältigt haben, wie Sie es sich wünschten, sich als Gewinner zu betrachten: Sie haben nicht gekniffen, sondern sich der Situation gestellt, Sie haben Erfahrungen gesammelt, die Sie nutzen werden, und wer weiß, was Ihnen bei diesem Arbeitgeber, dieser Arbeitsaufgabe erspart geblieben ist. Denken Sie an solch einem Tag wie Woody Allen, der in einer ähnlichen Situation nach einer Absage mal gesagt hat: *Ich möchte gar nicht in einer Firma arbeiten, die Leute wie mich nicht einstellt.*

Hier zum Abschluß für Sie eine lexikonartige Zusammenstellung von merk-würdigen Worten, wie sie in Testverfahren Verwendung finden und die deshalb für Sie von Bedeutung sein könnten.

Wozu nun das noch, werden Sie vielleicht fragen – von *abstrakt, abstrus* und *absurd* (mit und ohne Erklärung) bis *Zyklon, Zyklone, Zyklop* und *Zylinder.* Es geht um Rechtschreibkenntnisse – *Achtung, die verändern sich* – aber auch um die Kenntnis von Fremdwörtern, Namen und Abkürzungen.

Wenn das also in den Augen von Testanwendern den sprachintelligenten Menschen ausmacht, na, dann bitte...

A
abstrakt *begrifflich, nur gedacht*
abstrus *verworren*
absurd *widersinnig*
Ährenkörner
ärgerlich
AG *Aktiengesellschaft*
aggressiv
agil *flink, geschäftig*
Akelei *Zierpflanze*
Akkord
Akkordeon
akut
AKW *Atomkraftwerk*
Alaska
Allianz *Bündnis*
Almosen *Gabe*
altruistisch *uneigennützig*
Aluminium
Anämie *Blutarmut*
analog *entsprechend, gleichartig*
Anatomie *medizinisches Fachgebiet; Form, Körperbau*
Anekdote *kurze, lustige Geschichte*
annähernd
Annonce *Anzeige*
annoncieren *eine Anzeige aufgeben, anzeigen*
anonym
anstatt
Anstoß
Anthropologie *Wissenschaft von der Entwicklung des Menschen*
Anubis *ägyptischer Gott*
Apparat
Appetit
Aquarell
Aragon *Louis A., franz. Schriftsteller (1897–1982)*
Ararat *Name eines Vulkans; Stadt in Australien*
Arbeitsmilieu
Armada *Streitmacht*
Arnika *Heilpflanze*
Arrest
Artist
Aspekt
Assuan *Stadt in Oberägypten*
Asthma *anfallsweise Atemnot*
Atheist
athletisch

Attila *Hunnenkönig*
Augenliderhärchen
Avalon *u.a. Halbinsel (Neufundland)*

B
Ballade *Gedichtform*
Ballettruppe (neu: Balletttruppe)
Bambus
Barometer
Bauxit *Aluminiumerz*
bemäkeln *meckern, kritisieren*
Bibliothek
Bizeps *Oberarmmuskel*
böswillig
Bonbonniere (neu auch: Bonboniere)
Bombay *Stadt in Indien*
Bovist *Pilz*
Brahms *Johannes B., Komponist (1833–1897)*
Branche
Brennessel (neu: Brennnessel)
brütendheiß (neu: brütend heiß)
Brokat *kostbares Seidengewebe*
Brügge *Stadt in Belgien*
Budget *Haushaltsplanung*

C
CD *Corps Diplomatique*
Charge *u.a. Dienstgrad; Nebenrolle*
Chaussee
Chemikalien
Chinin *Alkaloid der Chinarinde, als Medikament verwendet*
Chopin *Frédéric C., Komponist (1809–1849)*
Chor
Choral *Kirchengemeindegesang; relig. Lied*
Chroniken *geschichtliche Aufzeichnungen*
chronisch *langsam verlaufend, ständig*
Couvier *Georges C., franz. Anatom und Zoologe (1769–1832)*

D
Dahlie *Blütenpflanze*
debattieren
definieren
Deformation *Verformung, Verunstaltung*
deklamieren *u.a. vortragen*
Delegation *Abordnung*

Delikt *Vergehen*
Delphi *altgriechische Tempelstadt*
Delta *griech. Buchstabe; Flußmündungsgebiet*
demütigen
Depesche *veraltet für Telegramm*
Deserteur *Fahnenflüchtiger*
Despot *Tyrann*
Detail *Einzelheit*
detailliert
Determinante *u. a. Rechenausdruck in der Algebra; bestimmbarer Faktor*
Devise *Leitspruch*
Devisen *u. a. Zahlungsmittel*
dezent
Dezimalwaage
Differenz
Dilemma *Zwangslage*
Diskus *u. a. Sportgerät*
Diskussion
Distel
Disziplin
Dörrobst
Drehorgel
Dreschflegel
Druide *keltischer Priester*
Dünkel *Einbildung, Hochmut*
Duplikat
Dvořák *Anton D., Komponist* (1841–1904)

E
Edison *Thomas A. E., Erfinder (1847–1931)*
Effekt
Effizienz *Wirksamkeit*
ehrerbietig
Eidechse
elastisch
Emblem *Hoheitszeichen, Sinnbild*
Emotion
endgültig
Epilog *Nachspiel, Nachwort*
Epos *erzählende Verdichtung; Heldengedicht*
Erosion *u. a. Auswaschung*
Erpel *männl. Ente*
Escudo *portug., chil. Währungseinheit*
Etappe
eventuell
Evolution
Export
extrovertiert *nach außen gerichtet*

F
Fabel
faszinieren
fatal
Filiale
Fond *u. a. Autorücksitz*
Fonds *u. a. Geldvorrat*
fortschreitend
fortwährend
Fuge *u. a. Satzart in der Musik*
Fugger *schwäb. Kaufmannsgeschlecht (15. / 16. Jahrh.)*
fundiert
Funktion

G
Galopprennbahn
Gasometer *Behälter für Leuchtgas*
gediegen
Geisha *japan. Tänzerin, Sängerin, Gesellschafterin*
Gemäldegalerie
generell
genesen
genießen
Geoid *mathemat. vereinfachte Erdfigur*
Geranie *Blume*
Gesandtschaft
Gesinde *landwirtsch. Arbeitskräfte*
gewähren
Gewandtheit
Gewehr
Geweih
Gicht
Gounod *Charles G., Komponist (1818–1893)*
Gracht *schmaler Kanal*
Gradierwerk *dient zur Salzaufbereitung*
gratis
Grazie *u. a. Anmut*
Gutmütigkeit

H
Haarschere
hämisch
Hanf
Hangar *Flugzeughalle*
Heerschar
Hektik
Helium *Edelgas*
Hieroglyphen *u. a. ägypt. Bilderschrift*

Humanismus
Hydrant
Hymne
Hysterie *psychische Erkrankung*

I
ideal *u. a. vollkommen*
ideell *gedanklich, eine Idee betreffend*
Identifizierung
Idiosynkrasie *Überempfindlichkeit gegen bestimmte Stoffe*
ignorieren
illustrieren
Imitation
indirekt
Indiskretion *u. a. Mangel an Verschwiegenheit*
Indossament *Übertragung aller Rechte aus einem Wechsel*
infolgedessen
Integration
irden *u. a. aus Ton gefertigt*

J
Jaguar
Jasmin *Zierstrauch*
Junior

K
Kanallotse
Kapital
kaputt
Karies
Karikatur
Karosserie
Karussell
Kasino
Katalog
Kitsch
kolossal
Kompromiß
Kompetenz
Kompost
konfus
Konjunktur
konkurrenzfähig
Konkurs
Kontingent *u. a. Anteil zu Leistungen*
Kontrollapparat
Konvoi *Geleitzug*
korrekt

Kosmos
Kredit
Kruzifix
Krypta *unteridische Kammer*

L
Labyrinth
Läsion
Laienvorstellung
lakonisch
Laotse *chines. Philosoph*
Laubsägeblätter
Legende *u. a. Zeichenerklärung; sagenhafte Geschichte*
Legierung
Legion *u. a. altröm. Heereseinheit*
liberal
Liberalisierung
limitiert
logisch
Louvre *Museum in Paris, ehem. Schloß*
luxuriös
Luxus
Lymphe *u. a. Gewebeflüssigkeit*

M
mästen
Mandant
mannigfaltig
Marder
Marokko
Materie
materiell
Matrix *u. a. in der Mathematik ein Schema von Zahlen*
Methode
mimosenhaft *besonders empfindlich*
Misanthrop *Menschenfeind*
Mißtrauen
Mistel
Mörser
Mohawk *nordamerik. Indianerstamm*
Molekül *kleinste Einheit einer chem. Verbindung*
Monopol
Moritat *Bänkellied*
Musikkapelle
Mutation *u. a. Erbänderung*

Kleines Lexikon: Testtraining

N
nachweislich
Nähmaschine
nämlich
Nautik
Nihilismus
Nitrat *Salz der Salpetersäure*
Novelle
Nylon
Nymphe *u. a. weibl. Naturgottheit*

O
Ökosystem
Offerte
Okular *dem Auge zugewandte Linse eines opt. Instrumentes*
Opal
Opposition
orientalisch
ornamental
Osiris *Name eines ägypt. Gottes*
Osmose *chem. Vorgang*

P
Parallele
Parole
Passagier
Pazifist
pedantisch *übertrieben, genau*
Perlon
Perücke
Pestizid
Petroleum
Planck *Max P., Physiker (1858–1947)*
Platin
Ponton *Brückenschiff*
Portemonnaie (neu: Portmonee)
Porzellan
Potential
Präambel *u. a. Einleitung zu einer Verfassung*
prekär *schwierig, heikel*
Prestige *Geltung, Ansehen*
profan *u. a. alltäglich*
profund *u. a. gründlich*
Prolog *Einleitungsteil, Vorrede*
prompt *u. a. unverzüglich*
Propaganda *polit. Werbung*
Prophet
Proton *Elementarteilchen*

Q
Quast *u. a. breiter Pinsel*
Quote *u. a. Anteil*

R
Radium *chem. Element*
Rasierapparat
Ration
rational
rationell
reaktionär
Reflex
Rekrut *Soldat in Ausbildung*
Renoir *u. a. Pierre A.R., franz. Maler (1841–1919)*
repräsentativ
Resistenz *Widerstand*
Resolution
Resonanz
revidieren
Rhabarber
Rhododendron
Rhythmus
Rokoko
Routinier
Roxane *Gemahlin Alexanders d. Großen (gest. ca. 310)*

S
Sahara
Salzbrezel
sarkastisch *höhnisch, spöttisch*
Satellit
Savanne *tropische Steppe*
schaudernd
Schiffahrt (neu: Schifffahrt)
Schlämmkreide
Schwefeldioxyd (neu:...oxid)
Seismograph *Erdbebenmesser*
Sekret
Sekretärin
Sektor
Selektion
senil
sensibel
Sensibilität
seriös
Silo
simulieren
sinnieren
Smyrna *Stadt in der Türkei*

Spagat
Spülmaschine
Subvention
Sympathie
stimulieren
Strapaze
Struktur

T
Taifun
Tapir *südamerik. u. asiat. Unpaarhufer*
Theben *griech. Stadt*
Thorium *chem. Element*
Tigris *Fluß in Vorderasien*
todkrank
Toledo *Stadt in Spanien*
Torso
totlachen
Toulon *Stadt in Frankreich*
Toxin
Traktat *u. a. Abhandlung*
transversal *quer verlaufend*
transzendent
Trapez
Travestie *satirische Dichtungsart*
Tresor
Tresse *Borte*
Trift *u. a. Weide*
Trikot
Trophäe
trübselig
Tundra *baumlose Kältesteppe*
Tyrannei

U
unentgeltlich
ungestüm
universal
unverhohlen
unwiderstehlich
Urahnen

V
Vagabund
Vakuum
Vasall *Gefolgsmann im Mittelalter*
vehement
Ventil
verhöhnen
Viadukt
vital
vulgär *u. a. gewöhnlich*

W
Wagnis
wahrscheinlich
widerstandsfähig
wohlwissend (neu: wohl wissend)

Z
Zensor *u. a. Überprüfer der Inhalte von Druckwerken*
zerreißen
Zivilisation
Zuschauertribüne
Zyklon
Zyklone *Tiefdruckgebiet*
Zyklop *mytholog. Gestalt*
Zyklus
Zylinder

Lösungsverzeichnis

Intelligenztest

Allgemeinwissen
Satzergänzung

1e / 2d / 3d / 4f / 5c / 6d / 7d / 8b / 9c / 10f / 11e / 12e / 13a / 14e / 15f / 16f / 17d / 18c / 19e / 20a / 21e / 22c / 23d / 24d / 25b / 26b / 27b

Einzelne Wissensgebiete

1. Staat und Politik
1c / 2d / 3b / 4d / 5c / 6c / 7d / 8a / 9d / 10b / 11c / 12c / 13b / 14d / 15c / 16d / 17c / 18d / 19a / 20c / 21b / 22b / 23c / 24b / 25c / 26d / 27b / 28d / 29c / 30b / 31a / 32b / 33d / 34a / 35c / 36a / 37a / 38b / 39c / 40d / 41c / 42a / 43c / 44b / 45b / 46c / 47c / 48b / 49a / 50c / 51d / 52c / 53a / 54b / 55a / 56b / 57c / 58d / 59a / 60c / 61a / 62b / 63d / 64d / 65b / 66b / 67a / 68b / 69b / 70d

2. Geschichte
1c / 2b / 3d / 4c / 5b / 6b / 7b, d / 8a / 9c / 10a / 11b / 12b / 13b / 14d / 15c / 16a / 17b / 18c / 19b / 20c / 21d / 22b / 23b / 24c / 25a

3. Bedeutende Persönlichkeiten
1c / 2a / 3c / 4c / 5c / 6b / 7a / 8a / 9c / 10b / 11c / 12a / 13c / 14c / 15a / 16b / 17c / 18c / 19a / 20a / 21d / 22c / 23c / 24c / 25c / 26c / 27d / 28a / 29b / 30b / 31c / 32c / 33b / 34d / 35d

4. Wirtschaft
1b / 2b / 3c / 4a / 5b / 6d / 7b / 8c / 9a / 10a / 11c / 12b / 13d / 14c / 15a / 16c / 17c / 18a / 19c / 20c / 21b / 22a / 23c / 24c / 25c / 26b / 27b / 28d / 29c / 30d / 31b / 32c / 33b / 34b / 35a / 36d / 37c / 38c / 39c / 40d

5. Geographie
1b / 2d / 3a / 4d / 5d / 6d / 7b / 8c / 9c / 10b / 11b / 12c / 13b / 14c / 15b / 16c / 17a / 18c / 19b / 20c / 21b / 22c / 23b / 24b / 25b / 26c / 27c / 28b / 29c / 30d

6. Literatur
1c / 2c / 3c / 4c / 5b / 6c / 7a / 8b / 9a / 10a / 11b / 12b / 13a / 14a / 15a / 16a / 17a / 18c / 19a / 20c

7. Kunst
1b / 2b / 3c / 4c / 5c / 6b / 7a / 8c / 9a / 10b / 11c / 12a / 13a / 14b / 15a / 16b / 17b / 18a / 19c / 20b

8. Musik
1c / 2c / 3b / 4b / 5a / 6b / 7c / 8a / 9c / 10c / 11a / 12b / 13b / 14c / 15c / 16c / 17c / 18b / 19c / 20c

9. Sport
1a / 2c / 3b / 4b / 5c / 6c / 7a / 8b / 9b / 10c / 11a / 12b / 13b / 14c / 15b / 16b / 17c / 18a / 19b / 20b

10. Technik
1b / 2b / 3a / 4a / 5b / 6a / 7b / 8b / 9b / 10a / 11b / 12b / 13a / 14a / 15c / 16b / 17b / 18c / 19a / 20b

11. Biologie
1a / 2b / 3c / 4b / 5b / 6c / 7a / 8c / 9b / 10b / 11b / 12c / 13c / 14c / 15c / 16a / 17a / 18b / 19a / 20c

12. Physik
1b / 2a / 3b / 4a / 5a / 6b / 7a / 8a / 9c / 10c

13. Chemie
1a / 2a / 3b, c / 4a / 5b / 6a / 7b / 8a / 9c / 10b

Logisches Denken / Abstraktionsfähigkeit

1. Figurenreihen fortsetzen
1d / 2b / 3c / 4d / 5e / 6a / 7d / 8a / 9c / 10b / 11d / 12e

2. Sinnvoll ergänzen
1f / 2b / 3h / 4b / 5e / 6c / 7g / 8b / 9f / 10i / 11c / 12 / keine Lösung / 13a / 14d / 15d / 16c / 17f / 18e / 19g / 20e

3. Buchstabengruppen
1c / 2a / 3d / 4e / 5e / 6c / 7c / 8e / 9e / 10e

4. Zahlenreihen   5. Zahlenmatrizen

A	24	$(\times 3 - 3 + 3...)$	A	8	senkrecht: + 2	waagerecht: + 2
B	24	$(-1 + 2 \times 3 - 4 + 5 \times 6...)$	B	9	-2	$+3$
C	95	(jede Zahl $\times 2 + 1$)	C	-6	-8	-15
D	96	$(\times 6 - 6 \times 5 - 5 \times 4 - 4...)$	D	$2/3$	$:3$	$:6$
E	22	$(:2 + 2 - 2...)$	E	8	$\times 2$	$:4$
F	608	(jede Zahl $\times 3 - 1$)	F	27	$\times 3$	$\times 4$
G	9	$(:2 + 2 \times 2...)$	G	103	$+13$	-13
H	1	$(+8 - 15 + 8...)$	H	-1	$-3, -4$	$-1, -2$
I	$11/9$	$(:9 + 9 :9...)$	I	0	-9	$+17$
J	$1/3$	(jede Zahl $-2 : 3$)	J	$10^{2/3}$	$:3, \times 4$	$\times 4, :3$

6. Buchstabenreihen
1 : 3 / 2 : 1 / 3 : 4 / 4 : 2 / 5 : 3

Lösungsverzeichnis

7. Dominos
1b / 2c / 3a / 4b / 5d / 6f / 7c / 8b / 9f / 10d / 11b / 12e / 13c / 14e / 15f

8. Zahlensymbole
1: 2 / 2: 0 / 3: 3 / 4: 1 / 5: 0 / 6: 5 / 7: 1 / 8: 1 / 9: 7 / 10: 3 / 11: 8 / 12: 9 / 13: 2 / 14: 0 / 15: 5 / 16: 3 / 17: 4 / 18: 1 / 19: 0 / 20: 6 / 21: 4 / 22: 9 / 23: 5 / 24: 3 / 25: 1 / 26: 6

9. Wochentage
1: So / 2: Do / 3: Do / 4: Fr / 5: Mi / 6: Do / 7: Mo / 8: Mo / 9: Do / 10: Sa

10. Analogien
1c / 2e / 3b / 4c / 5e / 6f / 7c / 8e / 9d / 10d / 11b / 12c / 13a / 14c / 15d / 16b / 17c / 18c / 19b / 20c / 21c / 22b / 23d / 24b / 25c / 26b / 27a / 28d / 29c / 30d / 31c2 / 32b3 / 33c1 / 34b1 / 35c2

11. Grafik-Analogien
1d / 2e / 3b / 4a / 5e / 6b / 7a / 8c / 9e / 10c / 11a / 12b / 13d / 14e / 15b / 16c / 17d / 18e / 19e / 20b / 21d / 22d / 23c / 24a

12. Sprichwörter
1d / 2c / 3a / 4c / 5c / 6c / 7a / 8d / 9c / 10c / 11d / 12a / 13a / 14d / 15c / 16d / 17c / 18d / 19d

13. Unmöglichkeiten
1eR / 2cR / 3dR / 4dR / 5cR / 6dF / 7eR / 8dR / 9dR / 10fR / 11cR / 12aR / 13dR / 14dR / 15bR

14. Schlußfolgerungen
1e / 2d / 3c / 4d / 5c

15. Absurde Schlußfolgerungen
1b / 2b / 3a / 4b / 5b / 6a,b,a / 7b / 8d,e R / 9b,d R / 10b,d,e R / 11c,f R / 12b R / 13g R / 14a, c R / 15 und 16 kein R / 17a,d

16. Komplexe Schlußfolgerungen
1: aNZB bWW cF dNZB eNZB / 2: aWW bWF cNZB dW eF / 3: aNZB bW cF dF e NZB / 4: aNZB bW cWW dF eW

17. Nochmals Schlußfolgerungen / Syllogismen
1b / 2a / 3b / 4b / 5b / 6a / 7a / 8b / 9b / 10a / 11b / 12b / 13a / 14b / 15a / 16b / 17b / 18a

18. Meinung oder Tatsache
1b / 2b / 3a / 4b / 5b / 6b / 7a / 8a / 9a / 10a

19. Flußdiagramme
1. Lagerhallen
   1.1. d
   1.2. a
   1.3. b
2. Kurierdienst
   2.1. e
   2.2. d
   2.3. b
3. Murmeln
   3.1. c
   3.2. b
   3.3. d
4. Einbruch
   4.1. a
   4.2. d
   4.3. b
5. Geschirrfabrik
   5.1. c
   5.2. e
   5.3. d
6. Fahrkartenautomat
   6.1. a
   6.2. c
   6.3. d

7. Waschmaschinen
7.1. d
7.2. a
7.3. d

8. Telefonat
8.1. b
8.2. e
8.3. a

9. Flucketicket
9.1. b
9.2. c
9.3. d

10. Partnervermittlung
10.1. d
10.2. b
10.3. a

20. Textanalyse
1c / 2d / 3c

21. Interpretation von Schaubildern

A. Klima
1a / 2a / 3a / 4b

B. Verstädterung
1a / 2a / 3a / 4b / 5a / 6b

C. Wirtschaft
1b / 2a / 3a / 4b / 5a / 6a / 7b

D. Niederschläge + Klima
1: M-Stadt; 1993 / 2: H-Stadt; 1994 / 3: M-Stadt; 1993 / 4: K-Stadt (66); 1991 gegenüber M-Stadt (33) / 5: K-Stadt; 67,4 / 6: M-Stadt / 7: M-Stadt / 8: K-Stadt, 1993

E. Schöne Wirtschaft
a. 1: Die Exporte sinken, die Importe nehmen zu, bei wieder steigenden Exporten bleiben im Verlauf die Importe auf einem höheren Niveau. / 2: Die Teilzeitarbeitsplätze sinken mit der Exportrate und steigen vor der Erhöhung der Exporte wieder deutlich an. / 3: Das Bruttosozialprodukt und das Durchschnittseinkommen bleiben stabil, kein dritter Wert.
b. 1: stimmt / 2: stimmt nicht / 3: sn / 4: sn / 5: s / 6: s / 7: s / 8: s / 9: s / 10: sn.

F. Test-ament
1: Ende der 70er / Anfang der 80er Jahre kreuzen sich die beiden Kurven und die Gesamtsterblichkeitsrate übersteigt die Geburtenrate. / 2: Die Neugeborenen-Sterblichkeitsrate. / 3: Tödliche Verkehrsunfälle, Aids, Drogentod und die Gesamtsterblichkeitsrate intern. Krankh. / 4: Mitte der 80er Jahre. / 5: Keine. / 6: Aids. / 7: Drogentod. / 8: Gegen Ende 2250. / 9: Aids. / 10: Deutlich steigend.

22. Sprachsysteme
1c / 2a / 3d / 4d / 5d / 6a / 7d / 8d / 9d / 10 s. Seite 334

Gestaltwahrnehmung

1. Figuren erkennen
A: 1c / 2e / 3d / 4a / 5b / 6d / 7b / 8c / 9e / 10a B: 11e / 12d / 13c / 14a / 15b / 16c / 17e / 18a / 19b / 20d

2. Mosaiken prüfen
1A / 2C / 3D / 4ohne / 5D / 6B / 7E / 8B / 9D / 10C / 11A / 12E / 13B / 14D / 15E

Lösungsverzeichnis

Merkfähigkeit / Kurzzeitgedächtnis

3. Auswendiglernen
1b / 2d / 3b / 4e / 5a / 6c / 7e / 8e / 9a / 10c / 11d / 12c / 13e / 14a / 15b / 16a / 17b / 18d / 19c / 20d / 21a / 22c / 23d / 24b / 25e

4. Erinnern
1: Falsch: b, e, h, i, j, k, m / 2: 5 / 3: Kinderärztin / 4: Modezeichner / 5: 19 J. / 6: Wepp / 7: Gaststätte / 8: Lehrer / 9: 4 J. / 10: 4 / 11d / 12a / 13b / 14a / 15b / 16a / 17c / 18d

Fotos: 1=11 / 2 unbekannt / 3=19 / 4 unbek. / 5 unbek. / 6 unbek. / 7=20 / 8=13 / 9=5 / 10 nicht da

Verbale Intelligenz / Sprechbeherrschung

Wort- und Sprachverständnis

1. Wortauswahl
1e / 2e / 3e / 4e / 5c / 6d / 7d / 8b / 9d / 10b / 11c / 12d / 13c / 14d / 15d / 16c / 17c / 18a / 19e

2. Gleiche Wortbedeutungen
1d / 2c / 3b / 4b / 5c / 6e / 7c / 8f / 9e / 10d / 11d / 12f / 13e / 14b / 15c / 16b / 17f / 18a / 19b / 20e / 21b / 22f / 23f / 24f / 25e / 26d / 27f / 28d

3. Gemeinsamkeiten
1ef / 2bf / 3de / 4cf / 5cg / 6eg / 7de / 8ef / 9ag / 10af / 11bd / 12fg / 13dg / 14cg / 15cf

4. Worteinfall
Wir empfehlen den Duden!

Rechtschreibung
(in Klammern: Schreibweise nach der Rechtschreibreform)

1. Diktat
Hier die richtigen Schreibweisen (die unterstrichenen Stellen waren falsch):
1. Wir wissen, daß (dass) seit Jahrzehnten viele hundert Millionen EUR für Überflüssiges aufgewendet werden.
2. Es ist also nichts Erstaunliches, wenn wir hören, daß (dass) dem menschlichen Wollen enge Grenzen gesetzt sind.
3. Die Achttausender des Himalajas wurden schon manchem Bergsteiger zum Verhängnis.
4. Dem Chemiker wurde angst und bange, als er nach einigem Überlegen merkte, etwas Neues entdeckt zu haben.
5. Der Automechaniker hatte den Wagen frühmorgens zum Reparieren abgeholt und am Abend wieder zurückgebracht.

2. Richtige Schreibweise
1 allmählich / 3 wohlweislich / 4 Kanone / 6 Depesche / 7 Gelatine / 8 Satellit / 10 athletisch / 11 Gelee / 15 Methode / 16 Filiale / 18 Labyrinth / 19 Rhododendron / 20 Rhythmus / 21 Portemonnaie (Portmonee) / 22 Vagabund / 23 Widerstand / 24 Zyklop / 25 Sympathie

3. Orthographie
1c / 2d / 3c / 4d / 5e / 6d / 7e / 8d / 9c / 10e / 11c / 12e / 13d / 14b / 15d / 16e / 17c / 18b / 19c / 20b / 21c / 22d / 23a / 24c / 25c

4. Zeichensetzung
1. Für eine verbindliche Antwort (0) wäre ich Ihnen äußerst zu Dank verpflichtet.
2. Er sattelte das Pferd (0) und ritt nach Hause.
3. Er sang (0) und sang (0) immer tiefer (,) bis es nicht mehr weiter ging.
4. Bei Vertragsabschluß (0) ist es am sichersten (,) alle Vereinbarungen schriftlich festzuhalten.
5. Im Zusammenhang mit der steigenden Kriminalität (0) nehmen die Verdächtigungen (,) insbesondere was Ausländer anbetrifft (,) beträchtlich zu.
6. Der Mannheimer Drehorgelmann (,) von Hause aus mit der Rechtschreibung auf Kriegsfuß (,) machte sein Instrument zu (,) schloß den Wagen ein (0) und fühlte den unwiderstehlichen Drang (,) ein Bier trinken zu müssen (0) oder wenigstens (0) in einem Gasthaus einzukehren.
7. »Ich darf es nicht vergessen« (,) dachte der Mann bei sich (,) bevor er endlich einschlief (,) und schon klingelte das Telefon.
8. Sie ist keine zartbesaitete Maid (,) dachte er und nahm noch eine Beruhigungstablette (,) bevor er sich weiter mit ihr unterhielt.
9. Ohne es zu wollen (,) kam er der Lösung des Rätsels fast schon auf die Spur (,) als er durch das Telefon abgelenkt wurde.
10. Er fuhr (,) ohne zu gucken (,) geradewegs (0) mit seinem schönen neuen Fahrrad (0) in die Hecke.
11. Für eine baldige Zusage (0) wäre ich Ihnen sehr verbunden.
12. Aus diesem Grund sind gerade deshalb Pinguine geeignete Testobjekte für das Studium von Ausmaß (,) Dauer und Bedingungen der Kältegewöhnung.
13. In der Bundesregierung hält sich leider niemand (,) nicht einmal der (0) Bundeskanzler (,) für kompetent (,) um eine derartige Prognose zu wagen.
14. Seine einzige Unterstützung bestand in dem Funkgerät (,) falls dieses überhaupt funktionieren würde.
15. Am Aktienmarkt überwogen die Gewinne (,) was namentlich für die Autopapiere und Chemiewerte galt.
16. Bei Vertragsabschluß ist es am besten (,) sich alle gewünschten Zusätze schriftlich bestätigen zu lassen.
17. Die unmittelbare Nähe des Meeres (0) garantierte immer eine frische Brise (0) und versprach bei starker Hitze Kühlung.
18. In Zusammenhang mit den steigenden Produktionszahlen (0) können auch die inländischen Unternehmen (,) allen voran unsere Firma (,) größere Aufträge verbuchen.
19. Wir hoffen (0) mit diesem Buch (,) ein deutlicheres Bewußtsein für die Lage der Auszubildenden geschaffen zu haben.
20. Wir hoffen sehr (,) nun allseits (0) Unterstützung zu finden.

Lösungsverzeichnis

5. Rechtschreibreform
Schreibweise laut DUDEN ab 1. August 1998:
1. Wir sahen gestern Abend eine Balletttänzerin.
2. Ich habe Ähnliches bei Ackerbau treibenden Völkern erlebt.
3. Ich will im Besonderen erwähnen, dass es das Beste ist, wenn wir auseinander gehen.
4. Er ist immer der Alte geblieben, der gerne jemandem Angst macht.
5. Egal ob bei Arm oder Reich – die blond gefärbte Blondine aß Delikatessgurken.
6. Der in der Metall verarbeitenden Industrie tätige Panter war aus Pappmaschee.
7. Die Laub tragenden Bäume waren in null Komma nichts entlaubt.
8. Der Rauhaardackel fraß am liebsten Raufasertapete.
9. Der 80-Jährige hat bereits sein Schäfchen durch das Schallloch ins Trockene gebracht.
10. Das Schlimmste ist ein schlecht gelauntes Saxofon.

Praktisch-Technische Intelligenz

Rechenfähigkeit / Mathematisches Denken

1. Grundrechnen
1d / 2a / 3d / 4d / 5c / 6b

2. Schätzaufgaben
1c / 2f / 3c / 4b / 5b / 6c / 7d / 8c / 9c / 10c / 11a / 12f / 13d / 14d

3. Dezimal- und Bruchrechnung
1b / 2b / 3a / 4e / 5a / 6a / 7c / 8d / 9a / 10b / 11a / 12e

4. Maße und Gewichte
1e / 2d / 3b / 4b / 5a / 6b

5. Textaufgaben
1: 6 / 2: 100 / 3 : 24 / 4 : 48 / 5 : 16 / 6 : 26 / 7 : 256 / 8 : 38 / 9 : 7 / 10 : 13 / 11: 50 / 12 : 6 / 13 : 64 / 14 : 38 / 15 : 12 / 16 : 6

A: 15 l, 400 km / B: 2 Monate / C: 24,75 qm / D: 31,28 / E: 32 / F: 35 / G: 25.000 / H: 120 cdm / I: 40 / J: A16, S24, B48 / K: 43 m / L: 13.000 EUR / M: 26,7 / N: 26km / O: 256.000 EUR / P: 60% / Q: 50% / R: 144 / S: 37% / T: 1187,50 EUR / U: 50 / V: 50% / W: 40 Min. / X: 3 Töchter, 4 Söhne / Y: 110 km / Z: 36 m.

6. Zahlenreihen
a31 / b29 / c11 / d12,5 / e17 / f34 / g49 / h17 / i38 / j68 / k13 / l80 / m7 / n12 / o15 / p49 / q15 / r737 / s2 / t27 / u10 / v49 / w64 / x21 21 / y2 12 / z71 79

Systeme:
a) + 1 + 2 + 3 ...
b) + 1 + 1 + 2 + 2 + 3 + 3 ...
c) + 1 − 2 + 3 − 4 + 5 − 6 ...
d) x 3 + 1 : 2 x 3 + 1 : 2 ...
e) + 0 + 7 − 2 + 0 + 6 − 3 + 0 + 5 − 4 ...
f) Die Summe der 1. und 2. Zahl ergibt die 3. usw.

Lösungsverzeichnis

g) + 3 + 4 + 4 + 5 + 5 + 6 ...
h) : 2 + 3 : 2 + 4 : 2 + 5 ...
i) + 1 + 3 + 5 + 7 + 9 + 11 ...
j) − 1 x 1 − 2 x 2 − 3 x 3 ...
k) + 4 + 3 : 2 + 4 + 3 : 2 ...
l) + 7 + 9 + 11 + 13 + 15 + 17 ...
m) + 1 + 2 − 3 + 4 + 5 − 6 ...
n) : 3 − 3 x 3 + 3 ...
o) : 3 − 7 x 5 : 3 − 7 x 5 ...
p) : 4 x 3 + 2 − 1 ...
q) : 2 + 5 : 3 + 5 : 4 + 5 ...
r) x 2 + 4 x 3 + 5 x 4 + 6 ...
s) + 5 : 2 + 5 : 3 + 5 : 4 ...
t) − 3 : 2 x 3 ...
u) − 49 − 42 − 35 − 28 − 21 − 14 ...
v) + 2 − 3 x 4 + 5 − 6 x 7 ...
w) − 1 x 2 : 3 − 4 x 5 : 6 ...
x) + 7 − 2 x 1 + 6 − 3 x 1 + 5 − 4 x 1 ...
y) + 2 − 15 + 4 − 12 + 6 − 9 + 8 − 6 ...
z) Quersumme addiert = Ergebnis nächste Zahl: 11 = 2, 11 + 2 = 13 / 13 = 4, 13 + 4 = 17 usw.

1. Block

A	17	+ 2 ...
B	38	+ 3 − 1 + 3 + 1 ...
C	101	− 5 + 5 − 4 + 4 − 3 + 3 ...
D	37	+ 3 + 3 + 4 + 4 + 5 + 5 ...
E	20	+ 1 + 2 ...
F	87	+ 5 + 7 + 9 + 11 ...
G	20	+ 1 + 2 − 3 + 4 + 5 − 6 ...
H	29	+ 2 − 3 x 4 + 5 − 6 x 7 ...
I	6	− 3 : 2 x 3 ...
J	377	Summe der 1. und 2. Zahl ergibt 3. usw

2. Block

A	3.969	1. Zahl mal sich selbst = 2. Zahl, −1, mal sich selbst, −1 ...
B	15	: 2 x 4 : 2 x 3 : 2 x 2 : 2 x 1 ...
C	3	− 2 : 2 − 2 : 2 ...
D	174	+ 2 x 2 + 2 x 2 ...
E	8	: 2 + 2 : 2 + 2 ...
F	220	x 2 x 2 − 10 x 2 x 2 − 10 ...
G	60	− 3 : 2 x 3 − 3 : 2 x 3 ...
H	56	: 4 + 4 x 4 + 4 : 4 + 4 x 4 + 4 ...
I	24	− 3 x 3 + 3 : 3 − 3 x 3 + 3 : 3 ...
J	14	+ 2 − 10 + 4 − 8 + 6 − 6 + 8 − 4 ...

3. Block

A	9	− 5 + 3 − 5 + 3 ...
B	8	− 2 + 3 − 4 + 5 − 6 ...
C	15	− 3 x 3 − 4 x 4 − 5 x 5 ...
D	7	: 4 x 2 + 1 : 3 x 2 + 1 ...

Lösungsverzeichnis

E   148   Zahl in Quadrat + 2 in Quadrat + 3 in Quadrat + 4...
F   549   x (– 5) – 5 x (– 4) – 4 x (– 3) – 3...
G   14   – 1 + 3 – 1 + 4 – 1 + 5...
H   8   : 2 + 5 : 3 + 5 : 4 + 5...
I   420   – 9 x 4 – 8 x 4 – 7 x 4...
J   26   + 7 – 2 x 1 + 6 – 3 x 2 + 5...

7. Zahlenmatrizen

A
2	4	6	8	+ 2 + 2...
3	5	7	9	
1	3	?	7	5
?	6	8	?	4 10

F
1	4	9	1 x 1 2 x 2 3 x 3...
16	25	?	36
49	64	81	

B
12	34	56	+22 (horiz.); +11(v.)
23	?	67	45
34	56	78	

G
52	55	58	+ 3 + 3 + 3	
6	64	61	– 3 – 3 – 3	
?	73	76	+ 3 + 3 + 3	70

C
16	64	68	x 4 + 4...
12	48	?	52
8	32	36	

H
3	11	7	9	+ 8 – 4 + 2	
9	11	7	15	+ 2 – 4 + 8	
15	?	19	21	+ 8 – 4 + 2	23
27	29	25	?	+ 2 – 4 + 8	33

D
48	51	17	20	+ 3 : 3 + 3
51	54	18	21	
54	57	??	22	19
??	60	20	23	57

I
156	148	37	39	– 8 : 4 + 2	
64	56	14	16		
24	16	?	6	4	
12	4	1	?	3	

E
5	3	6	– 2 + 3 – 4 + 5 – 6...
2	?	1	7
8	0	9	

Technisches Verständnis

Technisch-physikalische Aufgaben
1b / 2d / 3a / 4d / 5d / 6c / 7a / 8a / 9b / 10a / 11a / 12b / 13a / 14c / 15d / 16b / 17a / 18b / 19a / 20a

Räumliches Vorstellungsvermögen

1. Spiegelbilder
1C / 2E / 3A / 4D / 5B / 6F / 7A / 8E / 9F / 10C / 11F / 12B / 13D / 14A / 15E / 16C / 17D / 18A / 19F / 20C / 21B / 22E / 23C / 24D / 25A / 26E / 27B / 28F / 29D / 30B / 31C / 32A / 33F / 34D / 35B / 36E / 37D / 38A / 39C / 40F / 41E / 42C / 43B / 44D / 45F / 46D / 47A / 48C / 49E / 50B

2. Abwicklungen
1d / 2b / 3c / 4a / 5b / 6c / 7a / 8d / 9c / 10b / 11d / 12a / 13c / 14b / 15c / 16a / 17d / 18c / 19b / 20d

3. Würfelaufgaben
1b / 2d / 3c / 4a / 5c / 6a / 7d / 8b / 9c / 10b / 11d / 12a / 13b / 14a / 15c / 16d / 17d / 18b / 19a / 20e / 21c / 22e / 23c / 24b / 25a / 26e / 27d / 28a / 29e / 30c / 31b

Leistungs-Konzentrations-Tests

1. (Der Zwei-d/bq-Test)
1: 7 / 2: 13 / 3: 6 / 4: 7 / 5: 11 / 6: 8 / 7: 11 / 8: 13 / 9: 7 / 10: 13 / 11: 6 / 12: 7 / 13: 11 / 14: 8 / 15: 11 / 16: 7 / 17: 13 / 18: 6 / 19: 6 / 20: 11 / 21: 8 / 22: 11 / 23: 13 / 24: 7 / 25: 13 / 26: 6 / 27: 7 / 28: 11 / 29: 8 / 30: 11

2. Rechen-Konzentrations-Leistungs-Test
Erster Durchgang:
A: 2 / B: 2 / C: 5 / D: 7 / E: 5 / F: 1 / G: 3 / H: 2 / I: 16 / J: 7 / K: 2 / L: 1 / M: 6 / N: 1 / O: 6 / P: 1 / Q: 0 / R: 12 / S: 21 / T: 2 / U: 1 / V: 6 / W: 6 / X: 2 / Y: 5 / Z: 4
Zweiter Durchgang:
A: 2 / B: 24 / C: 5 / D: 13 / E: 5 / F: 1 / G: 9 / H: 24 / I: 16 / J: 7 / K: 12 / L: 1 / M: 6 / N: 21 / O: 30 / P: 1 / Q: 22 / R: 12 / S: 21 / T: 16 / U: 1 / V: 6 / W: 6 / X: 22 / Y: 5 / Z: 4

3. Summa summarum

A:	22	44= 66 a	a richtig (r)
	19	47= 65 b	b falsch (f)
	43	91	c falsch (f)
	c	d	d richtig (r)

B: ar-bf-cr-df / C: ar-bf-cf-dr / D: af-br-cr-dr / E: r / F: af-br-cf-dr / G: ar-bf-cf-dr / H: af-br-cr-df / I: af-br-cr-df / J: ar-bf-cf-dr

4. Kettenaufgaben
A: 10 / B: 37 / C: 24 / D: 109 / E: 10

5. Zahlensuche
1D / 2BC / 3BC / 4CG / 5AFG / 6AE / 7C / 8DE / 9G / 10DG / 11BC / 12CG / 13AFG / 14AE / 15C / 16DE / 17G / 18DG / 19E / 20A

6. Zahlen / Buchstaben-Tabelle

1K = 4	1H = 9	5X = 4	C5 = 5	A7 = 1	O2 = 8
1V = 2	3K = 6	9Z = 6	X9 = 4	W8 = 8	N12 = 7
2M = 0	L5 = 3	Z19 = 7	B5 = 1	4H = 7	L1 = 2
12Z = 1	19H = 9	5L = 3	J7 = 2	C1 = 8	I18 = 1
8R = 9	M20 = 4	13S = 8	2N = 5	4Q = 5	P20 = 6
6G = 4	3F = 9	3R = 9	14Y = 4	2T = 5	L17 = 3
18C = 3	4D = 6	3X = 8	5Y = 4	1Q = 4	V13 = 4
13J = 9	4B = 6	5R = 3	9S = 9	G8 = 9	B2 = 4
5J = 4	3W = 7	4L = 5	7Q = 2	13K = 4	Z11 = 8
5T = 1	8R = 9	17X = 3	9D = 9	1Y = 4	I4 = 4

Lösungsverzeichnis

7. Buchstaben-Zahlen

A	U	G	K	L	T	Z	C	F	J	B	E	P	T	B	V	X	Y	M	T
3	x	5	x	6	2	x	4	x	0	8	x	7	2	8	x	x	9	x	2

1)
L	K	C	M	P	D	P	N	J	O	B	M	F	D	T	R	Z	A	L	N
6	x	4	x	7	x	7	x	0	x	8	x	x	x	2	x	x	3	6	x

2)
H	Z	R	D	V	J	O	P	S	E	J	L	B	C	M	H	O	U	R	W
8	x	x	x	x	0	x	7	x	x	0	6	8	4	x	8	x	x	x	x

3)
J	O	P	T	Z	E	R	W	A	D	C	X	Y	B	G	I	K	O	P	D
0	x	7	2	x	x	x	x	3	x	4	x	9	8	5	1	x	x	7	x

4)
L	K	H	G	F	D	S	A	Q	W	E	R	T	Z	U	I	O	P	K	B
6	x	8	5	x	x	x	3	x	x	x	x	2	x	x	1	x	7	x	8

8. Buchstaben einkreisen

1) u g k l o b u s o j e [c d e] k p d e g k a q r n m g d b f n m 1
2) a b k n x y h j f [a b c] l b v c x g h l n l f l m x a x e r z 1
3) t h k l u i r s e f j a b i p k o m b c [g h i j] r d c d s z z 2
4) [k l m] g f d e r s j o l b c a b x c x v x s x y b k u b u m u 1
5) [h i j] g d r t u c f [c d e] t n k l p q d r d t d u d b d e c m 2
6) s f j t z h u j i k o l z h k g g b f v d c s x a y j m h n g 0
7) y d x y h t g b d v c [h i j k l] o i u z t r e d s t z u i o p 3
8) l h k l u i r s e c d a b h r k o m b c [g h i j] r d c d s z z 2
9) a b m g f d e r s j o l b c a b x c x v x s x y b k u b u m u 0
10) d m o g d r t u c f [c d e] t n k l p q d r d t d u d b d e c m 1

9. Zahlen verbinden
Wenn Sie in 30 Sekunden etwa 15 Zahlen verbinden, ist das ganz ordentlich. Wenn Sie mehr schaffen, um so besser. Weniger als 10 sollten Sie sich nicht leisten.

10. Beobachten
1b / 2a / 3b / 4c / 5a / 6c / 7c / 8a / 9b / 10c / 11a / 12a / 13c / 14b / 15b / 16a / 17b / 18c / 19a / 20c / 21b / 22a / 23c / 24c / 25c / 26b / 27b / 28a / 29b / 30a / 31c / 32a / 33b / 34a / 35b / 36b / 37a / 38a / 39c / 40b / 41a / 42c / 43b / 44a / 45c / 46b / 47a / 48c / 49b / 50c / 51b / 52a / 53a / 54c / 55c / 56b / 57a / 58c / 59b / 60c / 61b / 62a / 63c / 64c / 65a / 66b / 67c / 68b / 69a / 70c / 71c / 72b / 73a / 74c / 75b / 76b / 77a / 78b / 79a / 80c

11. Adressen-Überprüfung

Franz Bekkenbauers	67430 Bayerndorf 1, Ballplatz 175 A	T: 1234567	0
Jeremias Gotthilf	56340 Schleusendorf 2, Käferring 4	T: 036 674<u>6</u>	1
Egon Groschen<u>b</u>ügel	32450 Narrenheim 15, Budikerring 12<u>c</u>	T: 98678	2
Schlosserei Skiele	23500 Berndow 7, Monumentenstr. 3	T: 035 2788	0
Wäscherei Weiß	77000 Miendorf 4, Döllersweg 25d	T: 086 67 5<u>6</u>	1
Anita G. Pranglie	89500 Karlshorst 3, Wegschneiderstr. <u>2</u>	T: 8645	1
Sabine K. Horney	34200 Magdeburg 23, Heinzenhuber Weg 5	T: 9067	0

Bäckerei Schnelle	35620 Gießen 45, Hahnkampweg 286f	T: 023 56 71 2
Gernot F. Browney	65000 Sydow, Am Marktplatz 33	T: 034 56 99 00 2
Sonja S. Müllers	90560 Müllershausen, Waldstr. 5	T: 90 1568 67 1
Petra Schnellenbach	76500 Meinheim 45, Friedsaalstr. 5	T: 389 89 0 1
Fa. K. B. Vautenloh	34000 Sülze 2, Heißenstr. 163	T: 876 54 96 23 0
Fa. Max Kühlenbrot	12300 Bachelach, Heilsbrunnen 34	T: 457 23 13 0
Franz Mainzbergs	77670 Nymphenburg 4, Herrmanstr.1b	T: 12 32 14 0
Fa. Heinz Brinkmann	56390 Jellingsdorf 23, Hamstr. 34	T: 56 37 28 4
Manfred H. C. Börner	75610 Hexenfurth 2, Bahnhofsstr. 34	T: 081 891 0
Gustav Gründermann	10000 Berlin 41, Calvinstr. 29	T: 0301 25 67 7 0
Dr. Grnot H. Binder	10000 Berlin 44, Robert Lück Weg 54	T: 231 56 1
Prof. Dr. H. Siebel	10020 Berlin 894, Kellerweg 361	T: 123 334 34 2
Hannemann AG Neuß	54020 Neuß 2, Am Hamelbruch 23_	T: 4334 562 34 3
Fa. S. Kulperts	89000 Bellen 3, Kruppstr. 144	T: 023 45 76 12 2
Prof. Hennigsstein	98980 Nenn 1, Innerer Weg 21c	T: 675 65 76 59 0
Harald Landsert	88100 Bremenau 56, Weißstr. 59	T: 012 45 76 65 0
Dr. Heinz P. Knall	67000 Brenner 1, Knießtr. 651h	T: 03 76 98 89 0
Kaiser & Sohn	66650 Hahnendorf 4, Bachgasse 44	T: 112 563 76 1
Dr. Alt & Partner	81210 Keulenbach 3, Am Feldrand 23	T: 98 98 1 2
Postspar e.V.	27560 Oldenbourg 12, Feldsweg 114d	T: 089 38 4 1
Tierschutz Verein	76200 Bad Gastein 4, Heinzelstr. 6	T: 076 23 1 0
Lampenschirm GmbH	55780 St. Gallen 32, Am Stoppeln 5	T: 097 14 8 0
Fa. Kohl & Partner	76500 Bad Luisenau 2, Hertzstr. 30	T: 935 36 9 4
Fa. S. Lottenow	24700 Wienbad 4, Maienberger Str. 40	T: 789 894 0
Hans Dieter Böhm AG	34760 Biel 13, Herrmannzeile 147	T: 078 60 201 3
Prof. Maria Docht	22200 Bernstein 4, Waidmannsheil 13	T: 67 67 8 1
Selmer & Co GmbH	20001 Hamburg 13, Weserstrand 6	T: 083 34 45 1 2
Fa. Franzenhuber OHG	22000 Weiler 1, Calvinstr. 35	T: 038 56 23 89 0
Hannes K. Beckerow	56700 Bad Lippenau, Mandelzeile 5	T: 34 67 270 0
Christian H. Welle	88800 Brahmstedt, Manichowskistr. 27b	T: 89675 4
Dr. Petra Pannowitz	75000 Heidelberg 22, An der Lahn 3a	T: 067 674 0
Fa. Rudi C. Walle	35610 Harschburg 1, Brausestr. 34c	T: 068 142 0
Fa. Dieter Schnee	12460 Keilendorf 5, Berliner Str. 145	T: 619 7 0
Ärzte Vereinigung	34900 Busenhausen 4, Fordstr. 29a	T: 56 23 912 0
Wirtschaftsdienste	78000 Werl 2, Robert-Glück-Str. 2	T: 023 1578 0
Eusebia Mügel	34560 Senkendorf 3, Reuterallee 17	T: 089 7867 2
Ede Labbadia	35620 Deppendorf 89, Lausstr. 67	T: 0456 78 678 1
Gunhilde Schlecht	69000 Kellendorf 1, Löwenring 6	T: 089 561 896 0

12. Sortieren

1: 0.218 / 2: 106 / 3: 2.522 / 4: 302 / 5: 2.921 / 6: 179 / 7: 2.219 / 8: 0.224 / 9: 2.514 / 10: 1.915 / 11: 1.627 / 12: 2.228 / 13: 1.219 / 14: 2.530 / 15: 0.520 / 16: 304 / 17: 2.525 / 18: 1.714 / 19: 191 / 20: 0.312 / 21: 2.515 / 22: 1.227 / 23: 2.926 / 24: 1.816 / 25: 2.813 / 26: 1.721 / 27: 1.915 / 28: 2.122 / 29: 2.418 / 30: 0.224 / 31: 255 / 32: 002 / 33: 223 / 34: 246 / 35: 029 / 36: 297 / 37: 0.910 / 38: 111 / 39: 134 / 40: 1.317

13. Post, Porto und Tarife

1: 3,00 / 2: 7,90 / 3: 5,00 / 4: 5,10 / 5: 7,50 / 6: 7,50 / 7: 6,10 / 8: 6,80 / 9: 22,60 / 10: 5,00 / 11: 19,60 / 12: 5,00 / 13: 22,20 / 14: 19,20 / 15: 7,10 / 16: 22,90 / 17: 20,90

Lösungsverzeichnis

14. Wegeplan
Beste Lösung:

von	nach	Wegezeit	Gesprächszeit
Zentrale	A	7 Min.	3 Min.
A	B	4	3
B	C	4	3
telefon.	D		3
	E		3
	F		3
C	Zentrale	5	
		20 Min.	18 Min.

Gesamtzeit: 38 Min.

Bitte beachten Sie, daß Sie kein funktionierendes Telefon in der Zentrale haben, und vergessen Sie nicht, den Rückweg in die Zentrale zu berechnen.

15. Schätzaufgaben
A: a / B: c / C: d / D: b / E: b / F: b / G: d / H: a

16. Tabellen-Konzentrations-Test
1: a ist bester (2,7), e ist schlechtester Azubi (4,4).
2: Ausbilder A, B und E (mit Beurteilung 3)
3: Da jeder Ausbilder jede Note einmal vergibt, gibt es keine solche Tendenz.
4: Die Antwort zu 3 trifft hier mit anderen Vorzeichen ebenfalls zu.
5: Der Notendurchschnitt ist bei allen (s. 3) gleich (3,5).

Persönlichkeitstests

66 Persönlichkeitsentscheidungen

Nun zur Auflösung des Persönlichkeitstests:

Dazu die folgende Aufstellung (Angabe der Persönlichkeitsmerkmale sowie der Punktzahlen für die a / b / c-Ankreuzungen):

Item	Persönlichkeitsmerkmal	Punktwertung a	b	c
1	Kontakt	2	1	0
2	Leistung	0	1	2
3	Kontakt	2	1	0
4	Leistung	2	1	0
5	Durchsetzung	2	1	0
6	Vertrauen	2	1	0
7	Veränderung	2	1	0
8	Veränderung	2	1	0
9	Vertrauen	2	1	0

			0	1	2
10	Durchsetzung		0	1	2
11	Leistung		2	1	0
12	Kontakt		2	1	0
13	Ausgeglichenheit		2	1	0
14	Kontakt		2	1	0
15	Leistung		0	1	2
16	Durchsetzung		0	1	2
17	Vertrauen		2	1	0
18	Veränderung		2	1	0
19	Vertrauen		0	1	2
20	Vertrauen		2	1	0
21	Durchsetzung		0	1	2
22	Durchsetzung		2	1	0
23	Leistung		0	1	2
24	Ausgeglichenheit		2	1	0
25	Ausgeglichenheit		0	1	2
26	Vertrauen		2	1	0
27	Veränderung		2	1	0
28	Vertrauen		2	1	0
29	Veränderung		2	1	0
30	Durchsetzung		0	1	2
31	Vertrauen		0	1	2
32	Leistung		2	1	0
33	Kontakt		0	1	2
34	Kontakt		0	1	2
35	Ausgeglichenheit		2	1	0
36	Ausgeglichenheit		0	1	2
37	Ausgeglichenheit		0	1	2
38	Kontakt		0	1	2
39	Kontakt		2	1	0
40	Leistung		2	1	0
41	Kontakt		2	1	0
42	Durchsetzung		0	1	2
43	Vertrauen		2	1	0
44	Leistung		0	1	2
45	Durchsetzung		2	1	0
46	Veränderung		2	1	0
47	Vertrauen		2	1	0
48	Durchsetzung		2	1	0
49	Veränderung		2	1	0
50	Veränderung		2	1	0
51	Leistung		0	1	2
52	Veränderung		2	1	0
53	Ausgeglichenheit		2	1	0
54	Kontakt		2	1	0
55	Ausgeglichenheit		0	1	2
56	Veränderung		0	1	2
57	Durchsetzung		0	1	2
58	Ausgeglichenheit		2	1	0
59	Leistung		0	1	2

Lösungsverzeichnis

60	Ausgeglichenheit		2	1	0
61	Ausgeglichenheit		0	1	2
62	Kontakt		2	1	0
63	Leistung		2	1	0
64	Durchsetzung		2	1	0
65	Vertrauen		2	1	0
66	Veränderung		0	1	2

Addieren Sie bitte die Punktwerte für Ihre Ankreuzungen pro Persönlichkeitsmerkmal:

Punkte	Punkte	Punkte
A Kontakt	B Leistung	C Durchsetzung
Item 1	Item 2	Item 5 ....
3	4	10 ....
12	11	16 ....
14	15	21 ....
33	23	22 ....
34	32	30 ....
38	40	42 ....
39	44	45 ....
41	51	48 ....
54	59	57 ....
Summe:	Summe:	Summe:

D Vertrauen	E Ausgeglichenheit	F Veränderung
Item 6	Item 13	Item 7 ....
9	24	8 ....
17	25	18 ....
19	35	27 ....
20	36	29 ....
26	37	46 ....
28	53	49 ....
31	55	50 ....
43	58	52 ....
47	60	56 ....
Summe:	Summe:	Summe:

Tragen Sie jetzt bitte Ihre Punktwerte hier ein:

A Kontaktfähigkeit   ....
B Leistungsbereitschaft   ....
C Durchsetzungsvermögen   ....
D Vertrauensbereitschaft   ....
E Ausgeglichenheit   ....
F Veränderungsbereitschaft   ....

Sie müssen pro Persönlichkeitsmerkmal jeweils einen Punktwert zwischen 0 und 20 erreicht haben. Tragen Sie jetzt bitte Ihre Punktwerte für die Themenbereiche A–F auf der nachstehenden Tabelle ein, und verbinden Sie die Punkte durch eine Linie:

Profil

	0 1 2 3 4 5 6 7 8 9 10 11 12 13 14 15 16 17 18 19 20	
A Kontaktfähigkeit		Kontaktunfähigkeit
B Leistungsbereitschaft		Leistungsvermeidung
C Durchsetzungsbereitschaft		Unterordnungsbereitschaft
D Vertrauensbereitschaft		Mißtrauensbereitschaft
E Ausgeglichenheit		Unausgeglichenheit
F Veränderungsbereitschaft		Sicherheitsdenken

Wie sieht Ihre »Persönlichkeits-Linie« aus? Ein Blitz, mit extremen Zacken (nahe an 0 oder 20), eine Diagonale wie im Firmenzeichen der *Deutschen Bank*, eine Senkrechte in der Mitte (10) oder mehr rechts bzw. links davon?

Die Form Ihrer Linie – man kann auch von einem (Persönlichkeits-)Profil sprechen – hat eine Bedeutung. Wie bzw. was hier aus dem Verlauf der Linie herausgelesen wird, wollen wir Ihnen jetzt demonstrieren:

Es wäre denkbar, daß Sie z. B. beim Persönlichkeitsmerkmal A Kontakt 20 Punkte haben, was zum Ausdruck bringen würde: Sie sind – vorsichtig formuliert – ein sehr kontaktscheuer, ein kontaktvermeidender Mensch.

Das andere Extrem wäre ein Punktwert von 0, der für eine extrem hohe Kontaktbereitschaft spräche. Beide Extremwerte sind sicherlich selten. Sie sollen aber verdeutlichen, daß der Persönlichkeitsbereich »Kontaktfähigkeit« aus zwei gegenüberliegenden Positionen auf einer Achse bzw. Skala besteht (vereinfacht: vergleichbar der Ost-West-Achse auf einem Kompaß). Es geht um die extremen Pole »heiß« und »kalt« und alles, was an Abstufungen dazwischen denkbar ist.

Wie kommt der Punktwert auf der Skala »Kontaktfähigkeit« zustande? Für eine Ankreuzung, die für Kontaktfähigkeit spricht, haben Sie 0 Punkte erhalten, für eine Antwort in Richtung Kontaktvermeidung 2 Punkte, für eine mittlere Position (teils-teils) 1 Punkt. 10 Items zum Thema »Kontakt« ergeben den von Ihnen oben addierten Gesamtpunktwert. Diese Vorgehens-, Aufbau- und Auswertungsweise trifft für alle aus gegensätzlichen Positionen aufgebauten Persönlichkeitsmerkmale zu:

A Kontakt: Kontaktfähigkeit – Kontaktunfähigkeit
B Leistung: Leistungsbereitschaft – Leistungsvermeidung/-unwilligkeit
C Durchsetzung: Durchsetzungsvermögen – Unterordnungsbereitschaft
D Vertrauen: Vertrauensbereitschaft – Mißtrauensbereitschaft
E Ausgeglichenheit: Ausgeglichenheit – Unausgeglichenheit
F Veränderung: Veränderungsbereitschaft – Sicherheitsdenken

Lösungsverzeichnis

Sie merken schon, daß die auf den ersten Blick relativ wertfreien Themen- bzw. Persönlichkeitsmerkmale zunehmend mehr Inhalt bekommen und ein Charakterbild ermöglichen, wenn auch im Sinne einer etwas groben »Schwarz-Weiß-Malerei«.
Klingt der Themenbereich A »Kontakt« noch recht harmlos, gilt das für die beiden Pole »kontaktfähig« gegenüber »kontaktunfähig« nicht mehr. »Kontaktfähig« bedeutet im Extrem (Punktwert: 0 oder 1) eine hochgradige, übertriebene Kontaktsucht oder -gier, »Kontaktunfähigkeit« (20 oder 19 Punkte) eine Kontaktstörung, für die die Charakterisierung »kontaktscheu« noch eine Untertreibung darstellen würde.
Die mittleren Werte 7–13 (in der genauen Mitte 10 bzw. 9 und 11) zeigen eine unauffällige neutrale Position auf der Skala zwischen »heiß« und »kalt« (kontaktbesessen – kontaktgestört). Hätten Sie bei den Entscheidungsfragen zum Themenbereich »Kontakt« immer die ausgewogene Mitte (b = teils-teils etc.) angekreuzt, wäre die Punktzahl 10 das Ergebnis.
Die Punktwerte 12 und 13 geben ebenso wie 8 und 7 eine Tendenz an – im Sinne einer Ausprägung in Richtung weniger oder stärker kontaktorientert.
6 und 5, auf der anderen Seite 14 und 15 zeigen deutlicher, in welche Richtung Ihre Persönlichkeit in Sachen Kontaktverhalten »ausschlägt«.
4 und 3 als Punktwerte einerseits bzw. 16 und 17 andererseits sind in diesem Persönlichkeitstest sehr deutliche Hinweise auf die Art Ihres Kontaktverhaltens (bis hin zum extremen Rand: 2 bzw. 18).
Schauen wir uns jetzt einmal inhaltlich an, wie sich ein extrem kontaktbetonter Mensch in diesem Test beschreibt:

Er arbeitet bevorzugt als Manager im Hotel, Lehrer oder Kellner (Items 1, 34, 38), grundsätzlich jedenfalls eher mit Menschen als mit Zahlen (3) und kennt somit keine Einsamkeitsgefühle (12); er unterhält sich lieber mit anderen als zu lesen (14, 33); klar, daß dieser Mensch und Testankreuzer sich mehr für die Personalabteilung als für den Maschinenpark interessiert (39) und viel lieber telefoniert als Briefe schreibt (41).
Wer sich als dermaßen kontaktorientiert beschreibt, sammelt 20 Punkte und riskiert damit (bereits aber auch bei 19 Punkten) die eben erwähnte Charakterisierung als »hochgradig kontaktsüchtig«.
Nun das andere Extrem: Der kontaktvermeidende Mensch arbeitet bevorzugt als Förster, Koch oder Chemiker (34, 38, 1), in jedem Fall lieber mit Zahlen als mit Menschen (3); in einem Unternehmen möchte er eher für den Maschinenpark als für das Personal verantwortlich sein (39); es macht ihm keinen Spaß, mit Leuten zu reden (33), er ist lieber mit einem guten Buch (14) allein für sich (60), kennt Einsamkeitsgefühle (12), und in schwierigen Situationen schreibt er lieber als zu telefonieren (41).
Klar – wer alle diese Items so ankreuzt (0 Punkte), stellt sich als völlig kontaktuninteressiert, im Psycho-Klartext gesprochen: als extrem kontaktgestört dar (gilt auch für das Ergebnis 1 Punkt).

Überblick

Das Persönlichkeitsmerkmal A »Kontakt« bedeutet
Kontaktfähigkeit – Kontaktunfähigkeit
in den extremen Punktwerten:
Kontaktbesessenheit gegenüber schwerer Kontaktstörung.

Das Persönlichkeitsmerkmal B »Leistung« bedeutet
Leistungsbereitschaft – Leistungsvermeidung
in den extremen Punktwerten:
absolute Leistungsorientierung gegenüber Leistungsverweigerung
- übermotiviert sein
- mehr wollen als können
- Drückebergerei
- Faulheit

Das Persönlichkeitsmerkmal C »Durchsetzung« bedeutet
Durchsetzungsvermögen – Unterordnungsbereitschaft
in den extremen Punktwerten:
starkes Dominanzstreben gegenüber ausgeprägter Gefügigkeit
- Selbstbehauptung, Selbstbewußtsein
- Egoismus, Unnachgiebigkeit
- Anpassungsbereitschaft
- Unterwürfigkeit, Kriecherei

Das Persönlichkeitsmerkmal D »Vertrauen« bedeutet
Vertrauensbereitschaft – Mißtrauensbereitschaft
in den extremen Punktwerten:
Vertrauensseligkeit gegenüber mißtrauischem Argwohn
- Vertrauensduselei
- dümmliche Naivität
- kritische Skepsis
- Nörgelsucht

Das Persönlichkeitsmerkmal E »Ausgeglichenheit« bedeutet
Ausgeglichenheit – Unausgeglichenheit
in den extremen Punktwerten:
extreme Dickfelligkeit gegenüber psychischer Gestörtheit
- kühle Robustheit
- seelische Unberührbarkeit
- extreme Stimmungsschwankungen
- »hysterische« Charakterzüge

Das Persönlichkeitsmerkmal F »Veränderung« bedeutet
Veränderungsbereitschaft – Sicherheitsdenken
in den extremen Punktwerten:
hohe Risikobereitschaft gegenüber starrem Konservativismus
- Radikalismus
- revolutionäre Tendenzen
- null Flexibilität
- absolute Starrheit

Hier eine Kurzinterpretation im Überblick:

A Kontakt

0–1 Punkt:
Was ist mit Ihnen los? Sie stürzen sich ja auf alles, was sich bewegt, so kontaktbesessen sind Sie. Stimmt das wirklich? Können Sie nicht mal fünf Minuten für sich alleine sein?

2–4 Punkte:
Sie sind sehr, sehr kontaktfreudig. Das macht Sie vielen Leuten sympathisch, manche reagieren aber auch mit deutlicher Zurückhaltung darauf. Bei denen kommen Sie trotz aller Bemühungen nicht besonders gut an.

5–7 Punkte:
Sie sind ein wirklich aufgeschlossener und überzeugend kontaktfreudiger, sympathischer Mensch. Das spürt man, und so kommt man Ihnen gerne näher.

8–9 Punkte:
Sie sind kontaktfreudig, aber in Grenzen.

Lösungsverzeichnis

10 Punkte:
Bei Ihnen herrscht eine ausgewogene Balance. Sie mögen die Kontaktaufnahme mit anderen, wenn Ihnen der Sinn danach steht. Aber Sie sind auch gerne für sich.

11–12 Punkte:
Sie sind im Kontakt mit Ihren Mitmenschen ein wenig zurückhaltend. Warum auch nicht?

13–15 Punkte:
Sie sind eher abwartend, was das Anknüpfen von Kontakten betrifft. Vielleicht sind Sie nur einfach wählerisch und suchen sich Ihre Mitmenschen besonders gut aus. Oder haben Sie gewisse Hemmungen, auf andere zuzugehen?

16–18 Punkte:
Sie sind deutlich kontaktscheu. Dadurch wirken Sie eher kühl bzw. reserviert. Woher kommt Ihre Angst vor Menschen?

19–20 Punkte:
Was ist mit Ihnen los? Sind Sie eine im eigenen Haus gefangene Schnecke? Lehnen Sie wirklich alle Kontakte so rigoros ab, und möchten Sie nur für sich bleiben?

B Leistung

0–1 Punkt:
Sie sind ohne Rast und Ruhe, wie ein Löwe auf der Jagd, und wollen stets Größtes leisten. Gelingt Ihnen das wirklich, oder übernehmen Sie sich damit nicht ein wenig? Zählt bei Ihnen wirklich nur Leistung?

2–4 Punkte:
Sie sind ausgesprochen stark leistungsorientiert. Ruhepausen sind nichts für Sie und Ihre Schaffenskraft. Ziele, die Sie sich vornehmen, verwirklichen Sie in der Regel – koste es, was es wolle.

5–7 Punkte:
Sie leisten etwas und fühlen sich dabei wohl. Leistung macht Ihnen einfach Spaß. Sie scheuen keine Aufgabe.

8–9 Punkte:
Leistung ist für Sie kein Fremdwort. Man kann sich diesbezüglich auf Sie verlassen.

10 Punkte:
Sie zeigen eine ausgewogene Leistungsbalance. »Nicht zuviel und nicht zuwenig« könnte Ihr Motto sein.

11–12 Punkte:
Bevor Sie darauf losarbeiten, überlegen Sie zunächst, wie Sie sich die anstehende Aufgabe erleichtern könnten.

13–15 Punkte:
Sie stehen Leistungsanforderungen kritisch gegenüber. Bevor Sie sich anstrengen, wollen Sie erst mal wissen, wofür und ob sich die Mühe denn wirklich auch lohnt.

16-18 Punkte:
Die Arbeit wurde für Sie nicht unbedingt erfunden. Wenn es nicht sein muß, kommen Sie bestens ohne aus. Leistungsvermeidung ist das Stichwort.

19-20 Punkte:
Sie stellen sich als ausgesprochen faul dar. Stimmt das denn so, sind Sie wirklich ein Leistungsverweigerer und rechter Tunixgut? Gibt es wirklich rein gar nichts, was Sie anspornen kann?

C Durchsetzung

0-1 Punkt:
So manch einer hält Sie für einen unnachgiebigen Egoisten, der sich absolut um jeden Preis durchsetzen muß. Sehen Sie sich auch so machtbesessen?

2-4 Punkte:
Sie scheinen ausgesprochen willensstark zu sein. Deshalb bestimmen Sie gerne und fast immer, wo es langgeht. Sie sind ein »Leader«-Typ.

5-7 Punkte:
Sie wissen, was Sie wollen und wie Sie das kriegen. Sie lassen sich die Butter nicht vom Brot nehmen.

8-9 Punkte:
Wenn Sie etwas Wichtiges für sich wollen, schaffen Sie es meistens auch. Sie wissen recht gut, wie Sie Ihre Vorhaben durchsetzen können.

10 Punkte:
Sie können sich einfügen oder führen – je nach Situation. Dabei haben Sie ein ausgewogenes Verhältnis zu Befehl und Gehorsam.

11-12 Punkte:
Sie sind gerne bereit, sich anzupassen, wenn es Sinn macht. Damit haben Sie keine Probleme und machen keine.

13-15 Punkte:
Anpassungs- und Einordnungsbereitschaft gehört zu Ihren starken Seiten. Dabei kommt Ihr Durchsetzungsvermögen logischerweise zu kurz. Schade.

16-18 Punkte:
Sie sind wirklich extrem anpassungswillig, häufig auf Kosten Ihrer eigenen Person. Ist Ihnen das bewußt?

19-20 Punkte:
Diese unterwürfige Anpassungsbereitschaft kann bis zur (A...-)Kriecherei gehen. Haben Sie sich verrechnet?

D Vertrauen

0-1 Punkt:
Sie sind das ideale Opfer für jeden Trickbetrüger und fallen wegen Ihrer hochgradigen Vertrauensseligkeit wirklich auf alles rein.

Lösungsverzeichnis 501

2-4 Punkte:
Ein unerschütterliches Vertrauenspotential zeichnet Sie aus, und mit Ihrem Glauben an das Gute können Sie Berge versetzen.

5-7 Punkte:
Ihr Vertrauen hilft Ihnen und anderen. Das gibt und macht Mut.

8-9 Punkte:
In der Beziehung zu anderen Menschen sind Sie von einer positiven, vertrauensbereiten Grundstimmung getragen.

10 Punkte:
Vertrauen und Mißtrauen halten sich bei Ihnen die Waage.

11-12 Punkte:
Kein blindes Vertrauen, sondern eine gesunde Portion Skepsis beschreibt Ihre Grundhaltung.

13-15 Punkte:
Eine deutlich kritische Skepsis zeichnet Sie aus. Sicherlich haben Sie Ihre Erfahrungen gemacht.

16-18 Punkte:
»Vertrauen ist gut, Kontrolle ist besser«, lautet Ihre Devise. Diese Art von ständigem Mißtrauen steigert nicht gerade Ihre Beliebtheit bei anderen.

19-20 Punkte:
Sind Sie wirklich ein so mißtrauischer, argwöhnischer und nörgelnder Typ? Kaum zu glauben!

E Ausgeglichenheit

0-1 Punkt:
Sie sind wirklich »cool wie die Tagesschau«, nichts berührt Sie. Oder ist das alles nur »Mache«?

2-4 Punkte:
Sie haben ein dickes Fell und lassen sich überhaupt nicht aufregen. So kommt es, daß Sie mit einer ausgeprägten seelischen Robustheit durchs Leben gehen.

5-7 Punkte:
Gelassenheit ist eine Ihrer wichtigsten Charaktereigenschaften. Sie behalten die Nerven, wenn andere ihre verlieren.

8-9 Punkte:
Eine gewisse innere Ruhe nennen Sie Ihr eigen. Es gibt viele Menschen, die Sie deshalb bewundern.

10 Punkte:
Zwischen Aufregung und Ruhe halten Sie die Balance.

11–12 Punkte:
Sie können mitfühlen, ohne den Boden unter den Füßen zu verlieren.

13–15 Punkte:
Sie geraten schon mal aus dem Gleichgewicht – auch bei kleineren Anlässen.

16–18 Punkte:
Sie wissen, was Stimmungsschwankungen bedeuten – Ihre Umwelt auch. Wünschen Sie sich nicht manchmal etwas mehr seelische Stabilität?

19–20 Punkte:
Wie ein Grashälmchen im Wind schwanken Sie von Krise zu Krise. Sind Sie wirklich ein solches Sensibelchen?

F Veränderung

0–1 Punkt:
Sie geben sich wirklich total revolutionär. Sind Sie wirklich so radikal, oder möchten Sie nur so erscheinen?

2–4 Punkte:
Sie nehmen jedes Risiko auf sich und zeigen einen extremen Mut zur Veränderung. Alles Bestehende wird kritisch hinterfragt.

5–7 Punkte:
Neuem stehen Sie stets aufgeschlossen und interessiert gegenüber.

8–9 Punkte:
Auf Veränderungen reagieren Sie mit Gelassenheit. Sie kommen schon klar.

10 Punkte:
Zwischen Verändern und Bewahren halten Sie die Balance.

11–12 Punkte:
Sie sind kein großer Freund von Veränderungen. Warum auch nicht?

13–15 Punkte:
Sie lieben das Bestehende und beklagen den Wandel. Aber immerhin kommen Sie mit der Realität noch klar.

16–18 Punkte:
Sie sind erzkonservativ. Haben Sie schon einmal an eine politische Karriere gedacht? Zu großes Risiko? Klar.

19–20 Punkte:
Sie wollen nun wirklich alles beim alten belassen und klammern sich an bestehende Verhältnisse, die möglicherweise längst passé sind. Stimmt das?

Lügenfallen

Bisher haben Sie sich mit den 60 Items beschäftigt, die als Auswertungsgrundlage dem Ziel dienten, Licht in Ihre Persönlichkeitsmerkmale »Kontakt«, »Leistung« usw. zu bringen.

Lösungsverzeichnis

Vielleicht ist Ihnen aufgefallen, daß die letzten Items des Fragebogens (61–66) bisher noch nicht in die Auswertung einbezogen wurden. Dies wollen wir jetzt nachholen. Dabei handelt es sich um sogenannte »Lügenfragen«. Damit bezeichnen die Persönlichkeits-Tester Items, die der Überprüfung Ihrer Glaubwürdigkeit dienen. Fangen wir an:

Da gibt es das Item 35 (aus der Persönlichkeitsdimension »Ausgeglichenheit«):

Bei mir läuft manches schief.
a) oft   (2 Punkte)
b) manchmal   (1 Punkt)
c) selten   (0 Punkte)

Für welche Ankreuzung hatten Sie sich entschieden?

Bitte vergleichen Sie jetzt dazu Ihre Ankreuzung bei Item 61:
Mir geht im Leben manches daneben.
a) selten   (0 Punkte)
b) manchmal   (1 Punkt)
c) oft   (2 Punkte)

Im wesentlichen sind beide Aussagen gleich, und Sie sollten deshalb bei den Ankreuzungen keine große Abweichung in der Punktzahl haben. Das bedeutet: Wer in Item 35 2 Punkte hat, sollte auch in Item 61 2 Punkte (wenigstens aber 1 Punkt) haben. Eine etwaige Differenz notieren Sie sich bitte auf einem gesonderten Blatt.

Vergleichen Sie nun bitte Item 12 (aus dem Bereich »Kontakt«):
Ich fühle mich öfters einsam.
a) stimmt   (2 Punkte)
b) teils-teils   (1 Punkt)
c) stimmt nicht   (0 Punkte)

mit Item 62:
Oftmals leide ich unter einem Gefühl des Alleinseins.
a) stimmt   (2 Punkte)
b) teils-teils   (1 Punkt)
c) stimmt nicht   (0 Punkte)

Auch hier ist wieder die etwaige Differenz in den Punktwerten zu ermitteln. Und es geht weiter:

Vergleichen Sie Item 4 (»Leistung«):
Karriere ist nicht alles im Leben.
a) stimmt   (2 Punkte)
b) teils-teils   (1 Punkt)
c) stimmt nicht   (0 Punkte)

mit Item 63:
Der berufliche Aufstieg ist nicht das Wichtigste im Leben.
a) stimmt   (2 Punkte)
b) teils-teils   (1 Punkt)
c) stimmt nicht   (0 Punkte)

und verfahren Sie wieder so wie oben beschrieben.

Vergleichen Sie Item 5 (»Durchsetzung«):
Ich vermeide es, mich mit Leuten rumzustreiten.
a) ja   (2 Punkte)
b) manchmal   (1 Punkt)
c) nein   (0 Punkte)

mit Item 64:
Ich streite nicht gern mit anderen Menschen.
a) stimmt   (2 Punkte)
b) teils-teils   (1 Punkt)
c) stimmt nicht (0 Punkte)

und verfahren Sie so wie oben beschrieben.

Vergleichen Sie Item 26 (»Vertrauen«):
Es passiert mir häufiger, daß ich die Arbeit anderer kritisiere.
a) stimmt   (2 Punkte)
b) teils-teils   (1 Punkt)
c) stimmt nicht (0 Punkte)

mit Item 65:
Öfter kann ich an den Leistungen anderer kein gutes Haar lassen.
a) stimmt   (2 Punkte)
b) teils-teils   (1 Punkt)
c) stimmt nicht (0 Punkte)

und verfahren Sie so wie oben beschrieben.

Vergleichen Sie Item 7 (»Veränderung«):
In unserer Wirtschaftsordnung sollte im Prinzip alles so bleiben, wie es ist.
a) stimmt   (2 Punkte)
b) teils-teils   (1 Punkt)
c) stimmt nicht (0 Punkte)

mit Item 66:
Am System der sozialen Marktwirtschaft gibt es viel zu reformieren.
a) stimmt   (0 Punkte)
b) teils-teils   (1 Punkt)
c) stimmt nicht (2 Punkte)

und verfahren Sie so wie oben beschrieben.

Sie haben jetzt bei den sechs Item-Paaren eine maximale Differenz von 12 Punkten ausrechnen können bzw. – wenn Sie immer gleich geantwortet haben – 0 Punkte. Tragen Sie Ihren Punktwert auf der nachstehenden Skala (der sog. »Lügenskala«) ein:

Überein- stimmung	0	1	2	3	4	5	6	7	8	9	10	11	12	Abweichung
	...	...	...	...	I	...	I	...	...	...	...	...	...	

Sollte Ihr Abweichungswert bis zu 4 betragen, würde man Ihnen in der Testinterpretation noch eine relativ hohe »Wahrheitstendenz in Ihrem Antwortverhalten« bescheinigen.

Bei mehr als 6 Punkten ist die »Ehrlichkeit« beim Bearbeiten des Tests in Frage zu stellen, so daß eine Interpretation eigentlich fragwürdig ist.

Erlebnisse aus 2001 Bewerbungen

Piloten-Testaufgaben (ab S. 460 ff.)
Englischtest
A: 1c / 2a / 3c / 4b / 5c / 6a / 7c / 8a / 9b / 10b
B: 1b / 2b / 3b / 4c / 5b / 6d / 7b / 8c / 9b / 10c

Flugwissen
1 Reisegeschwindigkeit
2 ILS (Instr.-Lande-System)
3 DC 10
4 Duraluminium
5 Sikorsky
6 außen hinten an den Tragflügeln
7 Nachfolgemodell des Starfighters (Multi-Role Combat Aircraft)
8 C5A Galaxy
9 Temperaturanstieg
10 Tiefdruckgebiet (nicht mit Zyklop zu verwechseln!)
11 geringe Temperatur / Abkühlung
12 1 : 58
13 über Klappen

a-b-q-Test
1: 1q / 2: 1b, 1q / 3: 1a, 1b / 4: 2b, 2q / 5: 1a, 2b, 3q / 6: 1a, 2b, 2q / 7: 2a, 2b, 1q / 8: 1a / 9: 1b, 1q / 10: 1a, 1b, 1q / 11: 1a, 1b, 1q / 12: 1a, 2b, 1q / 13: 1a, 1b, 1q / 14: 1a, 1b, 1q / 15: 2a, 2b, 2q / 16: 1a, 2b, 1q / 17: keine / 18: 1a, 1q / 19: 1a, 2q / 20: 1a, 1q

Flugzeug-Positions-Test
1D / 2C / 3B / 4A / 5A / 6B / 7D / 8D / 9C / 10A

Würfel kippen
1 rechts / 2 rechts / 3 links / 4 unten / 5 oben

Positions-Logik-Test
1 d
Regel 1: * Immer in der 5er-Gruppe
Regel 2: * Immer in unterschiedlichen Positionen innerhalb einer Punktegruppe (Position 2, 1, 4, 5, 3)

2 b
Regel 1: Abwechselnd am Anfang und am Ende in einer Punktegruppe
Regel 2: Immer in der längsten Punktegruppe

3 c
Regel 1: Immer in einer 4er-Gruppe, neben der rechts ein einzelner Punkt steht
Regel 2: Abwechselnd in der 3. bzw. 2. Position der Punktegruppe

4 a
Regel 1: Immer in einer der längsten Gruppen
Regel 2: In einer Gruppe, vor der zwei Punkte sind

5 c
Regel 1: Immer in der 3. Gruppe von rechts
Regel 2: Abwechselnd am Anfang bzw. am Ende der Gruppe

Merkfähigkeits-Test
A78 / B65 / C15 / D46 / E82 / F92 / G41 / H48 / J62 / K18 / L37 / M98 / N32 / P21 / Q73 / R50 / S59 / T43 / U34 / V26 / W19 / X40 / Y77 / Z89 / a95 / b30 / c13 / d57 / e86 / f54 / g39 / h67

Rechts- und Linksabbiegungen
1: 4 / 2: 3 / 3: 3 / 4: 5 / 5: 3 / 6: 4 / 7: 5 / 8: 5 / 9: 6 / 10: 2 / 11: 8 / 12: 6

Lösungsverzeichnis

Figuren ergänzen

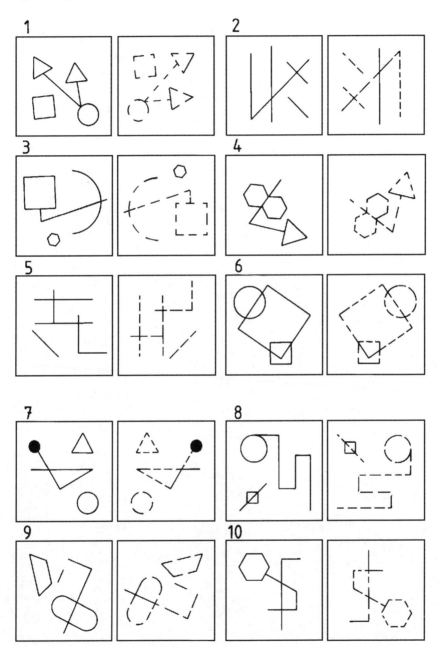

Haben Sie innerlich schon gekündigt?

Vorsicht Bewerbungsfalle!

Danke Herr Müller, Sie hören von uns.

Kein Respekt mehr vor Ihrem Boss?

Das Büro für Berufsstrategie Hesse/Schrader bietet Ihnen individuellen Rat und Unterstützung in allen Fragen zum Thema Beruf und Karriere. Coaching, Potenzialanalyse, Bewerbungsvorbereitung und Seminare bereiten Sie optimal auf Ihren neuen Job vor. Weitere Informationen unter www.berufsstrategie.de oder in unseren Filialen:

berufsstrategie.de	berufsstrategie.de	berufsstrategie.de	berufsstrategie.de
Hesse/Schrader	Hesse/Schrader	Hesse/Schrader	Hesse/Schrader
Oranienburger Str. 4-5	Bettinastr. 14-16	Silcherstr. 1	Heidenkampsweg 45
10178 Berlin	60325 Frankfurt / M.	70176 Stuttgart	20097 Hamburg
Fon 030 / 28 88 57-0	Fon 069 / 74 30 48 70	Fon 0711 / 6 15 49 41	Fon 040 / 23 60 88 58
Fax 030 / 28 88 57-36	Fax 069 / 74 30 48 79	Fax 0711 / 6 66 23 23	Fax 040 / 23 60 85 00

berufsstrategie.de
Die Karrieremacher.

berufsstrategie
Erfolgreich bewerben

Hesse/Schrader
Das 1 x 1 der erfolgreichen Bewerbung
108 S. · broschiert
€ 6,90 (D)
ISBN 3-8218-3802-7

Klaus Schürmann
Suzanne Mullins
Weltweit bewerben auf Englisch
184 S. · broschiert
€ 15,90 (D)
ISBN 3-8218-3807-8

Hesse/Schrader
Die überzeugende schriftliche Bewerbung
160 S. · broschiert
€ 12,90 (D)
ISBN 3-8218-3804-3

Hesse/Schrader
Das erfolgreiche Vorstellungsgespräch
160 S. · broschiert
€ 12,90 (D)
ISBN 3-8218-3803-5

mit den Bewerbungsprofis!

Hesse/Schrader
**Marketing
in eigener Sache**
168 S. · broschiert
€ 14,90 (D)
ISBN 3-8218-3834-5

Hesse/Schrader
Small Talk
160 S. · broschiert
€ 12,90 (D)
ISBN 3-8218-3813-2

Hesse/Schrader
**Testtraining Banken
und Versicherungen**
368 S. · broschiert
€ 25,90 (D)
ISBN 3-8218-1426-8

Hesse/Schrader
**Testaufgaben.
Das Übungsprogramm**
224 S. · broschiert
€ 13,90 (D)
ISBN 3-8218-3801-9

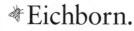

Kaiserstraße 66
60329 Frankfurt
Telefon: 069 / 25 60 03-0
Fax: 069 / 25 60 03-30
www.eichborn.de

Wir schicken Ihnen gern ein Verlagsverzeichnis.